실험실 생활

LABORATORY LIFE

The Construction of Scientific Facts

실험실 생활

과학적 사실의 구성

Bruno Latour & Steve Woolgar

브루노 라투르·스티브 울거 지음

이상원 옮김

한울
아카데미

일러두기

1. 원서는 장마다 미주를 사용하고 있으나 가독성을 위해 미주를 각주로 전환했다.
2. 원서에서 주 내용은 있으나 주 번호가 없는 경우(2판 후기 내용 중)는 +로 표시했다.
3. 원서는 강조와 인용의 구별 없이 " "를 사용했다. 이 책에서는 강조는 ' '로, 인용은 " "로 구분했다.

Laboratory Life
The Construction of Scientific Facts
by Bruno Latour, Steve Woolgar

차례

옮긴이의 말

이 번역서는 다음 책의 완역이다.

Bruno Latour and Steve Woolgar, *Laboratory Life: The Construction of Scientific Facts*(2nd edition, Princeton, New Jersey: Princeton University Press, 1986).

라투르와 울거가 쓴 이 책의 초판은 1979년에 나왔다. 저자들이 2판 서문과 2판 후기에서 언급하듯이, 2판은 책의 원래 부제인 '과학적 사실의 사회적 구성(social construction of scientific facts)'에서 단어 '사회적(social)'을 뺐다는 특징을 갖고 있다.

2판 후기에서 라투르와 울거는 초판이 나온 이래의 이 책에 대한 찬반 논란을 음미하고 있다. 이는 초판이 나온 이후 관련 연구의 흐름을 알 수 있게 해주어 매우 유익하다. 이를 통해 이 책의 주장에서 무엇이 중요한 학술적 쟁점이 되어왔는지를 파악할 수 있다. 그 가운데서도 과학에 대한 민족지학적 연구와 관련한 토의가 심도 있게 진행된다. 또한 후기 뒤에 추가 참고문헌을 배치했다.

『실험실 생활』은 사회구성주의(social constructivism)의 주요 저서로 오해받아왔고 지금도 일부 그런 인식이 남아 있으나 이는 그릇된 일이다. 과학적 사실이 실험실에서 실험 '도구'에 의존하는 방식으로 구성된다는 것이 이 책의 주요 주장이다. 이런 주장은 과학의 물질적, 기술적, 실천적 측면을 강조한다. 이 책에서 실험실의 중심은 인간이 아니다. 실험실의 중심은 오히려 도구다. 따라서 이 주장은 과학의 '물질적 제약'과 무관하게 사회적 이해관계에 의해 과학적 사실이 결정된다고 보는 사회구성주의의 전형적 입장과는 배치된다. 인간으로서 과학자의 합의에 의해 사실 구성이 이루어지는 것이 아니라 도구에서 나오는 자료의 안정화가 신뢰할 수준에 도달되는 지점에서 사실 구성이 이루어진다고 이야기하고 있다. 한마디로 사회구성주의와 라투르와 울거의 구성주의는 전혀 다른 입장인 것이다. 라투르와 울거는 '사회학적 결정론'이나 '사회학적 환원론'을 거부한다. 사회구성주의의 사회학적 결정론은 과학의 사회적 연구를 발전시키기보다는 되레 왜곡, 훼손한다고 본다. 이런 내용은 2판 후기에 적나라하게 담겨 있다("사회적인 것'의 사망' 절을 참조).[1]

실험실 내 일상적 작업의 세부 내용을 인류학적 참여자가 직접 관찰해 과학적 사실이 구성되는 과정과 그것의 인식론적 의미를 『실험실 생활』에서 파헤치고 있다. 두 사람의 탐구 대상은 미국 소크연구소의 실험실이었다. 그 실험실은 로제 기유맹(Roger Guillemin)이 이끄는 실험실이었다.[2] 이 실험실은 어떤 시점에 신경내분비학 분야에서 TRF(H)라는 물질이 존재한다는 것을 밝혀냈다. 그런데 라투르와 울거 두 사람의 연구 초점은 이 TRF(H)가 철

---

1 2판이 나온 1986년 이후에는 이런 논쟁이 훨씬 더 심화되고 세련화되었다. 라투르의 구성주의와 사회구성주의 간의 깊이 있는 그리고 강렬한 논전에 대해서는 다음의 책을 참조하면 좋다. 책의 대부분이 양 진영의 논쟁을 담고 있다. Andrew Pickering(ed.), *Science as Practice and Culture*(Chicago: The University of Chicago Press, 1992).

2 라투르가 들어가서 1975년부터 2년 동안 현장연구를 실행한 이 실험실의 수장인 기유맹은 1977년에 노벨생리·의학상을 받게 된다. 하지만 인류학적 연구를 수행하기 위해 라투르가 기유맹의 실험실에 들어갔던 것과 기유맹이 노벨생리·의학상을 받게 된 일은 우연의 일치에 가깝다. 기유맹이 실력 있는 학자임을 라투르가 알고 있었고 그래서 그의 실험실을 현장연구의 대상으로 삼게 되었을 것이다. 그렇지만 라투르가 기유맹이 노벨생리·의학상을 받게 되리라고 기대하거나 감을 잡아서 그 실험실로 들어간 것은 아니다.

저하게 '도구' 의존적으로 구성되었으며 일정한 시점에 그것이 안정성을 지니게 되면서 실재의 지위를 부여받게 되었다고 보고 있다. 『실험실 생활』에서 두 사람은 도구에 의한 구성 과정을 세밀히 밝히고 있는 것이다. 두 사람의 핵심 주장은 실험실에서 도구에 의해 신뢰할 만한 과학적 사실이 밝혀지는 과정에 놓여 있으며, 따라서 도구에의 의존 없이 특정 과학적 사실을 탐구하기도, 주장하기도 곤란하다는 견해다. 이런 견해는 특정 과학적 사실이 사회적으로 '결정된다'는 이야기가 전혀 아닌 것이다.

이 책은 크게 보아 과학철학과 과학인류학을 융합시킨 연구로 볼 수 있다. 과학적 사실의 성격과 의미에 대한 탐구는 과학철학의 주제이고 원시 부족을 탐구하듯이 과학 실험실에 들어가 과학자의 실험실 활동을 추적한 것은 과학인류학의 주제다.

라투르는 철학 박사학위를 받았으며 그 이후에 인류학적 관심을 발전시키게 되었다. 라투르가 철학 훈련을 받았다면 울거는 사회학 훈련을 받았다. 2판 후기에 쓰여 있듯이 라투르의 영어 숙달이 매우 빈약했다면(?), 영어로 쓰인 『실험실 생활』이 현재 형태로 마무리되는 데는 영국인 울거가 많이 기여했을 것으로 추론된다.

이와 같은 연구 결과는 2판 후기에서 두 사람이 말하듯이, "프랑스 철학자와 영국 사회학자 사이의 협력이 지니는 성격에서 뻗어 나온다". 이어 두 사람은 이렇게 언급한다. "혼성화를 통한 최상의 혁신 전통 속에서, 저자들은 영국 해협이라고 (국수주의적으로) 알려진 문화적 이분법의 유의미성을 스스로가 계속해 재발견하고 재교섭한다는 점을 알아냈다. 이런 과정으로부터 쉽지 않은 (그러나 명백히 성과가 있었던) 스타일의 타협이 출현했다." 이런 방식에서 두 사람의 기여 결과로 과학철학적 주제를 과학인류학이라는 새로운 학제적 접근으로 탐구하기에 이르렀던 것이다.

과학적 사실의 성격과 의미라는 과학철학의 핵심적 질문을 탐구하는 데 인류학적 방법을 선구적으로 적용해 다루었다는 면에서 이 책은 독창적 성과로 평가받아왔다. 원시 부족의 문화 등과 같은 연구 대상에 전통적으로 집중해온 인류학 연구를 과학이라는 문화에 확장시킨 획기적 저술이다. 국외와 국내 모두에서 이 책은 과학철학 쪽보다 과학인류학, 과학사회학, 과학사 쪽에서 더 많은 관심을 받아왔다. 과학적 사실이 무엇이냐라는 철학적 주제를 다룸에도 불구하고, 참여관찰과 같은 인류학적 방법을 철학적 주제를 논의하는 데 적용한다는 것이 철학자들에게 이질적으로 느껴졌을 것임은 자명하다. 반면 인류학 쪽에서 볼 때, 과학인류학은 인류학적 방법을 근대 문화의 전형인 과학 활동에 창의적으로 적용시킴으로써 인류학의 새로운 탐구 영역을 확장시키는 일이 되었다. 이는 대체로 환영할 만한 일이었을 것이다.

이 책은 그것의 단일한 소속 학문 분야를 적시하기가 곤란한 책이라고 할 수 있다. 과학철학, 과학사, 과학인류학, 과학사회학 등을 포괄하는 방식으로 사실 구성의 의미를 밝히고 있기 때문이다. 그래서 이 책을 '과학학(science studies)'의 고전으로 꼽을 것이다. 『실험실 생활』의 특징과 장점은 과학의 '실천'에 초점을 두고 있다는 점이다. 과학철학자, 과학사학자, 과학사회학자가 그들의 머릿속에서 그려보고, 기대하며, 그래야 한다고 생각하는 과학이 아니라 실제 과학의 모습을 보면서 사실의 구성을 논의하고 있다.

라투르와 울거의 『실험실 생활』은 두 사람의 대표작이다. 이 책을 낸 이후 두 사람의 각각의 연구에 이 책은 심오한 영향을 미쳐 왔다. 특히 라투르의 경우에서 좀 더 그런 인상을 갖게 된다. 이에 대해서는 그들이 쓴 문헌을 일별하면 쉽게 감지할 수 있을 것이다.

라투르와 울거가 이 책에서 쓰고 있는 실험실에 관한 철학이자 인류학은 과학이라는 활동을 인간인 과학자와 물질인 실험 도구 사이에서 벌어지는 활동으로 보고 있다. 과학철학과 과학사는 전통적으로 이성, 관념, 사변의 관점에서 과학을 묘사해왔으나, 이런 관점은 도구, 물질, 기술의 관점에서 과학을 묘사하는 관점으로 보완되어야 한다. 이 책과 분석적 과학철학의 전통에서 실험과학의 철학을 도입해 과학철학과 과학사 분야에 혁신을 일으킨

해킹(Ian Hacking)의 고전을 함께 읽으면 실험, 실험실, 나아가 현대 과학 활동을 파악하는 데 매우 유익할 것이다.[3] 해킹의 기여 이래로 1980년대 이후의 과학철학과 과학사는 이런 보완의 장에 들어선 지가 꽤 되었고, 또한 과학인류학의 갈래에서 『실험실 생활』이 이런 흐름에 긍정적인 영향을 미쳐 왔다.

과학철학적 문제에 관심을 가진 분들과 과학인류학이라는 호기심을 불러일으키는 분야에 관심을 둔 분들께 이 책이 (그것의 난해함에도 불구하고) 즐거움이 되기를 바란다. 2010년대 우리 학술계의 한편에서 융합이라는 말이 유행이다. 그 융합의 의미는 사람마다 조금씩 다를 수 있다. 옮긴이에게, 『실험실 생활』이야말로 융합의 한 전형적이고 선구적인 사례로 보인다.

『실험실 생활』 원서에 형식상의 오류가 약간 있다. 예를 들면, 주 번호가 빠진 경우가 존재한다. 일부 문헌이 참고문헌에서 빠져 있는 것을 보이거나, 문헌의 출간 연도가 정확해 보이지 않거나 하는 등의 경우도 있었다. 원문을 존중해야 하기에, 쉽사리 손댈 수 없었다. 오류가 분명한 경우에만 주저하면서 극히 일부를 수정했다.

이 책에 대한 관심을 공유했던 임경순, 홍성욱 교수께, 그리고 번역에 관심을 보여주신 김환석 교수께 감사의 말씀을 드린다.

---

3 Ian Hacking, *Representing and Intervening: Introductory topics in the philosophy of natural science*(Cambridge: Cambridge University Press, 1983)〔이언 해킹, 『표상하기와 개입하기: 자연과학철학의 입문적 주제들』, 이상원 옮김(서울: 한울, 2005)〕를 읽으면 유익할 것이다.

2판 서문

초판의 가장 실질적인 변화는, 1979년 이래 과학의 사회적 연구 속의 발전이라는 관점에서 이 책의 초판 출간에 대한 반응의 몇몇을 우리가 정리하는 확장된 후기를 부가시킨 일이다. 후기는 또한 이 판의 새로운 부제에서 "사회적"이라는 용어를 뺀 일을 설명해준다. 다른 부가 내용으로 자세한 차례, 추가 참고문헌, 찾아보기가 포함된다. 텍스트의 주요 부분이 원텍스트의 주요 부분을 복제하고 있다고 결론 내리고 싶은 마음이 일었던 독자들은, 보르헤스(Borges, 1981)를 참조하시라고 알려드린다.

1985년 8월 울버콧

소크연구소에 바침

"만일 사회학이 과학 지식을 철저한 방식으로 파헤치는 데 적용될 수 없다면,

그것은 과학이 스스로를 과학적으로 알 수 없음을 의미하게 될 것이다."

_블루어(Bloor, 1976)

"순수성을 믿지 말라, 그것은 영혼의 독설이다."

_M. 투르니에(Tournier), 『방드르디(Vendredi)』

감사의 글

이 책 속 토의의 기초를 형성시킨 현장연구(field research)는 첫 번째 저자에 의해 수행되었다. 풀브라이트 장학금(1975~1976), 나토 장학금(1976~1977), 소크연구소의 특별연구비가 이 현장연구에 자금을 지원했다. 로제 기유맹(Roger Guillemin) 교수와 그의 그룹에 특별히 감사한데, 그들이 이 현장연구를 가능하게 해주었다. 뒤이은 글쓰기는 인문과학원(Maison des Sciences de l'Homme)의 파렉스(PAREX)와 브루넬(Brunel) 대학교로부터 재정적 도움을 받았다. 모든 출처에 감사하는 일과, 이 연구의 부분들을 읽고 도움이 된 논평을 해주느라 고생해주신 분들께 감사하는 일은 즐거움이다.

도입

과학자들은 과학자가 아닌 사람이 과학에 대해서 이야기하는 바에 종종 반감을 갖는다. 과학자가 아닌 사람이 하는 과학 비평은 소설가나 시인이 아닌 사람이 하는 문학 비평과 똑같은 방식으로 실행되지는 않는다. 과학 비평에 가장 근접한 것은 과학 교육을 받은 언론인을 통하는 것이거나 자신의 사적 경험에 관해서 글을 쓴 과학자를 통하는 것이다. 과학의 사회적 연구(social studies of science)와 과학철학(philosophy of science)은 추상적 경향이 있거나, 실험실 작업대에서 또는 목표를 추구하면서 과학자들 사이에서 일어나는 상호작용과는 관계가 없는 잘 알려진 역사적 사건이나 외딴 예를 다루는 경향이 있다. 이에 더해, 언론의 해명이나 사회학적 해명은 과학자도 인간임을 그저 증명해보려는 유일한 목적을 때로 갖고 있는 듯해 보인다.

사회의 몇몇 부분에 과학자를 향한 애증 관계가 존재한다. 이것은 과학 연구에 대한 엄청난 기대로부터 과학 연구의 비용과 위험에 이르는 면모들을 다루는 설명에서 명백하다. 이들 설명 모두가 과학 연구 자체의 내용과 절차를 무시한다. '과학 정책'이라는 이름으로, 경제학자와 사회학자가 하는 과학 활동에 관한 연구들은 종종 출간물의 수효와 노력의 중복에 관심을 둔다. 그런 조사가 약간의 가치를 지니기는 하지만, 부분적으로 통계적 연장(tools)은 조야하며 이들 과제는 종종 생산성과 창의성의 조절을 목표로 하기 때문에 많은 희망 사항을 남기고 있다. 가장 중요한 점으로, 이것들은 과학적 사고 및 과학 연구의 실체와 관련되어 있지 않다는 것이다. 이들 이유 때문에, 과학자들은 외부인이 과학에 관해서 이야기해야 하는 바를 읽는 일에

끌리지 않는 것이며 과학의 노력에 관한 과학자의 견해를 많이 선호하는 것이다.

그렇지만, 이 책은 과학에 관해 과학자가 아닌 사람이 통상적으로 쓴 설명과는 무언가 다르다. 그것은 소크생물학연구소(Salk Institute for Biological Studies)에서 수행되었으며 뒤이어 한 영국 사회학자와 협력해 글을 써낸 젊은 프랑스 철학자가 했던 2년간의 연구에 기초해 있다. 처음 초대했던 일에 내가 책임은 없음에도 불구하고, 심사숙고한 그 접근이 이전에 존재하던 과학의 사회적 연구가 지닌 약점의 몇몇을 치료해낼 것인지를 보게 되는 기회를 환영한다.

브루노 라투르가 선택한 접근은 실험실의 일부가 되는 것이었는데, 즉 과학 연구의 일상적이고 내밀한 과정을 면밀하게 따라가는 것이었으며, 한편으로는 이와 동시에 '내부에 있는' 외부인 관찰자로 남아 있는 것이었는데, 이것은 과학 '문화'를 연구하기 위한 일종의 인류학적 조사이며, 과학자들이 행하는 바와 그들이 어떻게 그리고 무엇을 사고하느냐를 아주 자세히 따라가는 것이었다. 그는 그가 관찰한 바를 그 자신의 개념과 용어 안으로 던져 넣었는데, 이것은 과학자에게 본질적으로 생소한 것이다. 그는 정보의 조각들을 그 자신의 프로그램으로 그리고 이 전문직업의 부호로 번역했다. 그는 세포, 호르몬 또는 화학반응을 연구하는 그 똑같이 차갑고 깜박이지 않는 눈으로, 과학자들을 관찰하고자 했는데, 이것은 그와 같은 우월한 관점에서 그들 스스로를 분석당하게끔 하는 데는 익숙하지가 않은 과학자 쪽에 편치 않은 느낌을 불러일으킬 수도 있는 과정이다.

이 책은 잡담, 암시, 당황스러운 이야기와 같은 유에서 자유로우며 여타 연구 또는 주석에서 종종 보이는 심리학화에서 자유롭다. 이 책에서 저자들은 실험실 과학(laboratory science)의 정직하고 타당한 예를 사용해 그들이 과학의 "사회적 구성(social construction)"이라고 부르는 바를 보여준다. 그들은, 어떤 의미에서, 실험실 과학에 문외한이며 그것의 근본을 파악하리라고 기대받지 못하고 실험실 생활의 피상적 측면과 같이 이해하기 가장 쉬운 것만을 파악하리라고 그저 기대받기 때문에, 이것 자체가 성취다.

사회학자의 현미경 아래서 관찰되어온 나의 동료들에 대해서 쓴 이 책을 읽으면서, 나는 자신이 관찰했던 과학적 접근을 모방해야 한다는 압박을 느꼈던 한 외부인이 보았을 때, 과학에 관한 연구가 어떻게 '과학적'일 수가 있게 되는지를 깨달았다. 저자들의 연장과 개념은 조야하고 정성적(定性的)이지만, 과학 연구를 이해하려는 그들의 의지는 과학의 정신과 일관된다. 이런 착수 속에서 그들의 용기와 심지어 무모함은, 나로 하여금 탐구를 추구하는 길에 아무것도 없는 과학적 노력을 상기시킨다. 연구하고 있는 과학자들에 대한 외부인에 의한, 마치 그들이 미로 속에 있는 개미 또는 쥐의 군집인 듯이 여기는, 이런 종류의 객관적 관찰을 견딜 수 없었을 것이다. 그렇지만, 이것은 그런 것이 아닌 것처럼 보이며, 내게 이 연구의, 그리고 이 연구의 성과의 가장 흥미로운 부분은 철학자-사회학자인 브루노 라투르가 생물학에 관한 사회학적 연구를 시작했으며 그 길을 따라가면서 사회학을 **생물학적으로** 보기 시작했다는 점이다. 그 자신의 사고의 스타일이 유기체, 질서, 정보, 변이 등에 관해 사고하는 우리의 개념과 방식에 의해서 변환되었다. 생물학자들 — 일종의 무한 회귀 속에서 생물학자들은 다시 생명의 과정을 연구하고 있다 — 을 연구하는 사회학자들 대신에 그들의 연구가 우리 자신이 행하는 과학적 활동의 종류의 부분집합일 뿐이라는 점을 인식하게 되는 사회학자들이 존재하는데, 이런 종류의 과학적 활동은 다시 조직 과정 속에 있는 생명의 부분집합일 뿐이다.

이 책이 과학자들의 주목을 받을 가치가 없는 것은 아니라는 점을 제안하기 위해 의도된 마지막 논점은, 과학 또는 과학자와 사회의 나머지 사이에 놓인 다리 안에 존재한다. "다리"라는 단어가 아주 올바르지는 않으며 저자들이 훨씬 더 멀리 나아간다고 주장하기 때문에 이 단어가 그들에게 수용 가능한 것일는지 모르겠다. 그들의 주요 논점 중 하나는, 과학의 영역은 그저 사회의 영역 안에 존재하는 여타 많은 작업의 최종 결과이기 때문에 사회 세계가 한쪽에 그리고 과학 세계는 다른 쪽에 존재할 수가 없다는 것이다. '인간적 정황'은 과학자들이 '과학의 생산'이라 부르는 것과 다르지 않으며 그들이 주장하는 주요 성취는 '인간적 정황'이 '사실 생산'의 최종 단계에서 배제되는 방식을 드러내는 일이다. 나는 이런 식의 사고에 관해서 의혹을 갖고 있고 나 자신의 연구에서 이 구도와 들어맞지 않는 여러 가지 세부 사항을 발견하지만, 나는 두 '문화'가 사실상 단지 하나임을 보이려는 시도에 의해서 항상 자극받는다.

세부 사항에 관해서 그리고 저자들에 의해서 그 어떤 반대가 제기될 수 있을지라도, 연구하고 있는 과학자에 대한 이런 종류의 직접적 조사는, 우리 자신의 최선의 이익이 되도록 그리고 사회의 최선의 이익이 되도록 연장되어야 하며 과학자들에 의해서 장려받아야 한다. 과학은, 일반적으로, 너무도 많은 희망과 너무도 많은 공포를 발생시키며, 과학자와 과학자가 아닌 사람 간의 관계가 갖는 역사는 정열, 열광의 갑작스러운 분출, 똑같이 갑작스러운 공포의 발작으로 가득 차 있다. 만일 대중이 과학 지식이 어떻게 발생되는지를 이해하는 데 도움을 받을 수 있다면 그리고 그것이 파악 가능하고 어떤 다른 분야의 노력에 비해 이상한 것은 아니라는 점을 이해할 수 있다면, 그들은 과학자들이 전해줄 수 있는 바 이상으로 과학자들에게 기대하지 않을 것이고, 그들은 그들이 두려워하는 만큼이나 과학자들을 두려워하지도 않을 것이다. 이것은 사회 안에서 과학자의 사회적 입지만이 아니라 과학, 과학적 추구, 과학 지식의 창조에 대한 대중의 이해도 명료화해줄 것이다. 우리가 우리 삶을 지식의 신장에, 세계 속에서 합리성을 조명하고 예시하는 데 바침에도 불구하고, 개별 과학자의 업적이 또는 일반적으로 과학자들의 업적이 종종 일종의 마법적 또는 신비적 방식으로만 이해되는 점은 때로는 낙담을 준다.

우리가 이 책의 세부 사항에 동의하지 않을지라도, 또는 우리가 몇몇 장소에서 약간 불편함을 발견하거나 심지어는 고통스러움을 발견할지라도, 현작품이 내게는 우리의 활동을 둘러싸고 있다고 믿기는 신비를 소진시키는 올바른 방향으로 들어선 한 걸음으로 보인다. 미래에 많은 연구소와 실험실이 일종의 조직 내 철학자나 사회학자를 잘 포함해낼 수 있으리라는 점에 나는 확신을 느낀다. 나 스스로에게는, 브루노 라투르가 우리 연구소에 있었던 것이 흥미로웠고, 이것은 그로 하여금 내가 의식하고 있는 이런 종류의 최초의 탐구를 수행하도록 허락해주었으며, 가장 흥미로웠던 것은, 그와 그의 접근이 경험에 의해 변환되는 방식을 관찰했던 점이다. 이 비판 자체가 비판받는 일은 매우 유용한 것이다. 이것은 제공된 거울을 통해서 과학자들이 스스로를 이해하도록 저자들(과 유사한 관심과 배경을 가진 여타 학자들)이 조력하는 일에도 도움이 될 것이며, 더 광범위한 대중이 새롭고, 상이하며, 더 적절히 말해 상쾌한 관점에서 과학적 추구를 이해하는 일에도 도움이 될 것이다.

1979년 2월 캘리포니아주 라 홀라,

의학박사 조나스 소크(Jonas Salk)

제1장

—

질서에서 무질서로

5분. 존(John)이 들어와 자기 사무실로 간다. 그는 안 좋은 실수를 한 데 대해서 아주 빠르게 무언가를 이야기한다. 논문에 관한 논평을 보내버렸다…. 문장의 나머지는 알아들을 수 없다.

5분 30초. 바버라(Barbara)가 들어온다. 그리고 스펜서(Spencer)에게 그 수직관에 어떤 종류의 용매를 넣느냐고 묻는다. 스펜서가 자기 사무실에서 답해준다. 바버라는 떠나서 작업대로 간다.

5분 35초. 제인(Jane)이 들어와 스펜서에게 묻는다. "당신이 I. V.를 위해서 모르핀을 준비할 때, 그것을 함염물(含鹽物) 속에 넣나요, 물속에 넣나요?" 자기 사무실에서 글을 쓰고 있던 스펜서가 답해준다. 제인이 떠난다.

6분'15초. 윌슨(Wilson)이 들어와 여러 사무실을 들여다보고 스태프 회의에 사람을 모으려 한다. 그는 모호한 가망성을 접수한다. "기껏해야 다음 2분 안에 결정되어야 할 4000달러에 관한 질문입니다." 그가 로비로 나간다.

6분 20초. 빌(Bill)이 화학 분과에서 와서 스펜서에게 가늘고 작은 병을 준다. "여기 200마이크로그램이 있어요. 잊지 말고 책에 이 코드 번호를 붙이세요." 그리고 레이블을 가리킨다. 그가 방을 떠난다.

긴 침묵. 도서관은 비어 있다. 누군가는 자기 사무실에서 글을 쓰고 있고, 누군가는 창가의 환한 작업대 공간에서 일한다. 타자를 치는 스타카토 소음이 로비에서 들려온다.

9분. 사과를 먹으며 들어온 줄리어스(Julius)가 ≪네이처(Nature)≫ 복사물을 숙독하고 있다.

9분 10초. 줄리(Julie)가 화학 분과에서 와 탁자에 앉더니 가져온 컴퓨터 용지를 펼쳐 내용을 써넣기 시작한다. 스펜서가 사무실에서 나와 그녀 어깨너머로 바라보며 말한다. "음, 좋아 보이는데요." 그는 이어 몇 쪽의 원고를 들고 존의 사무실로 사라진다.

9분 20초. 비서가 로비에서 들어와 새로 타자한 초고를 존의 책상 위에 놓는다. 그녀와 존은 마감일에 관해서 짧은 대화를 나눈다.

9분 30초. 그녀를 바로 이어, 물품 관리 조수인 로즈(Rose)가 와서 존에게 그가 사길 원하는 장치에 300달러가 들 것이라고 말한다. 그들이 존의 사무실에서 이야기하며 웃는다. 그녀가 떠난다.

다시 침묵.

10분. 존이 자기 사무실에서 큰 소리로 말한다. "이봐요, 스펜서. 어떤 임상의 그룹이 종양세포에서 SS가 산출된다고 보고한 것에 관해 알고 있어요?" 스펜서가 자기 사무실에서 소리쳐 답한다. "아실로마(Asilomar) 회의 초록집에서 읽었는데, 잘 알려진 사실로 발표되었죠." 존: "증거가 뭐였죠?" 스펜서: "음, 그들이 …의 증가를 얻어냈고 그것이 SS에 기인한다고 결론 내렸어요. 아마, 그들이 생물학적 활성(activity)을 시험했는지는 확실하지 않을 겁니다, 확실치 않아요." 존: "오는 월요일에 있는 생물학적 검정(bioassay)에서 시도해보시는 게 어때요?"

10분 55초. 빌과 메리(Mary)가 갑자기 들어온다. 그들은 토론을 끝내고 있다. "이 논문을 못 믿겠어요"라고 빌이 말한다. "못 믿어요. 아주 형편없게 썼는데, 보시듯이, 한 의학박사가 쓴 게 틀림없어요." 그들은 스펜서를 바라보며 웃는다… (관찰자의 공책에서 발췌).

매일 아침, 직원들이 갈색 종이봉투에 담은 점심거리를 들고 실험실로 걸어 들어간다. 기술자들은 곧바로 검정 준비를 시작하고, 수술대를 갖추어놓고, 화학물질의 무게를 단다. 그들은 밤새 작동해온 계수기에서 자료를 수확한다. 비서들은 타자기 앞에 앉아 출간 마감일을 불가피하게 넘긴 원고들을 다시 수정하기 시작한다. 스태프 중 몇몇은 좀 더 일찍 도착했는데, 한 명씩 사무실로 들어와 그날 무엇을 할지 짧게 정보를 교환한다. 얼마 후 그들은 그들의 작업대로 떠난다. 관리인과 여타 직원들은 실험동물 입고, 신선한 화학물질, 우편물 다발을 배달한다. 전체의 연구 노력은 보이지 않는 장(場, field)에 의해서, 또는 더 특별하게는 그것의 본성이 이미 결정되어 있으며 오늘 풀릴 수도 있는 그런 퍼즐에 의해서 인도된다고 한다. 이 사람들이 일하는 건물들과 그들의 이력 둘 다 연구소에 의해서 보호받는다. 따라서 납세자의 돈으로 지불되는 수표가 N.I.H.의 호의로 도착해 청구 금액과 월급을 지급하게 된다. 미래의 강의와 회의가 사람들 마음의 최전선에 위치해 있다. 대략 10분마다 동료, 편집자, 또는 몇몇 관리로부터 스태프에게 전화가 온다. 작업대에서는 대화, 토론, 논의가 이어진다. "그걸 시도해보면 어떨까요?" 칠판에 그림이 그려진다. 아주 많은 컴퓨터가 출력물 더미를 쏟아낸다. 책상 위에는 긴 자료 용지가 동료들이 휘갈겨 써놓은 논문 복사물들 옆으로 쌓인다.

그날이 저물 무렵, 원고, 출판 전 논문, 드라이아이스로 싼 희귀하고 값비싼 물질의 표본과 함께 우편물이 발송되었다. 기술자들이 떠난다. 분위기는 더 느슨해졌고 이제 누구도 뛰어다니지 않는다. 로비에서는 농담이 오간다. 오늘 1000달러가 소모되었다. 중국 도장 같은 몇 개의 슬라이드가 재료 더미에 부가되었다. 한 특성이 판독되었고, 아주 작은 보이지 않는 증가였다. 미세한 암시가 드리워졌다. 하나나 두 개의 진술은 다우존스(Dow Jones) 산업평균처럼, 그것들의 신용 가능성이 몇 포인트 증가(또는 감소)하는 것을 보여주었다. 아마도 오늘 실험 대부분에서 실책이 있었거나 실험 주도자들을 막다른 골목으로 이끌고 있을 것이다. 아마도 몇 가지 착상들은 함께 더 단단히 얽히게 되었을 것이다.

필리핀인 청소부가 바닥을 닦고 쓰레기통을 비운다. 일터의 평범한 하루였다. 이제 그 장소는 관찰자라는 홀로 있는 인물을 제외하고 텅 비어 있다. 그는 가벼운 당혹감을 느끼며 그가 본 바를 말없이 곱씹었다…(관찰자의 이야기).

세기 전환 이래로, 다수의 남녀가 이른바 원시사회의 잔여를 모으기 위해 깊은 숲속을 통과했고, 부적합한 기후 속에서 살았으며, 적대, 권태, 질병을 뚫고 나갔다. 이런 인류학적 단체 외유의 빈도와 대조적으로, 훨씬 더 가까이 이웃해 있는 부족들의 생활에 대한 깊은 이해를 통찰하려는 기도는 상대적으로 적었다. 근대 문명사회에서 그들의 생산에 붙여진 평판과 중요성의 관점에서 보면 이는 아마도 놀라울 것이다. 우리는 물론, 과학자라는 부족과 그들의 과학 생산을 언급하고 있다. 우리가 이제는 외국 부족의 신화와 할례 의식에 관해서 꽤 자세한 지식을 갖고 있음에 반해, 과학자라는 부족 사이에서 벌어지는 그에 상당하는 활동의 세부에 관해서는 상대적으로 무지한 상태에 있는데, 그들이 하는 연구는 우리 문명에 놀랄 만한 또는 적어도 극히 중요한 영향을 준 것으로 흔히 알려져 있다.

물론, 최근에 널리 다양한 학자들이 그들의 관심을 과학에 돌린 것은 사실이다. 그렇지만, 빈번히 그들의 관심은 과학의 거시적 효과에 초점을 두었다. 현재 전반적인 과학의 성장 규모와 일반적인 형태(예를 들면 Price, 1963, 1975), 과학 연구비 조달에 관한 경제학(Mansfield, 1968; Korach, 1964), 과학 지원과 과학의 영향에 관한 정치학(Gilpin and Wright, 1964; Price, 1954; Blisset, 1972), 세계 전역에 걸친 과학 연구 분포(Frame et al., 1977)에 대한 여러 연구가 존재한다. 그러나 거시적 관심에서 행한 그와 같은 연구가 과학의 신비를 축소했다기보다는 오히려 강화했다는 인상을 받기가 쉽다. 과학의 외부적 효과와 과학의 수용에 관한 우리의 지식이 증가했음에도, 과학 활동의 내부적 작동을 구성하는 복잡한 활동들에 관한 우리의 이해는 발전하지 않은 상태에 있다. 과학의 외부적 작동에 대한 강조는, 서로 다른 설득과 이론적 인정을 다루는 사회과학자들에게 특유하게 나타나는 개념들을 과학에 적용함으로써 더 악화되었다. 사회과학자들은 과학 활동을 더 이해 가능하게 만들기보다는 오히려 매우 전문화된 개념을 사용해 과학을 분리된 세계로 묘사하는 경향이 있었다. 과학과 관계 짓기 위해 다수의 서로 다른 전문화된 접근을 다양하게 가져왔고, 그리하여 그 결과로 나온 전반적 구도는 대체로 일관성이 없다. 과학 논문 인용에 관한 분석은 논문의 실체에 대해서는 우리에게 별로 이야기하지 못하는 경향이 있다. 과학 연구비 조달에 관한 거시적 분석은 지적 활동의 본성에 관해서는 실질적으로 침묵하는 상태다. 과학 발전에 관한 정량적 역사는 가장 쉽사리 정량화에 도움이 되는 그런 과학의 특성들을 지나치게 강조하는 경향이 있다. 이에 더해, 이들 접근의 많은 수가 과학의 산물들을 너무도 자주 받아들였고 그것들의 초기 생산을 설명하려고 하기보다는 그들이 한 뒤이은 분석에서 그 접근들을 당연하게 여겼다.

이들 접근에 대한 우리의 불만은, 과학에 관한 연구 중 매우 적은 숫자만이 채용된 방법에 대해서 어떤 종류의 자기 평가에 착수했다는 인식에 의해 상당히 더 나빠졌다. 과학에 관해 연구하는 이들이 '과학적' 발견물을 산출시킨다는 그들의 요구의 기초에 대해 계속해서 의식하리라고 어떤 이가 자동적으로 기대할 수도 있다는 점에서, 이것은 놀라운 것이다. 과학의 생산에 관심을 둔 학자들이 그들 자신의 발견물 생산을 위한 기초를 조사하기 시작했다고 기대하는 것은 합당할 수도 있다. 하지만 이들 학자의 최상의 업적들은 그들 자신의 연구 방법과 생산 조건에 관한 한 침묵 속에 머물러 있다. 물론, 아직 비교적 젊은 영역에서는 반성성(反省性, reflexivity)의 결여가 불가피하다고, 그리고 방법론적 논점에 대한 과도한 주의가, 예비적인 것일지라도 몹시 필요한 연구 발견물의 생산으로부터 주의를 딴 데로 돌릴 것이라고 논할 수도 있다. 그러나 사실상, 쓸 수 있는 몇 안 되는 증거에 따르면, 새로운 연구 영역이 실질적 결과의 초기 생산을 선호해 방법론적 논점에 관점에 관한 토론을 통상적으로 미루지는 않는다. 오히려 방법론적 명료화와 토론은 발전 초기 단계에서 일어난다(Mulkay et al., 1975). 아마도 과학에 관한 사회적 연구에서 방법론적 반성성의 결여에 대한 더 그럴듯한 설명은, 단순히 그런 접근이 이미 주목했던 거시적 접근과는 모순되리라는 점일 것이다. 어떤 이 자신이 지닌 방법론의 세부에 유의하는 일은, 따라서 전반적 발전에 대한 관심 또는 성장이 지니는 과학 정책 및 연구비 조달에 대한 함의와는 근본적으로 다른 기획을 구성할 것이다.

부분적으로는 우리의 불만의 결과로, 그리고 과학의 신비성을 꿰뚫으려는 현장 과학자들의 세부적 활동에 반성적 이해를 제공하려는 노력 속에서, 우리는 2년이라는 기간 동안 실험실 과학자와 매일 밀접하게 접촉한 경험에 기초해 한 가지 해명을 구성해냈다(뒤의 '재료와 방법' 절을 볼 것).

관찰자와 과학자

외부인 관찰자가 현장 과학자의 활동에 대한 관심을 처음으로 표현할 때, 그는 서로 다른 다양한 반응 가운데 하나를 기대할 수 있다. 만일 그가 다른 분야에서 연구하는 동료인 직업적 과학자이거나 또는 과학 전문직 입성을 최종적으로 승인받기 위해 연구하는 학생이라면, 통상적으로 그 외부인은 자신의 관심이 쉽게 받아들여진다고 느낄 것이다. 당파 간의 극도의 비밀 또는 경쟁이 존재하는 어떤 상황을 제외하고, 과학자들은 가르치는 역할을 맡아 관심의 표현에 반응할 수 있다. 따라서 외부인은 그들에게 상대적으로 이상한 분야 속 과학 연구의 기본 원리들에 관한 이야기를 들을 수 있다. 그렇지만 과학에 완전히 무지하며 직업적 과학자의 대열에 합류하려 열망하지 않는 외부인에게는 상황이 좀 다르다. 가장 소박한(그리고 가장 덜 흔한) 반응은 과학과 관계없는 외부인이 과학 활동을 조사할 일은 단순히 없다는 것이다. 더 흔한 일로, 역사학자, 철학자, 사회학자 등 과학과 관계없는 다양한 외부인들이 과학에 관심을 품을 수 있고, 품고 있음을 현장 과학자가 인식함에도 불구하고, 그들의 질문과 관심의 정확한 논점은 몇몇 당혹의 원천인 것이다. 현장 과학자들은 통상 자신의 학제가 아닌 여타 학제에 대해서는 원리, 이론, 방법, 쟁점에 관한 개략 이상의 지식을 보유하고 있지 않다는 점에서, 이는 이해 가능한 것이다. 스스로 "과학인류학자"라고 선언한 관찰자는 특별한 대경실색의 원천이 되어야 한다.

한편으로, 지식의 결여는 과학에 관해 외부인이 산출시킨 보고에 대한 두드러진 무관심으로 이끌어갈 수 있다. 이런 유의 반응으로 흔한 것은 과학의 사회적 연구를 담은 학술 논문이 "좀 지루해" 보인다는 것이다. 그 외에 아무것도 아니라면, 이런 종류의 논평은 여러 가지의 과학의 사회적 연구에 대한 과학자들의 인지된 무관성을 보여주는 두드러진 상기물(想起物)을 제공할 뿐이다. 다른 한편으로, 자연과학 바깥에 있는 학제에 대한 숙지가 부족해 의혹이 발생할 수 있다. 그리하여 탐구자들이 실제적 과학 활동과 본질적으로 관계가 없는 질문을 제기하는 것으로 보이기 때문에, 외부인의 관심은 과학 생활의 더 결실 있는 측면에 초점을 두어야 한다고 종종 가정된다. 결과적으로 그와 같은 탐구자들에게 가장 적절해 보이는 소재는, 추문과 음모에 관한, 과학적 탐구의 통상적으로 높은 기준을 위배하거나 비윤리적인 행동에 관한, 커피를 마시면서 교환한 대단한 착상에 관한, 천재의 유명한 행위와 다양한 발견의 기쁨의 경험에 관한 이야기가 되는 경향이 있다. 이것이 외부인은 필연적으로 그와 같은 정보를 액면 그대로 취해야 함을 제안하는 것은 아니다. 그럼에도 과학자들이 제공하는 정보가 탐구자의 보고서 작성에 중요한 영향을 미치게 될 것이라는 점과 제공된 정보가 다시 과학자와 탐구자 간 관계의 본성에 의존한다는 점은 분명하다. 그래서 이 관계의 본성과 그것이 과학에 관한 보고를 산출시키는 데 영향을 미칠 수 있는 방식을 짧게 살펴보는 것이 중요하다.

공공연히 잘 발전된 전통을 갖고 있다는 한 연구소에서 광범위한 과학적 관심과 철학적 관심의 배양을 위해 수행된 연구로부터 이 책 속의 논의가 정보를 얻게 된 점은, 우리에게 행운이었다. 특히, 창설자들은 그 연구소가 주류 생물학의 영역을 족히 넘어 '생명과학'의 영역을 에워싼 연구 관심을 수용해야 한다는 원칙을 확립했다. 예를 들면 언어학 분과는 그 기관의 필수적인 일부로 생각되었다. 부분적으로 이 일반적 원칙의 결과로, 초기 접근의 문제는 상당히 작아졌다. 특정 실험실 책임자의 후원 아래, 우리 중 한 사람은 현장 과학자들의 나날의 활동에 즉시 근접할 수 있는 사무실 공간을 2년 동안 제공받았다. 그렇지만, 진입에 대한 제도적 장벽이 낮아졌음에도, 외부인 관찰자는 실험실의 구성원들에게 수수께끼 같은 존재로 남아 있었다. 실험실을 연구하는 그의 구체적 동기와 목적은 정확히 무엇이었나?

아마도 외부인 관찰자는 참여자들의 호기심이나 의혹의 감각을 더하게 할 수도 있을 방식보다는 학문적 탐구의 확립된 범주라는 관점에서 그의 관심을 나타내려는 유혹을 느낄 것이다. 예를 들면, '역사학자' 또는 '철학자'라는 딱지는 '사회학자' 또는 '인류학자'라는 딱지보다 훨씬 더 쉽사리 수용 가능할 것이다. '인류학자'라는 용어는 '원시적' 또는 '과학 이전' 믿음 체계에 관한 연구와 쉽사리 연합된다. '사회학자'라는 용어는 서로 다른 과잉의 해석을 야기하지만, 본질적으로 그것은 현장 과학자에게 어떤 범위의 현상과 관계하는 것으로 보일 수 있는데, 그 현상 모두가 사회적이고 정치적인 음모의 문제에 몇몇 방식으로 부딪힌다. 그러므로 놀랍지 않게도, '사회학'이라는 용어를 과학 활동 연구에 적용하는 일은 많은 과학자들에게 주로 과학의 이 모든 '과학적이지 않은' 측면을 다루는 일로 여겨질 것이다. 과학에 관한 사회학적 관심은 따라서 나머지 범주에 속하는 다양한 행동적 현상과 관계되는 것으로 보인다. 이들 현상은 과학자들이 사회적 존재라는 사실 덕분에 피치 못하게 과학의 실천과 부딪힌다. 그러나 이들 현상은 실천 자체에 대해서 본질적으로 주변적이다. 이 견해 속에서, 사회적 현상은 가끔씩 극도의 비밀, 사기의 예에서 또는 여타 상대적으로 빈번하지 않은 경우에서 그것들의 존재가 느껴지도록 할 것이다. 그것은 과학의 논리 및 과학의 절차의 핵심이 준엄하게 위협받고 과학자들이 외부적 요인의 관입(貫入)으로 그들의 연구가 방해받는 것을 발견하게 되는 그때일 뿐일 것이다.

사회적인 것과 과학적인 것: 참여자의 자원

많은 출처가 과학자들 사이에 사회학과 '사회적인 것들'에 관한 이 관념이 퍼져 있음을 증언해준다. 첫째, 이 견해는 사회학자들이 일종의 학문적 추문 폭로에 참여하고 있다는 데 대한 과학자들의 비교적 빈번한 인식과 일관된다. 과학 전문지식이 부족하다고 선언했던 탐구자들의 질문에 반응해, 과학에 대해서 본질적으로 외부적인 사건들과 관계된 정보가 제공되었다. 둘째,

과학자들이 타인의 주장에 대해 흠을 잡거나 의혹을 제기하려고 흔히 사용했던 방법은 그 주장의 산출에 관한 사회적 상황에 유의하는 것이다. 예를 들어, 다음 언명을 본다.

> X는 최초의 광학적 펄서(pulsar)를 관찰했다.

다음에 오는 정식화를 사용함으로써 이 언명은 준엄하게 그 토대가 흔들릴 수 있다.

> X는 3일 밤을 연속해서 깨어 있었으며 극도로 기진맥진한 상태에서 그가 최초의 광학적 펄서를 보았다고 생각했다.

두 번째 버전에서, 체계적인 과학적 절차의 내부 논리는 사회적 요인의 관입으로 교란되었다. 우리가 당연한 순서에 따라 보게 될 것처럼, 여기서 '사회적 요인'은 단순한 '관찰'을 '무언가를 본 것에 관한 사고' 과정에 대한 강조로 변환하는 것은 물론이고 "3일 밤을 연속해서 깨어 있었"다는 것도 가리킨다. 성공적 관찰을 위해서 과학은 그와 같은 '사회적 요인'과 분리되어 나아가거나 때로 '위대한' 과학자의 사례에서 그렇듯 그 요인에도 불구하고 나아가야 했다. 그런 '사회적 요인'이 나타난다면, 보통의 어떤 과학자도 과학을 성공적으로 추구할 수가 없는 것이다. 관찰, 주장, 성취는 따라서 사회적 상황에 호소함으로써 우려를 설명해 없애버릴 수 있거나 결함을 지닌 것이 되게 할 수 있다. 셋째, 사회적 상황에의 호소가 과학적 성취로부터 주의를 딴 곳으로 돌리는 데 사용될 수 있을지라도, 사회적 요인을 일상적인 과학적 절차의 필수적인 부분으로 고쳐 쓰는 것 또한 가능하다. 결과적으로 문제의 '사회적 요인'은 더 이상 과학과 관계없는 것으로 보이지 않게 된다. 이 요인들은 더 이상 '사회적인 것'과 관계하지 않기 때문에 사회학적 전문지식의 영역을 넘어선다. 예를 들어 펄서 발견의 사례에서(Woolgar, 1978), 많은 전파천문학 경쟁 그룹들은 케임브리지대학교 그룹이 발견 소식의 공개를 지나치게 지연했다고 불평했다. 다른 말로 하면, 발견에 관한 의사소통이 다루어진 방식에 관심을 쏟음으로써 케임브리지 쪽 성취의 성격을 경감시키려는 기도가 이루어졌던 것이다. 아주 많은 비평자 중 한 사람은 다음과 같은 양날의 논평을 했다.

> 진실은 휴이시(Hewish)와 전체 케임브리지 그룹이 몇 달 동안 그것만으로도 거의 발견 자체만큼 큰 성취가 된 안전과 기밀 차단을 성취해냈다는 것이다(Lovell, 1973: 122).

유사한 비판들에 응답하는 방식으로 케임브리지의 대변인은 기밀의 필요성은 통상적인 과학적 절차의 일부일 뿐이라고 주장했다.

> 과학의 긴 역사에서, 내가 생각하기로, 최초의 예비 결과를 출간해야 하는 의무 없이 과학적 발견을 속행해나가는 일은 그 발견을 이루어내는 개인 또는 그룹의 권리로 여겨져 왔다(Ryle, 1975).

여기서 논점은, 케임브리지 쪽 행위의 과학성에 의혹을 제기하는 기반으로 여겨진 것이 사실상 통상적 과학 절차의 요긴한 부분이었다는 점이다. '기밀적'(이 용어 자체가 케임브리지 그룹 참여자들에 의해 뜨겁게 논의되었다)이라고 불린 행동은 케임브리지 그룹의 행동을 흠잡는 데 사용될 수 있는 외생적인 사회적 요인이라기보다는 과학적 절차의 통상적 부분이라고 주장되었다. 더욱이 몇몇 참여자는 그런 행동이 과학 절차의 통상적 부분이기 때문에 사회학을 하는 외부인에게 특별히 주목받을 일이 아니라고 주장했다.

우리는 과학자들의 활동과 연합된 상황을 다루면서, 과학자들이 유사한 절차를 사용하는 일에 대한 자세한 토론으로, 당연한 순서에 따라, 돌아갈 것이다. 그러나 우리의 논의는 현장 과학자들 사이에 '사회적'과 '지적' 사이의 구별이 널리 퍼져 있다는 단지 그것이 아니다. 더 중요한 점은 이 구별이 과학자들이 그들 자신의 노력이나 다른 이들의 노력을 특징지을 때 의존할 수 있는 자원을 제공한다는 것이다. 그러므로 이 구별의 본성과 그것이 과학자들에 의해서 사용되는 방식을 탐구하는 것이 중요하다. '사회적'과 '지적' 사이의 구별이 과학을 관찰하는 이들에게 문제가 안 되는 것으로 받아들여지는 정도는, 그들이 산출하는 과학에 관한 보고에 대해서 중요한 귀결을 지닐 수가 있다.

사회적인 것과 과학적인 것: 관찰자의 진퇴양난

한 극단에서, 앞에 언급된 구별을 관찰자가 전적으로 채택하는 일을 우리는 상상해볼 수 있다. 이 경우 관찰자는 과학적 현상이 사회적 현상과는 대체로 구별되는 영역을 차지하며, 사회학의 개념, 절차, 전문성이 적용될 수 있는 것은 후자에 대해서일 뿐이라는 가정을 품고 있다. 결과적으로 과학자의 연구에 중심이 되는 절차와 성취는 대체로 사회학적 설명을 면제받는다. 비명시적으로 이 관점을 채택하는 접근법은 몇 가지 근거로 두루 비판받아 왔다. 비판들을 자세히 반복하기보다는, 우리는 주된 비판적 주제 몇몇만 개략적으로 파악해볼 것이다. 첫째, 과학의 '기술적' 측면보다 '사회적' 측면에만 집중한다는 결정은 연구하기에 적당한 것으로 선별될 수 있는 현상의 영역을 엄격하게 제한한다. 단순히 보아, 이는 현장 과학자들을 끈질기게 감시하는 몇몇 정치인의 존재를 명확하게 파악할 수 없는 한 과학사회학을 할 아무런 요점도 없음을 의미한다. 외부 매개체의 중개에 의한 그와 같은 명백한 간섭이 존재하지 않는 곳에서, 과학은 사회학적 분석의 필요성이 없는 채로 나아갈 수 있다고 논의된다. 이 논의는 가끔씩 있는 사회·정치적 요인의 영향이라는 특히나 제한된 개념에 달려 있다. 만일 그러한 요인이 부재한다면 과학의 실체는 영향받지 않고 나아간다는 것이다. 둘째, '기술적인 것'에 반하는 '사회적인 것'에 대해 강조함으로써 '잘못된' 또는 '틀린' 과학을 예시하는 것으로 보이는 사건들을 분석을 위해 불균형적으로 선별하게 될 수 있다. 앞으로 보게 될 것처럼, 사실 구성(fact construction)의 중요한 특징은 일단 한 사실이 확립되면 '사회적' 요인들이 사라져버리는 과정이라는 것이다. 과학적인 것들이 잘못되어 버렸다고 여겨지는 지점에서 과학자들은 스스로 우선적으로 '사회적' 요인의 존재를 유지(또는 부활)시키므로, 관찰자가 그와 동일한 관점을 채택하면 필연적으로 사회적 요인이 '잘못된' 믿음에 영향을 미치거나 그런 믿음을 일으키는 방식에 대해 분석하게 될 것이다. 하지만 반스(Barnes, 1974)가 논의했듯이, 적어도 믿음의 분석을 향한 대칭적인 접근은 매우 현실적인 필요성이 있다(Bloor, 1976과 비교해볼 것). 틀렸다고 여겨진 것들만큼이나 올바르다고 주장된 과학적 성취도 꼭 그렇게 사회학적 분석에 순종할 수 있어야 한다는 것이다. 셋째, '사회적인 것'에 대한 강조는 비평자들로 하여금 불균형의 몇몇 교정을 옹호해 논의하도록 이끌었다. '기술적인 것'에 대해서 충분한 주목이 부여되지 않은 것으로 생각된다. 예를 들면, 휘틀리(Whitley)는 과학에 대한 사회학적 관심이 과학에 관한 완전하게 성장한 사회학보다는 '과학자들에 관한 사회학'으로 전환될 위험에 처해 있다고 논했다.

> 과학 자체의 형상과 질료에 준거하지 않은 채, 일정한 배양된 인공물(artifacts) — 이는 과학에 관한 것이다 — 을 생산하는 이들에 관한 연구를 분리하는 것은 잘못이다(Whitley, 1972: 61).

비판의 넷째 원천은 과학의 규범적 구조에 대한 머튼(Merton)의 묘사에서 영감을 얻은 분석들에 관해 이야기한다. 이들 분석 다수는 '기술적인 것'과 '사회적인 것'의 분리를 예시해준다. 많은 비판은, 이들 분석이 윤곽을 그려내는 근대과학의 정신에 대해서 경험적 기초가 결여되어 있음과 관계한다. 예를 들어 머튼의 규범은 그가 제안하는 방식으로 과학자의 행동을 단순히 다스릴 수는 없다고 설득력 있게 논의되어왔다. 더 최근에, 과학 속의 규범과 반규범 양자의 존재(Mitroff, 1974)는, 과학자들이 자신들의 연구에 관해 외부인들에게 해주는 진술을 사회학자들이 불충분하게 비판적으로 평가하는 데서 유도된다고 지적되어왔다(Mulkay, 1976). 그렇지만, 과학자 규범의 경험적 기초에 대한 비판보다 더 중요한 논점은 그와 같은 사회학적 분석들이 과학의 기술적 실체를 무시한다는 것이다. 사회학자가 규정한 규범들이 옳다고 밝혀지더라도, 그가 우리에게 과학자들의 활동의 본성이나 실체에 관해 이야기하는 바 모두에 대해서 그는 전문 낚시꾼의 공동체를 서술하고 있는 것과 같을 수도 있다.

'사회적인 것'보다 '기술적인 것'에 더 유의하려 노력하면서, 멀케이(Mulkay, 1969)는 확립된 지식 및 그와 연합된 "인지적이고 기술적인 규범"의 덩어리가 사회적 규범보다 과학자들의 행동을 더 실제적으로 제약하는 요인이라고 논의한다. 결과적으로(Mulkay, 1972) 과학자들은 패러다임에 묶인(paradigm-bound) 연구에 관한 쿤(Kuhn, 1970)의 서술과 대체로 일관되는 체계 안에서 연구하고 있는 것으로 알려진다. '사회적' 요인과 동일한 양식과 정도로 '기술적' 요인 또한 다룰 가치가 있다는 논변은 사회적 전개와 지적 전개 간의 **평행성**에 관한 탐구를 강조하는 연구로 이끌었다. 인식적 전개에 관한 설명이 '공존하는' 사회적 전개에 관한 이해와 연합되어 진전되어야 한다는 점은 따라서 이 영역에서의 몇 가지 기여에 대해서 자명한 공리와도 같다. 아마도 이 정식화의 가장 명백한 예는 멀린스(Mullins, 1972, 1973a, 1973b)의 연구 속에 있을 것이다. 여기서 사회적 과정(예를 들면 "사회 조직화 지휘자들"의 출현)은 '지적 측면'(예를 들면 "입장 정의하기"와 "연구하기" 사이의 전이)의 전개와 앞서거니 뒤서거니 하면서 발생하는 것으로 보인다. 사회적 과정에 관한 토론은 지적 전개에 관한 취급과는 상당히 분리되어 제시된다. 이와 유사한 방식으로, 과학 성장에 관한 모형들은 빈번히 과학의 영역을 다양한 전개 단계를 통과해가는 것으로 제시했는데, 이들 단계 각각은 부수하는 사회적 특성과 인식적 특성이 있다(Crane, 1972; Mulkay et al., 1975). 여기서 강조점은 "지적 전개와 사회적 과정 간의 연결을 보여주는 설명"을 내놓는 것에 있다(Mulkay et al., 1975: 188).

과학 활동의 서로 다른 두 측면 간의 연결이라는 관점에서 과학 활동을 탐구하는 일은 몇 가지 어려움으로 이끈다. 이미 언급했듯이, '사회적인 것'과 '지적인 것' 간의 올바른 균형이 성취되지 않았기 때문에 몇몇 사회학자는 불평했다. 예를 들면 로(Law, 1973)는 멀린스(Mullins, 1972)가 시간의 흐름 속에서 한 전문분야의 네트워크 특성 변화보다 관념 전개에 덜 집중한다고 논의한다(또한 Gilbert, 1976: 200을 볼 것). 이와 동시에, 인과관계의 문제가 생겨난 것은 부분적으로 사회적 요인과 지적 요인 간의 구별 때문이다. 사회적 집단의 형성이 과학자들이 하는 일정한 탐구 노선의 추구를 일으키는가, 아니면 지적 문제의 존재가 과학자들의 사회적 네트워크를 창조하도록 이끄는가? 몇몇 저자는 이 인과관계의 방향을 규정하려는 기도를 피한다(Mulkay et al., 1975). 다른 이는 그 방향이 탐구되고 있는 과학 영역에 따라 달라지며(예를 들면 Edge and Mulkay, 1976: 382), 그것은 더 나아가는 연구(예를 들면 Tobey, 1979: 특히 각주 4)를 필요로 하는 문제라고 제안했다.

'기술적' 문제와 '지적' 문제의 이해를 둘러싼 인정은 전통적인 사회학적 연구 방법에 중요한 도전을 제공한다. 이런 도전은 에지와 멀케이(Edge and Mulkay, 1976)가 착수했던 것인데, 영국에서 전파천문학의 출현에 관한 그들의 연구는 세부적 기술 발전의 포괄적 역사를 제공한다. 그런 것으로서 그들의 연구 보고는 더 앞서 존재하던 과학사회학 관점으로부터의 실질적 이탈이다. 그렇지만, 일정한 논평자들이 그 보고를 전파천문학의 '사회적' 측면과 '기술적' 측면에 부여된 상대적 강조라는 관점에서 비평했던 점은 흥미롭다. 예를 들면, 크레인(Crane)은, 기술의 역사에 관한 저자들의 강조가 이론적 해석에 바쳐진 논의의 일부를 왜소화시켰으며 일반화를 향한 저자들의 기도 안에는 모험의 상응하는 결여가 존재한다고 말했다.

> 저자들은 그 전문분야 전개의 몇몇 측면에 관해서 사회학적 분석을 제시하지만 여기에서조차, 그들 스스로가 진술하는 것처럼, 그들의 논의는 "일반성이 낮은 수준이고 사례 연구에서 생성된 경험적 자료에 가까운 상태로 남아 있다"(Crane, 1977: 28).

우리의 목적에서 보자면, 더 앞서 있던 연구로부터의 이탈이라는 중요한 측면은, 전파천문학 그룹의 한 전(前) 구성원과 사회학자 사이에 있는, 이 보고서 산출 과정에서의 협력에서 유래한다. 그와 같은 협력은 과학의 기술적 세부 사항과 심각하게 씨름하려는 모든 외부인의 기도에 대해서 의미 있는 필요조건으로 보일 것이다. 그렇지만 이 협력이 그 자체의 특수한 문제를 갖고 있지 않은 것은 아니다.

멀케이(Mulkay, 1974)는 과학에 관한 사회학적 연구에는 과학의 기술적 문화에 대한 밀접한 조사와 그에 따르는 기술적으로 유능한 참여자들의 활발한 협력이 필요하다고 논의한다. 그는 또한 외부인이 좀처럼 기술적 문화에 관심을 갖지 않음에 그리고 통상 그들은 기술적으로 무능하기 때문에, 참여자들이 그들에게 준 설명을 상당히 조심스럽게 다루어야 함에 주목한다. 외부인 청중이 대면한 과학자는 **과학적** 정확성과 **역사적** 정확성 사이에서 설명하면서 일정한 혼동을 전달하는 것으로 보인다. 과학자와 외부인의 관계는, 전 구성원과 사회학자가 함께 수행한 다양한 인터뷰에 관한 멀케이의 진술에 의해서 강조된다. 만일 인터뷰 대상자가 나날의 활동의 일부로 일상적으로 토의했던 것과 유사한 기술적 문제와 관련해 토의한다면, 전 구성원과 인터뷰하는 사람 간의 공감 관계는 빠르게 확립될 수 있다. 더 사회학적인 문제에 관한 토론은 전반적으로 인터뷰에서 나중으로 밀려났고, 특히 전 구성원과 사회학자가 둘 다 있었던 곳에서 외부인으로서의 사회학자에 대한 인터뷰 대상자의 감각을 악화시켰다. 인터뷰 대상자는 그가 하는 과학의 기술적 내용과 직접 관계가 없었던 토론의 영역 안에 그 사회학자가 제한되어야 한다고 가정했다.

인터뷰 대상자와의 상호작용 과정에서 겪은 난점에 대한 이들 관찰은, 더 나아가 과학자들 스스로가 '사회적'과 '기술적'을 아주 분명하게 구별하면서 작업한다는 관념을 지지해준다. 동일한 구별이 이분법의 양측 사이에서 공정한 균형에 도달했느냐는 질문을 제기한다는 점에서 이 구별은 관찰자에게 한 질문을 제공할 수 있다. "기술적 쟁점과 사회적 쟁점은 밀접히 연결되어 있다"(Mulkay, 1974: 114)라는 단언에도 불구하고, 이 질문은 남아 있다.

'사회적' 요인과 '지적' 요인 사이에서 '올바른' 균형을 성취하는 일에 특별한 중요성을 두는 것이 필수적이지는 않다고 우리는 논의하고 싶어 해야 한다. 이는 두 가지 주요 이유 때문이다. 첫째, 이미 언급했듯이, '사회적' 요인과 '기술적' 요인 간의 구별은 현장 과학자들이 일상적으로 의존하는 자원이다. 우리의 의도는 그 이중성의 한쪽이나 다른 쪽을 강조하는 편이 과학을 이해하는 데 더 적절함을 보여주는 것이라기보다는 이 구별이 어떻게 과학자들의 활동에서 특징을 이루는지를 이해하는 것이다. 둘째, 과학 활동의 세부에 관한 관심은 '사회적' 요인과 '기술적' 요인 간의 구별을 방해한다. '기술적'과 '지적'이라는 용어를 사용하는 점이 과학자 활동의 중요한 특징이라는 의미에서 우리는 '기술적' 쟁점에 유의하길 원한다. 그러나 우리는 그와 같은 개념의 사용을 설명되어야 할 현상으로 여긴다. 더 의미심장한 것으로, 과학 활동에 관한 우리 설명이 그 활동의 일부로서 특색을 이루는 바로 그 개념과 용어의 무비판적인 사용에 어떤 유의미한 방식으로 의존해서는 안 된다는 점을 우리는 중요하다고 본다.

과학'인류학'

우리 연구의 초점은 하나의 특정한 실험실에서 수행된 일상적 작업이다. 우리 논의에 정보를 주는 재료는 대부분 하나의 배경 안에서 이루어지는 과학자들의 활동에 관해 **현장에서** 했던 모니터링에서 얻었다. 우리 주장은 사회학자들이 서술하는 과학의 여러 측면이 일상적으로 발생하는 과학 활동의 미세 사항에 의존한다는 것이다. 역사적 사건, 비약적 전진, 경쟁은 진행 중인 과학 활동의 계속적인 흐름의 위에서 발생하는 현상의 예다. 에지(Edge, 1976)의 관점에서 보자면, 우리의 가장 일반적인 목적은 "과학의 연한 급소"의 본성을 조명하려는 것이다. 우리는 따라서 그의 연구실 작업대에 단단히 자리 잡은 과학자가 행한 연구에 초점을 둔다.

이 관점에 동조해, 더 나은 용어가 없어 우리가 '과학인류학(anthropology of science)'이라 부른 프로젝트가 형태를 갖추었다. 우리는 이 서술을 우리 접근의 몇 가지 독특한 특징에 유의케 하고자 사용한다.[1] 첫째, 인류학이라는 용어는 축적된 경험적 재료의 예비적 제시를 나타내기 위해 의도한 것이다. 같은 생각을 지닌 모든 실행자의 활동에 관해 철저한 서술을 제시했다고 주장하지 않으면서, 과학자의 한 특수 그룹에 대한 민족지학적(ethnographic) 탐구를 담은 모노그래프를 제공하는 것이 우리 목표다. 우리는 코트디부아르를 답사한 두려움 없는 탐구자의 연구 절차와 유비(類比)되는 연구 절차를 그려보았는데, 탐구자는 부족민과 함께 살고, 그들의 어려움을 공유하며, 거의 그 일원이 되어버림으로써 '야만인'의 믿음 체계와 물질적 생산을 연구해 내어, 그가 예비적 연구 보고서로 제출할 수 있는 일군의 관찰 내용을 갖고

---

1 우리는 여기서 우리의 방법론적 절차를 인류학적 연구에서 사용되는 그것과 체계적으로 관련지으려는 어떤 기도도 하지 않는다. 과학에 관한 연구와 인류학의 유관성을 다루는 예비적 논의로는 Horton(1967)과 Wilson(1970)의 독서물을 볼 것. 더 최근의 논의로는 Shapin(출간 예정)과 Bloor(1978)가 있다.

마침내 돌아온다. 둘째, 이미 암시했듯이 **한 특정한 배경** 안에서 얻은 과학 활동에 관한 관찰 모음과 서술에 특별한 중요성을 둔다. 참여관찰 기법을 인정함으로써 우리는 이제껏 과학 이해를 귀찮게 따라다녔던 주요 문제를 받아들이고자 희망한다. 최근에 과학자들이 자신의 연구에 관해 하는 진술에 외부인 관찰자가 의존하는 데 대해 불만이 커져왔다. 인쇄된 과학의 의사소통 내용이, 출간된 보고서를 발생시키는 활동을 체계적으로 잘못 표현한다고 몇몇 참여자들 스스로가 논했다(Medawar, 1964).[2] 이와 유사한 방식으로, 왓킨스(Watkins, 1964)는 "설교적인 무감정한" 문체가 과학이 어떻게 행해지는가를 이해하는 데 여러 가지 난점을 만들어낸다고 불평한다. 특히 과학자들이 자서전적 보고서 형식을 기피하면서, 보고된 연구에 배경이 되는 프로그램이나 맥락을 독자가 평가하기 어려워진다. 모순적인 해석들이 사회학적 설명을 통해 조화를 이룰 수 있다고 통상적으로 주장됨에도 불구하고 (Mulkay, 1976; 그러나 Woolgar, 1976b를 볼 것), 사회학자들은 유사한 경향이 역사적 맥락의 사회학적 이해에 특수한 문제를 일으킨다는 것에 주목했다 (Mulkay, 1974; Woolgar, 1976a; Wynne, 1976). 과학자들의 설명을 사용하는 것과 연관된 문제들에 대한 이들 논평은 과학의 '기술' 특성에 관한 토의에서 유사점을 발견한다. 예를 들면 라베츠(Ravetz, 1973)는 과학 활동의 본성이 과학 보고서에서 사용된 표현 형태로 인해 철저히 잘못 표상된다고 제안한다. 과학자의 진술이 역사적 명료화 문제만을 일으키는 것이 아니다. 또한 그들의 연구 보고서를 발생시키는 활동의 본성을 체계적으로 숨긴다. 다른 말로 하면, 과학자가 외부인에게 말할 때 진술의 방식과 내용을 종종 변화시

---

2 메다워(Medawar, 1964)는 그의 논변을 과학 보고서를 통해 잘못 표상되는 '사고 과정'의 측면에서 정식화한다. 이 보고들이 상당한 의구심을 자아낸다는 일반적 논점에 동의하는 한편, 우리는 보고서 구성의 '바닥에 놓여 있는' '사고 과정'에 관한 어떤 질문을 하는 데 대해서는 엄격하게 유보적이다. 4장에서 상세히 논의하듯이, 사고 과정 측면에서 과학 활동을 설명하는 것 자체가 상당히 오해를 불러일으킨다.

킨다는 사실이 과학적 사건에 대한 외부인의 재구성과 어떻게 과학이 행해지느냐 둘 다에 문제를 일으킨다. 그러므로 과학 실천에 관한 현장 관찰을 통해서 과학 활동의 기술 특성 몇몇을 되찾는 일이 필요하다. 더 명확히 말해서, 어떻게 그와 같은 기술 실천이 체계적이고 말쑥해진 연구 보고서 안으로 조직되어 들어가느냐를 경험적 탐구를 통해서 보여주는 것이 필요하다. 짧게 말해, 어떻게 해서 과학 실천의 실제 내용이 과학이 어떻게 행해졌는가에 관한 진술로 변환되는 것인가? 우리는 과학자들의 일상적 활동 안에 있는 외부인 관찰자의 연장(延長)된 침잠(沈潛)을 이 질문과 이와 유사한 질문에 답할 수 있는 더 나은 방식의 하나로 여긴다. 이는 또한 과학 활동에 관한 우리의 서술이 그 분야 내 관찰자의 경험의 결과로 출현했다는 이점을 지닌다. 다시 말해 우리는 관찰된 바의 기술적, 역사적, 또는 심리학적 측면 중 어느 하나에 지배적으로 초점을 맞추고자 의식적으로 선택하지 않았다. 우리 논의에 앞서, 능력의 범위를 제한하려는 어떤 기도도 없었으며 그 분야에서 마주치게 될 바를 가장 잘 설명할 수 있을 개념(또는 개념의 집합)에 관한 어떤 기존 가설도 없었다. 셋째, '인류학'을 우리가 사용하는 것은 연구 대상에 대한 우리의 친숙함을 괄호 치는 것이 중요함을 나타낸다. 이것으로 우리는 과학 활동에서 쉽사리 당연하게 여겨지는 측면들을 낯선 것으로 파악하는 일이 교육상 유익하다고 여기는 것을 의미한다. 몇몇 과학자가 사용한 개념과 용어를 무비판적으로 수용하는 일은 과학을 하는 것을 둘러싸고 있는 신비를 줄이기보다는 오히려 강화하는 효과를 지녔다. 역설적으로 인류학적 생경성(anthropological strangeness)이라는 개념을 우리가 활용한 점은 과학과 때로 연관되는 이국정서(exoticism)를 다시 확언하기보다는 오히려 용해하려 의도된 것이다. '기술적'과 '사회적' 간의 구별을 채택하는 일을 피하려는 우리의 욕망과 함께, 이 접근은 우리를 과학에 대한 분석으로 가는 특별히 불손한 접근으로 여겨질 수도 있을 길로 이끌었다. 우리가 사전 인지(또는 전 참여자의 경우, 사전 사회화)를 과학자들의 연구를 이해하기 위한 필수적 선결 요건으로 여기지 **않는다**는 의미에서, 우리는 기술적 문제에 대한 실험실 구성원들의 명백한 우월성을 중요치 않게 여긴다. 이는 인류학자가 원시 마법사의 지식 앞에 고개 숙이기를 거부하는 것과 유사하다. 우리에게는 '원주민 되기(going native)'의 위험성이 접근의 용이성 및 참여자들과의 공감 관계의 급속한 확립이라는 성립 가능한 이점보다도 중요하다. 우리의 실험실 과학자들은 한 부족을 구성하며, 그 부족이 행하는 대상의 일상적 조작과 생산은 때로 외부 세계가 그 부족의 산출물에 경의를 표해 받게 되는 높은 지위와 일치시켜 판단될 경우 오해될 위험을 안고 있다. 우리가 아는 한 과학자의 실천이 외부인의 실천보다 더 합리적이라고 가정할 선험적 이유는 존재하지 않는다. 그러므로 우리는 지나치게 당연하게 여겨지지 않도록 하기 위해 실험실 활동을 되도록 낯설어 보이게 할 것이다. 기술적 문제에 대체로 친숙하지 않은 외부인들은 초기에 기술적 문화를 무비판적으로 채택하는 일을 스스로 감수함으로써 그들의 관찰적 혜안을 극심하게 위태롭게 할 수도 있는 것이다.

과학에 관한 인류학적 관점을 우리가 특수하게 사용하는 일은 과학에 관한 여러 연구에서 통상적으로 분명하지가 않은 반성성의 정도를 또한 수반한다. 반성성으로 우리는, 과학 활동을 관찰하는 이들은 그들이 연구하고 있는 실행자들이 쓰는 방법과 본질적으로 유사한 방법과 관여되어 있다는 인식을 언급하려는 것이다. 물론 사회과학이 과학적일 수 있느냐 그리고 어떤 의미에서 그러하냐에 관한 논쟁은 여러 사회학자의 익숙한 장사 도구다. 그렇지만 빈번히 이들 논쟁은 과학이 실행되는 방식에 관한 철학자들의 편파적 설명에서 추려낸, 과학 방법의 본성에 대해 오류를 지니고 있는 개념에 의존했다. 예를 들면 사회과학이 포퍼(Popper)나 쿤을 따를 수 있는지(또는 따라야 하는지)에 대해서 많은 이야기가 나왔음에도, 최소한으로 보더라도 이런 저자가 내놓은 과학에 관한 서술에서 과학 실천의 실제 내용에 대한 대응은 다소 불명확하다.[3] 우리 논의에서는 이런 일반적 주제들을 한 발짝 비켜 가게 될 것이며 그 대신 과학을 실행하는 이와 과학 활동을 관찰하는 이가 공유할 수 있을 특수한 문제들에 집중하게 될 것이다. 이는 특히 논의 뒷부분에서 우리가 논의를 구성하고 제시하면서 직면하는 일정한 방법론적 문제들에 대해 우리 의식을 명백하게 하는 일을 수반할 것이다.

우리는 인류학적 훈련을 좀 받았으나 과학에 대체로 무지한 인류학자의 경험에 우리 논의를 기초시킴으로써 앞에 나타난 인류학적 관점의 요구 사항을 충족시키고자 했다. 이 접근을 사용함으로써 실험실 내부에서의 산출과정과 관찰자의 접근과의 유사점을 조명해내길 희망한다.

우리의 논의가 현장 과학자들이 기존에 모르던 어떤 것을 그들에게 말해줄 것 같지는 않다. 예를 들어 과학 연구의 세부 사항에 관해 이제껏 발견되지 않았던 사실을 우리 연구 대상에게 드러내주리라고 추정하지는 않는다. 우리 실험실 구성원의 대부분은 우리가 묘사하는 종류의 기술 활동을 인정할 것이다. 그렇지만 이와 동시에, 그와 같은 기술 활동이 '과학에 관한 진술'로 변환되는 방식에 관한 우리의 서술은 과학자들이 실태라고 알고 있는 바에 대해서 새로운 관점을 구성할 수도 있다. 참여자들이 연구 보고서의 관점에서 정식화된 과학 활동의 서술에 완고한 인정을 유지하는 곳에서 분노가 발생할 수도 있음을 우리는 예견한다. 종종 이런 인정은 연구비를 조달하거나 여타의 특권을 주장할 때 그와 같은 진술이 쓸모가 있음을 감지하는 데서 비롯된다. 그러므로 과학이 나아가는 방식에 대한 우리의 대안적인 버전이 잠재적으로 특권의 확보를 약화 또는 위협하는 것으로 보이는 지점에서 반대가 제기될 것이다. 믿음의 기초 또는 현재의 토의에 관한 더 정확한 서술로서, 과학 지식의 사회적 구성의 기초에 관한 탐구는, 연구되고 있는 믿음이나 지식에 의혹을 제기하려는 기도라고 빈번히 치부되었다. 지식에 관한

3 이 점은 많은 저자가 제시했다. 예를 들면, Lakatos and Musgrave(1970)와 Bloor(1974, 1976).

사회학적 연구에서 분석자들은 종종 이런 종류의 잘못된 이해에 직면한다 (예를 들면 Coser and Rosenberg, 1964: 667). 과학에 대한 우리의 '불손' 또는 '존경 결여'는 과학 활동을 공격하려 의도된 것이 아니다. 단순히 우리가 불가지론적 입장을 유지한다는 것뿐이다. 그러므로 우리는 과학이 매우 창의적인 활동임을 부정하지 않는다는 점을 강조할 것이다. 이 창의성의 정확한 본성이 널리 오해되고 있을 뿐이다. 창의적이라는 단어를 우리가 사용하는 것이 이전에는 드러나지 않았던 진리의 덩어리에로의 더 많은 접근을 얻어내는 일정한 개인들의 특별한 능력을 언급하지는 않는다. 오히려 과학 활동이란 지식이 구성되는 단지 하나의 사회적 경기장일 뿐이라는 우리의 전제를 반영한다.

우리가 연구한 특수한 실험실은 지적 수준에서 상대적으로 빈약하다는 점에서 통상적이지 않다는 반대도 있을 수 있다. 그 활동은 일상적인 지루한 작업을 포함하는데, 이는 과학 연구의 여타 영역에 널리 퍼져 있는 드라마와 추측적 과감성의 전형은 아니다. 그렇지만 이 책의 원고를 준비하기 시작하고 얼마 지나지 않아 1977년 노벨의학상이 우리 실험실 구성원 중 한 사람에게 수여되었다. 그 실험실의 연구가 단지 일상적인 일이라면, 우리가 묘사하는 종류의 일상적 연구가 과학자 사회에서 아마도 가장 명예로운 종류의 갈채를 받을 수 있는 일이 가능하다는 것이다.

경계선에 있는, 논쟁적 과학의 사례, 또는 비밀과 경쟁이 명백히 있는 곳에서 사회적 요인의 관입을 보여주기는 비교적 쉽다. 과학자들이 자신의 연구에 비과학적, 기술 외적 간섭의 증거를 제시할 수 있는 것은 정확히 이런 상황 안에 있기 때문이다. 결과적으로 이런 경우에 '기술적인 것'의 출현을 '사회적인 것'의 관점에서 설명하고 싶은 유혹을 느끼게 된다. 그렇지만 우리 실험실의 연구는 명백한 사회학적 사건에서 비교적 자유로운 '통상적' 과학을 이룬다. 그러므로 우리는 험담과 추문의 예들을 노리개로 삼으려는 유혹을 덜 느꼈다. 이 책에서 어떤 사회학적 추문 폭로도 의도하지 않았으며,

그 같은 음모가 빠진 과학은 사회학적으로 주목할 가치가 없다고 주장하지도 않는다.

지금까지 우리의 접근법이 여러 가지 전통적인 사회학적 관심과 구별되는 점들을 논의해왔다. 특히 사회적인 것에 관한 우리의 개념이 지니는 독특한 의미를 나타내기 위해서 과학의 인류학적 연구라는 개념을 채택했다. 우리는 과학자의 행위를 지배하는 규범을 규정하려고 기능주의적 전통을 취하는 사회학적 분석과 관계하지 않는다. 동시에 '사회적' 쟁점과 '기술적' 쟁점 사이의 구별을 암묵적으로 채택하는 관점을 피하는데, 이 쟁점들이 밀접하게 연관되어 있다고 말할 수 있을지라도 피한다. 그런 구별의 사용은 기술적 쟁점의 실체를 비판적으로 조사하지 못하거나 또는 외부적 교란이 아주 명백한 사례에서만 사회적인 것의 효과가 분명하기 때문에 위험할 수 있다. 더 중요한 것으로, 이런 구별의 사용은 과학 활동의 자원으로서 그것의 중요성을 조사하는 일에서 실패한다. 더구나 그런 배경 속에서 관찰 내용을 수집하는 일은 모든 것을 포괄하는 역사적 서술보다는 주로 과학 활동의 세부 사항과 관련된 연구로 우리를 이끌어갔다. 우리의 논의는, '사회적'이라는 표현을 논변 과정에서 명백해질 특수한 의미로 사용한다는 조건하에, 과학적 사실의 사회적 구성과 관계한다. 명백하게 우리는 과학에 대한 우리 관찰을 의미 있게 하려는 시도 속에서 단순화한 개념 부과를 피하고자 한다. 예를 들면 '사회적'이라는 단어에 대한 우리의 관여는 규범 또는 경쟁처럼 사회학적 개념이 적용되는 비기술적 관찰에 국한되지 않는다. 그러는 대신에 우리 자신의 접근법에 대해 상당히 의미 있는 사회학적 개념을 적용함으로써 함축되는 의미 구성 과정을 중요시한다. 이것이 우리 논의의 핵심을 형성하는 의미 구성 과정이다. 그러므로 작업적 정의로서, 우리는 과학 지식의 **사회적** 구성과 관계되어 있다고, 그리고 과학자들이 자신들의 관찰을 의미 있게 만드는 **과정**에 유의한다는 점에 한해 우리가 관계된다고 이야기할 수 있는 것이다.

과학의 사회적 구성 안에서 의미를 만들어내는 과정으로 우리가 뜻하는 바를 설명하기 위해 예를 들어 다시 이야기하기로 한다. 1967년 말 어느 날, 케임브리지대학교의 전파천문학 실험실 연구생인 조셀린 벨(Jocelyn Bell)은 퀘이사(quasar) 관측을 위해 고안된 장비에서 나오는 데이터 출력물에서 이상한 "목덜미(scruff)" 부분이 끈덕지게 나타나는 데 주목했다. 이 진술은 그 자체가 벨과의 토론을 비롯한 다양한 출처에서 희미하게 비쳐 나오는 한 설명의 매우 압축된 버전이다(Woolgar, 1976a). 학파나 연구 스타일에서 각기 다른 사회학자들은 의심의 여지없이 이 사건을 서로 다른 다양한 방식으로 볼 것이다. 예를 들면 주로 규범에 관심이 있는 이들은 널리 퍼져 있는 경쟁 압력에 비추어 이 발견 소식에 관한 의사소통이 어떻게 처리되는가를 탐구할 수 있다. 과학자들은 어느 정도로 보편적 규범에 따라 살거나 그것을 벗어나는가? 그와 같은 접근은 벨의 인지와 연관된 활동을 손대지 않은 채 놔둘 것이다. 더욱 정교한 접근은 그 당시에 일반적이었던 사회적 상황에 관해 탐구할 수도 있다. 벨의 관찰을 두드러져 보이게 했던 장비의 사용 가능성이라는 측면에서 볼 때 제약 요인은 무엇이었나? 벨의 관찰에 특별한 중요성을 부여한 전파천문학의 발전 단계에서 전파천문학 조직의 특성은 무엇이었나? 케임브리지에서의 연구 조직화와 과거 논쟁에서의 참여자 경험과 같은 요인들이 관찰에 끼친 영향과 그 관찰에 뒤이은 해석을 목적으로 조사될 것이라는 의미에서 이 접근은 더 정교할 것이다. 정황이 다르다면 그 관찰이 다르게 해석되었거나 또는 전혀 일어나지 않았을 수도 있다고 논의될 수 있을 것이다.

이 특수한 예에서, 만일 기록의 정밀한 조사가 자동화되었다면 또는 벨이 충분히 사회화되어 목덜미의 끈덕진 재출현은 불가능했으며 따라서 그것에 주목할 수 없었다고 인식하게 되었다면 퀘이사 발견에는 훨씬 더 시간이 걸렸을 것이라고 논의할 수도 있을 것이다. 따라서 벨의 관찰과 같은 기술적 사건은 단순한 심리학적 과정을 훨씬 넘어서는 그 이상의 것이다. 그렇지만 우리의 관심은 관찰 과정의 세부 사항에 있을 것이다. 특히 우리는 벨이 설명, 즉 "약간의 목덜미가 재출현했다"를 산출시킬 수 있었던 것과 같이 일련의 수치를 의미 있게 만든 방법을 알고자 해야 한다. 최초 인식에 정보를 주는 과정들은 심리학적으로 취급될 수 있다. 그렇지만 우리의 관심은 활용 가능한 지각 내용의 명백한 혼돈으로부터 질서를 구성해내기 위해 사회적으로 활용 가능한 절차의 사용과 함께할 것이다.

질서의 구성

과학의 질서가 혼돈에서 구성되어 나오는 방식에 대한 우리의 관심은 두 가지 주요 고려에서 생겨난다. 첫째, 특수한 과학적 행위의 출현을 설명하기 위해서 호소할 수 있을 쓸모 있는 여러 대안적인 사회학적 특징들이 항상 존재한다는 사실로부터 나온다. 어떤 대안은 원리적으로 그 기초가 약해지거나 결함을 지닐 수 있기 때문에, 질서를 만들기 위해 특징들에 호소하는 방식을 조사하기 위해 초점을 변화시키는 것이 나을 수도 있다. 둘째, 외부인 관찰자는 그들 역시 관찰의 무질서한 배열에서 질서 잡힌 설명을 구성해내는 과제에 직면해 있다는 점에서 본질적으로 과학자와 유사한 입장인 것으로 보인다. 우리는 관찰자의 상황이 지니는 반성성을 이용함으로써 과학 실천을 이해할 흥미로운 분석적 계기를 얻고자 희망한다. 따라서 방법상의 본질적 유사성을 깨닫고 뒤이어 조사함으로써 관찰자가 과학 활동의 일정한 세부 사항을 더 잘 이해할 수 있다고 우리가 논의하게 될 것이다. 이 두 논점을 각각 차례로 밝히기로 한다.

첫째 논점은 예를 사용해서 가장 잘 보여줄 수 있는데, 펄서 연구의 전개에서 다시 취한다(Woolgar, 1978). 다음 발언은 펄서의 첫 발견으로 야기된 평판과 논쟁에 관한 분석에 사용되었다.

최초의 펄서 발견은 그 발견 자체가 1967년 9월에 이르기까지의 약 2개월 동안 이루어진 것으로 보임에도 불구하고 1968년 2월에 보고되었다(Hoyles, 1975).

한편으로, 이 발언은 케임브리지 그룹이 발견 소식을 부당하게 지연시켜 내보냄으로써 여하튼 과학의 규약을 위배했다는 **불만**이 존재한다는 증거로 사용될 수 있다. 1967년 9월과 1968년 2월 사이의 시간 지연은 그 저자가 관련된 한에서 "주목할 만한(그리고 따라서 주목할 가치가 있는)" 특징이다. 그가 다른 그룹 구성원이 그 발견을 하지 못했음에 화가 났거나 또는 보고 지연이 어쨌거나 펄서의 속성을 탐구하는 일에서 진전을 방해했다고 느끼기 때문에 그것은 아마도 주목할 만할 것이다. 달리 보면, 똑같은 그 발언은 원리적으로 그처럼 오래 비밀을 유지하는 케임브리지 그룹의 능력에 이 저자가 표현한 **감탄**의 증거로 사용될 수도 있다. 다시 말하지만, 그 시간 간격은 주목할 만한 특징이거나 통상적이지 않은 특징이기 때문에, 그 발언은 감탄으로 여겨질 수 있다. 하지만 이 독해에서 그 시간 간격은 상당한 곤란을 무릅쓰고 이루어낸 성취를 나타낸다. 그것이 성취되었다는 사실은, 한 대학원생의 최초 성취를 보호하는 일을 용이하게 했으며 또한 미디어나 여타 관찰자의 외부 간섭에 방해받지 않고 과학 진보를 강화했던 것이다.

원리적으로, 이 특정 발언에 관한 대안적 독해의 수효는 매우 많다. 그렇지만 정보를 지닌 독자에게 그럴듯한 것으로 수용될 수효는 그 독해에 영향을 미치는 특수한 맥락에 의해서 제약될 것이다. 동일한 방식으로, 특정 연구 상황에 관해 어떤 지식을 지닌 연구자들은 앞에서 개괄한 두 대안 중 하나가 더 그럴듯함을 (거의 자동적으로) 발견하게 될 것이다. 예를 들면, 그 발언을 **불만**으로 읽는 것은 **감탄**으로 읽는 것이 그런 것보다 여타 쓸모 있는 증거와 더 일관된다고 논의될 수 있다. 그러므로 예를 들어, 호일(Hoyle)의 논평이 나온 것은 펄서 발견에 노벨상이 수여된 직후이고, 그 일이 과거 케임브리지 그룹과 그의 거래에 관해 호일이 품고 있던 쓰라림을 되살렸으며,

이는 불만을 제기하는 호일에 대한 해석과 일관된다고 논의될 수도 있을 것이다.[4] 하지만 필연적으로 어느 특정 독해가 여타 증거와 일관성이 있음을 옹호하는 논변은 그 논변의 발의자가 한 여타 발언에 대한 독해에 복잡한 방식으로 의존한다. 만일 이런 '보조적' 독해들을 정당화하라고 요청받는다면, 발의자는 또다시 더 나아가는 독해에 호소해야 하거나 정당화를 위해 원래 발언으로 돌아가야 할 것이다. 어느 쪽의 경우든 정당화 요구는 원리적으로 결코 소진될 수 없다. 물론 실제로는, 끈덕진 도전자들조차도 그들의 기반을 산출시키고 어떤 독해는 산출된다. 다른 말로 하면, 당면한 실제적 목적을 위해 어떤 특정한 독해가 이루어진다는 것이다. 그렇지만 여기에서 요점은 **원리적으로** 어떤 대안도 질문을 제기받을 수 있다는 것이다. 여러 관찰자가 **불만** 독해를 **감탄** 독해보다 더 그럴듯하다고 여길 것이라는 사실은 대체로 상관이 없다. 대안적 독해는 항상 가능하며 어느 한 독해는 항상 기초가 약화될 수 있거나 결함을 지니게 될 수 있다.

이 논변을 단지 발언에만이 아니라 관찰자가 어떤 관찰을 사용하는 일에 확장함으로써, 우리는 논의의 주요 주제에 대한 다음과 같은 정식화를 제공할 수 있다. 관찰자는 움직여가는 기반 위에 분석 근거를 두어야 한다. 그는 관찰과 발언에 대한 자신의 독해들 각각이 한 대안과 평형을 이룰 수 있을 때 관찰과 발언의 질서 잡힌 버전을 산출시키는 과제에 직면하게 된다. 그렇다면 원리적으로 그의 연구 대상이 하는 활동과 행위에 관한 고칠 수 없는 버전을 산출해내는 과제는 희망이 없게 된다. 그럼에도 우리는 관찰자들이 그와 같은 질서 잡힌 버전들을 다른 이들이 소비할 수 있도록 정규적으로 산출시킨다는 것을 안다. 그의 질서 산출은 따라서 "실제적 목적을 위해서" 이루어져야 하는데, 이것은 그가 원칙의 난점을 피하거나 무시함으로써 나아간다는 것을 의미한다.[5] 이 경우 어떻게 관찰자들이 대안적 서술과 독해의

4 이 논의는 Woolgar(1978)에 길게 펼쳐져 있다.

계속적 사용 가능성이라는 철학적 문제를 일상적으로 무시하는지를 이해하는 일이 중요해진다. 다른 말로 하면, 이런 근본 문제의 인식에 대한 한 가지 반응은, 관찰자 자신이 축적해온 발언과 관찰의 질서 잡힌 버전을 산출하는 방법과 절차를 탐구하는 것이다. 이 관점에서 탐구의 초점은 질서의 생산에 있다.

과학자들의 연구가 유사한 절차의 문제를 포함할 수도 있음을 깨닫는 것은 어렵지 않다. 예를 들면 참여자들이 케임브리지의 주요 탐구자 중 한 사람이 이룬 발견의 보고에 관한 올바른 해석을 놓고 양분되었음은 펄서 탐구에 관한 연구에서 분명해졌다(Woolgar, 1978). 어떤 이들은 그 보고가 비일관성과 명료성 결여를 입증했다고 주장했는데, 이것들은 계획적 은폐와 기밀 유지의 증거였다. 다른 이들은 어떤 비일관성이 존재한다는 점을 부정한다. 물론 실제적으로 성취된 대안적 독해들이 출현하는 것은 논쟁 상황에서 가장 분명하다. 그럼에도 독해를 주저 없이 성취해내는 일이 과학 활동 전반에서 계속 진행된다는 점은 확실하다. 과학적 자료에 대한 대안적 해석을 제거하고 이런 대안을 덜 그럴듯한 것으로 만드는 일은 과학 활동의 중심 특징이다. 결과적으로 현장 과학자는 무질서한 관찰의 무더기에서 질서 있고 그럴듯한 설명을 산출시키는 과제에, 외부인 관찰자만큼이나 많이 연루되어 있을 가망성이 있다. 우리가 관찰자로서 여러분이 지금 읽고 있는 해명을 산출하는 방식에 더욱 유의함으로써, 과학자들이 질서 잡힌 해명을 산출해내려고 할 때 사용하는 기법에 대한 통찰을 얻고자 한다.

그렇다면 요컨대, 잘 조직되어 있고 논리적이며 일관된 것이라고 외부인이 널리 생각하는 실천의 덩어리가 사실상 과학자들이 질서를 산출시키려고 투쟁하는 무질서한 관찰의 배열로 구성되어 있다는 확신에 의해서 우리 논

---

5 이 주제를 '바둑' 게임과 관련지어 6장에서 다시 취한다. 게임의 시초에는 모든 움직임이 어떤 여타 움직임만큼이나 가능하거나 좋은 것으로 보인다.

의는 정보를 얻게 된다. 우리가 언급했듯이, 과학이 잘 질서 잡혀 있다는 믿음의 채택은 과학 실천에 관한 연구가 비교적 단순하며 과학 내용은 사회학적 연구를 넘어선다는 필연적 결과를 낳는다. 그렇지만 우리는 과학자와 관찰자 모두가 대안적 해석들의 끊임없이 변동하는 덩어리에 일상적으로 직면하게 된다고 논한다. 참여자들의 잘 질서 잡힌 재구성(reconstruction)과 합리화(rationalization)에도 불구하고, 작동하는 과학 실천은 완전한 혼란과의 대면과 교섭을 수반한다. 과학자들이 채택한 해결책은 배경잡음(background noise)의 범위를 축소하고 명백히 일관된 신호(signal)가 나타나도록 할 수 있는 다양한 틀을 부과하는 것이다. 그와 같은 틀들이 구성되고 부과되는 과정이 우리 연구의 주제다.

앞의 논평들은 과학자가 질서를 산출하는 방식에 관한 우리 논의의 강조점을 정당화하려고 의도된 것이다. 이는 관찰과 경험이 조직되어 이로부터 그것들에 대한 감각이 이루어질 수 있게 되는 방법론에 대한 검토를 필연적으로 포함한다. 이미 주목했듯이, 관찰자가 현장 기록을 대면했을 때 마주하게 되는 대응 과제를 고려하는 일에서 분명히 나타나는 것처럼, 우리는 이런 과제를 이루어내는 것이 결코 하찮은 묘기가 아니라고 믿을 모든 이유를 갖고 있다. 관찰자의 과제는 이 장의 시작 부분에서 소개한 것과 같은 기록을 질서 잡힌 설명으로 변환하는 것이다. 그러나 정확히 어떻게 그리고 어디서 관찰자는 이 변환을 시작해야 하는가? 완전한 신참자의 눈으로 볼 때 실험실에서 일상적으로 오가는 것들이 이국적 성질을 띤다는 점은 분명하다. 관찰자가 처음에는 신비롭고 서로 연결되지 않는 사건의 연쇄와 조우한다. 그의 관찰을 의미 있게 하기 위해, 관찰자는 그가 패턴을 구성할 수 있으리라고 희망하는 몇몇 종류의 주제를 통상적으로 채택한다. 만일 그가 패턴의 존재를 타인에게 확신시키기 위해 한 주제를 성공적으로 사용할 수 있다면, 적어도 상대적으로 약한 기준에서는 그가 자신의 관찰을 '설명했다'는 이야기를 들을 수 있을 것이다. 물론 주제의 선별과 채택은 큰 문젯거리다. 예를 들면 주제가 선별되는 방식은 그 설명의 타당성에 영향을 미친다고 주장될 수 있다. 관찰자가 한 주제를 선별하는 일은 설명할 수 있는 방법을 구성하는 것이다. 처음에는 혼돈된 관찰의 모음에서 질서를 직조해내는 것이 아주 간단치는 않다. 관찰자에게는 이 직조가 올바로 이루어졌음을, 또는 요컨대 그의 방법이 타당함을 보여줄 수 있는 능력이 필요하다.

타당성의 기준을 충족시키기 위해 설계된 가능한 여러 구도 중 하나는 사회적 현상 서술이 이론적 체계에서 연역적으로 유도되어야 하며 뒤이어 경험적 관찰과 견주어 시험되어야 한다고 주장한다. 특히 시험은 관찰이 수집된 상황과 격리된 채 수행되어야 한다는 점이 중요하다. 다른 한편, 적절한 서술은 관찰자가 행동적 현상을 장기적으로 숙지하고 있을 때에만 나올 수 있다고 논의된다. 이 관점에 따르면, 서술이 참여관찰과 같은 기법이 진행되는 동안에 출현한다는 의미에서, 서술들은 적절하다. 논의되기로는 그렇게 산출된 서술들이 참여자들이 지닌 범주 및 개념 집합과 일치하는 몇몇 척도를 발견할 가능성이 더 많다. 후자의 이 적절한 사회학적 방법은 글레이저와 스트라우스(Glaser and Strauss, 1968)의 "기반을 지닌 이론" 개념으로부터 탐구자는 "자료에 대해 진실해야"(예를 들면 Tudor, 1976을 볼 것) 한다는 "현상학적으로 경도된" 사회학의 언명에 이르는 여러 변종이 있다. 독립적으로 시험 가능한 서술의 연역적 산출을 선호하는 구도는 **에틱**(etic) 정당화(Harris, 1968)로 불리는 바, 즉 한 서술의 타당성을 궁극적으로 평가하게 될 독자는 동료 관찰자 공동체라는 견해를 지향한다. 이 구도의 주된 이점은 서술의 신뢰 가능성(reliability)과 재현 가능성(replicability)을 평가하기가 상대적으로 용이하다는 것이다. 이와 대조적으로 사회적 행동에 대해서 현상학적으로 정보를 얻은 서술의 '출현'을 선호하는 구도는 **이믹**(emic) 정당화, 즉 서술의 적합성에 관한 궁극적 결정이 참여자들 자체에 달렸다는 견해를 가장 잘 따른다. 이는 관찰자가 내놓는 서술이 참여자에게 맞지 않는 이질적인 범주와 개념을 단순히 부과하는 것이 될 가망성이 더 적다는 이점을 지닌다. 그렇지만 이와 동시에 특수한 상황에 있는 참여자가 지닌 범주 체계에 기초를 두는 서술은 다른 상황에까지 일반화하는 것에 문제가 있을 수 있다. 더욱이 관찰자가 이믹 정당화의 절차를 올바르게 따랐음을 동료 관찰자 공동체가 확인해준다는 의미에서 그는 동료들에게 해명할 의무를 지닌 상태에 남아 있게 된다.

관찰을 의미 있게 만들기 위한 방법들 사이에 존재하는 이 단순화시킨 구분은 사회학 내부에 현존하는 방법론적 입장과 논쟁의 영역을 좀처럼 정당하게 다루지 못한다. 그럼에도 과학에 관한 연구에서 채택될 수 있는 접근방법의 다양성을 명료화하는 데 도움이 된다. 아주 거칠게 말해서, 만일 머튼 식 분석이 참여자의 기술적 문화에 상대적으로 덜 주목한다는 점에서 에틱 정당화에 의존한다면, 에지와 멀케이로 예시되는 접근은 이믹 정당화에 더 밀접히 의존하는데, 적어도 참여자들이 이들 저자가 그들의 기술적 개념과 용어를 올바로 활용했다는 데 동의할 것이라는 의미에서 그러하다. 이믹 정당화에 의존하는 관찰자들은 일반적으로 연구 대상이 채용한 개념을 그들이 올바로 사용하고 있느냐 그렇지 않으냐와 필연적으로 관련될 것이다. 그러나 이런 개념들을 올바르게 사용하는 데 지나치게 열렬한 관심을 쏟으면 '원주민 되기'라는 위험이 따른다. 극단적인 경우, 전적으로 한 부족의 개념과 언어로 나타낸 그 부족에 관한 분석은 이해가 불가능할뿐더러 그 부족의 성원이 아닌 모든 이에게 도움이 되지 않을 것이다. 이에 더해 원주민 되기의 위험성은 과학에 관한 연구에서 특히 현저한데, 이는 분석자로서 우리가 자연과학을 흉내 내려는 명시적 시도에서 유래한 사회'과학'의 전통에 불가피하게 붙들려 있기 때문이기도 하고, 현재 우리가 속한 문화에서 과학의 방법과 성취가 널리 수용되기 때문이기도 하다. 우리는 또한 실험실 구성원들이 사용한 개념을 심각하게 여기는 것이 중요하다고 인정한다. 그러나 원주민 되기라는 유혹에 저항하는 한 가지 길로서 우리는 참여자들의 개념 사용을 사회적 현상으로 설명하고자 한다. 그렇다면, 이믹 정당화의 원리와 노선을 같이해, 과학 활동의 세부 사항에 대한, 과학자들이 무질서에서 질서를 산출시키는 방식에 대한 우리의 관심은 우리 연구의 상황으로부터 우리 관찰 속의 패턴을 식별해내기 위한 주제들이 출현하는 것에 의존하는 어떤 접근으로 우리를 이끈다. 우리는 실험실 **현장에서 있은** 관찰 경험을 이용하려고 한다. 국소화된 과학적 실천에 밀접해 있음으로써, 관찰자는 과학자들이 스스로 어떻게 질서를 산출하는지 이해하기 위한 바람직한 상황을 갖게 된다. 이와 동시에 우리는 과학자들이 연구하며 지니는 개념들을 그저 당연하게 여기는 것은 부적절하다는 점을 인정한다.

재료와 방법

이 책의 논의가 기초한 재료는 제1저자가 1975년 10월에서 1977년 8월 사이에 수행한 현장연구에서 얻은 것이다. 실험실 선택은 사무실 공간을 제공해주고 실험의 모든 토론과 모든 문서고, 논문, 여타 문서에 자유롭게 접근하게 해주었으며 실험실 비상근 기술자로 채용해준 어느 연구실 선임 구성원의 너그러움에 의해 주로 결정되었다. 21개월간의 참여관찰 프로젝트는 대단한 양의 자료를 산출했는데, 그중 적은 일부만이 현재의 논의에 사용되었다. 현장 기록(우리 논의 전체에 걸쳐 현장 일지의 권수와 쪽수로 언급된다)에 더해 실험실 구성원들이 생산한 모든 문헌에 대해 집중적 분석이 이루어졌다. 동시에 실험실의 일상적 활동과 관계된 광범위한 문서를 모았다. 준비하던 논문의 초고, 참여자들 간에 오간 편지, 비망록, 참여자가 제공한 자료 용지 등이다. 또한 그 분야의 다른 실험실에서 연구하는 특정 과학자는 물론이고 실험실의 모든 구성원도 공식적으로 인터뷰했다. 방대한 논평과 비공식적 토론이 있던 동안에 조금씩 모아온 자료를 인터뷰들이 보완해주었다. 관찰자의 회상, 특히 그 실험실에서 기술자로서 그가 한 연구에 대한 회상은 더 나아간 자료의 원천이 되었다.

예비적 분석과 글쓰기는 초기 참여 이후에 곧 시작되었다. 부분적으로 실험실 내 사무실 공간을 사용할 수 있었기 때문에, 참여자 간에 이루어지는 토론에 참여하거나 또는 실험실 안에서 벌어지는 일상생활의 여타 측면을 관찰하는 기회를 잃지 않고서 글쓰기 작업을 할 수 있었다.

관찰의 역할을 감추려는 어떤 시도도 하지 않았다. 예를 들어 실험실에서 진행된 모든 일이 기록된다는 사실은 참여자들에게 분명해졌다. 관찰자는 자신의 예비 초고에 대해서 참여자들과 토론했으며 방문하는 중이던 과학사회학자와 과학철학자가 실험실 구성원들과 상호작용하는 세미나 토론을 조직했다.6

역사적 성격을 지니는 3장을 제외한 모든 곳에서(다음 절을 볼 것) 이름, 날짜, 장소는 관련인들의 익명성을 보장하기 위해 변경하거나 머리글자로 대체했다. 또한 우리는 사회적 또는 정치적 반향을 일으키지 않으리라고 판단한 일화와 사건만을 사용하기로 결정했다.

논의의 조직화

이 장의 논의에서 실험실 생활에 대한 우리의 매우 특수한 관심은 현장 과학자들이 사실 구성을 이끌어가는 방식과 관계되어 있음이 분명해질 것이다. 명백히, 이 특수한 관심은 실험실에 관한 기존 관점들과 실질적으로 다르다. 결과적으로 우리는 실험실 작업의 행정적 조직화(Swatez, 1970), 조직화가 창의성에 미치는 영향이나 과학자의 이력에 미치는 영향(Lemaine and

6 이 전략과 그것이 관찰자와 참여자 간의 관계에 미치는 효과의 본의는 다른 곳에서 자세히 토의될 것이다.

Martalon, 1969)과 같은 측면을 강조하지 않을 것이며, 정보 흐름의 소통과 패턴(Blitz et al., 1975)도 강조하지 않을 것이다.[7] 오히려 우리 관심은 두 가지 주요 질문에 초점을 둔다. 사실이 어떻게 실험실에서 구성되며, 사회학자는 이 구성을 어떻게 설명할 수 있는가? 사실의 구성과 해명의 구성 사이에 차이가 있다면 그것은 무엇인가?

2장에서 우리는 완전한 신참자의 눈을 통해 실험실을 묘사한다. 인류학적 생경성이라는 개념이, 외딴 문화 활동으로서 실험실 활동을 묘사하기 위해 그리고 그에 따라서 실험실 생활에 대한 질서 잡힌 해명이 거주자들 자신의 설명적 개념에 의존하지 않은 채 생성될 수 있는 방식을 탐구하기 위해 사용된다. 해명 생성 과정의 허구적 성격을 강화하기 위해 우리는 이 인류학적 탐구의 부담을 허구적 인물의 어깨 위에 놓는다. 실험실 방문은 '관찰자'에 의해 이루어진다. 물론 실험실의 활동과 관심은 역사적 차원을 따라서도 설명될 수 있다. 특히 실험실의 활동은 이전에 사실로 구성되어 수용된 것에 달렸다고 보일 것이다. 그러므로 3장에서는 우리의 인류학적 관찰자가 제공한 실험실 활동을 배경으로 삼아 특정 사실의 역사적 구성과 뒤이은 실험실 작업에의 함의에 대해 세밀한 조사에 착수한다. 4장에서 우리는 사실 구성에 대한 역사적 해설로부터 실험실에서 끊임없이 일어나는 교섭의 미세처리(microprocesses of negotiation)에 관한 고찰로 이동한다. 사실 구성은 이 미세처리에 크게 의존하지만, 또한 과학 활동에 회고적 특성이 부여될 때는 미세처리가 '사고 과정'과 '논리적 추론'에 관한 인식론적 서술로 빈번히 대체된다. 따라서 우리는 과학 활동에 관한 대안적 묘사들 간의 관계와 해명의 한 가지 형태가 다른 것에 의해서 대체되는 방식을 세밀하게 살펴본다. 5장에서는 사실을 생산하는 이에게 주의를 돌린다. 특히 우리는 한 가지 사실이

7 여러 프랑스 저자가 최근에 실험실 과학을 논의했다. 예를 들면, Lemaine et al.(1977)과 Callon(1978)을 볼 것. 18세기 생물학 실험실의 주목할 만한 역사에 대해서는 Salomon-Bayet(1978)을 볼 것.

나 다른 사실의 구성을 밀어주려 결정하면서 그리고 '새로운' 사실을 구성하고 더 나아가 투자하기 위해 능력을 강화시키려 노력하면서 실험실의 구성원들이 취하는 일련의 전략을 살펴본다.

5장의 끝에 이르러, 우리는 사실 구성의 체계로서 실험실에 대해 다시 생각해보는 입장에 있게 된다. 앞서 나온 논의에 기초해 우리는 이어 6장에서 질서 잡힌 설명이 무질서와 혼돈에서 직조되어 나오는 과정의 본질적 요소를 재생시킨다. 마지막으로 실험실 작업을 특징짓는 해명의 구성과 이런 방식으로 실험실을 묘사하는 해명의 우리 자신에 의한 구성 사이에 존재하는 본질적 유사성을 논의한다.

제2장

—

인류학자가 실험실을 방문하다

인류학을 하는 관찰자가 현장에 들어갈 때, 그의 가장 근본적인 선개념 중 하나는, 그가 기록하는 관찰과 주목을 그가 결국은 의미 있게 만들 수 있으리라는 것이다. 이것은 결국 과학적 탐구의 기본 원리 중 하나다. 마주하는 부족의 상황과 활동이 아무리 혼란해 보이거나 어리석어 보일지라도, 이상적 관찰자는 어떤 체계적이고 질서 잡힌 해명을 얻을 수 있다는 믿음을 유지한다. 그가 실험실에 대해 전적인 신입자라면 연구 대상과의 첫 만남이 그의 믿음을 심히 위태롭게 하리라는 점을 우리는 상상할 수 있다. 체계적으로 질서 잡혀 있고 보고를 해주는 관찰이라는 궁극적 목적은, 그에게 맨 먼저 발생하는 질문 꾸러미에 직면해서는 특히나 망상적인 것으로 보여야만 한다. 이 사람들은 무엇을 하고 있는가? 그들은 무엇에 관해 이야기하고 있는가? 이 칸막이와 장벽들의 목적은 무엇인가? 이 작업대에는 환하게 불을 밝혀둔 반면 이 방은 왜 어둑어둑한가? 곁방에서 끊임없이 찍찍거리며 우는 동물들의 역할은 무엇인가?

과학 활동의 몇몇 측면에 대한 우리의 부분적 친숙함과 일군의 상식적 가정에 의존하는 우리의 능력을 빼고는, 무의미한 인상들의 홍수가 이들 질문의 정식화를 뒤따를 것이다. 아마도 이 동물들은 먹는 일에 관해 처리될 것이다. 아마도 우리는 쥐 내장을 조사해 숨은 뜻을 담은 예언을 목격하게 될 것이다. 아마도 휘갈긴 메모와 수치를 놓고 토의하는 데 시간을 보내는 그 사람들은 변호사일 것이다. 칠판 앞에서 열리는 격렬한 논쟁은 어떤 도박 경기의 일부인가? 아마도 그 실험실의 점유자들은 일종의 사냥꾼일 것이며, 몇 시간 동안 인내심 있게 분광 사진을 기다리며 앉아 있다가 냄새를 맡은 사냥개처럼 갑자기 얼어붙을 것이다.

그들에게 일어나는 사변과 질문들은 정확히 말해 관찰자로서 우리가 실험실이 하고 있을 수 있는 바에 관한 몇몇 지식을 미리 가정하기 때문에 무의미하게 보인다. 예를 들어 장벽과 칸막이의 목적은 과거 실험실에 발을 들여놓은 적이 없어도 상상해볼 수가 있다. 상황에 대한 우리의 친숙함을 괄호

치지 않고 그 상황 및 우리의 지식 또는 이런 경험 둘 다에 통상적인 것으로 감지되는 특징들을 사용해 우리는 의미를 만들어내려 한다. 실제로 과학의 몇몇 측면에 대해 당연시하는 친숙함에 의지하지 않고서 실험실에 관한 어떤 의미 있는 해명을 내놓기는 어려울 것이다.

그렇다면 명백히, 관찰자가 질문, 관찰, 기록을 조직하는 일은 불가피하게 문화적 친숙성에 구속된다. 제한된 일련의 질문들만이 유관성을 띠게 되고 따라서 의미 있게 된다. 이런 의미에서 **전적인** 신입자라는 개념은 실제로는 실현 불가능하다. 또 다른 극단에서, 과학자 버전의 실험실 생활에 관찰자가 전적으로 의존하기도 만족스럽지 않을 것이다. 전적으로 과학자들이 사용하는 용어로 빚어낸 과학에 관한 서술은 외부인에게 파악 불가능한 것이 될 것이다. 과학에 관한 과학 쪽 버전들을 채택하는 것은, 만들어지고 있는 과학에 관한 새로운 내용을 우리에게 별로 가르쳐주지 않을 것이다. 과학자가 방문자들에게 실험실 투어를 안내할 때 관찰자는 과학자가 제공한 해명을 단순히 반복하게 될 것이다.

실제에서 관찰자들은 전적인 신입자(달성할 수 없는 이상)의 역할과 완벽한 참여자(원주민이 되어가면서 동료 관찰자로 이루어진 자신의 공동체와는 유용하게 의사소통할 수가 없는)의 역할이라는 두 극단 사이에서 중간 경로로 움직인다. 물론 이것이 연구 전체의 각 단계에서 관찰자가 어느 극단으로 향하려는 유혹에 심하게 빠진다는 점을 부정하는 것은 아니다. 그의 문제는 그로 하여금 실험실에 대해 과학자가 스스로 하는 것과는 충분히 구별되는 해명, 그리고 과학자와 생물학에 친숙하지 않은 독자 모두에게 충분한 관심을 주는 해명을 제공할 수 있게 해주는 조직 원리를 선택하는 것이다. 짧게 말해, 관찰자의 조직 원리는 혼돈하고 혼란해 보이는 미로에서 아리아드네의 실마리를 제공해야 한다.

이 장에서 우리는 허구적 인물인 '관찰자'[1]의 시도와 고난을 따라간다. 그는 실험실에 대한 초기 관찰을 조직화하기 위한 원리로서 문헌적 기록하기

(literary inscription)[2] 관념을 사용할 것이다.

문헌적 기록하기

우리의 관찰자가 과학자들과 똑같이 광범위한 문화적 지식을 공유하고 있다고 하더라도, 그는 이전에 실험실을 결코 보지 못했고 실험실 구성원들이 일하는 특수한 현장에 관한 아무런 지식도 갖고 있지 않다. 그는 벽, 의자, 실험복 등의 일반적 목적을 이해하는 데는 충분히 내부인이겠으나, TRF, 헤모글로빈, "완충제" 같은 용어가 무엇을 의미하는지를 알기에는 충분치 않다. 그렇지만 이들 용어에 대한 지식이 없을지라도, 실험실의 두 영역 간의 현저한 구별에 주목하는 데는 실패할 수 없다. 실험실의 한 영역(그림 2.1의 B 분과)에는 다양한 품목의 장치가 있으며, 다른 영역(A 분과)에는 책, 사전, 논문만 있다. B 분과에서 개개인은 다양한 방식으로 장치를 사용해 일하는데, 자르고, 톱질하고, 섞고, 흔들고, 나사를 돌리고, 표시하는 등의 일을 하는 것을 볼 수 있다. 반면 A 분과의 개개인은 쓰여 있는 재료로 일하는데, 읽거나, 쓰거나 또는 타자한다. 이에 더해, A 분과 점유자들은 흰 실험복을 입지 않았고, B 분과에 있는 흰 실험복을 입은 동료들과 더불어 긴 시간을 보내는데, 그 역은 별로 그렇지 않다. 박사라고 불리는 구성원들이 A 분과의 사무실에서 읽고 쓰는 한편, 기술자로 불리는 여타 스태프는 대부분의 시간

---

1 '관찰자'는 우리가 해명 구성에 착수했던 과정에 주의를 집중시키기 위한 허구적 인물임을 여기서 강조해둔다(1장을 볼 것). 해명을 구성하는 우리의 절차와 사실을 생성·유지하기 위해서 실험실 과학자가 사용한 절차 사이의 본질적 유사성은 우리의 논의 과정에서 명백해질 것이다. 이 점은 6장에서 명시적으로 거론된다.

2 데리다(Derrida, 1977)에게서 취한 것으로서, 기록하기라는 관념은 글쓰기(Dagognet, 1973)보다 더 기초적인 작업을 가리킨다. 여기서는 모든 자취, 얼룩, 점, 막대그래프, 기록된 숫자, 스펙트럼, 정점 등을 포괄하기 위해 쓴다. 다음을 볼 것.

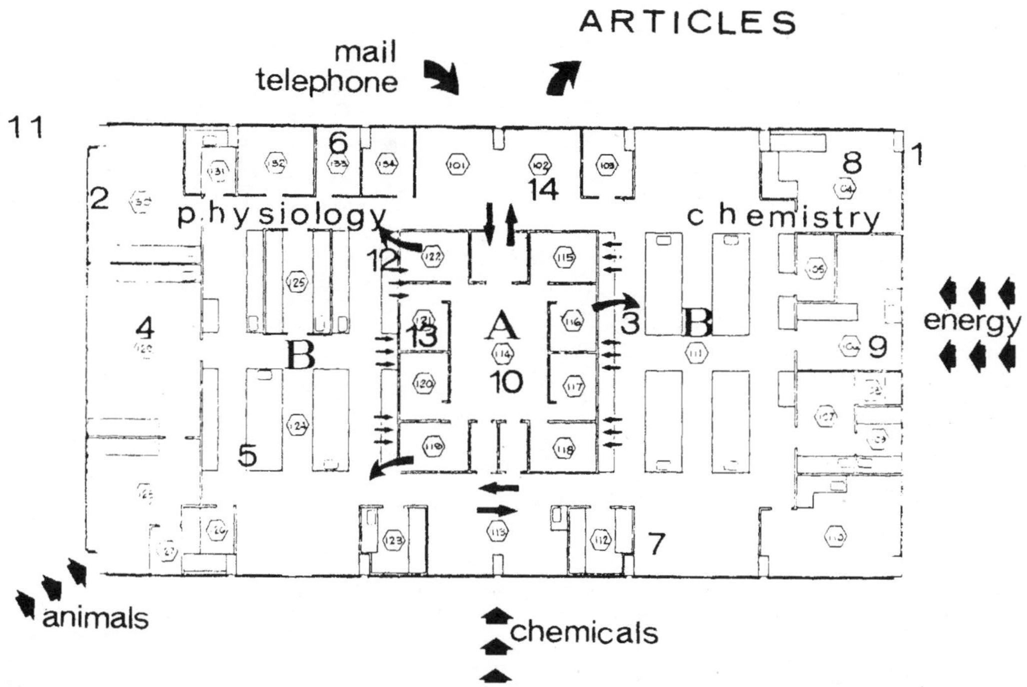

그림 2.1
본문에 서술된 칸막이와 주요 흐름을 보여주는 실험실 지도. 지도의 숫자들은 사진들(119쪽 이하)에 대응한다. A 분과와 B 분과 사이의, 그리고 화학 날개와 생리학 날개 사이의 차이가 실험실의 건축적 배치에 의해 어느 정도로 강화되는지를 지도가 보여준다.

을 B 분과에서 장치를 조종하면서 쓴다.

A 분과와 B 분과 각각은 더 하부로 분리될 수 있다. B 분과는 제법 분리된 두 개의 날개로 구성되는 것으로 보인다. 참여자들이 "생리학 쪽"이라고 부르는 날개 안에는 동물과 장치가 둘 다 존재한다. "화학 쪽"에는 동물이 없다. 한쪽 날개에 속하는 사람은 다른 쪽으로 거의 들어가지 않는다. A 분과 역시 하부로 분리될 수 있다. 한편으로 글을 쓰고 전화 통화에 참여하는 사람이 존재한다. 다른 한편으로 타자를 치고 전화를 거는 사람이 있다. 이 양분은 다른 것들처럼 칸막이로 표시된다. 한 영역(도서관)에서 여덟 개의 사무실이 탁자, 의자, 스크린으로 회의실 주위를 둘러싸고 있다. 다른 영역("비서실")에는 타자기와 전화 통화와 우편의 흐름을 통제하는 사람들이 있다.

A 분과("나의 사무실", "그 사무실", "도서관")와 B 분과("작업대") 간의 관계는 무엇인가? 우리의 관찰자는 자신이 그린 지도를 참조하면서 유사한 구분을 갖고 있는 다른 단체 또는 배경을 상상하려 한다. 유사한 배치로 구성된 어떤 공장 또는 행정 조직을 떠올리기는 어렵다. 예를 들어 공장이라면 사무실 공간(A 분과)이 훨씬 더 작아야 한다고 기대할 것이다. 만일 어떤 종류의 행정기관이었다면 작업대 공간(B 분과)은 전적으로 잉여가 될 것이다. 사무실 공간의 두 날개 사이의 관계는 많은 생산 단위에서 흔하게 나타나지만, 사무실 공간과 작업대 공간 사이의 특별한 관계는 실험실을 여타 생산 단위와 구별 짓기에 충분하다. 이는 두 가지 점에서 명백하다. 첫째, 하루가 끝날 때마다 기술자들은 서류 더미를 작업대 공간에서 사무실 공간으로 가져온다. 공장에서 이것들은 처리 및 제조된 것에 대한 보고서일 것이다. 그렇지만, 이 실험실의 구성원들에게 이들 문서는 이제부터 처리되고 제조되어야 할 것이 된다. 둘째, 비서들은 평균 열흘에 한 번꼴로 실험실에서 문서들을 우편으로 내보낸다. 그렇지만 공장에서 생산된 것에 대한 **보고**와는 거리가 멀어도, 구성원들은 이 문서를 자기네 이상한 공장에서 나오는 **생산물**이라고 여긴다. 확실히 이 단위가 그저 문서 작업을 처리한다면, 어떤 종류의 행정기관이 되

어야 하는 것 아닌가? 그렇지 않다. 문서들을 대충 보기만 해도 거기에 포함된 수치와 도표들이 며칠 또는 몇 주 전에 B 분과에서 산출된 바로 그 서류 더미에 있던 것임을 알 수 있다.

우리의 관찰자는 한 가지 매우 단순한 원리를 따라 실험실 활동을 의미 있게 만들 수도 있으리라는 생각을 떠올린다. 사진 13[3] 속의 장면은 그에게 실험실 속 과학 연구의 원형을 나타낸다. 사무실 공간의 어느 한 명의 거주자(박사라고 불린다)에게 소속된 책상은 문서 작업으로 뒤덮여 있다. 왼쪽에 ≪사이언스(Science)≫ 한 부가 펼쳐져 있다. 오른쪽에는 더 오른쪽에 놓인 자료 용지들을 말쑥하게 처리하거나 요약한 도표가 있다. **마치 두 유형의 문헌이 병치되어 있는 것과 같다.** 한 유형은 실험실 밖에서 인쇄되고 출간된 것이다. 다른 유형은 실험실 안에서 산출된 문서들, 즉 황급히 그린 도표, 수치가 적힌 종이를 담은 서류철 등을 포함한다. 책상 가운데에 있는 문서들 밑에는 초고가 놓여 있다. 소설이나 보고서의 초안처럼 이 초고는 휘갈겨 쓴 것으로, 각 면이 수정 내용, 물음표, 변경 사항 등으로 잔뜩 채워져 있다. 그렇지만 대부분의 소설과 달리 그 초고라는 문서에는 다른 논문들, 그림, 표, 문서를 가리키는 참고문헌이 잔뜩 들어 있다. ("그림 …에서 보듯이", "표 …에서 우리는 …임을 알 수 있다.") 책상에 놓인 재료(사진 13)를 더 자세히 살펴보면, 예를 들어 펼쳐져 있는 ≪사이언스≫지가 초고에 인용되었음을 알아낼 수 있다. ≪사이언스≫에 실린 논문의 논변 일부가 책상 오른쪽에 놓인 문서들에 있는 내용 때문에 반복될 수 없다고 초고에서 이야기되고 있다. 이들 문서도 초고에 인용되어 있다. 따라서 그 책상은 우리의 생산 단위의 중추로 보인다. 새로운 초고들이 문헌의 두 출처, 즉 실험실 외부에서 기원한 한 가지와 실험실 내부에서 생성되는 다른 것의 병치에 의해서 구성되는 곳이 그곳이기 때문이다.

---

3 실험실에 관한 사진은 2장 뒤에 실려 있다.

관찰자가 과학자들이 출판물을 읽는다는 사실을 알게 되는 일은 놀랍지 않다. 그를 더 놀라게 하는 것은 실험실 내부로부터 엄청난 양의 문헌이 나온다는 사실이다. 값비싼 장치, 동물, 화학물질, 작업 공간에서의 활동이 결합해 작성된 문서는 어떻게 산출되며, 이런 문서는 어째서 참여자들에게 그토록 높은 가치를 인정받게 될까?

작업대 공간으로 몇 차례 외유한 뒤에 관찰자는 그 공간의 구성원들이 충동적이자 거의 광적인 필자라는 사실을 깨닫는다. 모든 작업대에는 구성원이 특정 코드 번호에 따라 자신이 막 행한 바를 꼼꼼하게 기록하는 커다란 가죽 장정 책이 있다. 우리의 관찰자는 특히 세심한 소설가 몇몇의 작업에서만 기억에 대한 그런 자신감 부족을 목격했을 뿐이기 때문에, 이것은 이상해 보인다. 기술자들이 실질적으로 장비의 복잡한 부품들을 다루고 있지 않을 때에는 늘 기다란 숫자 목록으로 빈칸을 채우고 있는 듯 보인다. 종잇장에 쓰고 있지 않을 때 그들은 상당한 시간을 수백 개의 시험관에 숫자를 쓰거나 쥐의 털에 커다란 숫자를 쓰는 데 소모한다. 때로는 비커에 표시하거나 수술대 유리 표면에 서로 다른 줄을 색인화하기 위해 색이 들어간 종이테이프를 사용한다. 기록하기를 향한 이 이상한 광증의 결과는 서류철, 문서, 사전의 증식이다. 그리하여 옥스퍼드 사전과 알려진 펩타이드에 관한 사전에 더해 우리는 물질 사전이라고 불릴 만한 것들도 발견할 수 있다. 예를 들어 사진 2는 표본 거치대를 보관한 냉장고를 보여주는데, 각 거치대에는 10자리 코드 번호로 된 레이블이 붙어 있다. 이와 유사하게 실험실의 또 다른 곳에는 화학물질이 대량으로 비축되어 있는데, 기술자들이 적절한 물질을 선별·사용할 수 있도록 선반 위에 알파벳 순서로 배열되어 있다. 이런 물질 사전의 더 명백한 예는 출판 전 논문 모음(사진 14의 배경)과 자료 용지로 가득 찬 수천 개의 서류철인데, 이들 각각 역시 고유한 코드 번호를 갖고 있다. 대부분의 현대 생산 단위에서 발견되는 종류의 문서 작업(송장, 지불 수표, 재고 관리 일정표, 우편물 등과 같은)은 실험실에서 보는 레이블 처리되고 색인화된 모음과 꽤 구별된다.

관찰자가 작업대 공간에서 사무실 공간으로 이동할 때, 그는 이제 더 많은 집필물을 맞이하게 된다. 단어에 밑줄이 쳐지고 여백에 느낌표가 붙은 논문 복사본들은 어디에나 있다. 준비 중인 논문의 초고는 스크랩 용지 위에 휘갈겨 놓은 도표, 동료의 편지, 옆방 컴퓨터가 뽑어 놓은 종이 다발과 뒤섞인다. 논문에서 잘린 면이 다른 면에 풀로 접착된다. 초고 문단에서 나온 발췌가 동료의 손에서 오가고, 더 진전된 초고들은 사무실에서 사무실로 전달되어 계속해서 변경되고, 다시 타자되고, 또 수정되고, 마침내 이런저런 학술지의 형식에 맞게 으스러진다. 글을 쓰지 않을 때 A 분과 점유자들은 칠판에 휘갈겨 쓰거나(사진 10), 편지를 구술해주거나, 다음 발표를 위해 슬라이드를 준비한다.

따라서 우리의 인류학적 관찰자는 하루 대부분을 코드를 써 넣고, 표시를 해두고, 바꾸고, 수정하고, 읽고, 쓰는 데 소모하는 이상한 부족과 대면하게 되었다. 그렇다면 표시하기, 글쓰기, 코드 써 넣기, 수정하기와 외견상 관련이 없어 보이는 활동들의 중요성은 무엇인가? 예를 들어 사진 4는 쥐 몇 마리를 다루는 젊은 여성 두 명을 보여준다. 오른쪽의 원장부 용지, 번호를 매겨 거치대에 꽂아둔 시험관, 시험 분석의 리듬을 조절하는 앞쪽 시계에도 불구하고, 이 여성들은 쓰지도 읽지도 않는다. 왼쪽 여성은 주사기로 용액을 넣고, 또 다른 주사기로 다른 용액을 뽑아 옆의 여성에게 건네준다. 두 번째 여성은 주사기를 시험관에 눌러 넣어 비운다. 글쓰기는 그 뒤에라야 일어날 뿐이다. 시간과 시험관 번호가 조심스럽게 기록되는 것이다. 그사이에 동물을 죽이고, 에테르, 솜, 피펫, 주사기, 시험관과 같은 다양한 물질을 사용한다. 그렇다면 동물들을 죽이는 일의 요점은 무엇인가? 물질의 소비는 글쓰기 활동과 어떻게 관계되는가? 거치대 내용물에 대한 세심한 모니터링조차도(사진 5) 우리의 관찰자에게는 상황을 더 분명하게 해주지 않는다. 며칠이라는 기간이 지나, 시험관들이 일렬로 배치되고, 여타 용액들이 첨가되었으며, 혼합물이 흔들려 섞이고, 결국은 냉장고에서 제거되었다.

주기적으로 시험관을 조작하고 재배열하는 일상이 중단된다. 쥐에서 추출한 표본은 여러 장치 중 하나에 넣어져 급격한 변환을 겪는다. 표본을 수정하거나 표본 레이블을 바꾸는 대신, 그 기계는 수치 용지를 산출한다(사진 6). 참여자 중 한 사람이 기계의 계수기에서 용지를 찢어내고, 조심스럽게 조사한 후에 시험관의 처분을 조처한다. 다시 말해 한 주간 조심스럽게 다루어온, 준비하는 데 수백 달러의 시간과 노력이 들어간 바로 그 시험관들이 이제는 쓸모없는 것으로 간주되었다. 집중의 초점은 수치 용지로 옮겨 갔다. 다행히도 우리의 관찰자는 연구 대상의 그런 어리석고 기이한 행동을 제법 발견하곤 했다. 별로 동요하지 않고 그는 다음 놀라움에 대비했다.

그것은 머지않아서 왔다. 긴 시험 분석의 최종 결과로 여겨진 그 수치 용지는 컴퓨터 입력용으로 사용되었다(사진 11). 잠시 후에 컴퓨터는 자료 용지를 출력했고, 작업의 중요한 산출물로 여겨지는 것은 원래의 수치 용지가 아니라 오히려 이것이었다. 수치 용지는 그것과 같은 수천 가지들을 따라 그저 도서관에 보관되었다. 일련의 변환도 아직 완성되지 않았다. 사진 12는 컴퓨터가 산출한 여러 개의 자료 용지를 갖고 일하는 기술자를 보여준다. 이 사진을 찍고 얼마 후에 그녀는 사무실 중 한 곳에 호출되어 노동의 산물을 보여주었다. 단 하나의 곡선이 그래프용지 위에 우아하게 그려져 있었다. 다시 한번 집중의 초점이 옮겨 갔다. 그 컴퓨터 자료 용지는 보관 처리되었고, 사무실의 참여자들의 논평을 촉발한 것은 그 곡선의 정점과 기울기였다. "얼마나 현저한지", "잘 차별화된 정점", "아주 빨리 내려갑니다", "이 점은 이것과는 아주 다릅니다". 며칠 뒤에 가능한 출간을 위해 내보낸 논문 안에서 산뜻하게 다시 그려진 그 곡선을 관찰자는 볼 수 있었다. 게재가 승인된다면 다른 사람들이 그 논문을 읽으면서 같은 수치를 보게 될 것이고 그 수치는 결국 또다시 새로워진 문헌적 병치와 구성 과정의 일부로서 어느 다른 책상 위에 놓이게 될 가망성이 많아질 것이다.

초기에 표본이 추출되는 쥐와 최종적으로 출판물에 나타나는 곡선 사이에서 일어나는 변환의 전체적 연쇄에는 엄청난 수량의 정교한 장치가 개입된다(사진 8). 이 장치의 비용이나 덩치와는 대조적으로, 최종 산물은 연약한 종잇장에 쓰인 곡선, 도표, 수치표에 불과하다. 그렇지만 그것의 '유의미성'을 참여자들이 조사하고 논변 일부에서 또는 논문에서 '증거'로 사용하는 것이 바로 이 문서다. 그러므로 길어진 일련의 변환이 다다르는 주요 결말은, 분명하게 드러날 것처럼, 한 '물질'의 구성에 결정적 자원이 되는 문서다. 몇몇 상황에서는 이 과정이 훨씬 더 짧다. 특히 화학 날개에서는 특정한 장치를 사용하면 물질들이 직접 고유의 '서명'(사진 9)을 한다는 인상을 받기 쉽다. 사무실 공간의 참여자들이 새로운 초고를 쓰느라 분투하는 동안, 주위의 실험실은 그 자체가 글쓰기 활동으로 북새통을 이룬다. 근육 절편, 광범, 심지어 약간의 압지(押紙)조차도 다양한 기록 장치를 활성화한다. 그리고 과학자들 스스로 기록 장치가 작성한 출력물을 자기 글쓰기의 토대로 삼는다.

그렇다면 일종의 서면 출력을 제공하는 장치의 작동에 특수한 유의미성이 부여될 수 있음은 분명하다. 물론 이런 기능을 하지 않는 다양한 장치가 실험실에 존재한다. 그런 '기계들'은 물질을 한 상태에서 다른 상태로 변환한다. 예를 들어 사진 3은 회전증발기, 원심분리기, 진동기(shaker), 분쇄기를 보여준다. 이와 대조적으로 우리가 '기록하기 장치(inscription device)'[4]라고 부르는 수많은 장비는 물질의 조각들을 서면 문서로 변환시킨다. 더 정확히 말해, 기록하기 장치는 재료 물질을 사무실 공간 구성원이 직접 사용할 수 있는 수치 또는 도표로 변환한다. 우리가 나중에 보게 될 것처럼, 장치의 특수한 배치는 유용한 기록하기를 산출하는 데 결정적인 중요성을 지닐 수 있다. 게다가 그런 배치의 구성품들은 그것 자체로는 결과를 거의 내지 못한다. 예를 들어 사진 6에서 보이는 계수기는 그것의 출력이 어떤 논변에 직접

4 주 2를 볼 것.

적으로 사용된 것이 아니므로 그것 자체가 기록하기 장치는 아니다. 그럼에도 생물학적 시험 분석으로 알려진 기록하기 장치의 일부를 형성한다.[5]

기록하기 장치에 관한 이런 관념이 이르는 중요한 귀결은, 기록하기가 '원물질'과 직접적 관계를 갖는 것으로 여겨진다는 점이다. 최종 도표와 곡선은 그리하여 그 물질의 속성에 관한 논의의 초점이 된다. 개입하는 물질의 활성과 종종 길고 값비싼 과정의 모든 측면은 수치가 의미하는 바에 관한 토론에서 괄호 쳐진다. 그러므로 물질에 관해 논문을 쓰는 과정은 최종 도표를 출발점으로 삼는다. 사무실 공간 내에서 참여자들은 그런 도표를 여타 유사한 도표나 출간된 문헌 속의 여타 논문과 비교하고 대조함으로써 논문을 산출해낸다(94~116쪽을 볼 것).

이 지점에서 관찰자는 실험실이 결코 처음에 생각했던 것만큼 혼동을 주지 않는다고 느꼈다. 장치의 기록하기 역량, 표시하기, 코드 적기, 파일화를 향한 광적 정열과 글쓰기, 설득, 토의에 관한 문헌적 숙련이 본질적으로 유사한 것일 수 있어 보였다. 그리하여 관찰자는 궁극적 최종 산물이 고도로 가치를 지닌 도표일 수도 있음을 깨달음으로써, 한 기술자가 쥐의 뇌를 갈아내는 것과 같은 이해하기 어려운 행동을 의미 있게 만드는 일까지도 할 수 있었다. 가장 복잡하게 뒤범벅된 수치들조차도 궁극적으로 '박사들' 사이에

5 기록하기 장치라는 개념은 본성상 사회적인 것이다. 그것은 어떤 이로 하여금 광범위하게 다양한 실험실 점유물의 물질적 형태에 의해서 교란되지 않고 실험실 안에서 점유물의 전체적 집합을 기술할 수 있게 한다. 예를 들어 'TRF의 생물학적 검정'은 운용하는 데 3주간 다섯 명이 필요하고 실험실 방을 몇 개나 차지함에도 하나의 기록하기 장치로 간주된다. 가장 핵심적인 특징은 도표의 최종적 생산이다. 핵자기 공명 분석계 같은 커다란 장비는 기록하기 장치로는 드물게 사용된다. 그것은 대신에 펩타이드 생산과정을 감시하는 데 쓰인다. 그렇지만, 똑같은 장치, 예를 들면, 저울이 새로운 화합물에 관한 정보를 얻는 데 사용될 때 기록하기 장치로 여겨질 수 있다. 몇몇 분말의 무게를 재는 데 사용될 때의 한 기계도 그러하다. 그리고 또 다른 작업이 계획에 따라 이행되었음을 검증하는 데 사용될 때의 한 확인 장치도 그러하다.

오가는 논변의 일부가 될 수 있었다. 그때 관찰자에게 실험실은 문헌적 글쓰기 체계의 외양을 취하기 시작했다.

이 관점에서 볼 때, 이제껏 일어났던 이상한 일들이 딱 맞아떨어지게 되었다. 여타 유형의 많은 활동은 표면적으로는 문헌적 주제와 무관할지라도 기록하기를 얻기 위한 수단으로 볼 수 있다. 예를 들어 에너지 입력(사진 1)은 기록 장치가 적절히 기능하는지를 확실하게 해주는 과정에 소모될 매개 자원에 해당한다. 또한 동물과 화학물질의 공급에 대해 고려해보면 수치가 담긴 작은 서류철로 끝나는 생산 사이클에 수천 달러의 비용이 들 수도 있음이 명확해진다. 이와 유사하게, 노동력을 구성하는 기술자와 박사들은 기록하기 장치의 효율적 작동과 논문의 생산 및 발송에 필수적인 더 나아간 종류의 입력에 해당한다.

지금까지 우리 논의에서 나타나는 문서의 핵심적 중요성은 과학 활동에서 비공식적 의사소통의 중요성을 강조하는 과학사회학 내의 분명한 경향과 뚜렷하게 대조된다. 예를 들어 과학 정보의 의사소통이 공식적 경로보다는 비공식적 경로를 통해 우세하게 일어난다는 점은 자주 주목받아왔다(Garvey and Griffith, 1967, 1971). 이것은 예를 들어, '보이지 않는 대학'(Price, 1963; Crane, 1969, 1972)에서처럼 잘 발달한 접촉 네트워크가 존재하는 곳에서 특히나 그럴 가능성이 있다. 이 논변의 주창자들은 비공식 전달 속에 있는 공식적 의사소통 채널의 역할을 종종 저평가해왔는데, 그 대신에 계속되어온 그것들의 존재를 우선권(priority)과 뒤이은 신용(credit) 수여의 확립을 향한 경기장이라는 관점에서 설명하기를 택했다(Hagstrom, 1965). 그렇지만 현재의 실험실에 대한 관찰은 서로 다른 의사소통 채널의 상대적 중요성을 해석하는 데 주의할 필요성을 제기한다. 우리는 공식적 의사소통을 출간된 학술지 논문이 전형적으로 보여주는 고도로 구조화되고 양식화된 보고를 언급하고자 취한다. 거의 예외 없이, 실험실에서 관찰된 모든 토의와 짧은 의사교환은 출간된 문헌의 하나나 그 이상의 항목을 중심으로 이루어진다(Latour,

1976). 다시 말해 비공식적 의사교환은 불변적으로 공식적 의사소통의 실체에 초점을 둔다. 나중에 우리는 많은 비공식적 의사소통이 출간된 문헌을 언급하거나 가리킴으로써 그것의 정당성을 사실상 확립한다는 점을 제안하게 될 것이다.

결과에 관한 모든 발표 및 토론에 슬라이드, 측정값 기록지, 논문, 출판 전 논문, 레이블 또는 기사가 사용되었다. 가장 비공식적인 의사교환조차도 직간접적으로 문서에 계속 초점을 두었다. 참여자들은 또한 전화 통화가 거의 항상 문서에 관한 논의에 초점을 두었다고 지적했다. 논문을 쓸 때 가능한 협력, 투고했으나 애매한 부분이 있던 논문, 최근 회의에서 발표된 몇몇 기법 등이 논의되었다. 논문에 대해 직접적으로 언급하지 않을 때 통화의 목적은 현재 준비되고 있는 논문에 포함될 결과를 공표하거나 밀어붙이는 것이었다. 초고에 관해 토론하지 않을 때조차도 개개인은 판독 가능한 자취를 얻는 방식을 고안하는 데 상당한 에너지를 쏟았다. 이런 종류의 토론에서 과학자들은 앞으로 나올 논문들에서 자신의 논변에 대한 그럼직한 반대 의견이 나올 수 있다고 예견했다. 그렇지만 현재로서는 우리가 정의했던 의미의 문헌이 어디에나 존재한다는 점이 더 중요한데, 쓰인 문서의 관점에서는 오직 그중 일부만이 출간된 형식으로 나타나는 것이다.

실험실의 문화

실험실 작업에 친숙한 이에게 앞의 설명은 새로운 내용을 거의 말해주지 못할 것이다. 그렇지만 인류학자에게 문헌적 글쓰기의 관념은 여전히 문젯거리다. 앞서 이야기했듯이 우리의 관찰자는 매개적 지위를 갖고 있다. 그가 과학자들과 공유하는 넓은 문화적 가치는 실험실 내의 흔한 대상과 사건과의 친숙성을 마련해주지만, 실험실이 작동하는 방식에 대한 과학자들 자신의 버전들에만 유일하게 의지할 의향은 그에게 없다. 그의 매개적 지위의 한 가지 귀결은 지금까지 그의 설명이 한 부류의 청중을 만족시키는 데는 실패했다는 점이다. 예를 들어 과학자들을 독자와 저자로 묘사하면서, 그들의 읽기와 글쓰기의 **실체**에 관해서는 아무것도 말하지 않았다. 실제로 실험실 구성원들은 우리 관찰자에게 상당한 수준의 분노를 표했는데, 그들은 글쓰기 활동 참여자라는 그들의 표상에 분개했다. 첫째, 이것은 그들을 여타 글 쓰는 이와 구별하는 데 실패했다. 둘째, 중요한 점은 그들이 무언가에 **관해서** 글을 쓰고 있었다는 것이며, 이 무언가는 "신경내분비학"이라고 그들은 느꼈다. 관찰자는 아리아드네의 실이 그를 막다른 길로 이끌었다는 느낌에 우울해졌다.

신경내분비학에 관한 논문들

실험실 밖에서 출간된 문헌의 세계에 준거해 참여자들이 그들의 문헌 병치를 의미 있게 했음에 우리는 앞서 주목했다. 그런 문헌이 참여자들이 그들 활동의 의미를 취해오는 경전(經典)(Knorr, 1978)을 어느 정도로 나타내주느냐에 따라, 우리는 그들의 활동에 정보를 주는 신화를 세밀히 조사함으로써 이 문헌이 무엇에 관한 것인지를 이해하기 시작할 수 있을 뿐이다. 신화라는 용어를 사용하는 것이 경멸적 의미에서 의도된 것은 아니다. 오히려 그것은 특정 문화의 활동과 실천을 그 안에다 가져다 놓을 수 있는 광범위한 준거의 틀을 의미한다(Barthes, 1957).

우리의 관찰자는 실험실 구성원들이 전적인 이방인에게 질문을 받았을 때, 자신이 "신경내분비학"에 종사한다고(또는 속해 있다고) 응답한 데 주목했다. 나아가 그들은 신경내분비학이 1940년대 신경계를 연구하는 과학인 신경학과 호르몬계에 관한 과학인 내분비학 사이에서 발생한 교배의 결과였다고 설명했다. '한 분야 속에' 그렇게 자리 잡는 일이 특정한 그룹, 네트워크,

실험실과 믿음, 습관, 체계화된 지식, 예로 들 수 있는 성취, 실험적 실천, 구술 전통, 기술 숙련의 복잡한 혼합 사이의 소통을 용이하게 했다고 관찰자는 생각했다. 후자의 태도의 집합을 인류학에서는 '문화'라고 부르지만, 자신을 과학자로 부르는 사람들에게 적용될 때는 흔히 패러다임(paradigm)이라는 용어하에 포섭된다.6 신경내분비학은 신화의 모든 속성을 지닌 것으로 보였다. 신경내분비학은 그것의 선구자들, 신화의 기초자들, 혁명들을 갖고 있었다(Meites et al., 1975). 가장 단순한 버전에서 그 신화는 다음과 같다. 제2차 세계대전 이후, 신경세포 역시 호르몬을 분비한다는 사실과 중추신경계와 호르몬계 사이의 간격에 다리를 놓아주는 뇌와 뇌하수체 간 신경 연결이 존재하지 않는다는 사실이 인식되었다. "호르몬 피드백 모형"이라 지칭된 경쟁 관점이 지금은 베테랑이 된 참여자들의 긴 투쟁 끝에 철저하게 패배했다(Scharrer and Scharrer, 1963). 과학의 과거에 대한 많은 신화적 버전에서처럼 그 투쟁은 이제 모형 및 관념과 같은 추상적 존재자들 간의 투쟁이라는 관점에서 정식화되어 있다. 결과적으로 현재의 연구는 한 가지 특수한 개념적 사건에 기초해 있는 것으로 보이는데, 과학자들은 이 사건을 빈약한 상술(詳述)로 설명할 뿐이다. 다음은 전형적인 설명이다. "1950년대에 관념의 갑작스러운 결정화(結晶化)가 있었고, 이에 의해 흩어져 있고 외견상 연결되지 않은 수많은 결과들이 갑자기 의미 있게 되었고 집중적으로 모이게 되었으며 논평받게 되었다."

한 문화가 그 자체를 표상하는 신화가 필연적으로 전적인 거짓인 것은 아니다. 예를 들어 출간물 수를 보면, 1950년 이후에 신경내분비학을 다루는 논문의 증가가 지수함수적이었고, 1968년에 전체 내분비학의 3%만을 차지하던 신경내분비학이 1975년에 6%까지 성장했음을 알 수 있다. 그렇다면

6 쿤에 기인하는 용어의 대중화와 과학 발전 모형에 관한 그것의 애매성과 중요성을 다룬 이어진 토의에 관찰자는 잘 유의하고 있었다. 예를 들면, Lakatos and Musgrave(1970)을 볼 것.

넓게 개관해 신경내분비학의 성장은 몇몇 과학사회학자가 '과학 발전'(예를 들어, Crane, 1972; Mulkay et al., 1975를 볼 것)이라는 용어를 붙여 이야기한 패턴을 따랐던 것으로 보인다. 그렇지만 그것의 발전에 관한 신화는 실험실 구성원의 나날의 활동 과정에서 아주 드물게 언급되었다. 그 신화의 중심이 되는 믿음들은 논쟁거리가 될 수 없고 당연하게 여겨지며, 방문한 일반인을 위해 안내인이 동행하는 짧은 실험실 관람 동안에 즐거이 토론거리가 될 뿐이다. 이 배경 속에서, 그 신화가 결코 넌지시 암시되지조차 않는 것이 단순히 그 신화가 과거에 관한 멀리 떨어져 있으며 중요하지 않은 잔재이기 때문인지, 또는 이제는 잘 알려지고 일반적으로 받아들여지는 전승된 이야기이기 때문인지를 결정하기는 어렵다.

이 배경 속에서 첫 며칠을 지낸 뒤 우리의 관찰자는 신경내분비학에 관해 더 이상 이야기를 듣지 못했다. 그 대신에 신경내분비학 내에 존재하는 것으로 이따금 이야기됨에도 뚜렷한 문화(또는 '패러다임')를 구성하는 것으로 보이는 다른 특수한 문화적 가치의 집합에 일상적 관심이 집중되었다. 그 특수한 문화를 파악하는 우리의 기준이 단순히 한 전문분야가 더 큰 학제의 부분집합에 해당한다는 것은 아니다. 이것은 부아레(Bouarées) 민족들을 더 큰 부카라(Boukara) 민족 그룹의 부분집합으로 보는 것 이상으로 정밀하지 못할 것이다. 그 대신에 우리는 일상생활에서 지속적인 호소력을 갖고 있으며 모든 정열, 공포, 존경의 대상인 논변과 믿음의 집합을 지칭하기 위해 문화를 사용한다. 우리의 실험실 참여자들은 "방출인자로 불리는 물질들"을 취급하고 있다고 설명했다(대중적 설명에 대해서는, Guillemin and Burgus, 1972; Schally et al., 1973; Vale, 1976을 볼 것). 그들은 과학적 정보를 지닌 외부인들에게 연구를 발표할 때, 자신들의 연구를 "방출인자의 작용 양식을 분리하고, 특성을 부여하고, 합성하고, 이해"하려는 노력으로 정식화했다. 이것은 그들을 신경내분비학 내의 여타 동료들과 구별해주는 개요다. 그것은 또한 그들의 문화적 특성이자 그들의 특수성이고 그들의 연구와 성취의 지평이다. 일반적 신화는 그들에게 뇌가 내분비계를 조절한다는 기조를 제공했고, 그들은 이를 신경내분비학자들의 커다란 문화 그룹과 공유했다. 그렇지만 그들 자신의 문화에 특수했던 것은 "뇌에 의한 조절은 구별되는 화학물질들, 이른바 방출인자들이 매개하며 이 물질은 펩타이드적 본성을 지닌다"라는 부가적 가정이었다(Meites, 1970).[7] 그들의 솜씨, 일하는 습관, 그들의 처분에 놓인 장치 모두가 한 가지 특수한 재료(시상하부)를 중심으로 조직화되었는데, 이 재료는 방출인자 연구에서 특별히 중요한 것으로 여겨졌다.

우리의 관찰자는 이제 그의 정보원들을 이전 5년간 출간된 일정한 교재를 주요 성과로 인정하는 신경내분비학 문헌의 독자 및 저자로 그려낼 수 있다. 이 교재들은 아미노산이라고 불리는 물질과 관계되는 단어 또는 음소(音素, phoneme)를 포함하는 문장 안에서 몇 가지 방출인자의 구조를 기록한다. 일반적으로 펩타이드 성질을 띠는 어떤 물질의 구조는 아미노산의 줄 형태(예를 들어 Tyr-Lys-Phe-Pro)로 표현될 수 있다.[8] 최초의 방출인자들의 구조를 규정하는 교재들은 모든 정보원들에게 주요한 돌파구로 여겨졌다(3장을 볼 것). "1969년에 우리는 티로트로핀 방출인자(thyrotropin releasing factor)의 구조를 밝혀냈다." 1971년에 그들은 LRF로 알려진 또 다른 방출인자의 구조

7 우리는 용어 '펩타이드'를 다음에 오는 논의 전체에 걸쳐 사용한다. 펩타이드 결합에 대한 한 가지 고전적인 교과서적 정의는 다음과 같다. "한 아미노산의 알파아미노기가 탈수와 함께 다른 아미노산의 알파카복시기와 결합하는, 두 아미노산 사이의 공유 결합"(Watson, 1976). 실제로 '펩타이드'는 '작은 단백질'과 동의어다. 그렇지만, 그와 같은 용어들이 그것이 사용되는 특수한 문화의 의미를 넘어서서 보편적 의미가 있는 듯이 정의될 필요는 없다는 점을 깨닫는 것은 중요하다. 마치 그것이 연구되는 부족에 의해 사용되는 용어였던 것처럼, 우리는 논의에 그런 용어들을 인용부호를 써서 포함하게 될 것이고, 전문적이지 않은 용어로 그것들을 설명하고자 할 것이다.

8 몸속에는 약 20개의 아미노산만이 존재한다. 단백질과 펩타이드는 배타적으로 이들 아미노산만으로 만들어진다. 예를 들어, 각 아미노산들은 티로신(tyrosine), 트립토펜(tryptophene), 프롤린(proline)이라는 이름을 갖고 있다. 이 책에서 우리는 아미노산 이름의 처음 세 글자를 사용하는 단순한 약칭을 종종 사용한다.

를 발견했거나 입증했다. 1972년에 그들은 소마토스타틴(somatostatin)이라 불리는 세 번째 물질의 구조를 발견했다(일반적 설명에 대해서는 Wade, 1978; Donovan et al., 출간 예정을 볼 것).

방출인자의 구조를 규정하는 논문들의 중요성은 그것들에 기인하는 여타 논문의 수효로 확인할 수 있다. 여타 정보원이 쓴 논문들은 새로운 논문을 생성시키기 위해 내부적으로 산출시킨 기록하기와 결합되어 사용된 외부 문헌이 되었다. 그림 2.2는 이른바 돌파구 논문에서 구조에 대한 초기 규정이 나온 이후 다양한 물질을 다루는 논문이 수효 면에서 상대적으로 유행했음을 보여준다. 출간 폭증의 결과로 신경내분비학의 방출인자 출간물 비율은 1968년 17%에서 1975년 38%로 상승했다. 이는 방출인자 '전문분야'가 전체로서의 신경내분비학의 중요성이 전반적으로 높아지는 것에 기여했음을 시사한다. 외부의 관심이 뻗어 나갔기 때문에, 해당 분야 출간에서 그 실험실의 몫은 1968년 42%에서 1975년 7%로 감소했다. 사실상 성공의 결과로 인한 감소였다.[9] 그렇지만 이를 조망해보자면 1975년 방출인자 출간물이 모든 신경내분비학 출간물의 39%를 나타냈음에 주목할 가치가 있다. 신경내분비학은 전체 내분비학에서 단지 6%만을 차지했고, 내분비학은 생물학 내 여러 학제 가운데 단지 하나다. 다른 식으로 보자면 1975년에 그 실험실 구성원이 쓴 출간물은 내분비학 출간물의 0.04%에 불과할 뿐이다. 분명히, 이 실험실 하나에 기초해 과학 활동의 특성을 일반화하는 데는 신중을 기해야 한다.

지금까지 우리는 각각의 기록하기 장치가 특수한 조합의 기계, 장비, 기술자를 포함한다고 말했다. 외부 문헌의 특수한 흐름과 실험실 내 문서고 일부의 사용(미명시적 또는 명시적)과 더불어 논문들이 쓰인다. 이들 문서고는

---

9 매우 거친 이 수치들은 그저 규모에 대한 전반적인 관념을 제공하려 의도된 것이다. 이것들은 '인덱스 메디쿠스(Index Medicus)' 속의 서로 다른 주제들에 바쳐진 공간의 부피에 기초한다.

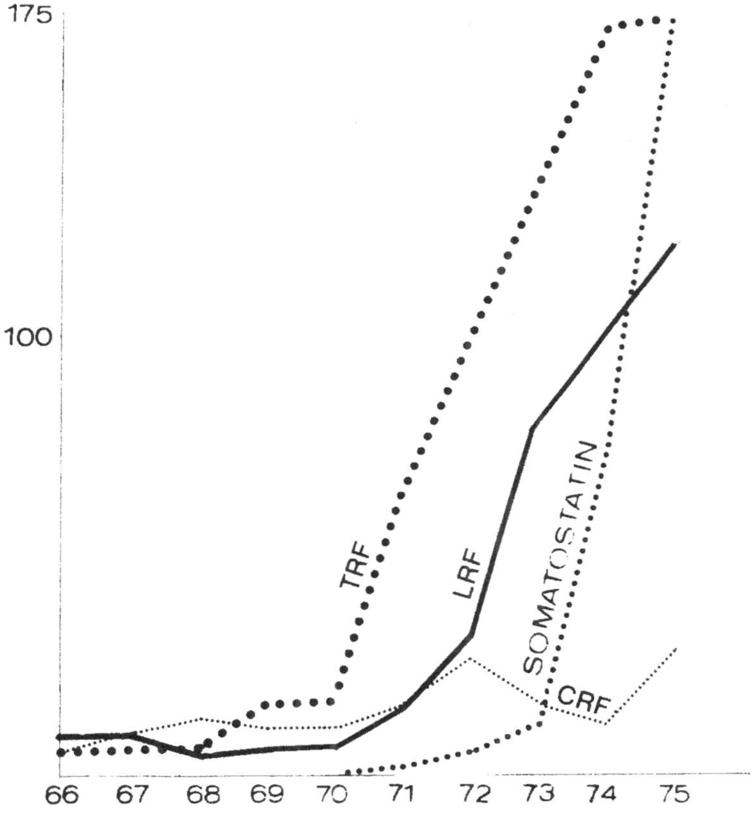

그림 2.2
이 도표는 방출인자 네 개 각각에 대해 연간 출간된 논문 수를 보여준다. 계산은 SCI의 퍼뮤텀(Permuterm)에 기초했고 방출인자에 관련된 다양한 철자를 결합시켜 만들었다. 이 도표에서 선택된 이름들은 연구한 실험실에서 사용된 것들이다. 1970년에 TRF, 1971년에 LRF, 1973년에 소마토스타틴, 모두가 똑같이 상승 곡선을 보여준다. 그 구조가 여전히 밝혀지지 않은 CRF는 비교를 위해 포함한다.

원장부는 물론이고 광범위한 '물질 사전', 예를 들어 뇌 추출물 등을 포함한다. 우리의 관찰자는 이제 실험실 안에서 몇 가지 구별되는 행동 노선을 식별할 수 있어야 하는데, 노선 각각은 최종적으로 산출되는 특수한 논문 유형에 대응한다. 각 유형에 대해 관찰자는 개인들, 실험실 내에서 그들의 위치, 도와주는 기술자들, 채택된 기록하기 장치, 연구와 관계되는 외부 문헌의 유형을 파악할 수 있어야 한다. 참여자들이 '프로그램'이라고 부르는 논문 생산의 세 가지 주요 노선은 연구 시점에 명확하게 차별화될 수 있다. 표 2.1에서 볼 수 있듯이 각 노선은 실험실의 전반적 성과에 동등하게 기여하지 않으며, 비용과 후속 영향도 같지 않다. 세 가지 프로그램을 자세히 조사함으로써 우리의 관찰자는 어떤 활동 특성이 이 실험실에서 특유한지 규정할 수 있기를 희망했다.

이 실험실에서 쓴 **첫 번째** 유형의 논문은 시상하부 내의 **새로운 천연** 물질들과 관계되었다(3장을 볼 것). 한 물질은 두 세트의 기록하기에 의해 얻어지는데, 하나는 실험실의 생리학 쪽에서 시험 분석으로 알려진 기록하는 장치에서 나오고, 다른 하나는 화학 쪽에서 수행한 '정제 사이클'에서 얻어진다. 시험 분석과 정제 사이클은 세 가지 프로그램에 공통되므로 우리는 그것들을 조금 자세히 서술할 것이다.

시험 분석이라고 언급되는(예를 들면 생물학적 검정, **시험관 내** 검정과 **생체 내** 검정, 직접 또는 간접 검정, 방사성 면역 검정 또는 생물 검정) 서로 다른 여러 유형의 활동에도 불구하고, 모두 같은 원리에 기초해 있다(Rodgers, 1974). 기록 매커니즘〔근(筋)운동 기록기(myograph), 감마 계수기(gamma counter), 또는 단순한 등급 평가표와 같은〕이 쉽게 판독이 가능한 자취를 생산해내도록 하기 위해 유기체(세포, 근육 또는 동물 전체)에 연결된다. 이어 유기체에 대해 알려진 효과를 가진 물질이 통제물로서 유기체에 적용된다. 유기체에 미치는 효과가 기록되고, 기록된 자취는 기준선으로 여겨진다. 미지의 물질이 이어서 적용되고 그 효과가 기록된다. 결과는 기록된 두 자취 간의 **차이**인데, 이 차

표 2.1

첫 번째 프로그램 (새로운 물질의 분리)	31편	전체의 15%	24 c.p.i.
두 번째 프로그램: 전체 (유사물과 기능)	78편	전체의 37%	-
과제 1 (유사물)	-	-	-
과제 2 (구조 기능)	52편	전체의 24%	7.6 c.p.i.
과제 3 (임상)	19편	전체의 9%	21 c.p.i.
과제 4 (기초과학)	7편	전체의 3%	7.2 c.p.i.
세 번째 프로그램 (작용 양식)	47편	전체의 22%	10.6 c.p.i.
기술 논문	20편	전체의 9%	7 c.p.i.
일반 논문	27편	전체의 13%	9 c.p.i.
기타	10편	전체의 5%	-
전체	213편		
평균			12.4 c.p.i

이에 관해 단순한 지각 판단("똑같다", "위로 간다", "정점이 있다")이 이루어질 수 있다. 차이가 있으면, 그것은 미지의 물질에서 있었던 '활성'의 신호로 여겨진다. 그런 문화의 중심 목적은 구별되는 화학적 존재자라는 관점에서 어떤 활성을 정의하고자 하는 것이므로, 미지의 물질을 두 번째의 주요 기록하기 장치 유형인 정제 사이클에서 시험하기 위해 실험실의 다른 쪽으로 가져간다.

정제 사이클의 목표는 기록된 두 자취 간의 차이를 일으켰다고 생각되는 존재자를 분리하는 것이다. 뇌 추출물 표본들은 일련의 **식별 작업**을 거친다

(익명, 1974). 이때 몇몇 정지 물질(겔 또는 압지 조각과 같은)이 뇌 추출물 표본의 점차적 움직임을 지연시키는 선별용 체로 사용된다〔이 움직임은 중력, 전기력 또는 세포 결합에 다양하게 기인할 수 있다(Heftman, 1967)〕. 이 과정의 결과로 표본들은 많은 수의 분별물로 변환되는데 이들 각각은 관심의 대상이 되는 물리적 속성들에 관해 조사받을 수 있다. 결과들은 몇 가지의 정점 형태로 그래프용지 위에 기록된다. 이들 정점 각각은 차별화된 분별물을 나타내는데, 그 하나가 시험 분석에서 활성을 일으킨 구별되는 화학적 존재자에 대응할 수 있다. 존재자가 있는지 아닌지를 발견해내기 위해, 분별물을 실험실의 생리학 분과로 되가져가고 다시 시험 분석에 들어간다. 이 마지막 시험 분석 결과를 이전 정제 결과와 중첩시킴으로써, 한 정점과 다른 정점 사이에 겹치는 내용이 있는지 볼 수 있다. 겹치는 바가 중복될 수 있는 것이라면, 그 화학적 분별물은 '물질'이라 언급되고 이름을 부여받는다.

이상적으로는 시험 분석(사진 4)과 정제 사이클(사진 7) 사이의 이 왕복은 '분리된' 물질의 파악으로 끝난다. 그렇지만 결코 거의 그렇지 않은데, 왜냐하면 활성 간 차이의 대부분이 시험 분석이 반복될 때 사라져버리기 때문이다. 예를 들어 CRF라는 가설화된 물질은 1954년 이래로 여섯 개의 실험실에서 오락가락해왔던 것이다(그림 2.2 참조). 활성들 사이의 차이가 사라져버리지 않은 때조차도, 그 존재자는 몇 단계의 정제 이후에 종종 더 이상 추적할 수가 없었다. 우리가 나중에 보게 될 것처럼, 이런 찾기 힘들며 이행해가는 물질들('인공물'로 알려진)이 그 부족의 주요 관심사였다. 제거 과정의 세부 내용이 극히 복잡함에도, 일반적 원리는 단순하다.

"분리된" 물질을 갖고 있다는 경쟁자의 주장 대부분이 의문시되었으므로, 한 존재자의 "분리되었다"라는 단언은 주로 국소적인 기준의 작동에 달려 있다. 이런 주장이 실험실 내부에서 이루어지면, 화학적 분별물이 시험 분석과 정제 간의 왕복에서 빠져나와 또 다른 조작 회로에 접속된다. 이 새로운 회로는 아미노산 분석기(amino acid analyzer: AAA)로 알려진 기록하기 장치를 포함하는데, 이것은 일련의 여타 화학적 "재매개체(reagents)"에 대한 분리된 표본의 효과를 자동으로 기록하며, 이 효과가 아미노산 어휘의 일정한 문자로 직접 읽히도록 허용해준다. 따라서 이 물질에 관한 기록하기는 단지 정점, 점, 기울기의 관점에서보다는, 예를 들면 Glu, Pyro, His와 같은 문자로 해독 가능해진다. 그렇지만 이것이 끝이 아니다. 이 단계에서 각 아미노산이 알려지지만, 그 아미노산들의 특별한 순서는 아직 결정되지 않았다. 이를 해내기 위해 이전의 표본들은 또 다른 방으로 가게 되는데, 거기에는 상근 '박사학위 소지자들'이 다루는 비싼 기록하기 장치가 있다. 두 가지의 주요 기록하기 장치인 '질량분석기(mass spectrometer)'와 '에드만 분해 서열(Edman degradation sequence)'이 그 물질에서 나타나는 아미노산 형상을 규정할 수 있는 스펙트럼과 도표를 제공한다. 이것은 첫 번째 프로그램의 연구에서 대단하고도 드문 순간이다. 구조 결정은 연구에서 가장 흥분되고 진이 완전히 빠지게 하는 시기인데, 여러 해가 지나도 참여자들이 생생하게 기억한다. 다음 장에서 우리는 이들 물질 중 하나의 역사를 자세히 따라가면서 여기서 언급한 활동들에 대해 더 자세히 설명할 것이다.

실험실에서 **두 번째** 주요 프로그램의 관심사는 (구조가 이미 결정된) 물질들을 화학 산업이 공급해준 아미노산을 사용해 재구성하고 그 활성을 평가하는 것이다. 이 프로그램의 주요 목적은 원래의 물질과 다르기 때문에 의학 또는 생리학에서 용이하게 사용할 수 있는, 유사물(analogs)이라고 알려진 인공적으로 재구성된 물질을 생산하는 것이다. 이 두 번째 프로그램은 네 가지 과제로 나뉜다.[10] 첫 번째 과제는 유사물의 화학적 생산이다. 유사물을 사거나 다른 탐구자에게서 얻는 대신에, 그 실험실은 내부의 자체 화학 분과

10 다시 한번 말하자면, 이 분과들은 그것들의 활동에 대한 구성원의 평가에 직접적으로 대응하기에는 너무도 크고 단단하다는 점에서 극히 인위적이다. 다른 한편, 이들 프로그램은 다른 실험실의 그것과 비교해 매우 안정되었으며 일상화되었다. 여기서 우리의 의도는 그저 이어지는 장들을 이해하는 데 필요한 배경을 독자에게 제공하려는 것이다.

에서 비교적 싸게 물질을 공급할 수 있다. 유사물의 생산은 주로 기계화되어 있으며, 펩타이드 자동 합성기와 같은 장치를 사용한다. 한 물질에 대한 원래의 정제에서 사용된 〔질량분석기, 아미노산 분석기 또는 핵자기 공명(nuclear magnetic resonance) 분석계와 같은〕 분석용 기록하기 장치는 다수가 그것의 인공적 재구성에도 사용된다. 그렇지만 두 번째 프로그램에서 이들 기록하기 장치는 새로운 정보를 산출하기보다는 재구성 과정을 감시하는 데 사용된다. 두 번째 과제는 이른바 '구조 기능 관계'에 관련된다. 약간 다른 유사물을 사용해 생리학자들은 생물학적 검정 효과와 그 효과들을 일으키는 유사물들의 조합 사이의 연결을 파악하고자 한다. 예를 들어 성장호르몬이라 불리는 물질의 방출을 막는 천연 물질은 14개 아미노산 구조다. 여덟 번째 위치에서 왼손형 아미노산 형태를 오른손형 아미노산 형태로 대체함으로써 더 잠재력 있는 물질을 얻게 된다. 이것은 당뇨병 치료에 주요한 의미가 있다. 결과적으로 말해, 출간된 논문의 24%에 이르는 이런 유의 시행착오 작업의 성과는 자금 지원 기관과 화학 산업에 특별한 관심거리가 된다(Latour and River, 1977). 세 번째 과제는 출간된 논문의 9%를 차지하며, 인간에게 미치는 물질들의 효과에서 구조 기능 관계를 결정하는 일과 관련된다. 이 연구에서 비롯된 논문 대부분은 임상의와 협력해 작성되었다. 목표는 임상적 목적이 요구하는 천연 물질과 가장 가까이 합치하는 유사물을 고안하는 것이다. 예를 들어 LH 방출을 촉발하는 대신, 그것을 금하게 될 LRF의 유사물을 고안하는 일은 바람직할 것이다. 이것은 현재보다 훨씬 나은 피임약을 생산하는 일을 가능하게 해줄 것이며 따라서 상을 많이 받은 (그리고 연구비가 많이 지급된) 연구 목적의 대표적 사례다. 네 번째의 마지막 과제는 총 연구 성과의 3%만을 이루며, 물질을 구성하는 분자들의 형상에 관해 연구하는 기초 화학자들과의 협력 연구를 포함한다. 이 연구에서 실험실의 역할은 주로 물질을 공급하는 것이지만, 그럼에도 그 결과들은 '구조 기능 관계' 연구에 매우 중요하다.11 세 번째 과제와 같이 이 네 번째 과제에서 비롯된 논문들을 낸 최초의 저자들은 그 실험실 밖에 기초를 두고 있었다.

지금까지 우리는 두 가지 주요 프로그램에 대해 논의했다. 하나는 새로운 천연 물질의 분리이고, 다른 하나는 합성을 통한 그것들의 재생산이다. **세 번째** 프로그램은 서로 다른 물질이 상호작용하는 기제를 이해하는 것을 목표로 한다고 참여자들이 말했다. 이 연구는 생물학적 검정을 사용해 그 실험실의 생리학 분과에서 수행되었다. 거친 행동 반응을 생산시킨 것에서부터 호르몬 접촉에 따르는 DNA 합성 비율을 기록하는 것에 이르는 다양한 자취가 물질이 어떻게 함께 반응하는지 시험하고 평가하는 데 사용되었다.

출간된 논문에 비추어보면, 이 세 가지 프로그램은 각각 1970년에서 1976년 사이 그 실험실에서 나온 총 성과물의 15%, 37%, 22%를 차지한다. 그러나 참여자들이 자신이 진행하고 있는 프로그램을 언급하는 경우는 드물다. 장치에 대한 명세화와 장치의 특수한 배치는 그 자체가 그들이 임하는 연구에 대응하는 것은 아니다. 예를 들어 "나는 정제를 하고 있습니다"라고 이야기하기보다는 "나는 X라는 물질을 정제 중입니다"라고 그들이 이야기할 가망성이 훨씬 더 높다. 그들의 관심을 끄는 것은 일반적으로 정제가 아니라 "CRF의 분리"이고, 유사물 합성이 아니라 "D TRP 8 SS" 연구다. 더욱이 각 프로그램의 목적은 몇 달이 경과하는 동안 변화한다. 따라서 프로그램에 대한 우리의 관념은 그것이 관찰자가 배경과 친숙해지려고 사용했던 매개적 장치일 뿐이라는 점에서 부적절한 것이다. 다른 한편으로 우리의 관찰자는 이제 이 실험실을 다른 실험실과 구별해주는 것이 무엇인지, 그리고 스태프와 기록하기 장치의 특수한 조합에 기초해서 어떤 논문이 쓰이는지 안다. 특수한 개인들, 이력, 역사적 시기, 장치라는 측면에서 보는 실험실 활동에 대한 평가는 우리가 차후의 토론을 위해 유보한다.

---

11 관찰자는, 예를 들어, "소마토스타틴의 공간적 형상은 한 특수한 아미노산이 그 분자 구조의 바깥쪽에 많이 노출되는 그런 것임을 한 화학자가 보여줄 때, 그것을 치환하거나 보호함으로써 새로운 활성이 관찰될 수도 있다"라는 이야기를 듣게 될 것이다.

'현상기법'

쓰인 문서 및 기록하기 장치의 유행이라는 관점에서 관찰자가 실험실을 어떻게 파악했는지 지금까지 살펴보았다. 특히 문헌이라는 관념은 관찰자가 참여자의 설명에 유일하게 의존하는 일이 없이 그의 관찰을 의미 있게 만들 수 있었던 조직화 원리를 제공했다. '문헌'은 핵심적 중요성을 부여받은 다양한 문서는 물론이고, 한 물질에 관한 것으로 여겨지고 그 자체가 더 나중 세대의 기사와 논문에서 사용되는, 기록하기를 산출하는 장치의 사용까지 둘 모두를 지칭한다. 장치에 적용된 문헌적 기록하기라는 관념을 해명하기 위해, 우리는 실험실 내 물질적 배치의 자산 목록을 살펴볼 것이다.

실험실에서 기록하기 장치 사용의 한 가지 중요 특징은 일단 최종 산물, 즉 기록하기가 사용 가능해지면 그 기록하기의 생산을 가능케 했던 모든 중간 단계들은 잊힌다는 점이다. 도표나 수치표가 참여자 간 토론의 초점이 되고 그것을 발생시켰던 물질적 과정은 잊히거나 그저 기술적 과정으로 당연시된다.[12] 물질적 과정을 그저 기술적인 것의 영역으로 추방하는 일의 첫 번째 귀결은 기록하기가 연구 대상 물질에 대한 직접적 지시자로 보이게 된다는 점이다. 특히 아미노산 분석기(사진 9)와 같은 장치에서, 물질은 그 자신의 서명을 기록하는 것처럼 보인다(Spackmann 외, 1958). 그럼에도, 두 번째 귀결은 기록하기를 입증(confirmation) 또는 특수한 관념, 개념, 이론을 옹호하거나 반대하는 증거로 생각하는 경향이다.[13] 그러므로 기록하기의 단순한

---

12 과학에서 기술적인 것과 기술적이지 않은 것 간의 차이들을 출발점으로 삼는 것은 잘못일 것이다. 이런 차이는 그 자체로 구성원들 사이의 중요한 교섭의 초점이다. 이 관념은 칼롱(Callon, 1975)에 의해 기법에 관한 사회학에서 특히 발전해왔다. 1장 33쪽 주변과 6장을 볼 것.

13 물질적 현상이 개념적 존재자들의 현시(顯示)라는 태도를 무비판적으로 채택하는 과학에 관한 사회학적 논의 안에 똑같은 경향이 명백히 드러난다.

산물을 참여자 활동에 관해 알려주는 신화 요소로 전환시키는 일이 발생한다. 예를 들어 어떤 특수한 곡선이 돌파구를 열거나, 한 장의 수치 용지가 이전에 가정된 이론을 명백하게 지지한다고 여겨질 수 있는 것이다.

그렇지만 우리가 이미 지적했듯이, 실험실의 문화적 특수성은 참여자에게 활용 가능한 신화 안에 있지 않다. 결국 다른 실험실에서도 유사한 신화들이 활용 가능할 것이다. 이 실험실에 특수한 것은 우리가 기록하기 장치라고 부른 장치의 특별한 배치다. 물질적인 배치의 주된 중요성은 참여자들이 '그것에 관해' 이야기하는 어떤 현상도 그 물질적 배치 없이는 존재할 수 없다는 점이다. 예를 들어 생물학적 검정 없이는 한 물질이 존재한다고 이야기할 수가 없을 것이다. 생물학적 검정은 독립적으로 주어진 실재를 얻는 수단인 것만은 아니다. 생물학적 검정은 그 물질의 구성을 이루어낸다. 이와 유사하게, 어떤 물질은 분별증류관 없이 존재한다고 이야기가 될 수 없는데(사진 7), 분별물은 식별 작업 과정 덕에 존재할 수 있을 뿐이기에 그러하다. 마찬가지로 핵자기 공명(NMR) 분석계(사진 8)가 산출해낸 스펙트럼은 분석계 없이는 존재하지 않을 것이다. 이는 단순히 현상이 일정한 물질적 도구 사용에 **의존한다**는 뜻이 아니다. 오히려 현상이 실험실의 물질적 배치에 **의해서 철저하게 구성된다**는 것이다. 인공적 실재(artificial reality)는 참여자들이 객관적 실재라는 용어로 기술하는 것인데, 이것은 사실상 기록 장치의 사용에 의해서 구성되어온 것이다. 그런 실재는 바슐라르(Bachelard, 1953)가 '현상기법(phenomenotechnique)'이라 칭한 것으로, 이것은 물질적 기법을 통한 구성 덕분에 한 현상의 외양을 취한다.

만일 우리의 관찰자가 실험실에서 특정 품목의 장치를 제거하는 일을 상상하게 되어 있었다면, 이것이 논의에서 적어도 실재의 한 대상을 제거하는 일을 수반시키리라는 점이 따라 나오게 된다. 이것은 장치가 고장 나거나 새로운 장치가 실험실에 들어올 때마다 특히 뚜렷했다.14 하지만 명백히 모든 장치가 현상의 존재를 조건 짓는 것은 아니며 마찬가지 방식으로 논문의 생산을 조건 짓는 것은 아니다. 예를 들어 쓰레기통을 치워버려도 주요 연구 과정에 해를 끼칠 가망성은 없을 것이다. 이와 유사하게, 자동 피펫을 철수시키는 일이 손으로 하는 피펫 작업을 막지는 않을 것이지만, 그럼에도 불구하고, 이것은 시간이 더 걸린다. 이와 대조적으로, 만일 감마 계수기가 고장나면, 시각으로 감마선의 양을 측정하는 것이 어려워진다! 방사성에 대한 관찰은 전적으로 계수기에 의존한다(Yalow and Berson, 1971). 명백히, 실험실과 동력실 사이를 달리는 흐르는 물과 산소를 운반하는 관이 없으면 실험실은 작동을 멈출 것이지만(사진 1), 실험실이 논문을 산출한다는 사실을 그것이 설명하지는 못한다. 식물의 생활에 대한 아리스토텔레스의 관념처럼, 이 관들은 질 좋은 생활을 위한 일반 조건이지만 이것들이 그것을 설명하지는 못한다. 그럼에도 사진 1이 어떤 공장을 배경으로 찍힌 것일 수도 있는 것에 반해서, 사진 3은 실험실에 특유한 것이다. 이것은 헤어드라이어, 전기모터, 두 개의 수소 통을 제외한 나머지 장치들이 실험실 대상의 구성을 도와주도록 특별하게 발명되었기 때문이다. 예를 들어 원심분리기(사진 3의 왼쪽)는 1924년에 스베드베리(Svedberg)에 의해 고안되었는데, 균질한 혼합물을 고속으로 회전시켜 분리해냄으로써 단백질 관념을 만들어냈다(Pedersen, 1974). 단백질의 분자량은 초원심분리기에 의하지 않고서는 존재한다고 좀처럼 이야기될 수가 없을 것이다. 1950년대에 록펠러 연구소에서 크레이그(Craig)가 발명한 회전증발기(사진 3의 오른쪽)(Moore, 1975)는 거의 대부분의 실험실 정제 과정에서 용매 제거를 가능하게 하며 이전에 사용된 클라이젠플라스크(Claisen flask)를 대체했다.

그렇다면 몇몇 장치가 연구 과정에서 다른 것들보다 더 결정적임이 명백

14 연구 첫해에 크로마토그래피(chromatography)의 새로운 방법이 실험실에서 시도되었다. 앨버트는 그룹의 정제 프로그램에 크로마토그래피를 적용하려고 1년간 작업했다. 그것이 정착되자 곧 앨버트는 그 도구를 기술자에게 넘겨주었는데, 그 뒤로 그것은 순전히 '기술적' 문제가 되었다.

하다. 실제로 실험실의 역량은 장치의 활용 가능성에만 그토록 많이 의존하는 것이 아니며, 특정 과제에 맞추어 만든 특수한 기계의 특별한 배치가 존재하느냐에도 의존한다. 원심분리기와 회전증발기는 생물학 쪽으로 경도된 매우 다양한 연구 기관에서 발견될 수 있기 때문에 사진 3은 실험실의 연구를 위치 짓는 특별한 분야를 정의하지는 않는다. 그렇지만 생물학적 검정, 방사성 면역 검정, 세파덱스 분별관(Sephadex columns), 그리고 분석계 전반의 존재는 참여자들이 신경내분비학과 관련되어 있음을 보여준다. 서로 다른 하부 분야에서 값을 매기는 데 다양하게 사용된 전 범위의 기록하기 장치들이 한 장소에서 조합되었다. 예를 들어 질량분석기는 어떤 물질의 구조에 관한 논문을 생산하는 데 사용된다. 세포 배양은 동일한 물질들의 생합성에서 DNA 합성에 관한 값들을 만들어내는 데 사용된다.

실험실의 문화적 특수성은 그것의 기록하기 장치의 몇몇이 이 배경 속에서만 발견될 수 있다는 사실에서도 명백하다. 물질 대부분은 그 존재를 생물학적 검정과 방사성 면역 검정에 의존한다. 각 검정은 수백 가지 계열을 포함시키며 때로는 총연장 며칠 또는 몇 주 동안 둘 또는 세 사람을 종사시킨다. 한 가지 검정(TRF 면역 검정)을 하는 방법이 여섯 쪽을 꽉 채우는 복잡한 조리법처럼 쓰여 있다. 피펫 작업 같이 비교적 작은 단계만이 자동화될 수 있으므로, 그 과정은 기술자들의 일상화된 솜씨에 크게 의존한다. 전체로서 검정은 그것이 개별 기술자들의 솜씨와 특수한 항혈청에 의존한다는 점에서 특이한 절차인데, 그 항혈청 자체가 그해의 특수한 시점에 특별한 염소에게서만 얻을 수 있는 것이다. 이것이 왜 그렇게도 많은 물질이 오직 **국소적으로** 존재하는가에 대한 이유다(4장을 볼 것). 과학자들이 "성장호르몬에 대한 절묘한 생물학적 검정" 또는 "CRF에 대한 매우 민감한 검정"이라고 부르는 이 배치 속의 존재는 성원들에 의해 높이 가치를 인정받고, 그들이 문헌 속에서 만들어내는 요점은 물론 그들의 긍지 둘 다의 원천이다.

물질적인 것을 실험실 활동의 개념적 성분과 대조하는 일은 잘못일 것이다. 현재 유통되는 기록 장치, 솜씨, 기계는 **또 다른 분야**의 과거 문헌 속에서 종종 눈에 띄었다. 그러므로 각각의 행위 계열과 일상화된 검정은 어떤 단계에서 다른 분야 내 논쟁의 대상이 되었으며 몇몇 출간 논문에서 초점이 되어왔던 것이다. 하나의 분야에서 나타나는 장치와 솜씨는 그러므로 다른 분야에서 논란 또는 논쟁의 최종 결과를 구현시키며 이들 결과를 실험실 벽 내부에서 사용되게 만든다. 바슐라르(Bachelard, 1953)가 장치를 "물상화된 이론(reified theory)"이라 부른 것은 이런 의미에서다. 확립된 논변의 장치의 품목으로의 변환에 기초해, 논문을 쓰거나 문헌에서 요점을 만드는 데는 사용될 수 있는 기록물을 기록하기 장치가 제공한다. 이 변환은 다시 새로운 기록하기의 세대, 새로운 논변, 잠재적으로 새로운 장치의 항목을 가능케 한다(6장 참조). 예를 들어 실험실 구성원이 컴퓨터 콘솔(사진 11)을 사용할 때 그는 전자공학과 통계학 양쪽의 힘을 동원한다. 또 다른 구성원이 화합물의 순도를 확인하기 위해 NMR 분석계(사진 8)를 다룰 때 그는 스핀 이론과 기초 물리학 연구의 약 20년의 성과물을 활용하고 있다. 앨버트가 스핀 이론을 일반원리 이상으로 잘 알지 못하더라도, NMR 계기판을 조작하고 그 이론의 힘이 자신에게 유익하게 작동하도록 하는 데 충분하다. 다른 이들이 어느 방출인자의 공간 구조를 토의할 때 그들은 수십 년간의 기초 화학 연구를 암묵적으로 사용한다. 이와 유사하게 면역학의 약간의 원리들과 방사성에 관한 일반적 지식이 있으면 새로운 물질을 탐구하고자 방사성 면역 검정을 사용할 때 이들 두 가지 과학에서 이익을 얻기에 충분하다(Yalow and Berson, 1971). 그러므로 실험실 내 모든 움직임은 어떤 방식으로 여타 과학 분야에 의존한다. 표 2.2에서 우리는 실험실에서 사용되는 장치에 대한 더 큰 항목을 기원 분야 및 그것들이 새 문제 영역에 도입된 시기와 함께 나열한다. 다음 장에서 우리는 왜 이 장치 다수가 내분비학보다 '더 단단하다'고 여겨지는 분야에서 기원했는지를 보게 될 것이다.

물질적 배치는 다른 분야의 문헌 안에서 확립된 지식의 물상화를 나타내

표 2.2

도구 이름	최초 개념화 시기	최초 도입 시기	기원 분야	프로그램 내 사용	비고
질량분석 분광계	1910-1924	1959 펩타이드 1969 방출 인자	물리학(동위원소)	첫 번째 프로그램	한 명의 박사가 작동; 한 방을 차지
핵자기 공명(고분해능) 분석계	1937-1954	1957 펩타이드(pep.), 1964 방출 인자(R.F.)	물리학(스핀)	두 번째 프로그램, 과제 1	순도 확인에 사용
아미노산 분석기	1950-1954	펩타이드 화학 내부	단백질 화학; 분석	첫 번째 및 두 번째 프로그램	일상 작업; 기체; 자동화
펩타이드 자동 합성기	1966	1975 R.F.에서 pep. 내부	생화학; 합성	두 번째 프로그램, 과제 1	일상 작업; 기체; 자동화, 새로움
세파덱스 관	1956-1959	1960-1962 R.F.		첫 번째, 두 번째, 세 번째 프로그램	정체와 검정의 핵심적 부분
방사성 면역 검정	1956-1960	1959 pep.	핵물리학; 면역학; 내분비학	모든 프로그램	가장 다양한 노동 집약적인 도구
고압 액체 크로마토그래피	1958-1967	1973 pep. 1975 R.F.	분석화학	첫 번째 및 두 번째 프로그램, 과제 1	새로우며, 일상적 과제에서 변형됨
역행 분배 크로마토그래피	1943-1947	1958 R.F.	〃	〃	기계의 차가운 부분

므로, 한 가지 분야에서 한 이론에 대한 토의와 다른 분야에서 상응하는 기법의 출판 사이에는 필연적으로 시간 지체가 존재한다. 이것은 다양한 기록하기 장치가 최초로 개념화된 시기에 의해서 입증된다. 일반적으로 기록 장치는 잘 확립된 지식의 덩어리에서 유도되었다. 예를 들어 크로마토그래피(chromatography)는 화학에서 여전히 활동적인 연구 영역이다. 그러나 실험실에서 쓰는 장치에서 구현된 크로마토그래피는 1950년대 포라트(Porath)의 연구에서 기원한 것이다(Porath, 1967). 결정적인 분석 연장인 질량분석기는 나이가 쉰 살쯤 된 물리학에 기초한다(Beymon, 1960). 실험실이 통계학과 프로그래밍 기법을 사용하는 경우에도 마찬가지다. 잘 확립된 지식을 빌려옴으로써, 그리고 그것을 설비나 일상적 조작 절차에 결합시킴으로써, 실험실은 수십 개에 달하는 여타 분야의 엄청난 힘을 자신의 목적을 위해 이용할 수 있다.

그렇지만 다른 분야에서 온 물질 이론과 실천의 누적 자체는 일정한 제조 솜씨에 의존한다. 예를 들어 핵물리학과 같은 학제의 단순한 존재가 그 자체로 실험실 속에서 베타 계수기(beta counter)의 존재를 확실하게 만드는 것은 아니다. 분명히, 장비의 사용은 그것의 제조를 전제한다. 예를 들어 메리필드(Merrifield)의 발명 없이는 고체상(相) 합성이 없었을 것이고 펩타이드 합성을 자동화하는 방식도 없었을 것이다(Merrifield, 1965, 1968). 그러나 심지어 베크만(Beckmann) 같은 회사 없이도, 그것이 발명된 록펠러 연구소에 원형이 여전히 존재할 것이고 이것은 여타 과학자들에 의해서 사용될 수 있었을 것이다. 단순한 시간 절약 장치인 자동 피펫은 차치하고, 실험실에서 사용된 다른 모든 장치의 원리와 기초적 원형은 여타 과학 실험실에서 기원한 것이다. 그렇지만 새로운 장치의 각 품목에 대해 하나 또는 두 개의 원형만이 존재한다고 상상해보면 명백해지는 것처럼, 산업은 더 넓은 대중이 활용 가능한 과학적 원형을 설계하고, 발전시키며, 만드는 데 중요한 역할을 한다. 이 경우 과학자들은 굉장히 먼 거리를 여행해야 할 것이며 논문 산출률

이 극도로 하락할 것이다. 메리필드의 본래 원형이 자동 펩타이드 합성기라는 이름으로 팔린 시장성 있고, 자체로 완비되어 있으며, 믿을 수 있고, 아담한 장치 품목으로 변환되었던 일은 실험실이 기술적 솜씨에 대해서 진 빚의 척도였다(익명, 1976a). 만일 기록하기 장치가 이론과 실천의 물상화라면, 장비의 실질적 부분은 이들 물상화의 시장화된 형태다.

실험실의 물질적 배열은 장치의 품목으로부터 구성되어온 것이고, 그들 중 다수는 길고 때로는 논쟁적인 역사를 갖고 있다. 각 장치는 그래프용지의 표면을 긁는 특별한 고안물, 철필, 바늘의 형태를 갖추어내는 일정한 솜씨와 결합되어 있다. 각 곡선의 존재를 비롯되게 한 일련의 사건은 어떤 관찰자, 기술자, 과학자가 기억해내기에는 너무도 길다. 그리고 게다가 각 단계가 결정적인데, 왜냐하면 생략하거나 잘못 처리하면 전 과정이 무효가 되기 때문이다. '좋은 곡선' 대신에 복제될 수 없는 곡선의 임의적인 점들이 혼란스럽게 흩어져 있는 것을 얻기가 너무도 쉽다. 이런 파멸적 가능성에 맞서기 위해, 기술자 훈련이나 자동화를 통해 구성적 행위를 일상화하려는 노력이 이루어진다. 일단 일련의 조작이 일상화되면, 어떤 이는 얻은 숫자값을 바라보면서 면역학, 원자물리학, 통계학, 전자공학이 이 값을 가능하게 했음을 조용히 잊을 수 있다. 도표를 만들기 위해 일단 자료 용지를 사무실로 가져가면 기술자들이 행한 수 주일의 작업과 그것을 생산하는 데 소모된 수백 달러를 잊을 수 있다. 이들 숫자값을 합체시킨 논문이 쓰이고 논문의 주요 결과가 몇몇 새로운 기록하기 장치에서 구현된 이후에는 논문의 구성이 물질적 요인들에 의존한다는 점을 잊기가 쉽다. 작업대 공간은 잊힐 것이고, 실험실의 존재는 사고 속에서 사그라지게 될 것이다. 그 대신에 '관념', '이론', '이유'가 그들의 자리를 차지할 것이다. 기록하기 장치들은 따라서 그것들이 장인적 작업에서 관념으로의 재빠른 이행을 용이하게 하는 정도에 기초해 가치를 갖게 되는 것으로 보인다. 물질적 배치는 현상을 가능하도록 해줄 뿐만 아니라 쉽게 잊히기를 요구받기도 한다. 실험실의 물질적 환경 없이는 대상의 어떤 것도 존재한다고 이야기될 수 없을 것이나, 그럼에도 물질적 환경은 아주 드물게만 언급된다. 우리가 더 자세히 고려하게 될 것은 바로 이 역설이며, 이는 과학의 본질적 특징이다.

문서와 사실

시간의 2/3를 커다란 기록하기 장치에 소모하는 독자이자 저자라는 부족의 관점에서, 지금까지 우리의 관찰자는 실험실을 의미 있게 만들어내기 시작했다. 그들은 그들의 포착하기 어려운 수치, 자취, 또는 기록물을 명확하게 정의할 수 있는 장비를 세우는 데서, 그리고 설득의 기예 안에서 상당한 솜씨를 발전시킨 것으로 보인다. 후자의 솜씨는 그들이 하는 바가 중요하고, 그들이 말하는 바가 참이며, 그들의 제안이 연구비를 받을 가치가 있음을 그들이 다른 사람들에게 확인시킬 수 있게 한다. 실제로 그들은 매우 솜씨가 있어서 다른 사람들에게 그들이 확신을 갖는 중에 있음을 확신시키는 것이 아니라 그들이 사용 가능한 증거에 대한 일관성 있는 해석의 노선을 단순히 따라가고 있음을 그럭저럭 잘 확신시킨다. 다른 사람들은 그들이 설득력 있는 상태에 있지 않음을, 이야기된 바와 진리 사이에 아무런 중재도 이루어지지 않았음에 설득당한다. 그들은 사실상 매우 설득력이 있어서 그들의 실험실의 경계 안에서 실험실의 물질적 차원, 작업 내에서의 연구, 과거의 영향을 잊는 것이 가능하며, 지적되고 있는 '사실들'에만 초점을 맞추는 것이 가능하다. 놀랍지 않게도, 우리의 인류학적 관찰자는 그런 부족을 다루는 데서 몇몇 어려움을 경험했다. 다른 부족들이 신이나 복잡한 신화를 믿는 데 반해, 이 부족은 그들의 활동이 믿음, 문화, 또는 신화와 어떤 식으로도 연합되어 있지 않다고 주장한다. 그 대신 그들은 '단단한 사실'과만 관계되어 있다고 주장한다. 관찰자는 그의 정보원들이 모든 것이 간단하다고 역설한다는 바로 그 점 때문에 어리둥절했다. 더구나 그들은 관찰자가 과학자 자신이었다면 이를 이해할 것이라고 했다. 우리의 인류학자는 이 주장에 격렬하게 유혹받았다. 그는 실험실에 관해 배우기 시작하고 많은 논문을 읽었으며 서로 다른 물질을 인식할 수 있다. 게다가 구성원들 간 대화의 파편을 이해하기 시작한다. 그의 정보원들은 그를 흔들기 시작한다. 그는 이 상황에 이상한 어떤 것도 존재하지 않음을, 그리고 정보원들 자신의 설명이 아닌 다른 관점에서 설명할 필요가 있는 어떤 것도 존재하지 않음을 인정하기 시작한다. 그렇지만 그의 마음 한구석에는 사라지지 않는 질문이 남아 있다. 어떤 한 해에 25명이 논문 40편을 산출하는 것을 가능케 하기 위해 대략 150만 달러가 소모된다는 사실을 어떻게 설명할 수 있는가?

물론 논문 자체와는 별개로 다른 종류의 생산이 다른 실험실에서 문서를 발생시키는 수단을 제공한다. 우리가 앞에서 말했듯이 이 실험의 주요 목표 두 가지는 천연 물질 정제와 알려진 물질의 유사물 제조다. 정제된 분별물과 합성 물질의 표본이 다른 실험실의 탐구자에게 빈번하게 보내진다. 각 유사물은 평균 비용 1500달러 또는 밀리그램당 10달러로 생산되는데, 이것은 이 펩타이드들의 시장가격보다 훨씬 낮은 것이다. 실제로 실험실이 생산한 모든 펩타이드의 시장가격은 150만 달러에 달할 것인데, 이것은 그 실험실의 전체 예산과 똑같다. 다른 말로 하면 실험실은 유사물을 팔아서 연구 비용을 치를 수 있을 것이다. 그렇지만 실험실이 실제로 산출한 펩타이드는 양, 수, 본성 면에서 99%가 내다 팔 시장이 존재하지 않는 것들이다. 더구나 거의 모든 펩타이드(90%)는 내부 소비를 위해 제조되었고 밖으로 내보낼 수 없다. 실제 산출물(예를 들어 1976년에 3.2그램)은 잠재적 시장가격으로 13만 달러 가치를 지니며 산출 비용은 3만 달러만 들었음에도, 표본들은 자신의 연구가 흥미로움을 실험실 구성원 가운데 한 사람에게 확신시킨 외부 연구자에게 공짜로 보내졌다. 실험실 구성원들이 이 표본을 사용해 얻은 결과로 나온 연구를 보고하는 논문에 이름을 올려야 한다고 요구하지 않았음에도, 희귀하고 돈이 드는 유사물을 제공하는 능력은 강력한 자원이다. 예를 들어 만일 몇 마이크로그램만을 사용할 수 있었을 뿐이었다면, 이것은 수령인이 발견을 이룩하고자 충분한 탐구를 수행하는 일을 효과적으로 막을 수 있었을 것이다(4장을 볼 것).15 정제된 물질과 희귀한 항혈청 역시 소중한 자산으로 여겨진다. 예를 들어 참여자가 그룹을 떠나려 한다고 말할 때, 그는 항혈청, 분별물, 그가 책임져왔던 표본의 운명에 관해 종종 염려를 표현한다. 참여자가 산출한 논문들과 함께 다른 곳에 정착하고 더 많은 논문을 쓸 수 있도록 하는 데 필요한 풍요로움을 대표하는 것이 이것들이다. 그는 다른 곳에서도 비슷한 기록하기 장치를 발견할 가망성이 있지만, 시행할 특수한 방사성 면역 검정을 가능케 하는 특이 항혈청을 발견할 가망성은 없다. 표본 외에 실험실은 이따금 다른 곳에서 일하려고 그 실험실을 떠나는 연구력 있는 구성원들 속에서 솜씨를 또한 산출시킨다. 여기서 다시, 그 솜씨는 논문을 산출한다는 목적에 대해 유일한 수단이다.

논문 생산은 참여자들에 의해 그들 활동의 주요 목적으로 인정받는다. 이 목적의 실현에는 용지 위에 휘갈겨 써서 동료에게 열성적으로 전달하는 최초의 결과로부터 출간 문헌으로 실험실 문서고에 최종 등록하는 일에 이르기까지의 글쓰기 작업 연쇄가 필연적으로 따른다. 많은 중간 단계(슬라이드로 하는 발표, 출판 전 논문의 회람 등과 같은)는 모두 한 종류 또는 여러 종류의 문헌적 생산과 관계가 있다. 그러므로 논문 산출로 이끄는 문헌적 생산의 다양한 과정을 조심스럽게 연구하는 것은 필수다. 우리는 이것을 두 방식으로

15 이 계산은 근사치일 뿐이다. 연구비 신청에서 계산된 것으로, 실험실의 전체적 예산에 기초했다. 실험실을 가동하는 데는 약 100만 달러가 들었다. 이것은 단순히 그 공간을 연구소의 나머지와 연결하는 것이었다(사진 1). 일반 시장에서 장비를 사는 데 연간 약 30만 달러가 들었다. 박사학위 소지자 임금은 연평균 2만 5000달러이고, 기술자의 경우 그 수치는 연간 1만 9000달러에 근접한다. 총임금은 연간 50만 달러에 달한다. 실험실의 총예산은 연간 150만 달러다.

하게 된다. 첫째, 제조된 재화를 고려하는 것과 똑같은 방식으로 논문을 대상으로 여길 것이다. 둘째, 논문의 내용을 의미 있게 만들고자 할 것이다. 이런 식으로 문헌적 생산을 바라봄으로써, 우리는 어떻게 한 논문을 산출하는 것이 그토록 돈이 많이 들며 또한 그토록 높이 가치를 평가받게 되는가 하는, 우리의 관찰자가 제기한 중심적 질문을 꺼내길 원한다. 논문 내용의 중요성에 대한 참여자의 믿음을 정확히 무엇이 정당화할 수 있는가?

출간 목록

실험실이 산출한 논문의 범위와 영역은 참여자들이 지녀온 그리고 갱신한 목록에 의해 지시된다. 우리는 1970년과 1976년 사이에 목록화된 그들 항목을 사용했다. 참여자들이 "출간 목록"이라고 언급하기는 했지만, 사실상 출간되지 않은 논문이 다수 포함되었다.16

탐구자들이 선택한 채널에 따라 산출을 분류하기로 한다. 50%는 '정규' 논문으로 이루어졌다. 그런 항목은 몇 쪽으로 구성되며 전문 학술지에 게재되었다. 출력의 20%는 전문 학회에 제출된 요약문을 포함했다. 다른 16%는 회의에 낸 청탁받은 기고를 포함하는데, 이 중 절반만이 회의 회보로 인쇄되는 길을 찾았다. 참여자들은 또한 편집된 논문 모음집에 장을 이루는 글들을 제출했는데, 이것들이 전체 출력의 14%를 이루었다.

논문을 분류하는 또 다른 방법은 논문의 문화적 '장르'에 따르는 것이다. 장르의 차이는 형식적 특성(길이, 문체, 각 논문의 포맷) 측면과 독자 성격 둘 다에 의해 정의된다. 예를 들면 모든 논문의 5%가 ≪사이언티픽 아메리칸

16 잘 유지된 출간 목록의 이점은 그룹이 산출해낸 모든 항목을 포함한다는 것인데, 이는 게재 거부된 논문, 출간되지 않은 강의 등을 포함한다. 다음에 오는 수치들은 논문 산출의 규모라는 관념을 헤아리고자 의도된 것이다. 물론, 안정된 실험실만이 믿을 만한 출간 목록을 제공할 수 있다.

(Scientific American)≫, ≪트라이앵글(Triangle)≫, ≪사이언스 이어(Science Year)≫의 일반 독자들과 같은 보통의 청중, 또는 ≪클리니션(Clinician)≫, ≪피임(Contraception)≫, 혹은 ≪하스피틀 프랙티스(Hospital Practice)≫의 논문과 같이 생물학의 최근 진보에 대해 단순화된 설명이 유용성을 발휘하는 내과의를 겨냥했다. 양적인 면에서 상대적으로 작은 출력임에도 이 장르 논문은 공공 기금을 장기적으로 지원받기에 유용하므로 중요한 섭외를 해낸다. 두 번째 장르는 총 출력의 27%를 차지하며 방출호르몬 분야의 바깥에서 연구하는 과학자를 겨냥했다. 표본 제목으로 다음의 것들이 있다. "시상하부 방출호르몬", "시상하부 생리학 및 시상하부 화학", "시상하부 호르몬: 분리, 특성 부여, 구조 기능". 특수한 물질과 검정의 세부 사항 또는 그들 사이의 관계에 대한 세부 사항은 이런 종류의 논문에서는 드물게 논의되었는데, 이것들은 고급 교재, 참고서, 전문화되지 않은 학술지, 서평, 초빙 강의에서 빈번하게 발견될 수 있을 것이다. 이들 논문 속의 정보는 바깥 분야의 학생이나 동료에 의해 종종 활용되었다. 그런 논문들은 일반인에게 이해 불가능한 것이고 또한 방출인자 분야 내부의 동료들에게는 주목할 만한 것이 아니다. 그것들은 단순히 분야 바깥의 과학자에게 기술 수준을 요약해준다. 세 번째 장르는 전체 출력의 13%를 차지하며 다음과 같은 제목들을 포함했다. "루틴화 방출호르몬과 소마토스타틴 유사물: 구조 기능 관계", "SS의 생물학적 활성", "양(羊) TRF 및 LRF와 합성 TRF 및 LRF의 화학과 생리학." 이 논문들은 해당 전문분야 바깥에서는 거의 의미가 없을 정도로 전문화되었다. 그것들은 이례적으로 공저자 수가 많다(전체 논문 평균 3.8명에 비교되는 5.7명)는 특징이 있었으며 내분비학회 모임과 펩타이드 화학 심포지엄과 같은 분야 내부의 전문적 회합에서 보통 발표되었다. 이 세 번째 장르의 논문들은 동료들로 하여금 최근에 사용 가능한 정보를 따라잡도록 해줄 수 있었다. 마지막으로 총 출력의 55%를 차지하는 장르는 다음에 예시한 제목이 가리키는 것처럼 아주 전문화된 논문들을 포함했다. "(Gly) 2LRF와 Des His LRF.

LRF에 대해 길항체인 두 가지 LRF 유사물의 합성 정제와 그들에의 특성 부여" 그리고 "소마토스타틴이 근신경총(myenteric plexus) 안에서 전기적으로 유도된 아세틸콜린(acetylcholine) 방출을 억제한다". 이 논문들은 내부인의 띠를 선별하고자 작은 정보 조각을 전달하는 것을 목표로 삼았는데, 이것들은 ≪내분비학≫(18%), ≪BBRC≫(10%), ≪의학화학 저널(Journal of Medical Chemistry)≫(10%)과 같은 학술지에 주로 출간되었다. 첫 번째와 두 번째 장르 내부로 떨어진 논문들이 가르치는 맥락에서 중요하다고 여겨졌음에 비해, 후자의 두 가지 장르(내부자 논평 및 전문화된 논문) 속의 논문들만이 실험실 구성원들에게 새로운 정보를 포함하고 있다고 여겨졌다.

실험실의 연간 예산을 출간된 논문의 수로 나눔으로써(그리고 이와 동시에 일반인 장르의 논문들을 삭감함으로써), 우리의 관찰자는 한 논문을 생산하는 비용이 1975년에 6만 달러였고 1976년에 3만 달러였음을 계산해냈다. 명백히 논문은 값비싼 상품이었다! 이런 지출은 만일 논문이 아무런 충격도 지니지 않는 것이라면 불필요한 낭비로 보이며, 논문이 기초 연구 또는 응용 연구에 대해 근본적 함의를 지닌다면 터무니없이 싼값으로 보일 것이다. 그러므로 이런 지출은 논문의 수용과 관련해 적절하다고 해석될 수도 있다.

논문의 수용된 가치와 관련해 생산 비용을 조사하는 한 가지 예비적 방법은 인용 역사의 조사를 통하는 것이다. 우리의 관찰자는 1970년과 1976년 사이에 참여자들이 출간한 213개 항목[17]의 인용을 추적하기 위해 SCI를 사용했다. 인용되지 않은 항목들(일반인이 쓴 논문, 출간되지 않은 강의, 얻기 어려웠던 초록)은 따라서 제거되었고 그 나머지는 인용될 가망이 매우 높은 것과 그렇지 않은 것(보통 책 속의 장 또는 초록)으로 양분되었다. 인용의 정점은 출간 이후 4년이 지나서는 좀처럼 발생하지 않으므로, 관찰자는 출간된 해와 이어지는 두 해의 인용에 기초해 각 항목의 영향력에 관해 색인을 계산했다.

---

17 우리는 용어 "항목"을 모든 유형의 출간물, 논문, 초록, 강의 등을 언급하는 데 사용한다.

전반적 충격도〔항목 당 인용(citations per item)의 수〕는 그것이 계산될 수 있었던 1970~1974년 5년 동안에 12.4 c.p.i였다. 그렇지만 이 수치는 변화의 세 가지 주요한 원천을 숨긴다. 첫째, 충격도는 장르에 따라서 달랐다. 예를 들어 '정규' 논문만이 고려되었을 때, 충격도는 20 c.p.i로 올랐다. 더욱이 '정규' 논문으로 판정받았으며 참여자들이 '좋은' 학술지라고 언급했던 학술지에 출간된 17개 항목만이 1976년 말 이전에 그것이 무엇이든 간에 아무런 영향력을 갖지 못했던 것이다. 둘째, 충격도는 시간에 따라 달랐다. 1970년에 출간된 10개 항목에 대해서는 23.2 c.p.i였지만, 1974년에 출간된 39개 항목에 대해서는 단지 8 c.p.i였다. 이 특수한 변화는 1970년이 발견의 해였다는(3장을 볼 것) 사실에 의해 설명된다. 셋째, 표 2.1의 오른쪽 칸에서 명백하듯이, 충격도는 또한 프로그램에 의해 변화되었다. 앞서 특징지었던 세 가지 프로그램 중에, 분리와 물질에의 특성 부여와 관련된 항목들은 가장 높은 충격도(24 c.p.i)를 지녔다. 한 가지 다른 활동 범주, 즉 임상의와 협력해 수행된 유사물 생산(두 번째 프로그램의 과제 3)만이 비교할 만한 영향(21 c.p.i)을 지녔다. 여타 활동에서 결과한 항목들은 가장 작은 영향을 지녔다. 예를 들어, 세 번째 프로그램은 전체 출력(생산 항목의 관점에서)의 22%를 차지했지만 충격도는 겨우 10.6 c.p.i였다. 두 번째 프로그램의 과제 2는 전체 출력에 대해서 비슷한 비율(24%)를 차지했지만 훨씬 더 작은 영향(7.6 c.p.i)을 지녔다.

충격도가 문헌의 항목을 생산하는 초기 비용에 대한 수익에 관한 조야한 지시자로 여겨진다면, 증가된 출력에 의해 더 높은 수준의 수익이 필연적으로 보장되지는 않는다는 점이 명백하다. 항목들이 '정규' 논문으로 보일 수 있는 정도가 한 가지 지배적 요인이 될 것이다. 그렇지만 이것은 시간에 따른 변화들 및 각 항목과 연합된 특수 활동 둘 다에 의해 혼동될 수 있다. 그러므로 우리는 수익을 많이 산출하는 항목이 실험실 밖에서 관심사가 될 기회를 많이 지니는 항목이라는 조금 동어반복적인 사변을 넘겨받은 것이다.

진술 유형

항목들이 다양한 영향력을 지녔음을 인용이 드러내주었음에도, 관찰자는 어째서 그러한지는 별로 알아내지 못했다고 느꼈다. 이런 종류의 문제에 대한 한 가지 반응은, 명백히 판정 가능한 인용 패턴이 출현하리라는 희망 속에서 인용의 역사에 관한 더 정교하고 복잡한 수학적 분석에 참여하는 것이다.[18] 그러나 이것이 왜 항목들이 먼저 인용되었는가를 이해하는 일에서의 기본적 어려움을 경감시켜 주리라고 관찰자는 확신하지 못했다. 그 대신 그는 논문들이 어떻게 평가받느냐를 설명해줄 무언가가 논문들의 **내용** 안에 존재해야 한다고 사유했다. 이에 따라 관찰자는 논문들의 상대적 가치에 대해 가능한 이유를 찾아내기 위해 논문 몇몇을 정독하기 시작했다. 아아, 그것은 그에게 모두 중국어 같았다! 용어 다수가 물질의 이름, 또는 그가 이미 접한 장치와 화학물질의 이름으로 인식되었다. 또한 그는 문장의 문법과 기본 구조가 그 자신이 사용했던 것들과 다르지 않다고 느꼈다. 그러나 그는 논문들의 의미가 어떻게 전체 문화를 유지해주는지를 이해하기는커녕, 그 '의미'를 파악하는 것조차 전적으로 불가능하다고 느꼈다. 의식(儀式)적 행위의 핵심을 꿰뚫어 그가 군소리와 쓸데없는 말만을 발견했을 때, 그는 더 앞서 종교적 의식에 대해 했던 연구를 순간적으로 상기했다. 이와 유사한 방식으로, 그는 이제 복잡한 작업 연쇄의 최종 산물이 완전히 뜻 모를 말로 되어 있는 것을 발견했다. 절망하며 그는 참여자 쪽으로 생각을 돌렸다. 그러나

18 사회학자들이 인용 자료를 사용하기에 앞서 인용 행위에 관한 이론이 발전해야 한다고 주장하는 이들과, 인용 유형학의 발전이 분석자로 하여금 인용 자료를 사용하는 데서의 기술적 난점을 극복하도록 해줄 것이라고 주장하는 이들 사이의 차이에 주목하는 것은 흥미롭다. 예를 들어, Edge(1976)와 1976년 8월 25~27일 캘리포니아주 버클리에서 열린 과학사의 정량적 방법에 관한 국제심포지엄의 기고문들을 볼 것. *Social Studies of Science*, Vol. 7, No. 2(May 1977)의 특별 주제도 볼 것.

논문의 의미를 명료화해달라는 그의 요청에 돌아오는 것은 그 논문들이 **자체로는** 아무런 관심거리나 유의미성을 담고 있지 않다는 대꾸였다. 그 논문들은 '중요한 발견물'에 관한 의사소통 **수단**일 뿐이었다. 발견물의 본성에 관해 더 나아간 질문이 제기되었을 때, 참여자들은 논문 내용에 관한 약간 수정된 버전을 되풀이해줄 뿐이었다. 그들은 관찰자가 좌절한 것이 문헌에 대한 강박적 관심이 논문의 참된 중요성을 볼 수 없도록 눈을 가렸기 때문이라고 주장했다. 관찰자가 논문 자체에 대한 관심을 포기해야만 그 논문이 포함하는 '사실들'의 '참된 의미'를 파악할 수 있다는 것이다.

참여자들이 초고, 교정지의 수정 및 재수정, 기록하기 장치에 의해 막 산출된 다양한 자취 및 수치에 대한 해석에 관해 토의를 즉각적으로 재개한 사실이 없었다면, 우리의 관찰자는 참여자들의 경멸 때문에 극단적으로 우울해졌을 수도 있다. 최소한 우리의 관찰자는 문헌적 기록하기의 과정과 논문들의 '참된 의미' 사이에 강한 관계가 존재해야 한다고 판단했다.

앞에서 살펴본 관찰자와 참여자 사이의 불일치는 이 장에서 이미 여러 차례 암시되었던 한 역설에서 나온다. 논문 생산은 문헌적 기록하기로 요약될 수 있는 글쓰기와 읽기의 다양한 과정에 심각하게 의존한다. 문헌적 기록하기의 기능은 독자를 성공적으로 설득하는 것이지만, 독자는 설득의 모든 원천이 사라졌다고 보일 때에만 완전하게 확신할 수 있다. 다른 말로 하면, 논변을 떠받치는 다양한 글쓰기와 읽기 작업은 참여자에 의해 '사실'과는 대체로 무관하게 보이게 되는데, 사실은 바로 이 작업 덕분에 유일하게 나타나는 것이다. 그렇다면 '사실'과 문헌적 기록하기의 다양한 과정의 성공적 작동 사이에 성공적 합동이 존재한다. 한 텍스트 또는 진술은 그것에 관해서 아무런 논쟁도 존재하지 않으며 문헌적 기록하기 과정이 잊혔다고 독자가 충분하게 확신하게 되었을 때, '사실을 포함하고 있는 것'이나 '사실에 관한 것'으로 읽힐 수 있다. 역으로 한 진술의 '사실성'을 약화시키는 한 가지 길은, 사실을 가능케 해주는 문헌적 기록하기의 (순전한) 그 과정에 주의를 집중함에 의하는 것이다. 이 점을 마음에 품고 우리의 관찰자는 논문 안에서 발견되는 서로 다른 진술들을 주의 깊게 바라보고자 했다. 특히 그는 몇몇 진술이 다른 진술보다 더 사실적인 것으로 나타나는 정도를 그려내는 데 관여했다.

한쪽 극단에서 독자들은 아무런 명시적 준거도 성립되지 않은 사실들의 존재에 관해 정말로 설득당한다. 다른 말로 하면, 한 논변의 주요 부담이 몇몇 여타 사실에 대해 명백한 증명이 되는 그런 논변의 과정에서 지식의 다양한 항목이 단순히 당연하게 여겨지며 활용된다는 것이다. 결과적으로 논문을 읽을 때 당연하게 받아들여지는 사실이 출현하는 것에 의식적으로 주목하기는 어려웠다. 그 대신에 그것들은 일상적 탐구, 숙련, 암묵적 지식이라는 배경 속으로 지각할 수 없게 동화되었다. 그렇지만 실험실에 자명한 것으로 받아들여진 모든 것이 더 앞서 있던 논문들 속에서는 몇몇 논란의 주제였을 가망성이 있었음은 우리의 관찰자에게 명백했다. 그 중간 기간에 점진적인 전이가 발생했고, 이것에 의해서 한 논변이 뜨겁게 경합하는 토의의 쟁점으로부터 잘 알려지고 두드러지지 않으며 논쟁을 불러일으키지 않는 사실로 변환되었던 것이다. 그래서 관찰자는 서로 다른 유형의 진술들에 대응하는 다섯 개의 분류 구도를 설정했다. 당연하게 받아들여진 사실에 대응하는 진술은 **유형 5**(type 5) 진술로 표시되었다. 정확히 그것들이 당연하게 받아들여지기 때문에, 그런 진술들이 실험실에 온 신참자가 그들에게 몇몇 소개를 요청했을 때를 제외하고는 실험실 구성원들 사이에 있는 토론에서 좀처럼 눈에 띄지 않았음을 관찰자는 알아냈다. 신참자의 무지가 크면 클수록 정보원은 비명시적 지식의 층으로 더 깊이 파고들어 가도록, 그리고 과거로 더 멀리 파고들어 가야 했다. 일정한 지점을 넘어서면 '누구나 알았던 것'에 관한 신참자에 의한 끈덕진 질문은 사회적으로 적절하지 못하다고 여겨졌다. 예를 들어 토론 과정에서 X는 "격자 시험에서 쥐들은 그들이 신경이완제에 대해서 그랬던 것처럼 아무 반응을 보이지 않는다"라고 반복적으로 논의했다. X에게 그 논변의 힘은 명백했다. 그러나 다른 분야에서 연구하는 과학자인 Y에게는 물어야 할 예비적 질문들이 있었다. "격자 시험으로 당신은 무엇을 의미하는가?" 약간 역풍을 맞은 X는 멈추어 서서 Y를 바라보았으며, 교과서를 읽어주는 교사와 같은 어조로 답했다. "고전적인 강직증(catalepsy) 시험은 수직 스크린 시험입니다. 당신은 전신 혼란을 갖게 됩니다. 당신은 동물을 전신 혼란이 되게 만들며 신경이완제를 주입받아온 동물은 이 위치에 남아 있게 될 것입니다. 치료받지 않은 동물은 그저 기어 내려오게 될 것입니다"(IX, 83). X에게, 그 검정에 관해서 그가 앞서서 참조했던 것은 더 이상의 해명을 요구하지 않았던 유형 5 진술이었다. 이 불통 이후에, X는 그의 이전의 흥분된 어조를 채택했고 원래의 논변으로 돌아갔다.

과학 교과서는 다음과 같은 문체 형식을 지닌 수많은 문장들을 담고 있는 것으로 알려졌다. "A는 B와 일정한 관계가 있다." 예를 들면, "리보솜 단백질은 RNA전구체(pre-RNA)의 전사(轉寫)가 시작된 후 곧 그것과 결합하기 시작한다"(Watson, 1976: 200). 이런 유의 표현은 **유형** 4 진술이라고 이야기할 수 있을 것이다. 이 진술에 표현된 관계가 논쟁의 여지가 없는 것으로 보일지라도 **유형 5** 진술과 대조함으로써 그것은 명백해졌다. 이 유형의 진술은 과학적 단언의 원형으로 종종 받아들여진다. 그렇지만 우리의 관찰자는 이 유형의 진술이 실험실 내의 과학자의 작업에서 상대적으로 드물다는 것을 알게 되었다. 더 흔히 **유형** 4 진술은 교육용 문헌을 통해 널리 퍼져 있는 받아들여진 지식의 일부를 형성했다.

또 다른 유형의 진술이 "A는 B와 일정한 관계가 있다"라는 형식의 표현으로 구성되었는데, 이 형식은 다음과 같이 다른 표현 속에 삽입되었다. "그 인자들이 생식선에 대한 자극을 억제하게끔 되는 그것은 여전히 주로 알려져 있지가 않다"(Scharrer and Scharrer, 1963). "옥시토신(oxytocin)은 뇌실옆핵(paraventricular nuclei)의 신경분비 세포에 의해 생산된다고 일반적으로 가정된다"(Olivecrona, 1957; Nibbelink, 1961). 이것들은 **유형** 3 진술이라고 언급되었다. 이것들은 우리의 관찰자가 **양상**(modality)[19]이라 언급했던 여타 진술에 관한 진술을 포함했다. **유형** 3 진술에서 양상을 지움으로써 **유형** 4 진술을 얻는 것이 가능하다. 그러므로 비평 논문(Greimas, 1976)에 다수가 나타나는 앞의 진술과 교과서 속의 진술 간의 차이는 양상의 존재나 부재로 특징지을 수 있다. 양상이 제거될 때 한 진술은 명백히 다른 형태를 취한다. 따라서, "GH.RH의 구조는 **X인 것으로 보고되었다**"라고 말하는 것이 "GH.RH의 구조는 X**이다**"라고 말하는 것과 똑같지는 않다. 우리의 관찰자는 여러 가지 서로 다른 유형의 양상을 발견했다. 예를 들어 한 가지 형태의 진술은 기초 언명에 참고문헌과 시기가 더해졌다. 다른 진술에서 양상은 저자의 장점과 관련되거나 문제의 관계를 초기에 가설화한 연구의 우선성과 관련된 표현을 포함했다. "이 방법은 피타(Pietta)와 마셜(Marshall)에 의해 **최초로** 기술되었다. 다양한 탐구자들이 …을 명백하게 확립했다〔참고문헌〕." "더 확신을 부여하는 증거가 〔참고문헌〕…에 의해 제공되었다." "최초의 모호하지 않은 증명은 〔참고문헌〕…에 의해 제공되었다"(모든 인용은 Scharrer and Scharrer, 1963에서 나온 것임).

앞에서 언급했듯이 많은 **유형** 3 진술이 배경 논의에서 발견되었다. 비평 논문 속에 있는 것보다 더 논쟁을 불러일으키는 것으로 보였던 진술은 실험실 안에서 회람된 논문 및 원고에서 훨씬 더 흔했다.

> 최근에 오들(Odell)〔참고문헌〕은 시상하부 조직이 배양되었을 때 … TSH망을 증가시킬 것이라고 보고했다. …인지 아닌지를 단언하기는 어렵다.
>
> 이때 우리는 이들 화합물의 추출물이 그것들의 잠재적인 금지적 활성에 대해서 장기적인 작용효과가 있는지 여부를 모른다(Scharrer and Scharrer, 1963).

---

19 전통적인 아리스토텔레스적 의미에서, '양상'은 "어떤 종류의 제한에 의해 술어가 긍정되거나 주어가 부정되는 명제"다(옥스포드 사전). 더 현대적 의미에서, 양상이란 다른 진술에 관한 어떤 진술이다(Ducrot and Todorov, 1972). 다음에 이어지는 논의는 Greimas (1976)과 Fabbri(사적 의사 교환, 1976)에 많이 빚지고 있다.

이 형태의 진술은 우리의 관찰자에게 확립된 사실보다는 **주장**을 더 가깝게 구성해내는 것으로 보였다. 이는 기초적 관계에 관한 표현을 포함했던 양상이 기초적 관계에 영향을 미치는 상황에 관한 관심을 이끌어내는 것으로 보였기 때문이었다. 이런 종류의 양상을 포함하는 진술은 지정된 **유형** 2 진술이었다. 예를 들면 다음과 같다.

> 뇌에 의한 뇌하수체 조절이라는 개념을 지지하는 큰 덩어리의 증거가 존재한다.
> TRF와 LRF 내에 존재하는 히스티딘의 이미다졸(imidazole) 고리의 질소 1과 질소 3의 역할은 서로 달라 보인다.
> 라세미화(racemization)가 앞 절차 중 어떤 것과의 에스테르화가 있는 동안 발생할 가망성은 없지만, 이를 지지하는 데 쓸모가 있는 실험적 증거가 적다(Scharrer and Scharrer, 1963).

더 엄밀히 말해, **유형** 2 진술은 쓸모 있는 증거의 일반성(또는 그것의 결여)에 대한 관심을 이끌어주는 양상을 포함하는 것으로 판정받을 수도 있을 것이다. 기초적 관계는 따라서 '일반적으로 알려진 바'에 대한 호소 또는 '그렇다고 합리적으로 여겨질 수 있는 바'에 대한 호소 내부에 끼이게 되었다. **유형** 2 속의 양상은 때로 잠정적 제안의 형태를 취하는데, 보통 이 형태는 쟁점이 되는 관계의 가치를 밝혀줄 수도 있는 더 나아간 탐구를 지향한다.

> 자료에 대한 해석을 더 복잡하게 할 수도 있는 것으로 … 시상하부 조직이 무시할 수 없는 양의 TSH를 포함한다는 점을 잊어서는 안 되고 … 그것들의 재료가 유사한지 아닌지를 확인하는 일이 흥미로울 텐데…. …임은 약간 당황스럽다(Scharrer and Scharrer, 1963).

유형 1 진술은 논문 말미에서 또는 사적 토의에서 가장 흔하게 나타나는

(어떤 관계에 대한) 추측 또는 사변을 포함한다.

> 피터〔참고문헌〕는 금붕어에서 시상하부가 TSH 분비에 억제 효과를 갖고 있다고 제안했다.
> 콜로라도주에 사는 이 친구도 있다. 그들은 그들이 H에 대한 전조를 얻었다고 주장하는데…. 나는 막 그들 논문의 출간 인쇄물을 구했다(III, 70).
> 아편 제재에 관해서 보였고 이야기되었으며 추론된 것 모두가 엔도르핀에 필연적으로 적용될 수 있는 것은 아니라는 점을 그것이 또한 표시할 수도 있다.

그렇다면 이 단계에 이르러 우리의 관찰자는 다섯 가지 서로 다른 유형의 진술을 파악했다. 한눈에 이들 유형은 **유형** 5가 가장 사실적인 존재자를 나타내고 **유형** 1은 가장 사변적인 단언을 나타내는 넓은 연속체 안에 배치될 수 있는 것으로 보였다. 진술 유형의 변화가 사실적 지위의 변화에 대응하게 될 것이다. 예를 들어 **유형** 3 진술에서 양상을 제거하면 **유형** 4 진술이 남을 텐데, 사실성은 이에 대응해 향상될 것이다. 일반적 수준에서 진술 유형 변화가 사실성 변화에 대응할 수도 있으리라는 관념은 충분히 그럴듯해 보인다. 그렇지만 경험적 검증의 수준에서 이 일반적 구도는 일정한 난점을 만나게 된다.

어떤 주어진 순간에 진술의 형태와 그것이 표현하는 사실성의 수준 사이에 단순한 관계는 존재하지 않는 것으로 보인다. 예를 들어 이는 참고문헌과 더불어 두 변수 사이의 관계에 대한 단언을 포함하는 진술을 고려함으로써 증명될 수 있다. 현 상태로는 포함된 참고문헌에 의해서 그 양상이 구성되는 곳에서 우리의 관찰자가 이 진술을 **유형** 3으로 분류할 것이다. 의심의 여지 없이, 양상을 제거하면 **유형** 4 진술이 남을 것이다. 그렇지만 이것이 그 진술의 사실적 지위를 높일지 떨어뜨릴지는 질문 가능하다. 한편, 참고문헌의 포함이 문제의 관계 확립을 둘러싼 상황에 주의를 끌게 한다는 점과 이는 함축적으로 그 관계가 덜 논쟁이 불가능하도록 해주며 따라서 당연하게 여겨지는 가망성을 적게 한다는 점을 우리는 논할 수 있을 것이다. 생산에 인간의 중개가 관계되었다는 점에 주목함으로써, 참고문헌을 포함하면 진술이 '자연의 객관적 사실'로서 받아들여질 가망성이 줄어든다. 다른 한편, 참고문헌을 포함함으로써 다른 경우였다면 뒷받침되지 않는 단언으로 보이는 진술에 무게가 실린다고 논할 수도 있다. 그러므로 진술이 어느 정도의 사실성을 성취하는 것은 참고문헌에 의해서만 그러하다.

양상의 기능에 대한 올바른 또는 더 적절한 해석을 결정하는 일은 각각의 특별한 경우에서의 맥락에 관한 우리 지식에 비판적으로 의존한다. 예를 들어 만일 논문 안에 양상을 포함하는 일이 한 진술의 수용을 강화하기 위해서 설계된 발표 장치임을 가정하는 것에 대한 좋은 기반을 우리가 갖고 있다면, 이 장치가 그렇게 사용된 맥락의 세부 사항을 제공해야 하는 부담은 우리에게 있다. 물론 맥락과 한 진술에 대한 특별한 해석 사이에는 이런 종류의 결정 관계가 존재하지 않는다고 논의하는 이들도 있다. 그렇지만 우리의 목적을 위해서는 진술 유형의 변화가 진술의 사실적 지위에 변화가 생길 **가능성**을 제공한다는 점에 주목하는 것으로 충분하다. 어떤 개별 사례에서 우리가 사실성의 변화 방향을 애매하지 않게 규정하는 것이 가능하지 않을 수가 있을지라도, 우리는 그런 변화가 진술 유형의 변화에 대응**할 수 있는** 가능성을 보유하고 있다.

어떤 주어진 진술의 사실적 지위를 규정하는 일과 어떤 사례에서 사실성의 변화 방향을 규정하는 일 둘 다에 관한 문제를 의식했기 때문에, 우리 관찰자는 진술 유형과 사실적 지위 간에 존재하는 대응의 결정성(determinacy)에 관해 상당한 정도로 잘 다루기는 어려울 수도 있다고 느꼈다. 그럼에도 그는 문헌적 기록하기라는 관념이 유용한 연장을 제공했음을 깨달았다. 읽고 있던 논문의 내용을 잘 이해하지는 못했음에도, 그는 진술 유형을 구별하는 간단한 문법적 기법을 개발해냈다. 그가 느끼기에는 이것이 그로 하여금 명료화 또는 도움에 관해 참여자에게 전적으로 의존하지 않고도 과학자들의 진술의 바로 그 실체에 접근하도록 해주었다. 더욱이 과학자들의 진술이 지닌 문법적 형식의 변화가 그것의 내용(또는 사실적 지위)의 변화 가능성을 제공했다는 한에서, 그는 실험실 활동을 특별한 진술 유형을 발생시키고 수용시키기 위한 계속적 투쟁으로 묘사할 수 있었다.

진술 유형의 변환

앞에서 제시한 (그리고 그림 2.3에서 요약한) 분류 구도가 단순함에도 불구하고, 적어도 인류학자가 문헌적 기록하기에 대해 앞서 갖고 있던 관념과 일관되는 실험실 관찰 내용에 질서를 부여하는 잠정적 수단이 된다. 실험실 내의 활동은 진술들을 한 유형에서 다른 유형으로 변환시키는 효과가 있다. 진술들이 인공물이 되었다와 같은 양상들 속에 단언들을 수몰시키려는 압력에 직면해 **유형** 4 진술들을 가능한 한 많이 창조해내는 것이 게임의 목표였다. 짧게 말해서, 그 목적은 특수한 단언과 관계되어 사용된 모든 양상을 제거시켜야 하며 이 언명이 나타난 논문을 되도록 인용함으로써 그 언명을 확립된 사실의 문제로서 수용·차용해야 한다고 동료들을 설득하는 것이었다. 그러나 얼마나 정밀하게 이것이 성취되었을까? 진술을 성공적으로 변환시키는 작업은 정확히 무엇일까?

다음 예를 생각해보는데, 여기서 존은 검정에서 LH의 효과가 명백히 차단되었다고 이야기하는 K의 서술을 가로막는다.

> 존: 멜라토닌(melatonin)이 LH를 억제하므로 우리는 당신이 단순히 멜라토닌을 측정하고 있지 않다고 확신할 수 없어요.
>
> K: 내 체계에 들어 있지 않은 … 멜라토닌에 의한 LH 방출을 다루는 이 자료들을 난 믿지 않아요(VI, 18).

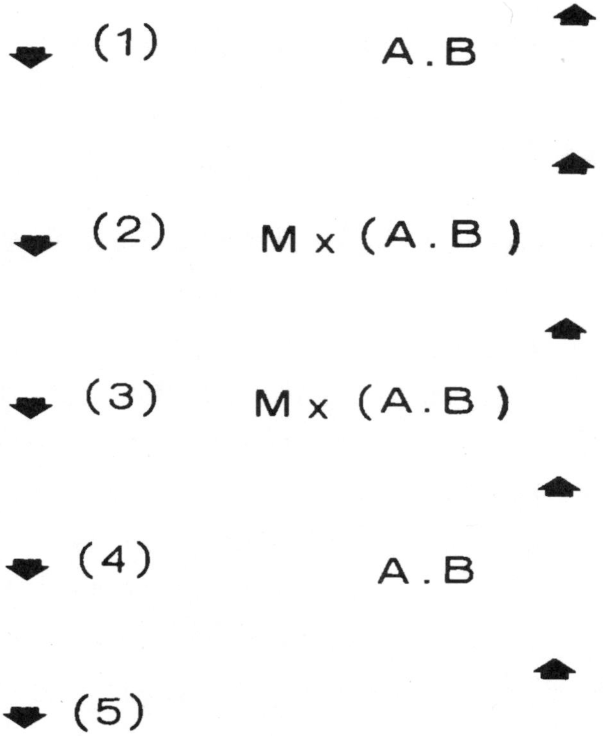

그림 2.3
이 도표는 한 진술(A.B)이 사실이 되기 전에 겪는 서로 다른 단계들을 나타낸다. 사실은 다름 아닌 양상(M)이 없으며 출처의 자취가 없는 진술인 것이다. 마지막 단계(5)는 어떤 것의 비명시적 차원을 아주 명백하게 특징지음으로써 그것은 심지어는 이야기되어야 할 필요조차 없는 것이 된다. 한 진술을 하나의 단계에서 다른 단계로 이동시키기 위해서는, 작업이 수행되어야 한다. 화살표가 지적하듯, 진술은 사실의 지위를 향해(1에서 5로) 움직이거나, 인공물의 지위를 향해(5에서 1로) 움직일 수 있다(4장을 볼 것).

K의 진술을 그대로 받아들이는 대신에, 존은 탐구자들이 "단순히 멜라토닌을 측정하고 있"지 않았다는 이야기되지 않은 가정에 양상("우리는 확신할 수 없어요")을 덧붙인다. 존은 그리하여 탐구자들("우리는")이 추정할 권리를 부여받은 동의의 확실성에 관해서 제한을 사용함으로써 원래의 이야기되지 않은, 따라서 **유형** 5인 진술에 의혹을 던진다. 결과적으로 원래의 **유형** 5 진술이 매우 추측적인 **유형** 2 진술로 변환되었다. 변환은 탐구자의 확실함의 결여에 대한 앞서 있던 정당화에 의해 이 사례에서 특히 효과적이게끔 되었다. "멜라토닌이 LH를 억제하므로"는 원래 이야기되지 않은 가정에 양상을 덧붙이는 것을 정당화하기 위해 **유형** 4 진술의 사용을 이루어낸다. K의 응답은 존의 정당화하려는 **유형** 4 진술을 양상을 덧붙임으로써 개주(改鑄)하려고 한다. "멜라토닌이 LH를 억제한다"의 확립을 둘러싼 "믿지 않는" 상황으로써, K는 "당신이 단순히 멜라토닌을 측정하고 있지 않다"라는 이야기되지 않는 가정을 약화시키려는 존의 기도를 약화시키려 한다.

둘째 예는 존이 쓴 논문에서 나온 다음 발췌다. "TSH 분비에 미치는 소마토스타틴의 효과에 대한 우리의 최초의 관찰〔참고문헌〕은 이제 여타 실험실에서 입증되었다〔참고문헌〕." 존은 더 앞서서 논문을 썼는데, 그것에 대해 우선 언급을 했고, 그 안에 포함된 진술들은 잇달아 입증되어왔던 것이다. 진술 "TSH 분비에 미치는 소마토스타틴의 효과"가 처음에 **유형** 2의 주장으로서 나타났음에 비해, 그것은 이제 참고문헌 안에 삽입되어 있으며 양상 "이제 입증되었다"에 의해서 강화된 언명으로서 나타난다. 이런 식으로 존은 자신의 초기 진술을 **유형** 3으로 변환하기 위해 다른 사람이 만든 진술을 차용할 수 있었다.

앞의 예들은 두 가지 연관된 작업의 사용을 증명한다. 첫째 예는 주어진 진술의 사실성을 강화하거나 손상할 수 있는 존재하는 양상의 변화에 영향을 준다. 둘째 예는 존재하는 진술 유형을 그것의 사실성을 강화하거나 손상할 수 있는 방식으로 차용한다(Latour, 1976).

관찰자는 이전에 혼란스러운 논문 혼합물로 보였던 것에 관해 이제는 다수의 진술을 포함하는 텍스트 네트워크라는 관점에서 사고할 수 있었다. 네트워크 자체는 진술들에 대한 그리고 진술들 사이에서 일어나는 큰 덩어리의 작업들을 포함했다. 한 특수한 언명이 한 진술 유형에서 다른 진술 유형으로 변환되어온 역사, 그리고 사실적 지위가 다양한 작업의 결과로 계속해서 축소되거나 강화되어온 역사를 문서화할 수 있을 것이다. 우리는 이미 예비적 방식으로, 진술 유형을 변환시켰던 작업의 성격을 규정했다. 이제 한 작업의 성공에 관한 한 가지 기준을 더 자세히 조사하기로 한다.

우리의 관찰자는 일정한 장치 배치에 의해 생산된 기록하기가 동일한 조건에서 생산된 다른 기록하기와 똑같은 것으로 읽힐 수 있을 때 '심각하게 여겨졌던' 점을 상기했다. 간단히 말해, 만일 유사한 기록하기 또한 발견될 수 있다면, 한 기록하기는 '바깥쪽 저기'에 있는 물질과 명백히 관계되었어야 한다는 점을 참여자들은 더 확신했다. 같은 방식에서, 한 진술을 수용하는데 중요한 요소는 유사했던 여타 진술에 대한 다른 이들의 인정이었다. 둘이나 그 이상의 명백히 유사한 진술들의 조합은 그 진술들이 지시자가 된다고 여겨졌던 몇몇 외부 대상 또는 객관적 조건의 존재를 구체화했다. '주관성'의 원천들은 하나 이상의 진술과 대면해 사라졌고, 최초의 진술은 액면 그대로 제한 없이 받아들여질 수 있었다(Silverman, 1975를 참조할 것). 우리의 과학자가 크로마토그래피 스펙트럼의 한 정점을 주목했을 때, 때로 그것을 잡음이라고 거부했던 것이 이런 방식에서다. 그렇지만 똑같은 정점이 (독립적이라고 여겨진 상황에서) 한 번 이상 나타나는 것으로 보였다면, 그 정점들이 그것에 대해서 자취가 되었던 한 물질이 존재했다고 종종 이야기되었다. 한 '대상'은 따라서 모든 진술이 독자의 또는 저자의 주관성 바깥에 있는, 또는 주관성을 넘어서는 무언가와 연관되어 있음이 보이게 되는 그런 방식으로 몇 가지 진술들 또는 문서들의 중첩을 통해 성취되었던 것이다.20 이와 유사하게, 한 진술의 생산과 본질적으로 연결된 것으로서 저자의 주관성을 도입하는 일 또는 차라리 **재**도입하는 일은 그 진술의 사실적 지위를 감소시키는 데 사용될 수 있을 것이다. 실험실 안에서 '대상'은 그 실험실 안에 있는 기록하기 장치에서 얻거나 그 실험실 외부에 있는 탐구자들이 쓴 논문에서 얻은 몇 가지 문서의 중첩에 의해서 성취되었다(4장을 참조할 것). 사용 가능한 문서들이라는 기초를 제외하고서는 어떤 진술도 만들어질 수가 없다. 진술들은 따라서 진술의 평가를 구성해내는 문서와 양상을 짊어지게 되었던 것이다. 결과적으로 문법적 양상('아마도', '분명히 확립된', '가망성이 없는', '입증되지 않은')은 종종 진술의 가격표처럼 작동하거나, 진술의 **무게**를 표현하는 것처럼 기계적 유비를 사용하기 위해 작동했다. 문서의 층을 더하거나 철수시킴으로써 과학자는 제한을 증가시키거나 감소시킬 수 있었고, 따라서 진술의 무게는 그에 따라 수정되었다. 예를 들어 한 심사위원의 보고는 다음과 같은 내용을 포함했다. "**생체 내**에서 PRL을 방출시키는 〔데 대한〕 페노(Pheno)…의 효과가 시상하부를 통해서 매개된다는 결론은 **미성숙한** 것이다." 세 가지 참고문헌이 당시 제시되었는데, 이것들은 저자의 결론을 더 망쳐놓았다. 그래서 저자가 자신의 진술을 **유형** 2 또는 **유형** 3으로 발표했음에도 심사위원은 그것을 **유형** 1로 개주했다. 다음 내용도 고려해보라. "저자들은 조직 분열의 훨씬 더 왕성한 수단인 폴리트론(Polytron)을 사용했다. 내 지식으로는, 뇌 조직 분열의 성공적인 하부세포적 분리에 관한 문헌 내에는 **아무런 보고가 없다**." 이 경우에서 심사위원은 그 논변이 기초하는 문헌들을 산출시켰던 기계의 사용에 의혹을 던졌다. 이것은 저자들의 독창적 주장을 정당화할 수도 있고 따라서 강화시킬 수도 있을 어떤 진술들의 주목할 만한 부재에 대해

---

20 '대상(object)'이라는 관념은 그것이 '객관성(objectivity)'과 공통의 뿌리를 갖고 있기 때문에 여기서 사용된다. 한 주어진 진술이 객관적이냐 주관적이냐는 실험실 연구의 맥락 바깥에서 결정될 수 없다. 이 연구는 정확히 말해 어떤 주관성을 넘어서서 존재한다고 이야기될 수 있는 대상을 구성하고자 의도되었다. 바슐라르(Bachelard, 1934)가 제기하듯, "과학은 객관적인 것이 아니라, 투사적인(projective) 것이다".

서 심사위원이 행했던 바였다. 결과적으로 저자들의 (지지되지 않은) 주장은 "이것에 대한 지지가 존재하지 않는다"와 같은 감소 양상과 결합해 읽힐 것이고, 결국 쓸모없는 것으로 여겨질 것이다.

문헌 속 진술들 사이에서의 (그리고 진술들에 대한) 작업이라는 관념과 더불어, 관찰자는 개별 논문의 구조를 이해하는 자신의 능력에 더 확신을 느끼기 시작했다. 이것이 가능케 한 분석 영역에 대한 간명한 지표로서, 그 실험실이 산출한 논문 중 하나를 자세하게 보기로 한다(Latour, 1976a; Latour and Fabri, 1977).

도입 문단은 논문 네 편을 언급하는데, 실험실 구성원들이 이전에 출간한 것으로, 특수한 물질 B의 구조를 가정한 논문들이다. 이런 참고문헌 사용은 현재의 문제와 관계가 있는 문서를 증거로 삼는 일로 읽힐 수 있다. 더 구체적으로 말하면, 이 과거 논문들의 사용은 현재의 기획을 지지하는 것으로서 읽힐 수 있다. (이 특수한 독해의 기반은 네 편의 논문이 400회 인용되었으며 그것들 모두가 확신을 주는 것으로 보인다는 점, 단순히 그것이다.) 그렇지만 이와 동시에 이 논문들은 자체가 **유형 3** 진술로 여겨지는데, 이에 대한 더 나아간 지지는 현재의 논변에 의해 이루어질 것이다. "이 짧은 기록은 **우리의 초기 결과를 입증하고 확장시키는**, 쥐에서 얻어낸 자료를 보고한다." 뒤따라오는 세 개의 문단은 자료를 얻기 위해서 기록 장치를 배치한 방식을 요약한다. 정보는 여기서 **유형 5** 진술의 형식으로 나타난다. 달리 말해 잠재적 독자에게 아주 평범해서 어떤 인용도 필요하지 않은 지식을 불러내는 것이다. "물질 B의 모든 합성 준비물은 **시험관 내** 인자 분석에서 4 또는 6 항목 검정에서 확정되었듯이 완전한 생물학적 활성을 지녔다."

논문의 '결과' 절에서 취한 다음의 각 진술에서 준거는 수치로 이루어졌다.

"그림 2에서 보는 결과는 물질 B가 GH의 혈액 수준을 40~50mn이 아니라 20~40mn만큼 유의미하게 낮춤을 증명한다." 각 수치는 이와 같이 특정 논점을 뒷받침하기 위해 텍스트에서 사용된 (방사성 면역 검정에서 얻은) 문서들의 말끔해진 표현으로 작용한다. 그것은 단순히 "결과는 …을 증명한다"가 아니다. 오히려 이들 결과는 '그림 2'의 출현으로 뒷받침될 수 있는 외부적 준거와 독립적 존재를 갖고 있는 것이다. 따라서 "그림 2에서 보는"을 포함한 일은 다른 경우였다면 그 결과에 관해 뒷받침되지 않는 주장에 대해 강화된 독해를 제공할 수 있다. 뒤이은 토론은 세 개 문단으로 구성되는데, 이것은 역으로 앞쪽의 '결과' 절("이들 실험은 …을 보여준다")을 언급한다. '결과' 절은 자체가 다시 앞서 기술했던 기록하기 장치에 의존하는 그림에 기초해 있다. 역방향 참조의 이 같은 누적의 결과는 객관성의 자국이다. "합성 물질 B가 쥐에서 GH를 억제한다"라는 '사실'은 저자의 주관성과 독립된 것이자 그러므로 믿을 가치가 있는 것으로 독자에게 여겨질 수 있다.

이와 동시에 한 가지 진술의 확립은 다음의 다른 것에 관한 토의를 열어준다. "…에서 바르비투르산염 유도체(barbiturate)의 작용 기제는 잘 이해되어 있지 않다." 양상 "잘 이해되어 있지 않다"는 "바르비투르산염 유도체의 작용 기제"에 관해 몇몇 앞서 존재하던 주장을 약화시키려고 의도된 것이 아니다. 그 대신에, 이 맥락 안에 그것이 포함된 것은 미래의 연구 영역에 관한 잠정적 제안이 된다. 그 진술은 따라서 **유형** 1 또는 **유형** 2의 것이다. 결과적으로 뒤이은 토론은 새로운 명제로서의 이 진술에 초점을 둔다. "**우리는** 이것들〔기제들〕을 내인성 물질 B의 분비를 억제하는 것으로 **상상해볼 수 있을** 터인데, 이것은 자료와 **양립 불가능한 것은 아닌** 가설이다." 마지막으로 이 새로운 진술은 의무적 작업과 연결된다.[21] "이 가설은 **앞으로 더욱 발전될** 방사성 면역 검정의 몇몇 유형으로 가장 잘 접근할 수 있을 것이다."

그렇지만 이 논문 자체가 그 분야 안에 존재한 일련의 긴 작업의 일부임

---

21 기호학에서 '의무적'이라는 용어는 '행해져야' 하는 바를 지시하는 양상의 유형을 나타내고자 사용된다(Ducrot and Todorov, 1972). 매우 거칠기는 하지만, 이 분석은 이 장의 나머지와 마찬가지로 과학 문헌의 일반적 문제를 도입하는 것 이상을 의도하지 않는다. 더 정확한 논의는 Gopnik(1973), Greimas(1976), Bastide(출간 예정)에서 찾을 수 있다.

을 잊어서는 안 된다. SCI는 1974년과 1977년 사이에 이 논문이 논문 53편에서 62회 인용되어 수용되었음을 명백하게 보여준다. 이들 가운데 31편은 단순히 결론(쥐에서 얻은 천연 물질 B는 물론 합성 물질 B가 GH를 억제한다는)을 사실로 받아들이며 서론에서 사용했다. 8편은 미래 연구를 위한 제안을 따르면서 그 논문이 언급하는 최종적인 의무적 작업에 유일하게 초점을 두었다. 동일 저자가 쓴 논문 2편은 앞의 논문을 그 자신이 앞서 했던 연구에 대한 입증 근거로 인용했다. 그리고 4편은 원래 진술을 더 나아가 입증하기 위해 새로운 자료를 사용했다. 오직 1편만이 언급된 그림 가운데 하나를 얻는데 검정을 쓴 것에 관해 다섯 번째 진술("그들의 결과와 우리의 결과 사이에 불일치가 존재한다")에서 의문을 제기했다. 앞에서 검토한 이 한 가지 논문은 뒤에 나온 논문들에서 수행된 다양한 작업에 초점을 제공했다. 그것의 무게는 앞서 있던 문헌, 기록하기 장치, 문서 진술의 사용 모두에 의존했으며 그것에 대한 이어진 반응에도 의존했음은 물론이다.

결론

실험실은 진술에 대해 끊임없이 수행되는 작업이다. 양상 부가하기, 인용하기, 강화하기, 약화시키기, 차용하기, 새로운 조합 제안하기. 이들 작업 각각은 서로 다른 또는 그저 제한받은 한 진술로 귀착될 수 있다. 각각의 진술은 다시 다른 실험실의 유사한 작업에 초점을 제공한다. 그러므로 우리 실험실 구성원들은 자신의 단언이 타인에 의해 어떻게 거부되고, 차용되며, 인용되고, 무시되며, 입증되고 또는 해체되는지를 정규적으로 주목했다. 몇몇 실험실은, 다른 곳에서는 활동이 별로 없다고 생각되던 차에, 진술들에 대한 빈번한 취급에 참여했던 것으로 보였다. 몇몇 그룹은 거의 밑지면서 산출해낸다. 그들이 말하고 출간하지만, 누구도 그들의 진술에 관해 작업하지 않는다. 그런 경우에 진술은 **유형** 1로서의 주장으로 남을 수 있는데, 이것은 작업적으로 불확실한 상태 안에서 꾸물거리는 주장인 것이다. 이와 대조적으로, 여타 단언들은 일종의 번갈아 찾아드는 춤을 따라서 그것들의 지위를 급속히 변화시킬 수 있는 것으로 보일 수 있는데, 그러면서 증명되고, 논박되고, 다시 증명되기 때문이다. 그것들에 대해 수행된 아주 많은 작업이 있음에도 그것들의 형식을 급진적으로 변화시키는 일은 좀처럼 없다. 이 진술들은 거대한 스모그 구름처럼 정체해 있는 수백의 인공물과 반쯤 태어난 진술들의 겨우 일부일 뿐이다. 흔하게, 이들 진술에서 다른 진술로 주의가 옮겨간다. 그렇지만 몇몇 장소에서 우리는 더 깨끗한 그림을 식별할 수 있다. 하나 또는 그 이상의 작업이 한 진술을 다시 취할 수 없게끔 회복 불가능하게 파괴해버린다. 또는 이와는 대조적으로, 진술이 빠르게 차용되고, 사용되고, 재사용되는 상황에서는 더 이상 경합이 일어나지 않는 단계가 일찍 찾아온다. 일반적인 브라운 교란(Brownian agitation)에 있는 동안에, 사실은 그때에 구성되어왔던 것이다. 이것은 비교적 드문 사건이지만 이것이 발생할 때 한 진술은 일상적 과학 활동의 의식적 관심사에서 조용히 사라져버린 일군의 당연하게 받아들여진 특징들과 합병된다. 그 사실은 대학원 교재에 편입되거나 어쩌면 어느 장비의 물질적인 기초를 형성한다. 그런 사실들은 종종 '훌륭한' 과학자의 조건반사로 생각되거나 추론 '논리'의 핵심적인 부분으로 생각될 것이다.

문헌적 기록하기라는 관념을 추구함으로써, 관찰자는 미로에서 나아갈 길을 골라낼 수 있었다. 그는 이제 자신의 용어로 실험실의 목적과 산물을 설명할 수 있고, 어떻게 연구가 조직되고 왜 문헌적 생산이 그토록 높게 평가받는지를 이해하기 시작할 수 있다. 그는 실험실의 주요 분과(A와 B)가 동일한 문헌적 기록하기 과정의 일부임을 알 수 있다. 실험실의 이른바 물질적 요인은 출간된 문헌 안에서 사용 가능한 과거 논쟁들의 물상화된 결과에 기초한다. 결과적으로 논문이 쓰이고 논점이 만들어지도록 하는 것이 그와 같은 물질적 요소다. 그뿐 아니라 인류학자는 정보원의 묘한 매력에 직면해 인류학적 관점을 유지하는 것이 타당하다고 느낀다. 정보원들은 그저 과학적 사실을 발견하는 과학자일 뿐이라고 자칭했지만, 인류학자는 그들이 확신당하고 남들을 확신시키는 비즈니스 속의 필자와 독자라고 고집스럽게 논의했다. 초기에는 이것이 논란의 여지가 있는 또는 심지어 어리석은 입장으로 보였지만, 이제는 훨씬 더 합당해 보인다. 참여자에게 문제는 논문(그리고 그것을 구성하는 그림과 수치)의 독자를 설득해 그 속의 진술들이 사실로 받아들여지게 하는 것이었다. 이 목표를 위해 쥐가 피를 흘리고 목이 잘렸고, 개구리 껍질이 벗겨졌고, 화학물질이 소모되었고, 시간이 소모되었고, 이력이 만들어지거나 망가졌으며, 실험실 내부에서 기록하기 장치가 제조되었으며 누적되었다. 이것이 진정 실험실의 존재 이유, 바로 그것이었다. 꾸준히 집요하게 남아 있음으로써 우리의 인류학적 관찰자는 사실에 의해 확신당하는 유혹에 저항했다. 그 대신에 그는 실험실 활동을 문헌적 기록하기를 통한 설득의 조직화로 묘사할 수 있었다. 인류학자 자신은 확신을 해왔는가? 그는 독자가 그의 진술을 양상을 달아 제한하지 않도록 그의 독자를 설득하는 데 그리고 실험실은 문헌적 기록하기의 체계라는 그의 단언을 채택하기 위해 충분한 사진, 문서, 그림을 사용했는가? 불행히도, 나중에 명백해질 이유로 인해(6장을 볼 것) 그 답은 '아니오'다. 미래에 자격 제한이 이루어질 모든 가능성에서 면제된 해명을 제기했다고 주장할 수 없다. 이 대신에 우리의 관찰자가 행해온 최선은 숨 쉴 수 있는 작은 공간을 창조하는 것이다. 그의 진술이 미래에 재평가될 가능성은 남아 있다. 다음 장에서 보게 될 것처럼, 예를 들어 어떤 한 가지 특수한 사실의 역사적 진화에 관한 질문이 제기되자마자 관찰자는 다시금 미로 속으로 되돌아가도록 내몰릴 수 있다.

실험실 사진

사진 1 실험실 지붕에서 본 모습

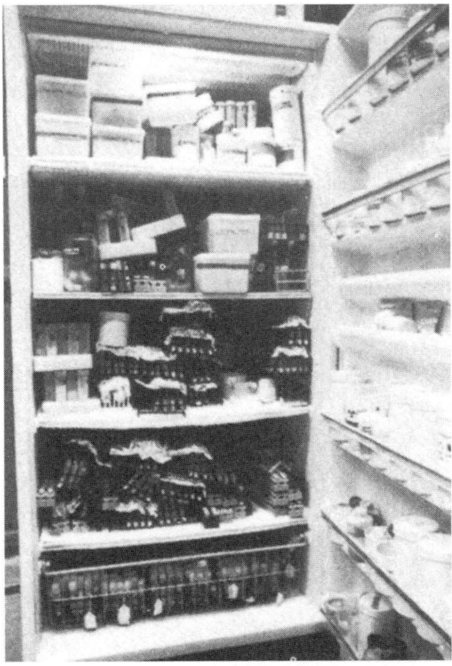

사진 2 표본 거치대가 들어 있는 냉장고

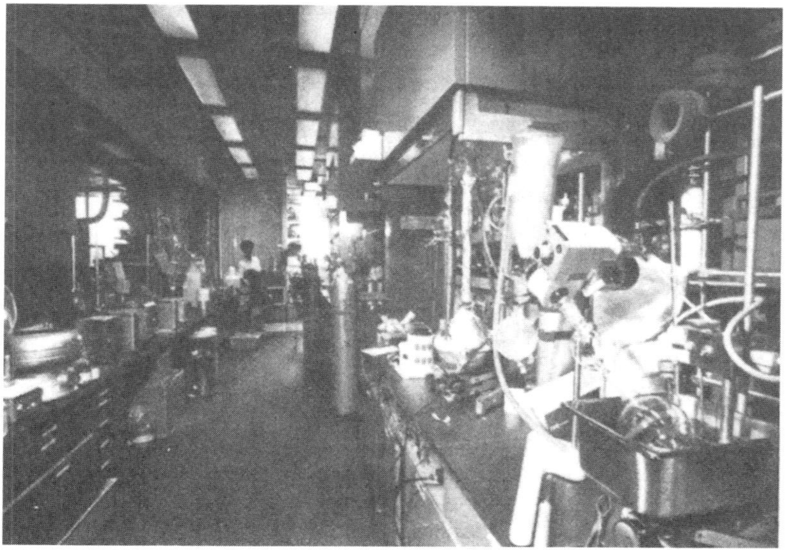

사진 3 화학 분과

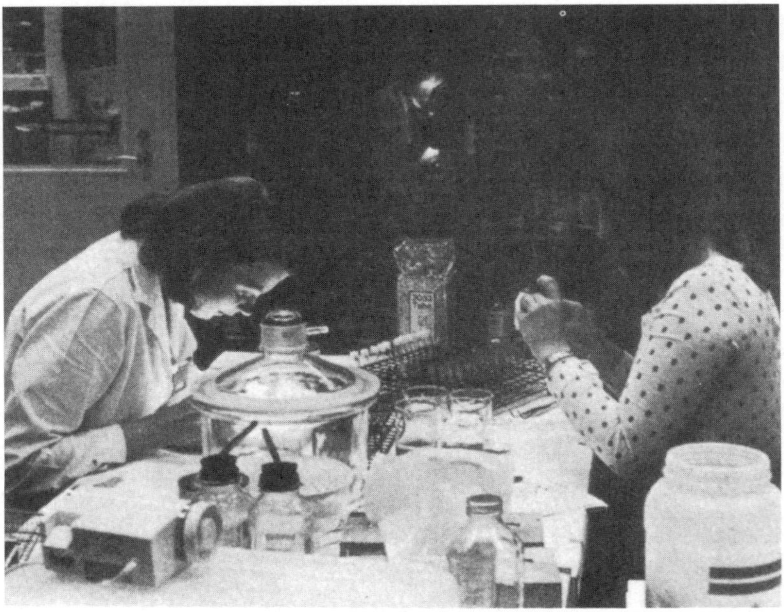

사진 4 생물학적 검정: 준비 단계

사진 5 생물학적 검정: 작업대에서

사진 6 생물학적 검정: 감마 계수기 출력

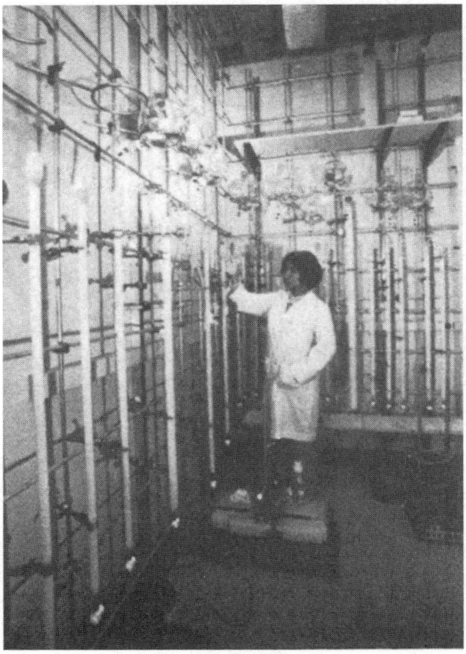

사진 7 분별용 관

사진 8 핵자기 공명 분석계

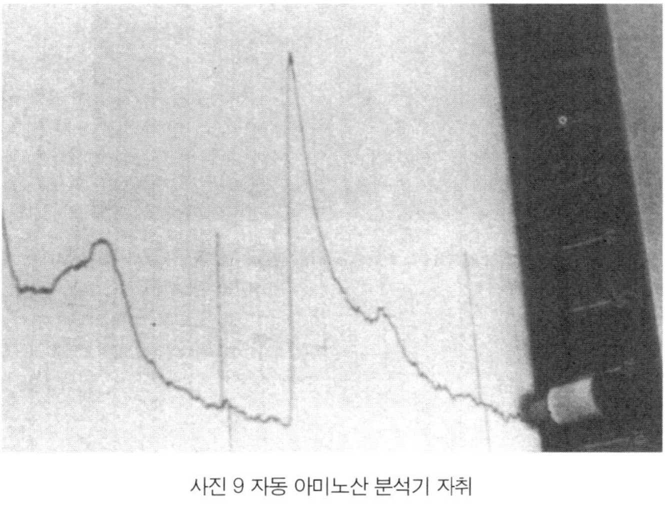

사진 9 자동 아미노산 분석기 자취

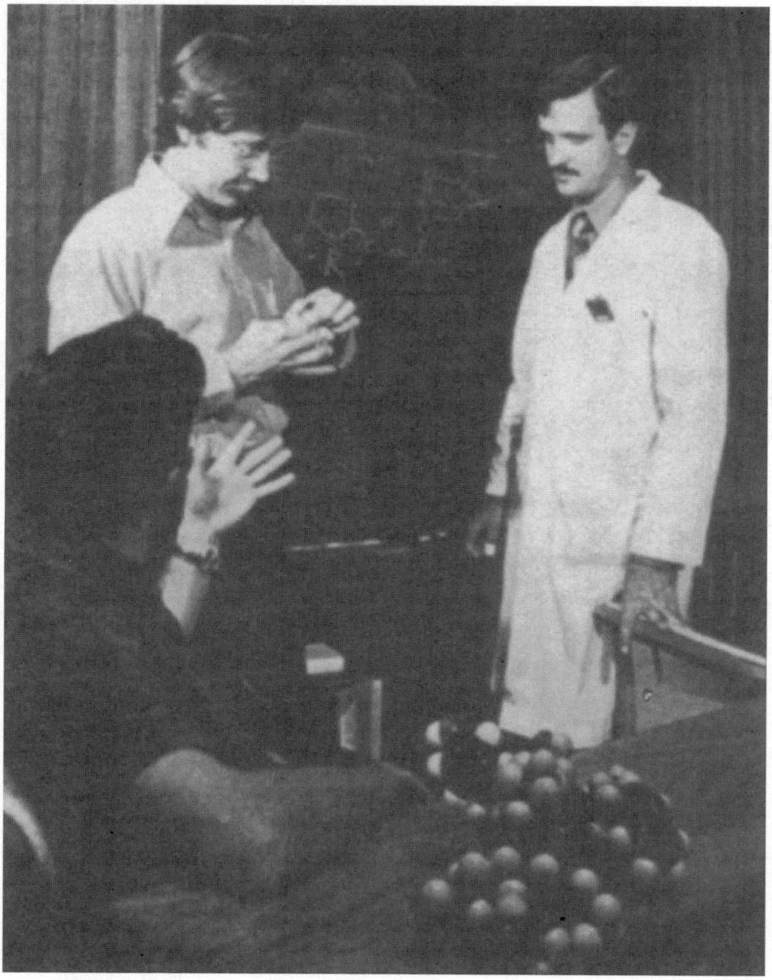

사진 10 사무실 공간 내 토론

사진 11 컴퓨터실

사진 12 자료 마무리 작업

사진 13 사무실 책상: 문헌들의 병치

사진 14 비서실에서: 최종 산물 타자하기

제3장

—

사실의 구성: TRF(H)의 경우

앞 장에서 실험실을 통해서 자신의 길을 만들고 자신이 목격한 활동에 대해 그 자신의 용어로 해명을 구성하는 인류학자를 묘사했다. 우리는 실험실을 문헌적 기록하기의 체계로서 제시했는데, 그것의 한 결과는 어떤 것이 사실인지 타인에게 가끔 확신시켜준다는 점이다. 그런 확신은 사실이 논문에 단순히 기록되어 있고 사회학적으로 구성되어오지 않았으며 그 자체의 구성 역사를 갖지도 않는 어떤 것이라는 지각(知覺)을 수반시킨다. 이 용어들로 사실의 본성을 이해하는 일은 과학사회학의 '강한 프로그램(strong programme)'이라 불려온 것을 이행하려는 어떤 기도를 명백히 가로막을 것이다.[1] 이 장에서 우리는 사실이 사회학적 설명과 역사적 설명의 영역을 넘어서 어떻게 한 성질을 취하게 되는지 설명할 것이다. 간단히 말해, 사실 구성이 의존하는 사회적 및 역사적 상황을 제거하는 데 어떤 과정이 작동하는가? 이 질문을 뒤좇기 위해서 우리는 논의를 특수하고 구체적인 예에 제한한다. 특히 한 진술이 사실로 변환되고 그래서 그것의 생산이 이루어진 상황으로부터 자유롭게 되는 사실 구성의 정확한 시간과 장소를 규정하게 될 것이다.

어떤 사실은 모든 시간적 제약을 잃고 타인이 이끌어낸 커다란 덩어리의 지식에 합병될 때만 그와 같은 사실이 된다. 결과적으로 사실의 역사를 쓰는 일과 연관된 본질적 어려움이 존재한다. 정의에 의해 사실은 모든 역사적 준거를 잃어버린 것이다. 논쟁을 불러일으키는 진술에서 확립된 사실로 이어지는 (또는 앞선) 수용 간에는 두드러진 차이가 있다(2장을 참조할 것). 과학사학자들은 보통 확립된 사실을 출발점으로 삼고 뒤쪽으로 외삽(外揷)해 나감으로써 이런 탈바꿈의 개입 과정을 드러내려 노력한다(예를 들면 Olby, 1974).

1 우리는 그 용어를 블루어(Bloor, 1976)가 발전시킨 의미에서 사용한다. 우리의 특별한 관심은 블루어가 "공평성"(Bloor, 1976: 5)이라 언급하는 강한 프로그램의 측면과 함께한다. 그렇지만 우리 주장은 단지 사회학적 설명이 참 또는 거짓에 관해서 치우치지 않아야 한다는 것이 아니라, 그 이분법의 양쪽 모두에 설명이 필요하다는 것이다. 우리 논변은 진릿값의 비명시적(혹은 명시적) 채택이 생산되는 설명적 이유의 형식을 바꾼다는 것이다.

그렇지만 이런 접근은 경로가 **없는** 상황을 충분히 평가하는 일을 필연적으로 어렵게 한다. 대부분의 시간 동안, 역사적 재구성(historical reconstruction)은 진술이 사실이 되는 견고화와 역전의 과정을 필연적으로 놓치며(4장을 볼 것) 이것은 몇몇 과학사회학자들이(Collins, 1975) 역사적 설명에 의존하는 것보다는 당대의 논쟁을 감시하는 것이 더 유용하다고 제안하는 이유다. 이런 기본적인 방법론의 어려움(과학사 연구 실행자에게 잘 알려진)에도 불구하고 실험실 안에서 일어난 일정한 역사적 사건을 재구성하려 시도하는 데는 세 가지 주요 이유가 있다. 첫째로, 우리는 앞 장에서 실험실의 성취와 실험실 구성원들에 의해 부여되는 신뢰가 세 가지 재료(TRF, LRF, 소마토스타틴)에서 결과했음을 언급했다. 1970년의 새로운 실험실 설립은 1969년의 TRF 연구 프로그램 성과를 더욱 발전시키려 의도된 것이었다. 그 결과 새로운 실험실에서 어떤 식으로든 이전의 TRF 발견에 의존하지 않는 장치 한 벌, 연구비 응모, 행동의 측면, 또는 그 실험실의 공간적 조직화의 특징조차도 찾아보기가 어려웠다. 둘째로, TRF의 구성에 대한 분석은 다룰 수 있을 만한 규모로 판명 났다. 우리는 TRF와 관련된 모든 논문을 축적할 수 있었고(이 집대성의 정의에 대해서는 뒤를 볼 것), 주요 참여자와의 인터뷰 15건에 착수할 수 있었으며, TRF(H) 연구에 노력하는 두 집단의 문서고에 접근할 수 있었다.[2] 한 가지 비교적 작은 에피소드에 관한 이 상대적으로 포괄적인 재료 모음은 사실의 사회적 구성을 자세히 분석하는 데 기초가 된다. 셋째로, 우리는 무엇이 현재 특히 견고한 사실이 되었는가에 관한 역사적 생성을 연구하기로 선택했다. TRF(H)는 이제 잘 정의된 분자구조를 가진 대상으로, 첫눈에는 이것이 사회학적 해석의 여지를 갖기 어려워 보인다. 만약 이처럼 명백히 견고한 사실에 대해서 사회적 구성의 과정이 증명될 수 있다면 우리는 과

2 이 사건으로 우리 정보원 중 한 사람에게 노벨의학상이 수여된 이래, 수많은 저널리즘적 해명이 나타났다. 이들 해명과 우리가 이 책에서 펼치는 해명을 비교하는 것은 흥미롭다. 특히 Wade(1978)과 Donovan et al.(출간 예정)을 볼 것.

학사회학의 강한 프로그램 실행 가능성에 대해서 날카로운 논변을 제공할 수 있을 것이다.

짧게 말해, TRF의 생성을 연구하는 우리의 목적은 앞으로 이어지는 장에 필요한 배경을 제공하는 것이고, 더불어 실험실의 신뢰에 대한 영향과 주된 주장들을 해명하는 것이며, 또한 단단한 사실이 그것의 사회적 구성이라는 관점에서 철저히 이해 가능하다는 관점을 뒷받침하는 것이다.

하나의 의미에서 역사적 해명은 필연적으로 역사적 허구다(De Certeau, 1973; Greimas, 1976; Foucault, 1966). 역사 문서에 묘사되어 있듯이, 역사가는 과거 속에서 자유롭게 움직일 수 있고, 미래에 대한 지식을 소유할 수 있으며, 그 안에서 그들이 관여하지 않았고(그리고 결코 관여할 수도 없을 것이고), 행위자의 동기에 접근하는 능력을 갖고 있는, (마치 신과 같이) 모두 알 수 있고 모두 볼 수 있는, 즉 무엇이 좋고 나쁜지를 판단할 수 있는 그런 배경을 조사할 능력을 갖고 있다. 그들은 역사가 있어 그 역사 안에서 하나가 다른 것의 '기호'가 되며, 그 안에서 학제와 관념이 "싹트고", "성숙하고", "휴한기에 놓이는" 그런 역사를 산출시킬 수 있다. 그렇지만 이 장에서 우리는 직업적 역사가의 관심을 흉내 내려고 하지 않는다. 우리는 그 분야 속 사건들에 대한 정확한 연대기를 산출해내려고 하지 않으며, "실제로 발생했던" 바를 결정하려고 하지도 않는다. "방출인자" 전문분야의 발전을 역사적으로 해명하려고 하지도 않는다. 그 대신에 우리의 관심사는 어떻게 단단한 사실이 사회학적으로 해체될 수 있는지를 보여주려는 것이다. 이 다소 파행적인 역사적 관심으로 우리는 많은 과학사(Bloor, 1976)에서 보이는 몇몇 기본적 모순과 대칭성의 결여를 회피하는, 과거에 대한 풍부한 역사를 작성해보려고 한다.

다른 맥락 속의 TRF(H)

앞에서 언급한 역사적 분석이 갖는 함정에 빠져 먹이가 됨으로써 우리의 사회학적 목적을 위태롭게 하지 않으려면, TRF가 '정말로 무엇인지'에 관한 어떤 지식에서 출발하지 않는 것이 중요하다. 그러므로 우리는 TRF의 의미와 중요성이 그것을 사용하는 맥락에 따라 변하는 방식을 규정하는 데서 출발한다.

우리가 네트워크를 TRF와 같은 대상이 그 안에서 의미를 갖게 되는 입장들의 집합으로 정의하면, 대상의 사실성은 오직 특정한 네트워크나 네트워크들에 대해서 상대적일 따름이라는 점이 분명해진다. 네트워크의 범위를 거칠게 평가하는 편리한 방법은 얼마나 많은 사람이 TRF(또는 TRH)라는 용어의 의미를 아는지 묻는 것이다. 우리는 이것이 독자 대부분에게 거의 또는 아무 의미가 없을 것이라고 확신한다. 그것의 확대된 형태인 티로트로핀 방출인자(호르몬)〔thyrotropin releasing factor(hormone)〕이라면 많은 사람이 과학적 대상과 연결 지을 수도 있을 것이다. 훨씬 더 작은 집단이 이것을 내분비학 안에 위치 지을 수도 있을 것이다. 예를 들어 수천 명의 의료인에게 TRF는 뇌하수체의 잠재적 기능부전을 막아내려는 사용 시험을 말해주지만, 그럼에도 불구하고 TRH가 다른 경우 여타 의료 물질보다 더 이상한 것은 아니었을 것이다. 수천 명의 내분비학자에게 TRH는 그들의 학제 내부에서 인기 있는 세부 분야를 말한다. 이 개인들은 TRF가 최근 발견된 인자 가족 중의 하나임을 인지할 것이다. 활발한 연구자로서의 이들 내분비학자는 제목에 TRH를 포함한 논문 698편(1975년 기준) 중 적어도 몇몇을 읽을 가능성이 있다(그림 2.2를 볼 것). 만일 내과의라면 그 물질에 대한 토론을 담은 논평과 교재 중에서 적어도 하나를 읽게 될 가능성이 있다. 만일 학생이라면 교재에서 TRH에 관한 다음 내용을 읽게 될 것이다.

이 교재의 현재 판과 이전 판 사이 기간 중 이루어진 가장 극적인 신경내분비학적 발견은 TRH의 구조를 밝힌 일이었는데, 이는 기유맹(Guillemin)과 샬리(Schally)의 실험실과 연관이 있었던 연구자들이 사실상 동시에 성취한 것이다(Williams, 1974: 784).

시상하부의 방출 또는 억제 인자 몇몇은 짧은 펩타이드인데, 이들이 분리되고 판명되어왔다. … 그것들은 미량으로만 산출되는데, 예를 들어 티로트로핀 방출인자(TRF) 1mg이 도살장에서 얻는 시상하부 조직 수 톤에서 얻어질 뿐이다. R. 기유맹, A. V. 샬리, 여타 사람들의 실험실들에서 이루어진 몇몇 방출호르몬과 억제 호르몬의 판명과 합성은 생화학적 내분비학의 두드러진 진전이었다(Leninger, 1975: 810).

그것의 "두드러진" 그리고 "극적인" 성격에도 불구하고, 1000쪽이 넘는 연구에서 그 발견에 관해서는 단지 몇 줄만이 적혀 있을 뿐이다. 이런 교재를 읽는 이들 대부분에게 TRH에 관한 지식은 이 몇 줄에 제한된다. 그렇지만 여러 연구자와 대학원생에게 TRH가 단지 최근에 발견된 구조인 것만은 아니다. 그것은 새로운 생물학적 검정을 수립하는 것에 활용될 수 있는 물질이다. 겉보기에 TRH는 두드러질 것이 없는 흰색 가루이며, 조금 큰 화학 상사에서 구입하거나 동료에게서 받을 수 있는 것이다. TRH 표본의 기원은 논문에서 '감사의 말'("TRF를 사용하도록 해준 X 박사께 감사한다") 또는 '재료와 방법'("TRH는 …에서 구입했다")과 같이 이름 붙여진 절에 언급되어 있다. 하지만 TRF는 논문에서 잘 정립된 사실로 등장하기도 한다. 비록 빈도가 감소하기는 하지만(그림 3.1을 볼 것), 여덟 개 논문의 일정한 집합 중 하나 또는 둘에 대한 겉치레 인용의 꼬리라는 수단으로 그 개념의 기원에 대한 참고문헌 처리가 이루어진다. 이 네트워크의 내부에서 TRH는 "TRH가 뇌하수체에 의한 TSH의 방출을 조절한다", "그것의 화학식은 Pyro-Glu-His-Pro-NH_2이다"를 충분히 알 수 있다는 의미에서, 그리고 그것이 이런저런 화학 회사에

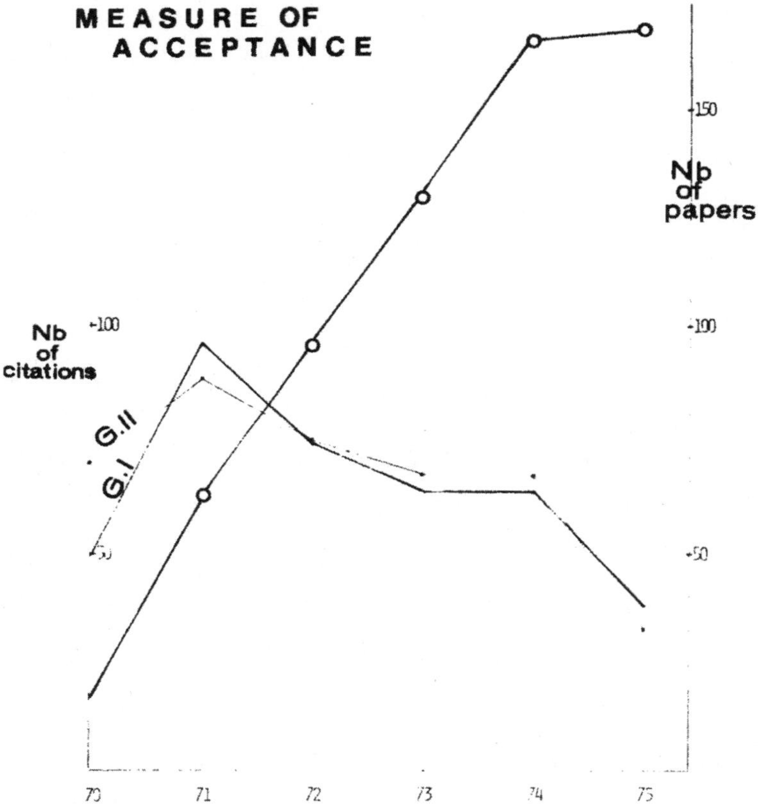

그림 3.1
이 도표는 두 가지 정보를 결합한 것이다. 왼쪽 축에는 샬리(G.I)와 기유맹(G.II)이 TRF에 관해 작성해 출간한 최종 논문들의 피인용 횟수를 그려놓았다. 신뢰(인용으로 측정된 것으로서의)는 거의 동일하다는 것이 명백하다. TRF(H)가 거의 당연한 사실이 되면서 인용이 점점 더 적게 이루어진다는 점도 명백하다. 오른쪽 축에는 제목에 TRF(H)가 들어 있는 **논문**의 수를 표시했다(그림 2.2를 볼 것). 왼쪽 곡선과 오른쪽 곡선의 기울기 차이는 **사실**의 변환을 설명해준다.

서 구입 가능하다는 의미에서 사실로 받아들여진다. 적어도 이것은 "TRF가 유도한 쥐의 체온 저하와 관련된 탐구" 또는 "선뇌하수체(adenohypophysial) 세포의 막횡단 전위(transmembrane potential)와 막 저항에 대한 합성 TRH의 효과"와 같은 제목으로 논문을 생산 가능하게 하는 것이다. 이런 논문에 담긴 논변의 주된 힘은 TRF에 대한 특성 규정이 아닌 어떤 문제와 관련된다. TRF는 단순히 도구로서 사용된다. 탐구자에게 검정에서 순수하지 않은 부분보다 TRF와 같이 특성이 밝혀진 물질을 사용하는 일은 많은 미지항 중 하나가 간편하게 제거될 수 있음을 뜻한다(5장, 271쪽). 그러므로 TRF는 그것이 탐구자에게 우려가 덜한 것 또는 잡음의 여지가 더 적은 것을 제공한다는 의미에서 이들 논문에서 도구로서 작용하는 것이다.

20여 명의 사람과 여섯 개 정도의 실험실로 이루어진 훨씬 더 작은 집단에게 TRH는 단순한 도구가 아니다. 그들에게 TRH는 한 세부 분야 전체를 대표한다. 실제로 우리 연구 속의 소수의 개인에게 그것은 일생의 성취를 대표했다. TRH는 직업적 삶, 신용과 지위에 대한 주요 주장의 정당성을 구성했던 것이다.

그렇다면 관련 개인들의 특수한 네트워크에 따라 TRF가 다른 의미와 중요성을 가질 수 있다는 점은 분명하다. 결과적으로 우리 실험실 내 소수 개인에 초점을 둔 연구는 이 개인들의 이력이라는 관점에서 행하는 TRF에 대한 연구가 될 가능성이 있다. TRF가 분석적 도구가 되었던 집단의 더 큰 네트워크에 연구가 초점을 둔다면, 우리가 기법(technique)으로서의 TRF 사용을 강조할 가능성이 더 클 것이다. 과학의 보편성에 관한 주장이 TRF가 내분비학자들의 네트워크의 한계 내에 "최근에 발견된 새로운 물질"로 존재한다는 점을 흐려서는 안 된다. 문제없는 물질로서 TRF를 다루는 일은 100여 명 정도의 새로운 탐구자에 제한된다. 이 네트워크 바깥에서 TRF는 절대로 존재하지 않는다(4장을 볼 것). 외부인의 손에서 TRF는 레이블이 붙지 않은 상태라면 그저 "어떤 종류의 흰색 가루"로 생각될 것이다. 그것은 처음 기원했던 펩타이드 화학 네트워크 내부에서의 대체를 통해서만 다시 TRF가 될 뿐이다. 아무리 잘 확립된 사실일지라도 맥락과 절연되면 그 의미를 잃는다.

부가적 복잡함은, TRH 논문들 사이의 인용에 대한 조사로 증명될 수 있듯이, 네트워크가 공간과 시간 모두에 대해 달라진다는 점이다.[3] 1970년에 TRH는 새로운 네트워크 안에서 다시 구성되었다. 1962년과 1970년 사이에 25인이 못 되는 한 그룹이 TRH의 작용 양식보다는 TRH의 분리를 배타적으로 다루는 64편의 논문을 출간했다. 그렇지만 1970년 이후에 TRF는 훨씬 더 큰 연구자 그룹이 출간한 논문에서 나타난다. 첫 번째 네트워크와 두 번째 네트워크 사이의 정확한 접촉면은 국면 전환이 일어난 뒤에도 1970년 이전의 특정 논문들이 계속해서 인용된다는 점에서 명백하다. TRF 분리를 다루는 논문들은 1962년부터 1970년 전까지 533회 인용되었다. 1970년에서 1975년 사이에는 870회 인용되었지만, 이 인용의 거의 80%가 1969년 1월에서 1970년 2월 사이에 출간된 여덟 편의 논문에 대한 것이었다. 한 네트워크에서 다른 네트워크로의 전환은 제목에 TRH가 있는 논문의 저자 변화에서도 뚜렷하다. 1969년 1월 전에는 거의 모든 TRH 논문의 저자들은 분리 프로그램이나 작용 양식의 연구에 참여한 신경내분비학자였다(2장을 볼 것). 뒤이어 다양한 인접 학제에서 저자들이 나왔다. 더욱이 신경내분비학자보다 외부 저자가 더 많았다. 이런 세 가지 요인(출간된 논문의 수, 인용의 패턴, 저자의 출신 학제)은 내부인과 외부인이라는 구별되는 두 개의 연구자 공동체가 존재함을 가리킨다. 이에 더해, 인용 빈도가 높은 여덟 편의 논문은 어떻게 TRF의 의미가 그것이 평생의 연구를 대표했던 하나의 공동체와 그저 기법

---

3 여기서 사용한 수치는 세 가지 자료에 기초한다. 첫째, 우리는 이 연구에 참여한 두 주요 그룹의 출간 목록을 사용했다. 둘째, 이 논문들의 모든 참고문헌을 기록했다. 셋째, 그 결과로 나온 문헌 집대성을 '인덱스 메디쿠스' 및 '퍼뮤텀(Permuterm)'과 대조·확인해 완전을 기했다. 이 논문들**에 대한** 모든 참고문헌은 SCI 또는 그 문헌 집대성 속의 여타 논문들에서 얻었다.

을 의미했을 뿐인 다른 공동체 사이에서 변환되었는지에 대한 단서를 제공한다. 어떻게 그리고 왜 이런 변환이 일어났는지가 이 장의 중심 질문이다.

TRH가 평생의 연구를 대표하는 개인들의 네트워크 안에서조차 그 용어의 정확한 의미는 달랐다. 앞에서 인용한 두 가지 교과서의 발췌 가운데 첫 번째에서 "TRF의 구조는 사실상 R. 기유맹과 A. V. 샬리에 의해 동시에 밝혀졌다"라고 이야기하고 있다. 더 두드러진 것으로, 첫 번째 인용문이 TRH라는 용어를 사용하는 반면에, 두 번째 인용문은 TRF를 언급한다. 우리 논의에서는 지금까지 이 두 용어를 호환적으로 사용해왔다. 사실 이 대안적 정식화는 기유맹과 샬리가 이끈 두 집단 각각이 사용한 정식화에 직접적으로 대응했다. 우리가 연구했던 실험실의 구성원들이 한 논평 덕에 이 용어들이 동일한 것에 대한 서로 다른 이름이었음을 명백히 알게 되었다. "실질적으로 TRF"였던 것이 그 밖의 다른 곳에서 TRH로 잘못 언급되었다고 이야기되었다. 더구나 그 물질의 발견에 대한 신뢰가 다른 집단에 의해서 잘못 전유되어왔으며 그들이 호르몬(H)으로 파악했던 것이 실제로는 인자(F)였다고 논의되었다.[4] 발견이 동시에 이루어졌다는 발언에 각 그룹이 동의하지도 않았다. 모두 다른 쪽이 자신들보다 늦게 발견했다고, 그리고 연구 설명에 의도적인 애매성이 있었던 덕에 신용을 얻게 되었다고 주장했다.[5]

---

4 두 표현 간의 차이는 또한 패러다임의 차이를 반영한다. 그 물질을 "호르몬"이라 표현하는 것은 그것이 새로운 종류의 물질이 아님을 뜻한다. "호르몬"에 관한 연구는 결과적으로 내분비학의 고전적인 틀에 들어맞게 된다. 다른 한편, 그 물질을 "인자"라 부르는 것은 일련의 여타 용어들(예컨대 신경전달물질) 또는 새로운 종류 자체〔예컨대 사이버닌(cybernin)〕 안에서 그 물질의 집적을 허용한다〔예를 들어, Guillemin(1976)을 볼 것〕.

5 이 논쟁에 대한 여러 가지 설명이 존재하고(Wade, 1978), 참여자 자신이 밝힌 것도 있다(Donovan et al., 출간 예정). 이 주제는 신경내분비학과 언론 양쪽에서 싫증이 나도록 다루어왔다. 이 설명들은 명백한 종류의 사회적 요인들과 관계되는데, 여기서 우리 논변의 주요 관심사는 아니다. 우리의 의도는 TRF 본성 자체를 분석하는 것이다. 우리는 따라서 연대기에 관한 논쟁을 상세히 분석하지 않는다. 실제적 목적을 위해서, 우리는 캘리포니아 그룹의 설명을 더 상세히 따랐다.

TRH와 TRF의 주창자 사이에 이런 논쟁이 있기는 하지만, 더 넓은 네트워크의 구성원들은 한쪽이나 다른 쪽을 심하게 편들지 않았다. 인용의 관점에서, 수용된 신용은 집단들 사이에서 균등하게 나뉘었는데 이것은 부분적으로 외부인들이 논쟁에 개입되기를 원치 않았기 때문이다. 또한 그것에 관해 몰랐기 때문이고(그림 3.1을 볼 것), 다른 한편으로 외부인들은 어떤 의미에서 논쟁적인 과학적 성취로서보다는 도구로서 TRF(H)에 더 관심이 있었기 때문이기도 하다. 그러나 신용이 균등히 분배되었다는 단순한 제안은 논쟁하던 집단들을 더 격노케 했다. 예를 들어, 샬리 집단의 한 구성원은 기유맹 집단이 "그들은 거기에 나중에 도착했는데도 신용의 절반을 얻는 데 성공했다"라고 불평했다. 기유맹 집단의 구성원은 이와 유사하게 그들의 반대편 사람들이 아무것도 하지 않고도 신용의 절반을 얻었다고 논평했다. 인용의 점진적 감소는 누가 실질적으로 발견을 이룩했고 누가 그에 관해서 인용되어야 하느냐가 전체로서의 공동체에 점점 더 작은 쟁점이 되었음을 시사한다. 그렇지만 내부인에게는 7년 후까지도 씁쓸함이 뚜렷했다. (잠복했던 갈등을 재점화시키는 효과를 의심의 여지없이 지녔던) 우리의 사회학적 탐구에 대응해, 각 집단 구성원들이 우선권의 "올바르고" "확정적인" 할당을 확립하기 위해 출간 일자와 제출 일자를 조심스럽게 비교하기 시작했던 것이다.

하부 전문분야의 분지: TRF(H)의 분리와 특성 부여

지금까지 우리는 1969년 말 이전의 내부인 그룹과 1969년 말 이후의 더 큰 외부인 그룹을 파악해왔다. 하나에서 다른 하나로의 전이는 1969년에 출판된 논문 여덟 편을 중심으로 이루어졌는데, 이 논문들은 중심적 연구 문제들을 풀었다고 여겨졌다. 비슷한 방식으로 1969년 말 전에 내부인들이 쓴 거의 모든 논문은 1962년경 출간된 논문 몇 편에 대해 언급한다. 이 1962년 논문에 대한 언급에는 "최초의", "최근에 밝혀진", "축적된 결과들" 등의 단어가 자주 이야기된다. 그러므로 1962년의 발전이 유사한 방식으로 이후 이어진 연구에 1969년에 일어난 이행으로 가는 초점을 제공했을 가능성이 있다. 두 경우 모두에서, 특정한 일군의 논문들이 출발점을 제공했다. 1962년 이후에 TSH 분비를 조절하는 원리의 **존재**를 입증하는 것을 관심사로 했던 수많은 논문은 더 이상 인용되지 않았다. 그 대신에 더 작은 일군에 대한 비평 논문의 언급이 새로운 문제의 시작을 분지시켰다. 1962년 이전에 확립된 원리에 대한 전형적인 언급과 함께, 이어지는 문제에 대한 진술이 다음 발췌문에 제시되어 있다.

> 누적된 정보〔9회의 인용〕와 뇌가 티로트로핀(TSH) 분비의 조절에서 중요한 역할을 **해야 한다**는 **거의 보편적인 동의**에도 불구하고, 이 역할의 본성과 범위는 확립되어 있지 않았다(Bogdanove, 1962: 622).

이 발췌문에서 인용한 아홉 명의 저자 중 누구도 새로운 하부 전문분야에 참여하지 않았다. 첫 번째 전환점에 앞서, 연구는 보편적으로 가정되었지만 구조는 밝혀지지 않은 물질에 관한 것이었다. 두 번째 전환점 이후에는 물질의 성격은 보편적으로 받아들여졌지만 그 역할과 생리학적 유관성이 문제시되었다. 1962년 이전에 수행된 연구의 결과는 "뇌가 TSH 분비를 조절한다"라고 요약할 수 있다. 이와 유사하게, 1969년 말 이전에 수행된 연구의 결과는 "TRF(H)는 Pyro-Glu-His-Pro-NH_2이다"라고 요약할 수 있다.

언제 그리고 왜 뇌에 의한 TSH 조절에 대한 최초의 진술이 만들어졌는지를 결정하고자 과거로 더 깊이 파고드는 일은 물론 가능할 것이다. 그렇지만, 두 가지 이유로 더 이상 거슬러 올라가 조사하는 것은 쓸모가 없을 것이다. 첫째, TSH에 대한 진술은 1962년 이후 문제의 여지가 없는 사실로 받아들여졌으며 TRF(H)로의 후속 연구는 이전 진술의 문제없는 특성에만 의존해 사실을 이끌어냈다. 1962년 이후에 TRF(H) 분야로 들어간 연구자들은 충분한 기초 정보로서 보그다노브(Bogdanove, 1962)의 비평에 의존할 수 있었다. 둘째, 사실의 구성에 관한 이해를 성취하기 위해서는 더 긴 기간보다는 하나의 특수한 에피소드에 초점을 맞출 필요가 있다. 긴 기간에 대해 연구한다면 더 많은 수의 사실을 그 구성을 조사하지 않고서 받아들여야 할 것이다.

우리는 TRF(H)의 분리만을 연구한 1962년과 1969년 사이 출간 논문을 모두 하나의 파일로 만들었다. 이 파일은 처음에는 TRF(H)를 연구한 두 실험실의 논문 목록과 그 속의 인용으로 만들어졌다. 파일은 ≪인덱스 메디쿠스(Index Medicus)≫에 비추어 확인되었고, ≪SCI 퍼뮤텀(Permuterm)≫에 비추어 재확인되었는데, 이 결과로 비평 논문들이 추가되었다. 모두 네 개의 그룹이 TRF의 분리를 연구해왔다. 일본의 시부자와(Schibuzawa)와 헝가리의 슈라이버(Schreiber)가 이끌던 두 그룹은 뒤에서 밝혀질 이유로 얼마 후에 그 연구 분야를 떠났다. 샬리의 그룹은 1963년부터 TRF(H) 연구에 착수했다. 기유맹의 그룹만이 1962~1969년 전 기간에 걸쳐 연구 활동을 지속했다. 다른 저자 소수가 비평을 썼으나, 인용 네트워크에는 참여하지 않았다(다른 말로 하면, 그들이 다른 이의 논문을 인용했지만 그들 자신의 논문은 인용되지 않았던 것이다). TRF(H)의 분리가 아니라 그 작용 양식을 다룬 논문은 배제했다.

그림 3.2는 1962년부터 1969년까지 TRF(H) 하부 전문분야의 성장률을 도식적으로 표현한 것이다. 수직축은 시간을 나타내고 수평축은 TRF(H) 논문들이 인용한 논문의 누적 수를 나타낸다. 출간된 각 논문은 (a) 출간 일자와 (b) 앞서 존재하던 논문들이 먼저 했던 인용 위에다 그것이 해낸 새로운 인용의 수에 따라 만들어진 도표 위에 표시되었다. 똑같은 물질의 군을 계속해서 인용하는 논문들이 속하는 하부 전문분야에 대해서 우리는 더 많은 수직 성장 곡선을 기대할 것이다. 성장의 두 가지 특징이 TRF(H) 곡선에서 명백했다. 첫째, 발견의 두 위상, 즉 1965년과 1969년에 출판물의 비율이 증가

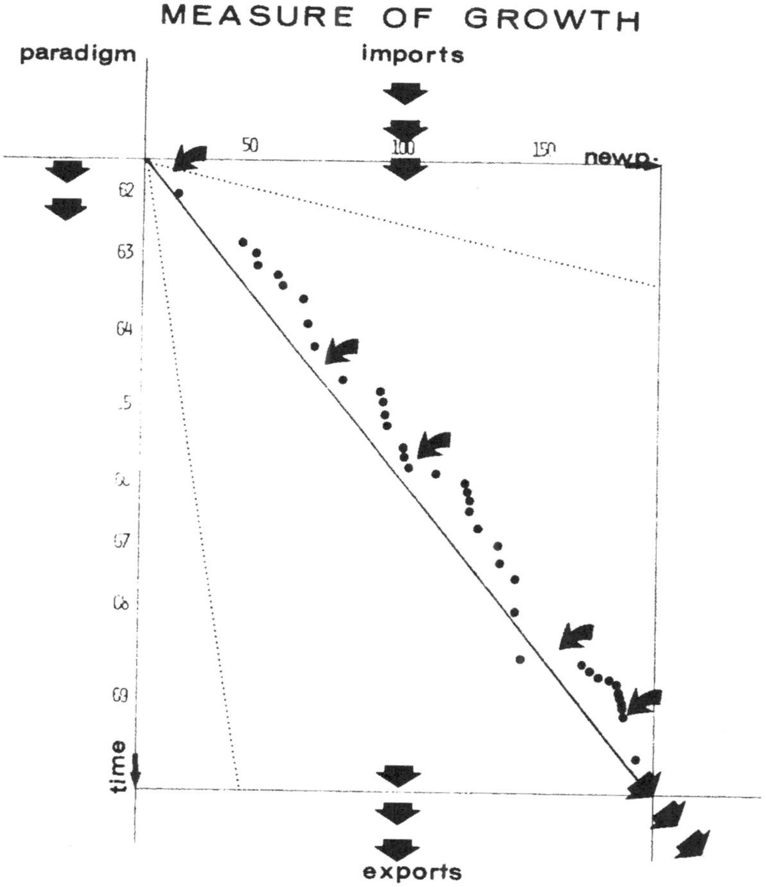

그림 3.2
이것은 TRF 전문분야의 성장에 관한 도식적 표현이다. 각 점은 하나의 논문, 가로축은 이 논문들이 인용한 논문의 누적 수, 세로축은 시간을 나타낸다. 상한(꼭대기 왼쪽 모서리)은 TRF의 **존재**에 관한 논쟁의 끝, 하한(바닥 오른쪽 모서리)은 TRF가 **무엇**이냐에 관한 논쟁의 끝에 대응한다. 논문의 수, 즉 앞에 있는 논문으로부터의 각 논문의 거리(시간과 새로이 인용된 자료의 수 둘 다로 파악한)는 한 영역과 다른 영역 사이에서 현저하게 다른 일반적 패턴을 제공한다. 도표의 전반적 모양은 들어온 논문(그림 3.4를 볼 것)과 다른 영역에서 온 논문을 인용하는 일의 중요성을 설명해준다. 이 표현에서, 각 논문은 그것이 인용하는 모든 논문과 그것이 인용된 모든 논문과 관계된다. 일반적 지도(여기서 다시 추적하기는 불가능한)는 분야와 그 안에서 수행된 모든 작업에 대한 근사치를 제공해준다.

했다. 둘째, 몇 가지 점에서 인용된 자료의 신선한 덩어리에 크게 의존하는 논문들이 출간되었다. 곡선에서 왼쪽으로의 굽은 화살표로 나타난 이들 점은 1962년, 1965년, 1969년에 나타났다. 우리가 나중에 보게 될 것처럼, 이 곡선의 모양은 인터뷰를 통해 표현된 정보원의 회상과 부합한다. 예를 들어 1966년에 새로이 인용된 물질이 급작스럽게 증가한 것은 샬리 그룹이 그 분야에 진입한 사실에 대응한다. 이와 대조적으로 거의 수직적인 곡선 부위는 응답자들이 침체하고 비생산적인 시기라고 언급했던 때에 대응한다.

전략의 선택

명백하게, 출간과 인용의 관점에서 어떤 분지된 영역을 기술하는 일에만 유일하게 의존하는 것에는 불이익이 존재한다. 특히 이런 관점에서 연구 영역을 사고하면 그것의 경계가 참여자와는 객관적으로 독립되어 있다고 생각하기가 너무나도 쉽다. 이런 효과에 저항하기 위해서 우리는 그 영역이 어떻게 다른 방향으로 잘 발전했을 수도 있었을지를 보여주는 부가적 재료를 사용하게 될 것이다.

1962년까지 TRF가 아닌 여러 호르몬이 발견되었다(Meistes et al., 1975; Donovan et al., 출간 예정). 실제로 전쟁 뒤에 아미노산의 구성물과 몇몇 호르몬[인슐린(insulin), 옥시토신, 바소프레신(vasopressin) 등]의 시퀀스(sequence)가 결정됨으로써 내분비학은 완전한 전환을 맞았다. 그러므로 TRF의 시퀀스가 발견될 수 있으리라는 기대는 새로운 것이 아니었다. 그렇지만 이 시퀀스를 추구하는 데는 어렵고 위험한 결정이 따랐다. TRF(H) 연구 프로그램이 과거 사건으로부터의 논리적 추론보다는 어떤 불확실한 미래에 대한 결정에 기초하고 있었음을 평가하기 위해서, 당시에 가능했던 대안적 행동의 과정들을 살펴볼 필요가 있다. 첫째, 시상하부의 어떤 다른 인자도 1962년까지 전혀 특성이 밝혀지지 않았다. 성공적으로 발견된 호르몬들과의 유비는 '인자(factor)'라는 용어의 사용이 가리키듯이(Harris, 1972), 상당한 정도로 유비로만 남아 있었다. 시상하부의 인자들에 대한 생리학적 탐구들이 견고한 진전을 이루어내고 있었음에도 화학적 탐구에서는 거의 아무런 진전이 없었다. 대다수 연구 참여자들에 따르면 이때에 널리 퍼져 있던 입증되지 않은 주장들의 숫자는 굉장했다. 좌절감은 그 시기의 많은 논문에서 명백히 드러났다.

> 시상하부 뇌하수체 생리학이라는 젊은 분야는 죽은 가설과 죽어가는 가설로 이미 어질러졌다. 나는 아마도 또 다른 미성숙한 제안을 제시함으로써 피해 내용을 더하게 될 것이다(Bogdanove, 1962: 626).
>
> 시상하부 물질에 관한 상황의 기이함은, 내 지식으로는 이전에 결코, 네스 호 괴물과 히말라야 설인을 제외하고, 가설적 대상의 존재가 매우 많은 인상적인 상황적 정보에 의해서 지적되지는 못했다는 점 그것이다(Greep, 1963: 511).

한 저명한 약학자는 이와 유사하게 "이 분야에서 내가 믿을 수 있는 유일한 것은 움츠림이다"(Guillemin, 1975)라고 논평했다. 1962년 무렵, 가설로 제기된 최초 인자(CRF, 2장을 볼 것)에 관한 연구는 이전 10년과 같은 단계에 있었으며 그다음 15년 동안 그대로 남았다. 입증되지 않았던 일군의 인자가 1976년에 가설화되었고 인공물들은 풍부해졌다(4장). 실질적으로 어떤 일관된 효과는 이름을 부여받게 되었으며, 뇌 추출물 수프에서 정제되는 초기 단계는 논문으로 쓸 만하다고 여겨졌다. 그 효과는 쥐의 행동, 칼슘 수준, 또는 열 조절 측면에 관한 논문을 쓰기에 충분히 일관되게 가치가 있는 것으로 빈번히 여겨졌다.

둘째, TRF 연구를 시작한다는 결정에는 구별되는 **새로운** 인자들의 존재와 이 인자들이 펩타이드라는 두 가정이 모두 함께했다. 당시 뇌가 뇌하수체를 조절한다는 개념이 신경내분비학자가 되는 데 필수 불가결한 것이었다고 하더라도, 옥시토신이나 바소프레신과 같은 **알려진** 인자들이 이런 조절을 설명할 수 있으리라고 주장하는 것 역시 가능했다. 예를 들어 1969년에 이르면 기유맹의 논문 가운데 하나가 ≪사이언스≫ 게재를 거부당했는데, 그것은 단순히 "바소프레신이 **시험관 내에서** 그리고 **생체 내에서** TSH를 분비한다는 것이 잘 알려져 있었기" 때문이었다. 또 다른 탐구자 매컨(McCann)은 TRF에 관심이 없었는데, 그는 이것을 인공물로 생각했고, 그것의 효과는 알려진 물질에 의거해 설명될 수도 있는 것이었다(Donovan et al., 인쇄 중). 새로운 인자가 존재한다는 관념에 매달리면 그 인자가 펩타이드라는 더 나아간 가정이 따랐는데, 왜냐하면 이것이 활용 가능한 화학이 방출인자 분야에서 활용될 수 있는 유일한 방식이었기 때문이다. 따라서 그 가설화는 이중적이었다. 물질은 새로워야 했지만, 새로운 대상에 관한 화학은 고전적이어야 했고, 적절한 수정을 거친 후 외부 분야에서 도입되었다. 이에 대해서는 뒤에서 다시 논의할 것이다.

셋째, 물질을 분리하고 특성을 규명하는 전략은 이미 뒤 비뇨(Du Vigneaud)가 바소프레신과 옥시토신으로 이룬 성과에 의해 잘 확립되어 있었음에도, 신경내분비학자들의 생리학적 훈련과는 약간 어긋난 점이 있었다. 예를 들어 해리스, 매컨, 기유맹은 모두 정교한 생물학적 검정 구성, 세포 배양, 해부 절편 준비에 전문가였지만, 화학에 대해서는 대체로 무지했다. 그들에게 화학은 '생리학의 시녀'였다. 해리스와 매컨이 분리 작업에 착수한다는 관념은 받아들였지만, 생리학이 화학의 목표와 실천에 복종하는 학제로 좌천되는 것은 결코 받아들이려 하지 않았다(Harris, 1992). 그들의 논변 가운데 하나는 일상적 화학을 가르치는 의무와 그것의 극단적 지루함에 대한 그들의 거리낌에 관한 것이었다.

학생들에게 언제나 뇌를 잘라내라고 할 수는 없습니다. 흥미로운 일거리를 주어야 해요. 여러분은 그들이 일상적 업무를 하도록 궁지에 몰아댈 수는 없는데, 이것은 오로지 5년 내지 6년 안에 끝나게 될 것입니다. 만일 학생들이 졸업하기 위해서 실험실에 온다면, 그들은 논문을 쓰기를 기대할 것이고, 그것은 흥미로워야만 합니다(McCann, 1976).

TRF(H)의 구조를 얻으려는 결정에는 또한 상당한 지출이 따랐는데, 왜냐하면 만일 이들 펩타이드가 어쨌든 존재한다고 해도 미량으로(뒤 비뇨가 특성을 파악해왔던 호르몬들보다 수천 배 더 적은) 발견될 수 있을 뿐이기 때문이다. 수많은 시상하부를 모으고 처리하는 일은 거대한 임무였다. 샬리가 다음에 제시했듯이 말이다.

> 사람들은 그것들이 다른 것들〔옥시토신〕처럼 펩타이드를 많이 산출시키는 데 사용되었는지 … 의심하게 되었습니다. … 그들은 왜 우리가 그 구조를 얻지 못했는지 이해할 수가 없었어요. 그것은 그들에게 좋은 일이 아니었고, 우리는 어떤 전체적 기술을 창조해내야 했습니다. … 이전의 그 누구도 수많은 시상하부를 처리해야 하지는 않았습니다. … 핵심적 요인은 돈이 아니고 의지였습니다. … 100만 개의 조각을 얻기 위해 1년 동안 일주일에 60시간씩 쏟아붓는 야만적인 힘이었습니다(Schally, 1976).

이 프로그램에 저항한다는 관념은 기유맹이 채택한 전략을 해리스의 그것과 비교함으로써 얻을 수 있는데, 해리스는 그 분야의 선구자들 중 한 사람이었다. 유일한 임무가 LRF를 분리하는 일이었던 화학자 한 사람을 해리스가 고용한 이후에조차, 화학자가 한 달에 다섯 개 또는 여덟 개 이상 분별물을 분리해내는 일을 막은 의식을 지닌 토끼에 대한 느리고 골치 아픈 검정을 해리스는 유지시켰다. 만일 그 화학자가 그의 자연스러운 속도로 작업을 하도록 허락을 받았다면, 그 생리학자가 아마도 대처할 수 있었을 분별물보다 훨씬 더 많은 분별물을 산출했을 것이다. 그렇지만 통상적으로 화학자는 길을 내주어야 했다. 그 생리학자는 그가 더 흥미롭다고 감지했던 그의 검정을 유지했다. 물론 해리스의 이전 동료 중 하나가 다음처럼 평했듯 말이다.

> 그는 분리가 이루어지길 원했지만 … 인자의 분리를 돕는 데 그의 온 힘을 다하지는 않았어요. … 그는 기본적으로 신경해부학자였습니다. … 나는 그가 미국에서 배송된 시상하부를 가지도록 확신시킬 수 있었고 … **우리는 그렇게 멀리까지 갔고 …** 그는 우리가 그 양의 100배를 필요로 한다고는 짐작하지 못했습니다(익명, 1976a).

섈리의 전략은 완전히 달랐다.

> 나는 생리학에 관심이 없었어요. … 난 내과의와 임상의를 돕고 싶었죠. … 유일한 길은 비타민 C처럼 … 화합물을 추출하고, 분리해서, 엄청난 양을 임상의에게 제공하는 겁니다. 누군가 용기를 내야 했습니다. … 지금 우리는 그것을 몇 톤이나 갖고 있어요.
> 그것이 내가 추출을 택한 이유이고 … 선택은 없었습니다. 마치 히틀러와 싸우는 것과 같아요. 베어 쓰러뜨려야 합니다. 그것은 선택이 아니에요. 그 전략은 선이었고 유일한 것이었습니다(Schally, 1976).

오로지 물질의 **구조**를 결정한다는 측면에서 TRF의 하부 전문분야를 재정의하려는 결정은 그 하부 분야의 전문적 실천을 완전히 재형성했으나, 그럼에도 이것은 전체로서의 내분비학의 중심적 개념과 전적으로 동일 선상에 있었다. 정확히, 내분비학의 목적에 관한 기유맹의 전략이 지니는 일관성 때문에, 그의 결정은 지적 혁명을 이루지 못했다.

그의 전략이 성공했기 때문에 기유맹의 결정을 해내야 할 유일한 것이라고 생각하는 경향이 있다. 그러나 그 분야를 재형성하려는 결정은 논리적으로 필연적인 것은 아니었다. TRF(H)의 구조를 파헤치려 결정되지 않았다고 하더라도, 방출인자의 어떤 하부 분야는 여전히 존재했을 것이다. 물론 조잡하거나 부분적으로 정제된 추출물만이 소량 공급되어 사용되었을 것이지만, 생리학의 그 모든 문제는 비록 해결되지는 않았을지라도 연구될 수 있었을 것이다. 1969년까지는 기유맹과 샬리가 채택한 전략들이 성공적이었다는 아무런 징조가 없었다는 점도 인식되어야 한다. 실제로 1969년 이전에 발생했던 모든 일은 1962년에 그 전문분야를 재형성하려 했던 일이 우매했음을 시사했다. 유사하게, 훨씬 더 적은 비용으로 극미량을 사용해서 TRF 문제의 해결책을 당시에 만들어낼 수 있었을 펩타이드 분석의 급격한 개량을 기유맹이 기다리는 편이 더 나았으리라고 여겨졌다(익명, 1976b).

새로운 투자에 의한 공존하고 있는 노력의 제거

그 분야를 재형성하려는 과업 안으로 스스로 감히 돌진한 두 연구자(기유맹과 샬리)가 모두 이민자였다는 점은 아마도 우연의 일치가 아닐 것이다. 특히 샬리의 증언은 주변적이었던 그들의 초기 입장이 중요함을 보여준다. 예를 들어 그는 제삼자에 관해서 다음과 같은 진술을 했다.

> 그는 확고한 위치에 있는 인물이었죠. … 어떤 것을 해야 하는 처지에 놓여본 적이 전혀 없고 … 모든 것이 주어졌어요. … 물론, 그는 배를 놓쳤고, 그는 요구되었던 것, 즉 야만적 힘을 감히 발휘하고자 하지 않았습니다. 기유맹과 나, 우리는 이민자에다 별것 없는 불확실한 박사였어요. 우리는 정상으로 가는 우리의 길을 위해서 싸웠습니다. 그것이 기유맹에 대해 내가 좋아하는 점입니다. 적어도 우리는 싸웠습니다. 그리고 〔벽에 걸린 액자 속의 수상 내용을 가리키며〕 지금 우리는

그들 모두보다 많은 상을 갖고 있습니다(Schally, 1976).

현재의 경우는 전문분야 형성에 관해서 알려진 것과 꽤 잘 부합하는 것으로 보인다. 연구 과제의 대단함은 생리학에서 그 자신에게 만족스러운 위치에 있지 않은, 그리고 개념적 혁명을 위한 준비가 되어 있지 않은 사람들만을 끌어당기는 경향이 있었다. 그들은 기존 방법과 단절된, 힘들고, 비용이 들며, 반복적인 엄청난 양의 작업을 수반하는 서식처, 즉 사람들이 통상적으로 피하는 종류의 서식처를 차지했다.

연구 과제의 어마어마함과 결정의 성격이 왜 더 많은 사람이 이 연구에 착수하지 않았던가를 설명해준다. 이것은 초기에 기여한 이후에 그 질문을 놓아버린 탐구자들의 운명과도 일관된다. 예를 들면, 한 논평자는 시부자와와 슈라이버가 한 "잘못 인도된 연구"에 다음과 같이 주의했다.

> 시부자와와 동료들은 시상하부와 뇌하수체 후엽에서 추출할 수 있는 폴리펩타이드를 연구해오고 있다. … 그들은 그것을 TRF(티로트로핀방출호르몬)라고 부르면서 그것이 신경 체액이라고 믿는데 … 발견물은 지금까지 입증되지 않고 있다(Bogdanove, 1962: 623).

시부자와는 외견상 기유맹과 똑같은 선택을 했다. 그는 TRF를 분리했다고 주장했으며 그의 펩타이드에 대한 아미노산 조성을 제시하기까지 했다. 그러나 2년 안에 TRF의 문제를 풀었다고 갈채를 받는 대신에, 그의 연구는 질문들에 둘러싸였다. 그의 논문은 단어마다 비판받았고 분별물은 그의 실험실이 아닌 다른 실험실에서 어떤 활성도 나타내지 않는다고 이야기되었다. 한 설명에 따르면 어느 실험실에서 실험을 반복해달라고 초대받았을 때 그는 나타나지 않았다. 2장의 우리 논의에 의거하면, 그의 논문들 속의 작업은 의심과 반대의 형태를 취했다. 그는 1962년 이후에 전혀 논문을 쓰지 않았고, 그의 물질은 인공물로 여겨지게 되었다. 이어서 그는 완전히 연구를 떠났다. 그때 자신의 주장을 입증하지 못한 시부자와의 무능력에도 불구하고 그것들이 10년 후에 입증되었음(아미노산 조성을 제외하고)에 주목하는 것이 중요하다. 이것은 그의 실패 때문이라기보다는 오히려 그사이에 증명의 정의가 급격히 변화되었기 때문이었다.

누군가가 그 분야에 들어왔고, 새로운 규칙 집합의 관점에서 하부 전문분야를 재정의했고, 모든 대가를 치르고서 그 구조를 얻겠다고 결정했으며, 그것의 해결에 "증기 롤러"의 에너지를 바칠 준비가 되어 있었기 때문에, 시부자와의 주장들은 수용 불가능했다. 시부자와에게는 누적된 지식의 현존하는 더미에 의존하는 것, 고전 생리학 내부에 본질적으로 머물러 있으면서 분리의 문제를 건드리는 것으로 충분했다.

> 이것은 여러분이 "정상 과학(normal science)"이라 부를 수 있는 것입니다. … 그 분야를 아는 모든 사람은 TRF가 무엇인지 연역해낼 수 있었습니다. … 그 결론들은 옳았지만, 입증하는 것에 10년이 걸렸지요. … 오늘날 나는 그들이 이야기했던 것을 그들이 보았다고 믿지 않습니다. 시부자와, 슈라이버 둘 다 아미노산 조성을 부여하는 너무 많은 논문을 썼습니다. 지금 여기에, 논리적 가정은 없어요. 어떤 알려지지 않은 물질의 아미노산 조성을 여러분들이 가정할 만한 방법은 없습니다(Guillemin, 1975).

다른 말로 하면, 이미 알려진 것과 시퀀스 문제 사이에 쉬운 지름길은 없다. 기유맹은 TRF **서열**을 결정하는 것을 원했기에, 그리고 그는 이 결정적 목표 주변에서 하부 분야를 재형성하려는 준비가 되어 있었기에, 신뢰 가능한 것으로 판단될 수 있는 것과 판단될 수 없는 것에 관한 새로운 기준이 설정되었다. 여타 목표와 관련해 수용 가능할 수도 있었을 자료, 검정, 방법, 주장은 더 이상 받아들여지지 않았다. 시부자와의 논문들이 이전에는 타당한 것으로 수용되었지만, 뒤이어서는 틀린 것으로 여겨졌다. 말하자면 타당성 또는 그릇됨과 같은 인식론적 성질은 의사 결정의 사회학적 의미와 분리될 수 없는 것이다.

수용 가능성 기준의 급격한 변화가 프랑스어로 출간된 긴 비평 논문에서 명백히 나타났다(Guillemin, 1963). 이 비평은 새로운 방출인자의 존재가 수용되기 이전에 충족되어야 할 열네 가지의 기준을 규정했다. 이 기준은 매우 엄격해 단지 약간의 신호만이 배경잡음과 구별될 수 있었다. 이는 다시 기존의 호르몬 인자에 관한 문헌이 대부분 기각되어야 함을 의미했다(Latour and Fabbri, 1977).

> 이런저런 물질이 어떤 뇌하수체 호르몬 분비라는 자극을 통해서만 작용한다고, 그리고 심지어 이런저런 원자료가 이 설명만을 충족시킨다고 성급하게 결론을 내렸던 아주 많은 출간물들에서 의미를 제거하는 것에 이 엄격한 기준이 기여한다 (Guillemin, 1963: 14).

그렇다면 한 가지 중요한 의미에서 TRF는 제한이 부과되기 이전에는 존재하지 않았던 것인데, 왜냐하면 그런 제한은 최초 실험에 앞서 있었으며 수용될 수 있는 바를 미리 정의했기 때문이다. 그의 논문에서, 기유맹은, 그 시점에 앞서, 그 분야가 사실보다는 인공물들, 기초를 갖고 있지 않은 주장들, 우아한 가설들에 의해서 특징지어져 있었다고 논의했다. 인공물의 관점에서 이루어지는 과거에 대한 이 재구성이라는 기초 위에서, 기유맹은 그 각각이 어떤 인공물의 미래에 있을 성립 가능성, 또는 적어도 새로운 맥락 안에서의 인공물의 어떤 성립 가능성을 선험적으로 제거하기 위해 설계된 기준들을 제안했다.

이들 기준을 수용하는 데는 필요한 엄격성을 충족할 장치에 대한 투자 비용이 요구된다. 결과적으로 비평 논문에서 규정된 기준 각각은 TRF를 구성하는 데 필요한 장치를 실험실 안으로 들여온 것에 책임이 있었다.

> 뇌하수체와 관련된 매개물이 되는 것으로서의 시상하부 기원 물질에 대한 **생리학적 정당화**는 그러므로 상당한 기획이다. 그것은 신경생리학에서 다중적이고 때로는 복잡한 기법들을 요구하고 … 생화학에서 이 시상하부 물질 혹은 분별물이 뇌하수체와 관련된 매개물이라고 단언하기에 앞서 앞의 모든 조건을 충족시킬 것을 요구한다(Guillemin, 1963: 14).

같은 글에서 그 기준을 충족시키는 것의 어려움과 대응하는 투자 비용 또한 지적한다.

> 그와 같은 프로젝트는 팀 안의 모든 이가 그 팀이 개념화하고 실현해온 중심 관념에 대해 서로 다르되 보완적인 솜씨를 지닌 팀, 그런 그룹에 의해서만 착수될 수 있다. 이것은 확실히 생리학, 즉 신경내분비학의 새로운 방향 설정에서 필수적 특징이다(Guillemin, 1963: 11).

이 새로운 투자의 결과는 해리스의 전략에 즉시 반영되었다. 기유맹이 정의한 게임의 규칙은 매우 엄격해서 해리스의 화학자 가운데 한 사람은 그 연구 노선을 포기했다.

> 왜냐하면 이 나라〔미국〕에서 돈, 즉 작업의 규모의 관점에서 우리가 경쟁할 내용을 … 그리고 당신이 마음에 든다면, 영국에서 그때 우리가 같은 성과를 거둘 방법이 없었음을 내가 알고 있었기 때문에 …(익명, 1976a).

새로운 전략에 의해서 부과된 그 요구들은 시부자와 또는 슈라이버의 연구에 대한 평가를 담은 잇따른 논문에서 주목받았다. 이들 평가는 기존 기여 내용의 신용을 깎아내리는 효과를 지니는 자격 요건들로 이루어져 있었다. “까닭 없는 긍정”, “더 이상 충분히 구체적이지 않은 검정”, “정말로 증명되지는 않은”, “신뢰할 수 없는”과 같은 구절은 흔했다. 이와 대조적으로, 기유맹 그룹의 첫 번째 논문(1962년)은 널리 호평받았으며(예를 들어 “최초로 논쟁의 여지가 없는 증거”라고 이야기되었다) 해가 이어지며 유사하게 수용되었다. 이 논문에 대한 90회 인용(1963년과 1969년 사이에 SCI에 수록된 것들) 가운데 어느 것도 부정적이지 않았다(Latour, 1976a).

구속요인(constraints)이 새로이 누적된 결과 슈라이버가 경쟁에서 빠지게 되었다. 물질적, 지적 요구가 증가하자 경쟁자 수는 줄었다. 동료에 따르면 슈라이버는 다양한 물질적, 전략적 이유로 물러났다.

> 그의 산성 인산 가수분해 효소(phosphatase) 시험은 그다지 좋지 않았어요. 거세게 비판받았죠. … 그는 아미노산 조성에 관해서 틀렸습니다. … 그는 주제에 관해서 일관된 관념을 갖고 적절한 실험을 하고 있었지만 그때 시상하부를 얻기는 매우 어려웠어요. … 그는 그걸 스스로 해야 했고요. 시상하부 200개가 아니라 2만 개가 필요하리라고는 누구도 알지 못했죠. … 그는 그래서 자신이 단순히 경쟁할 수가 없음을 깨달았습니다. … 또한 고도의 특이성을 갖는 방사성 아이오딘(요오드)을 얻을 수가 없었는데, 영국에서 그것을 얻고자 우리는 반년을 기다려야 했어요. 그래서 검정을 할 수가 없었습니다. … 경쟁할 수 없다면 그 분야에 시간을 소비할 의미가 없어집니다(익명, 1976b).

같은 정보원은 슈라이버의 철수에 대해 더 이데올로기적인 설명도 했다.

> 프라하에서 공산주의자들이 집권한 이후 내분비학은 호의적인 분위기에서 잘 지내질 못했습니다. … 그때 신경계와 내분비계 사이의 연결은 그다지 명확하지 않았는데 — 이때 승리를 구가하던 피드백(feedback) 이론이 있었고, 그것이 자기

충족적인 체계였기 때문에 그들은 그것을 받아들이지 않았고 … 이것이 내가 내분비학으로 들어가지 않았던 이유입니다. … 전체 환경이 내분비학 연구에 적대적이었어요. … 우리가 다시 연구할 수 있기까지 5~7년의 간격이 있었고, 이것이 단지 조건반사였던 것만은 아니었습니다(익명, 1976b).

이는 우리가 지금까지 주로 관심을 기울여온 다중적인 미세한 사회적 결정보다는 오히려 그 분야에서 거시사회학적 요인들이 미친 지각된 영향의 한 사례를 제공한다. 그렇지만 이 진술이 여타 참여자들을 자극해 오만한 논평을 불러일으켰음은 주목할 가치가 있다. 예를 들어 기유맹은 이데올로기적 영향에 관한 그런 진술이 슈라이버가 "배를 놓쳤다"라는 실제 사실에 대한 합리화일 뿐이라고 느꼈다.

하부 분야의 규칙을 급격히 변화시키려는 결정은 100페니를 쌓기 전에는 1페니도 소비하지 않는다는 전략들과 관련된 일종의 금욕주의를 수반했던 것으로 보인다. 연구 질문을 단순화하는 데 저항하려는, 새로운 기술을 쌓으려는, 무로부터 생물학적 검정을 시작하려는, 이전의 어떤 주장도 강하게 부정하려는 결정에 이런 유의 금욕주의가 존재했다. 수용 가능한 것에 관한 구속요인은 주로 연구 목표, 즉 **어떤 대가를 치르고라도** 그 구조를 얻으라는 명령에 의해서 결정되었다. 이전에는 연구 목적이 생리학적 효과를 얻는 것이었기 때문에 절반 정도 정제된 분별물로 하는 생리학적 연구를 부르짖는 것이 가능했다. 그렇지만 구조를 결정하려고 할 때 연구자들은 생물학적 검정의 정확성에 절대적으로 기대야 했다.

따라서 연구에 대한 새로운 제약은 새로운 연구 목표와 구조를 결정할 수 있는 수단 둘 다에 의해 정의되었다. 이런 제약의 결과로 시부자와, 슈라이버, 해리스와 같은 연구자들이 배제되었음을 우리는 보았다. 자금 지원 기관의 도움이 아니었다면 기유맹 자신도 그저 다른 이들의 연구를 비판하는 사람으로 남았을 수도 있다. 그러나 기유맹이 이룬 과거의 성취가 그가 새로운 구속요인을 기초로 연구를 수행할 수 있으리라고 보장했던 것이다.[6] 그렇다고 해도 1962년에는 구조를 결정하는 데 그 어떤 이가 추측했던 것보다도 많은 8년이라는 시간, 무수히 많은 시상하부, 더 강한 금욕주의가 필요하리라고 누구도 예상하지 않았다.

새로운 대상의 구성

우리는 TRF가 의미를 얻게 된 서로 다른 네트워크들을 파악함으로써, 그리고 TRF가 창조된 영역을 조사함으로써 출발했다. 그리고 이어 어떻게 한 이행(移行)의 논점이 TRF를 열어주었는지, 어떻게 새로운 연구 명령인 "어떤 대가를 치르고라도 그 구조를 얻어내라"가 화학에 비교해 생리학의 역할을 하위에 두었는지를 논의했다. 이 새로운 전략은 프로그램의 비용을 올리는 효과와 규칙의 엄격성을 증가시키는 효과를 모두 지녔다. 전체로서의 신경내분비학자에게 훌륭한 것으로 인정받았고, 미국 정부기관에서 연구비를 조달받았다. 그럼에도 불구하고, 그 새로운 전략은 일본, 체코슬로바키아, 잉글랜드의 경쟁자들을 효과적으로 제거해버렸다. 이제 우리는 TRF 영역 자체에 관심을 돌릴 수 있다.

기유맹의 초기 결정은 어떤 하나의 방출인자의 구조를 결정하려던 것이었다. TRF라는 특수한 선택은 사실 다양한 이유에서 기인했다. CRF에 관한

---

6 그 문제에 대해서 기유맹이 부과한 새로운 제약 요인들은 주요 기관들의 승인을 얻어냈는데, 특히 미국 기관에서 그러했다. 그는 이미 자신 있게 큰 자본을 축적했었다. 금융자본은 몇몇 상환 증명서와 함께 대출되었지만 그럼에도 그의 요구 조건은 매우 높았다. 예를 들어 NIH에 시상하부 구입 목적으로 10만 달러의 자금 지원에서 기유맹은 이렇게 썼다. "돈, 시간, 노력 면에서 이 프로그램에 이미 상당한 투자가 이루어졌다. 나는 현 요청이 그것의 완성을 위해 **불가결한 것**이라 생각한다"(Guillemin, 1965).

연구의 긴 실패 뒤에 기유맹 그룹은 매컨의 새로운 시험 분석 때문에 LRF에 관심을 갖게 되었다. 기유맹은 또한 이전에 TSH를 연구했던 기술자가 그의 실험실로 왔기 때문에 매킨지의 검정, 즉 TSH를 측정하는 고전적 시험의 원리에 기초해서 새로운 검정을 수립하기로 결정했다.

> 시부자와와 슈라이버의 얼마나 많은 부분이 수용되어야 하는지 나는 확신하지 못했습니다. 그래서 나는 내 시간을 너무 많이 TRF에 투여하기를 원치 않았는데 … 여섯 달 내에 그 검정은 비교적 잘 작동했습니다(Guillemin, 1976).

처음에 이런 연구 노력은 이차적 프로그램을 구성했다. "그리하여, 우리가 TRF를 볼 수 있음이 내게 명백해졌다"(Guillemin, 1976). 그럼에도 이것이 슈라이버의 주장들을 확인하기 위해서 행해진 것은 아니었다.

> 아니, 나는 그것들을 무시했고, 만일 당신이 어떤 것도 하지 않을 그런 종류의 일을 확인하기 시작한다면, 그것은 그것들을 확인하려는 것이 아니었습니다. 그 착상은 TRF에 관해서 완전하게 **새로운** 생물학적 검정을 시작하자는 것이었습니다 (Guillemin, 1976).

그러나 이런 유의 검정은 그때 널리 활용 가능했다.

> 지금까지도 나는 왜 슈라이버가 이 우스운 검정을 사용할 수 있었는지 이해하지 못하겠습니다. 1961년에는 누구라도 우리가 했던 일을 할 수가 있었을 테고, TRF에 관한 검정을 수립할 수 있었을 텐데 말입니다. … 그것은 간단하고 모든 것이 활용 가능했던 … 고전적인 내분비학이었습니다(Guillemin, 1976).

그리하여 새로운 연구 대상은 한 기술자의 전문가적 식견이 갖는 이점과 기유맹의 전략적 결정에 기인하는 요구들의 제기와 함께, 고전적 내분비학의 설비들의 결과로 정상 과학 시기의 내부로 들어오게 되었다. 새로운 대상은 초기에 국소적 맥락 안에서 존재했지만 곧 상당한 외부 관심을 끌게 되었다. 그럼에도 이 새로운 대상을 정의하기 위해 사후관점(hindsight)을 사용하지 않는 것이 매우 결정적이다. 그것은 1963년, 1966년, 1969년, 또는 1975년의 TRF는 **아니었던** 것이다. 엄격한 민족지학적 관점에서 볼 때, 그 대상은 초기에 몇 가지 시도 뒤에 두 가지 정점(頂點, peaks)의 **중첩**(superimposition)으로 구성되었다. 다른 말로 한다면, 그 대상은 두 곡선의 정점 사이의 **차이**(difference)로부터 구성된 것이다. 새로운 대상이 구성되기 시작하는 과정을 살펴봄으로써 이 점을 명료화해보자.

초기에는 생물학적 검정으로 산출된 곡선은 변동 내용을 대조할 수 있는 기준선으로 여겨졌다. 이어서 '용출 곡선(elution curve)'이 정제된 부분에 대한 생물학적 검정으로 산출되었다(2장을 볼 것). 각각의 정제된 부분이 생물학적 활성에 관해서 시험된 후에, 그 두 곡선은 중첩되었다. 만일 통제 곡선과 정제된 분별물에 관한 곡선 사이에 식별 가능한 불일치가 존재한다면, 그 부분은 "TRF와 같은 활성을 지닌 분별물"이라고 할 수 있을 것이다. 그렇지만 우리가 보았듯이, 물질과 활성의 존재에 관한 이런 유의 주장은 흔하다. 종종, 곡선들 사이의 불일치가 생물학적 검정 속의 배경잡음의 결과로서 발생한 것으로 뒤이어서 밝혀지는데, 이 지점에서 그 생물학적 검정들은 불충분하게 안정적이라고 비판받으며 그 분별물을 발견했다는 주장은 해소된다. 그렇지만 동일한 분별물이 동일한 활성을 일으킨다는 점을 보이게 될 때, 초기의 주장은 더 심각하게 여겨지게 된다. 다른 말로 하면, 반복과 유사성이라는 기준은 그 초기 주장을 **실질화하기** 시작하는 데 충분하다. 결과적으로 그 분별물은 일관된 성질을 갖는 존재자(entity)라고 이야기되며 초기 레이블(TRF)이 고착되기 시작한다. 그럴지라도 실무자들은 그 물질이 실질적으로 TRF라는 정언적 진술을 경계한다.

반복된 생물학적 검정으로 구성된 꾸준한 활성은 옥시토신과 같이 잘 알려진 물질에 의해 야기되었을 수도 있다. 그렇다면 앞에서 개요를 파악해보았던 구속요인들을 적용함으로써 새로운 물질과 어떤 여타의 알려진 활성을 구별할 수 있다. 간단히 말해, 구속요인은 배경잡음으로부터 식별되어 나올 여타 기대된 신호와 닮지 않은 신호를 요구한다. 만일 그런 구별이 판정되면, 그 물질은 안정되고 구별되며 새로운 것으로 여겨지게 된다.

이 과정이 참신하지 않다는 사실에도 불구하고, 기유맹 실험실에서 그것을 사용한 결과로 하나의 시도와 다른 시도 사이에서 해소되지 않았고 하나의 정제 단계와 다른 정제 단계 사이에서도 해소되지 않은 새로운 대상(TRF와 같은 활성을 지닌 분별물)이 나타났던 것이다. 이에 더해, 이 대상은 (시부자와와 슈라이버의 분별물과 달리) 논란의 초점이 되지 않았다. 통계적 분석을 통해 취한 다중적 예방책, 실험실의 명성, 검정〔MSH, 옥시토신, 바소프레신, LRF, CRF, ACTH에 관한〕의 사용 모두가 동료들이 제기할 만한 어떤 가능한 반대에도 맞서냈다.

1962년 두 정점의 반복적 중첩이 구별되는 새로운 존재자의 현존을 가리킨다고 여겨졌음에도, 한 물질을 발견해냈다고 주장되지는 않았다. 이것은 그 존재자의 아미노산 조성과 서열이 당시에는 얻어지지 않았기 때문이다. 상응하는 물질을 절대 얻을 수 없을 가능성도 여전히 있었는데, CRF의 경우가 바로 그랬다. 서열이 발견될지라도 여전히 인공물로 판명될 수도 있는데, TRF 사례 자체가 여전히 그러하다(4장을 볼 것). 그러므로 한 물질이 구성되는 과정을 "물상화하지" 않는 것의 중요성을 강조할 필요가 있다. 한 대상은 두 가지 기록하기 간의 차이라는 관점에서만 유일하게 존재한다고 말할 수 있다. 다른 말로 하면, 한 대상은 단순히 그 분야의 배경 및 도구들의 잡음에서 구별되는 신호인 것이다. 가장 중요한 것으로, 신호의 추출 및 그것의 구별성의 인식 자체가 꾸준한 기준선을 얻기 위한 비용이 들고 골치 아픈 절차에 의존했다. 이것은 다시, 실험실의 일상 활동과 실험실 연구를 조직했고 그 실험실의 맥락 내부에서 활용할 수 있었던 모든 예방책을 기했던 과학자의 강철의 손에 의해서 가능할 수 있었던 것이다. 다시 한번 말하자면, TRF가 구성되었다고 하는 것은 사실로서의 그것 자체의 견고성을 부정하는 것이 아니다. 오히려 그것이 어떻게, 어디서, 왜 창조되었는지를 강조하는 것이다.

1962년과 1966년 사이에 기유맹 그룹이 출간한 기술적 논문들의 목록은 TRF가 안정된 대상으로서 구성되었던 맥락을 보여준다.[7] 첫째, 기술적 인용 대부분은 다른 TRF 논문을 다루는 TRF 논문에 의해서 이루어졌다. 기유맹의 전략으로 부과된 새로운 구속요인 집합에 대한 하부 전문분야의 내부적 반응을 이것이 지시한다. 둘째, 하부 전문분야에서 처음 몇 년 동안 출간된 논문들이 두드러지게 인용되었다. 이들 초기 논문은 미래의 작업에 대한 기술적 기초를 형성했던 것으로 보인다. 셋째, 몇 가지 기법은 그룹 내에서 진행되고 있던 다른 프로젝트에서 빌려온 것이었다(예를 들면 LRF와 CRF 검정). 넷째, 수많은 기법이 인접 분야에서 도입되었다. 외부로부터의 차용은 TRF 분야 발전의 결정적 지점에서 발생했다. 1962년 인용들은 기법, 통계학, 효소학에 관해 이루어졌다. 그리고 1966년과 1968년에는 대부분 생화학에 관해 이루어졌다. 그러므로 한편으로 TRF 구성이 실험실 내부에서 축적된 도구들로부터 얻은 기록하기에 대한 저자의 준비에 의존했음을 우리는 알 수 있다. 동시에 이 대상의 **견고성**은 대상이 주관적인 것 또는 인공적인 것이 되지 않도록 막아주었는데, 이 견고성은 기법의 착실한 누적에 의해서 구성

7 첫해에 그 그룹이 산출한 문헌 가운데는 다음과 같은 것들이 있었다. "티로트로핀에 관해 쓴 매킨지의 논문에 담긴 결과들의 계산과 분석 방법"을 서술하는 논문(컴퓨터 프로그래밍의 세부 사항을 포함하는 통계적 연구), "수정된 매킨지 검정"을 서술하는 논문들, 여타 탐구자와의 비교를 쉽게 해주는 "참고 기준을 위한 제안", "정제와 수집의 방법들"에 관한 논문들. 그렇게 모은 그 기법들의 집합은 TRF가 존재의 안정성을 얻게 된 상황을 구성했다(그림 3.4와 6장을 볼 것).

되었던 것이다.

1966년 이전 TRF 논문들은 주로 도구들의 배치 그리고 정제 과정을 개선하기와 관련되어 있었다. 이런 압도적인 기술적 관심은 필연적으로 TRF의 존재를 가정했고, 그러므로 분별물에 대해서 더 나아간 정제가 가능해졌다. 1966년에 이르러 거의 순수한 물질이 얻어졌는데, 이것은 당시에 화학의 분석적 수단 아래 놓이게 되었다. (그 물질의 아미노산 조성이 1965년에 이미 얻어졌음에도, 당시에는 올바르다고 일반적으로 여겨지지는 않았다.) 그렇지만 이 급속한 진전 이후에, 프로그램은 기대하지 않았던 실천적 문제에 의해 제지당했다.

> 여기에 보고된 결과가 제안하는 아마도 가장 명백한 비평은 적은 양의 시상하부 신경 체액 정제에 필요했던 많은 뇌 부위(시상하부)와 관계된다. 명백히, 아미노산 서열에 접근하는 데는 훨씬 더 많은 수의 뇌가 충분한 폴리펩타이드를 제공할 필요가 있을 것이다. … 그러므로 적절한 조건에서 수집된 다량의 시상하부 부위의 활용 가능성이라는 문제는 … 의미 있는 분리 프로그램을 위한 절대적 선결 요건으로 남는다(Guillemin et al., 1965: 1136).

이 상황은 방출인자 분야에 대해서 특별한 것이었다. 전체 내분비학에 관해 말하자면, 항상 충분한 양의 호르몬을 쓸 수가 있었다. 그렇지만 방출인자들의 구조를 얻으려는 기도는 충분한 양의 시상하부를 얻는 어려움에 의해서 제한되었다.

1966년의 관점에서는, 그 프로그램이 뒤이어 단계적으로 사그라질 수도 있다는 점이 완벽한 가능성으로 남아 있었다. 부분적으로 정제된 분별물이 작용 양식 연구에 계속해서 사용되리라는 점, 국재화(localization)와 고전적 생리학이 계속 이어져 올 수 있었다는 점, 기유맹이 막다른 골목에서 연구하며 몇 년을 그냥 잃게 되리라는 점은 당시에 그럼직했다(익명, 1976b). TRF

는 GRF 또는 CRF와 유사한 지위를 얻게 될 것인데, 이것들 각각은 생물학적 검정 내의 몇몇 활성을 지시하며 정확한 화학적 구조는 아직 구성되어 있지 않았다.

지금까지 우리가 논의한 중요한 특징 한 가지가 이 지점에서 주목할 만하다. 우리는 토의 중인 논점의 성격을 변화시킬 용어를 사용하는 것을 피하고자 했다. 그래서 물질들이 **구성되는** 과정을 강조하면서, 기호들과 기호로 표기된 사물들 사이의 문제를 지니지 않는 관계로서 여겨지는 생물학적 검정에 대한 서술을 피하고자 했던 것이다. 우리의 과학자들이 기록하기란 '바깥쪽 저기'에 독립적으로 존재하는 몇몇 존재자에 대한 표상 또는 지시자가 될 수 있다고 믿었다는 사실에도 불구하고, 우리는 그런 존재자들이 기록하기의 사용을 통해서 유일하게 구성되었다고 논의했다. 단순히 곡선 사이의 차이가 물질의 존재를 지시한다는 것이 아니다. 오히려 물질은 곡선 사이에서 감지된 차이와 동등하다는 것이다. 이 점을 강조하기 위해 우리는 "그 물질은 생물학적 검정을 사용함으로써 발견되었다" 또는 "그 대상은 두 개의 정점 사이의 차이를 파악해낸 결과로 발견되었다"와 같은 표현을 멀리했던 것이다. 그런 표현을 사용하면 일정한 대상의 존재가 사전에 주어져 있으며 그런 대상은 과학자에 의해서 시간의 흐름 안에서 그들의 존재가 노출되기를 그저 기다렸다는 식의 오해를 불러일으키는 인상을 전달할 것이다. 이와 대조적으로, 우리는 미리 주어졌으되 이제껏 숨겨져 온 진리들에 관해 커튼을 들어 올리는 것으로서의 다양한 전략을 사용하는 과학자들을 개념화하지 않는다. 오히려 대상들(이 경우에는 물질들)은 과학자들의 기예(技藝)적 창의성을 통해 구성된다. 흥미롭게도, 과학자에 의해서 뒤이어 드러나게 되는 대상의 사전 존재를 함축하는 전문용어의 사용을 피하려는 기도는 우리를 문체적 어려움 속으로 이끌어갔다. 이것은, 정확히, 우리가 제안하기로, 과학적 절차에 관한 서술 안에 존재하는 일정한 형태의 담론의 우세 때문이다. 우리는 그리하여 과학은 (창의성과 구성보다는 차라리) **발견**에 관한 것이라는 오해를 불러일으키는 인상을 산출시키지 **않는** 과학 활동에 관한 서술을 정식화하기가 극단적으로 어렵다는 것을 알게 되었다. 이는 단지 강조의 변화가 요구된다는 뜻이 아니다. 오히려 과학의 실천에 관한 역사적 서술을 특징짓는 정식화들은 이런 실천의 성격이 최상으로 이해될 수 있기 이전에 귀신 쫓는 의식을 요구한다는 것이다.8

TRF의 펩타이드 성질

1966년은 힘들되 성공적이었던 연구 기간의 끝과 3년간의 좌절의 시작을 나타냈다. 지금껏 절차 선택과 분석 도구 사용을 안내한 기초적 가정은 TRF가 펩타이드라는 것이었다. 이 가정은 그 전문분야의 초기 단계에서 논쟁의 여지가 없는 것으로 받아들여졌다. 그렇지만 그 물질의 펩타이드 성질은 맥락적으로 정의된 것이었다. 특히 이 정의는 몇 가지 효소 사용을 포함하는 일련의 긴 시도에 대한 분별물의 저항에 의해 재확인될 수 있었다. 만약 활성이 이 시도 과정 중간에 파괴되면 그 물질은 펩타이드로 간주되었다. 예를 들어, 1963년에 쓰인 한 가지 논문이, 그런 시도의 최초의 집합이 있은 후에, 그 물질의 펩타이드 성질을 입증했다.

이런 주목 속에서 우리는 이들 물질의 펩타이드 성질을 선호하는 논의를 보여준다. 그것들의 생물학적 활성은 펩신 소화와 트립신 소화에 의해서 그리고 염산의

8 강조의 변환은 종교 연구에서는 흔하지만 과학에서는 아직 수행되지 않고 있다. 과학은 담론이며, 이것의 한 가지 효과는 그것이 진리를 이야기한다고 단언하는 것이다. 리오타르(Lyotard, 1975)는 이들 **효과**의 몇몇을 보여주었다. 크노어(Knorr, 제출된 것)는 글쓰기 작업이 어떻게 연구 발견물을 변환시키는지 연구했다. "저자", "이론", "본성", "대중"은 모두 텍스트의 효과다. 이것은 특히 역사적 **설명**에서 중요하다. Bartes(1966)를 볼 것.

존재하에 발생하는 가열에 의해서 부분적으로 또는 총체적으로 파괴된다(Justisz et al., 1966: 235).

더욱이, 더 많이 정제된 펩타이드의 분별물이 얻어지면서 과거의 경험은 참여자들로 하여금 아미노산 비율의 상승을 예견하도록 이끌었다. 그렇지만, 1964년에 이런 증가는 물질화되는 데 실패했다. 더구나, 효소 시험의 새로운 집합이 그 분별물들의 활성을 파괴시키는 데 실패했다. 그 시험들의 결정적 성격은 사용된 효소들의 수효와 그들의 작용이 얼마나 잘 특성을 부여받았느냐 둘 다에 의존했다. 1966년까지 시험에 사용된 효소의 목록이 늘어났지만 어느 것도 요구된 방식으로 활성을 파괴할 수 없었다. 그 물질이 펩타이드가 아니라고 결론 내린 일은 논리적이었다. 사실, 몇 년 뒤에 그 목록에 추가된 한 가지 효소가 그 분별물의 활성을 파괴하는 데 성공했다. 그렇지만, 이때쯤에 그 물질은 이미 펩타이드임이 '증명'되어 있었다. 이것은 그러므로 논리적 결론의 증명 및 논리적 결론에의 도달이 맥락에, 이 경우에는 일정한 요소들의 활용 가능성에 전적으로 의존한다는 사실을 보여준다.

1966년 5월에 출간된 논문들 속에서 기유맹 그룹은 부정적 결과로부터 논리적 결론을 끌어냈다.

이들 결과는 TRF가 이제껏 생각해온 것과 같은 단순한 폴리펩타이드가 아닐 수도 있다는 가설과 양립 가능하다(Burgus et al., 1966: 2645).

우리는 TRF와 LRF가 펩타이드 성질을 띤다는 오랫동안 주장된 가설에 의문을 제기하기에 이르렀다(Guillemin et al., 1966: 2279).

참여자들은 가장 순수한 표본에서 극단적으로 작은 비율의 아미노산을 발견했을 뿐이다. 따라서 TRF의 주된 성분이 완전히 다른 화학적 본성을 지닐 가능성이 제기되었다. 연구를 위한 적절한 장치와 절차들은 다를 수도 있다는 내용이 따라 나왔다. 그리하여 TRF의 의미는 바뀌었다. 결과적으로 그 물질을 연구하기 위해 빌려온 화학은 수정될 가망성이 있었고, 전문분야 조직에 몇몇 유의미한 효과가 있을 가망성이 있었다.

TRF가 작은 펩타이드성 부분과 커다란 비펩타이드성 부분으로 구성된다는 새로운 가설은 샬리의 연구 결과로 입증되었는데, 그는 이 문제에 접근한 신진 인물이었다. 샬리는 이전에 기유맹 실험실에서 박사 후 연구원으로 근무했다. 그는 기유맹의 조심스럽고 실증적인 접근과 생생한 대조를 이루었다. 기유맹이 방법 측면에서 주로 이야기했던 반면, 샬리는 전략에 관해 이야기했다. 그는 방대한 양의 시상하부를 수집하려는 그의 기도를 "용기와 거친 힘"을 그가 사용했던 관점에서 묘사했다. 그는 나폴레옹의 작전들이 그의 과학적 방법에 영감을 제공했다고 주장했으며, TRF 전문분야에 대해 경쟁자들의 시신으로 뒤덮인 "전장(戰場)"의 관점에서 이야기했다. 다른 참여자는 "그는 발전기입니다"라고 논평했다. 샬리는 화학 분야에서 훈련했기 때문에 TRF 프로그램의 정제 부분을 직접 감독할 수 있었으며, 생물학적 검정의 수행은 생리학자에게 의존했다. 이와 대조적으로 기유맹은 정확한 화학적 작업에 대해서는 다른 이에게 의존해야 했던 훈련상 생리학자였다. 두 사람 모두 다른 이의 전문성에 완전히 의존해야 하는 것을 좋아하지는 않았지만, 이 필연성은 그 문제에 대한 그들의 감지에 의해서 명령되었던 것이다.

샬리가 1966년에 TRF에 관해서 출간했던 시점에 이르러 슈라이버는 이미 물러갔고 기유맹 그룹은 그 분야에서 독자적이었다. 샬리가 취한 방법론은 본질적으로 기유맹의 그것과 동일했고, 각각 돼지와 양의 뇌 추출물을 사용했다는 점만이 달랐다. 그러나 기유맹과 샬리가 이끈 두 그룹이 동일한 영역에서 연구하며 유사한 방법을 사용했다는 사실에도 불구하고, 그들의 믿음에는 본질적 차이가 있었다.9 특히 기유맹 그룹은 샬리 그룹이 기유맹이 산출한 결과를 믿었던 정도로 샬리 그룹이 산출한 결과를 믿지는 않았다. 이 비대칭은 왜 샬리가 TRF의 비펩타이드 성질을 입증하려고 나아갔는지를 설명하는 데 도움이 된다.

1962년부터 1969년까지 두 그룹은 TRF 분리와 TRF 특성 부여에만 배타적으로 관련된 총 41편의 논문을 출간했다. 이 중 24편이 기유맹 그룹에 의해 출간되었고, 17편은 샬리 그룹에 의해 출간되었다. 이런 산출량의 차이는 TRF가 8년 동안 기유맹 그룹의 주된 프로그램이었으나 샬리 그룹에게는 4년 동안 이차적 프로그램이었을 뿐이라는 사실을 반영한다. 1969년에 이르러 샬리는 자신이 TRF에 관심이 없다고 진술했다.

인용 패턴 또한 두 그룹 사이의 두드러진 비대칭을 드러낸다. 기유맹 그룹이 TRF 영역에서 그들 자신의 논문을 103회 인용했던 반면, 동일한 질문에 대해 샬리의 논문은 다만 25회 인용했다. 다른 한편, 샬리의 그룹은 자신들의 논문을 인용하며(47회) 기유맹 그룹이 쓴 논문을 대략 같은 빈도로 인용했다(39회). 기유맹 그룹은 그룹 내부에서 쓰였지만 TRF 분야 바깥에 관한 논문을 28회만 인용한 반면, 샬리 그룹은 동일한 논문군을 57회 인용했다. 이것은 기유맹 그룹이 그들이 크게 의지하는 새로운 방법론을 구성했음을, 반면에 샬리 그룹은 기유맹의 연구 및 여타 외부의 연구 둘 다에 더 의존했음을 보여주는 것 같다.

두 집단 사이에서 단지 인용의 수만이 아니라 인용의 성격까지 고려하면 비대칭은 훨씬 더 두드러진다.[10] 샬리가 행한 기유맹 논문에 대한 모든 인용

9 우리는 6장에서 믿음이라는 용어에 관한 토의로 돌아간다. 그것이 유일하게 인식적 용어인 것만은 아니다. 그것은 또한 그 분야에서 이루어져야 할 투자에 대한 평가, 구입될 장비의 유형, 어느 종류의 기록하기 장치가 가장 가치 있는지, 무엇이 증명으로 여겨져야 하는지 등을 언급한다. 기유맹은 샬리가 경쟁 속에서 실험실을 세우려 했을 때, 그가 기유맹 실험실의 조직을 거의 정확히 복제하려 했다는 그런 방식으로 그 영역을 정의했다. 믿음의 비대칭이라는 개념은 이런 물질적 배경을 염두에 두고 이해될 필요가 있다.

10 '인용의 성격'은 2장(마지막 절)과 Latour(1976a) 논문을 말한다. 이것이 서로 다른 쪽에 관해 쓴 논문들이 이루어낸 **작동들**의 총합에 대한 거친 반영이란 점은 분명하나, 이 거친

(및 그 역)을 보아, 우리는 차용하기(borrowing) 또는 변환하기(transforming)의 관점에서 인용 작업의 성격을 판정할 수 있다. 그림 3.3a와 3.3b는 각각 샬리에 대해 기유맹이 한 인용과 기유맹에 대해 샬리가 한 인용을 나타낸다. 이들 도표에서 **차용하기** 작업은 인용**된** 논문에서 인용**한** 논문으로 가는 화살로 나타나 있다. **변환하기** 작업에 대해서는 화살표가 역방향이다. 이에 더해, 양 또는 음의 기호가 변환 작업이 **입증**인지 또는 **논박**인지 여부를 가리킨다. 이 그림들은 샬리가 한 모든 인용이 기유맹의 초기 연구를 가리켰으며 차용 또는 입증 작업(한 가지 논문에 대한 두 가지 부정적 인용과는 별도로)을 구성해냈음을 보여준다. 이것은 샬리가 기유맹의 발견 내용을 수정하는 것이 불필요함을 알게 되었다는 사실을 반영한다. 이와 대조적으로, 기유맹이 한 거의 모든 인용은 부정적 변환을 구성한다. 좀 더 자세히 조사해보면 차용하기 작업을 수립했던 기유맹의 인용은 기유맹이 한 연구를 전에 입증했던 샬리의 논문들에 대해 이루어진 것임이 드러난다. 예를 들어 기유맹의 논증 중 하나는 "이 논문〔샬리 그룹이 쓴 논문에 담긴 참고문헌〕은 우리의 앞서 있던 가설을 입증해주었다"라는 논평을 포함하고 있다. 그런 차이들은 인용 실행의 차이로서 단순히 해석될 정도로 너무나 현저하다. 그 대신에 우리는 그것들이 두 그룹 사이에서 확신의 본질적 비대칭을 반영한다고 제안한다.

우리는 이미 TRF(H)의 의미는 실험실의 물질적 배치와 경쟁하는 두 그룹이 채택한 특수한 전략들 둘 다를 포함하는 특수한 맥락들에 준거해 교섭된 것이라고 제안했다. 이것은 예시를 통해 가장 잘 설명된다.

1966년, 샬리는 TRF가 폴리펩타이드가 아닐 수도 있다는 기유맹의 제안을 계기로 한 논문을 출간했다. 더 일찍이 기유맹 그룹에 의해서 제기되었던 잠정적 제안 — "이들 결과는 TRF가 단순한 폴리펩타이드가 아닐 수도 있다는 가설과 양립 가능하다"(Burgus et al., 1966) — 은 샬리의 1966년 논문에서 준(準)

형태 안에서조차 그것들은 불가지론적 장(agnostic field)에 대해 유용한 지적을 해준다.

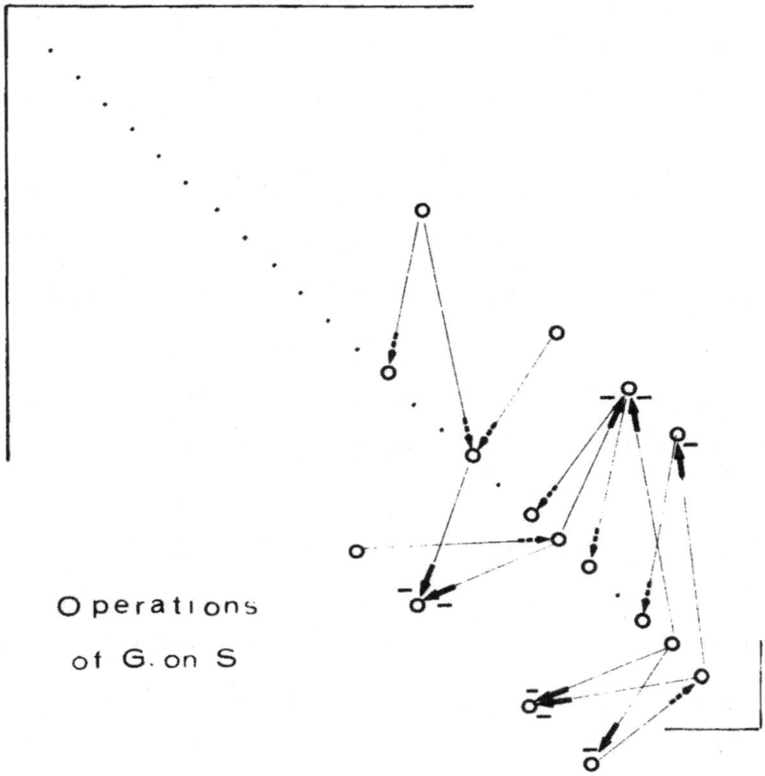

그림 3.3a와 3.3b
이 도표는 그림 3.2에서 유도된 것이다. 주요 출간물들만 나타나 있으며, 기유맹(G) 그룹과 샬리(S) 그룹의 출간물은 설명 목적을 위해서 분리되었다. 두 그림에서 기유맹 그룹의 논문은 대각선을 따라 놓여 있고, 샬리 그룹의 논문은 대각선의 양쪽에 있다. 각 그룹의 논문에 대한 상대 그룹의 주요 인용 작업은 두 논문 사이의 화살표에 의해 단순한 형태로 나타나 있다. **차용하기** 작업은 인용된 논문에서 인용하는 논문으로 가는 화살표로, **변환하기** 작업은 인용하는 논문에서 인용된 논문으로 가는 화살표로 나타나 있다. 음과 양의 기호는 변환의 의미를 드러낸다.

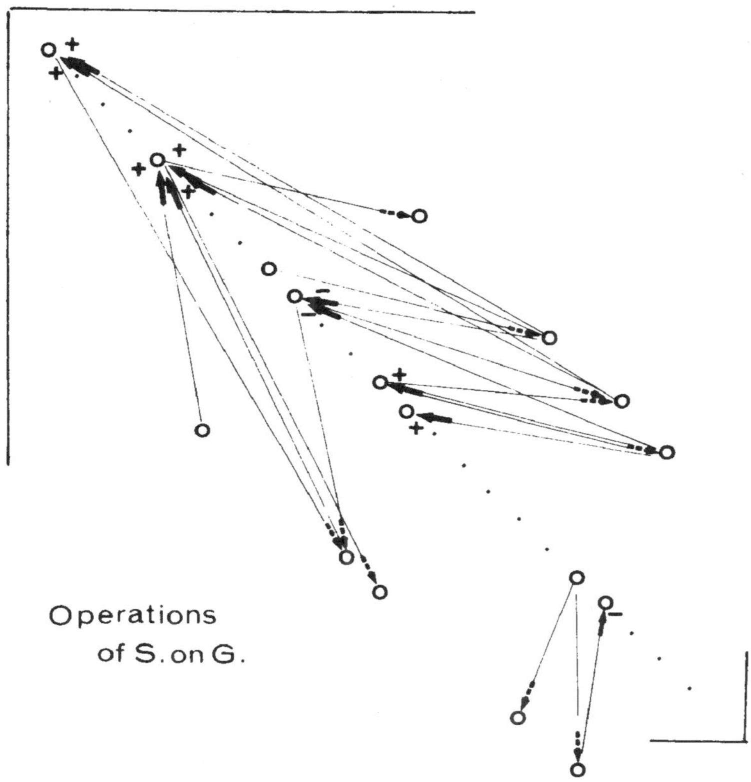

사실(quasi-fact)로 차용되었다. "아미노산은 그 구성의 30%만을 설명하므로 정제된 물질들은 단순한 폴리펩타이드는 아닌 것으로 보인다"(Schally et al., 1968). 우리가 이미 주목했듯이, 맥락에 따르면 아미노산의 낮은 농도는 그 물질이 순수하지 않거나 또는 펩타이드가 아님을 확립하는 것으로 여겨질 수 있다. 기유맹의 새 가설에 대한 샬리의 믿음은 샬리로 하여금 TRF(H)가 펩타이드가 아니라는 해석을 수용하도록 설득했다. 이 해석을 수용하면서 샬리가 자신이 발견한 아미노산 조성을 무효화하고 있었다는 사실을 제외한다면 이것은 그다지 특별한 일이 아닐 것이다. "가수분해 이후에 똑같은 몰(equimolar) 비율로 나타났고 TRF 순수 무게의 30%를 설명해준 세 가지 아미노산, 즉 히스티딘(histidine), 글루탐산(glutamic acid), 프롤린(proline)을 포함하는 것으로 나왔다"(Schally et al., 1966). 뒤에 나타나는 맥락의 변화에 비추어 이 진술은 이상하게 보이게 된다(뒤를 볼 것). 1966년에 기유맹은 샬리의 발견 내용을 믿지 않았다. 그렇지만 샬리가 그 자신의 발견 내용을 믿지 않았던 점도 명백하다. 그래서 샬리는 자신의 1966년 논문 말미에 다음과 같이 썼다.

> 결과들은 TRF가 이전에 사고되어왔던 단순한 펩타이드가 아니라는 가설과 일관되었지만, 그럼에도 우리의 증거는 세 가지 아미노산이 이 분자 안에서 나타난다고 지시했다(Schally et al., 1966).

TRF가 펩타이드가 아니라는 가설을 시험하기 위해, 샬리는 화학 회사에 여덟 가지 화합물을 주문했다. 이들 화합물 각각은 모든 가능한 조합으로 세 가지 아미노산(His, Pro, Glu)을 포함했다. 샬리는 각 화합물들을 시험했으며 몇 달 후에 그가 어떤 활성을 찾는 데 실패했을 때 그는 다음과 같이 결론 내렸다. "이것은 TRH 분자의 적어도 70%를 형성하는 부분이 생물학적 활성에 본질적인 것임을 나타낸다"(Schally et al., 1968).

샬리가 기유맹의 가설을 믿지 않았다면, 그가 1966년에 TRF(H)의 구조를 발견했을 것이라는 점은 명백하다. 기유맹의 가설을 믿지 않았다면 샬리는 세 가지 아미노산의 특수한 배열이 활성의 결여를 설명하는 데 필수적이라고 결론 내릴 수도 있었을 것이다. 이와 유사하게, 만일 기유맹이 샬리의 결과를 믿었다면, 그 역시 1966년에 그 구조를 발견했을 것이다. 그러나 기유맹이 샬리의 "분리"를 언급할 때는 항상 인용부호가 함께 사용되었다. 기묘한 경로의 교차가 그리하여 발생했던 것이다. 샬리는 TRF가 단순한 펩타이드가 아닐 수 있다는 기유맹의 제안 때문에 자신의 가설을 포기했다. 그는 나중에 이를 후회했다. "그 분야는 방출호르몬들과 TRF가 폴리펩타이드가 아니라는 …에 출간된 당신의 이상한 이론에 의해서 심하게 혼동되어 있었습니다"(샬리가 기유맹에게 보냄, 1968).

1968년에 기유맹은 '독립적으로' 세 개의 아미노산(His, Pro, Glu)이 같은 몰 비율로 존재한다는 점과 무게의 80%가 아미노산으로 설명이 된다는 점을 알아냈다. 그 결과 샬리는 거의 끝났던 지난 프로그램을 부활시켰으며 자신이 처음부터 옳았다는 주장을 뒷받침하는 연대기의 일부로 자신의 1966년 논문을 다시 가져다 놓았다. 자신의 1966년 논문에 대한 샬리의 회고적 재평가의 모호성은 그가 1966년 논문을 즉각적으로 따라가지 않은 데 대해 제시한 이유에서 명백히 나타난다.

샬리: 우리가 왜 토의하는지 모르겠어요. … 1966년에 내가 그 구조를 얻었다는 점에 대해서요. … 누구나 그에 관해서 동의하고 … 모두 적혀 있는데….

질문: 그런데도 왜 당신은 자신의 결과를 의심했습니까?

샬리: 난 질문을 놓아버렸습니다. 그것은 내게 흥미롭지 않았어요. 난 성장호르몬의 재생산과 조절에 관심이 있었거든요. … 나는 훌륭한 화학자를 보유하고 있지 않았고, 나는 그것을 …에게 주었는데 … 그는 너무 바빴습니다. 그는 할 일이 5000가지 있었는데 도통 아무것도 처리하질 않았어요. 2년, 혹은 3년 동안 아무것도 해내지 못했습니다.

질문: 왜 당신은 TRH가 펩타이드가 아니라고 결론 내렸습니까?

샬리: 활성이 없었기 때문입니다. 우리는 기유맹을 믿었습니다. (샬리는 일어서서 기유맹 논문 중 하나의 사본을 집어 들고 그것을 인용하기 시작했다….)

질문: 왜 당신은 기유맹의 실수를 믿었습니까?

샬리: 우리는 결코 그것을 믿지 않았어요. … 그것은 아주 어려웠고 … 우리는 순수하지 않은 분별물을 발견했고 … 활성이 없었어요. … 기유맹이 비펩타이드 부분이라는 관념을 내놓았을 때 우리는 그를 따랐습니다. 항상 일어날 수 있는 일이지요(Schally, 인터뷰, 1976).

이 사례는 연역 논리가 사회학적 기반에서 분리될 수 없다는 것을 보여준다. 예를 들어 당시 기유맹의 이론에 실린 힘이 샬리가 산출해낸 증거에 실린 힘보다 더 강했다는 점을 동시에 평가하는 경우에만 샬리는 TRF가 폴리펩타이드가 아니라고 "논리적으로" 연역했음을 이야기할 수 있다. 기유맹이 모든 방출인자가 호르몬이라는 관념보다는 효소 시험에 더 확신을 두었다는 의미에서만, 효소 시험이 TRF는 펩타이드가 아님을 보여주었다고 결론 내린 데서 기유맹은 "논리적"이다. 블루어(Bloor, 1976)를 따를 때, "논리적으로" 가능한 대안들이 널리 퍼져 있던 믿음들에 의해 비켜 가게 되었다고 말하게 될 것이다. 예를 들어 기유맹은 그의 효소 시험이 불완전했을 가능성을 제거해버렸다. 여러 조합의 합성 아미노산 활성을 시험하면서 샬리는 아미노산의 화학 구조상 변화가 활성을 야기할 가능성을 제거했다. 맥락에 대한 모든 수정이 서로 다른 연역들을 해내는 일을 수반하는데, 연역들의 각각은 동등하게 "논리적"인 것이 된다(뒤를 볼 것). 연역이 논리적이지 않다고 말할 때, 논리적 가능성이 믿음에 의해 편향되었다고 말할 때, 또는 여타 연역이 나중에 가능하게 되었다고 이야기할 때 이것은 사후관점의 혜택을 누리며 이루어진 것이고, 이 사후관점이 우리가 한 연역의 논리 또는 비논리에 대해 주장하게 되는 또 다른 맥락을 제공한다는 점을 깨닫는 것이 따라서 중요하다. 우리가 그것과 더불어 연역의 논리를 평가할 수 있게 되는 가능한 대안들의 목록은 (논리적으로보다는) 사회학적으로 결정된다.

1968년에 이르러 다른 학제들로부터 나온 많은 기법이, TRF 논문들의 새로운 인용 범위에서 나타나듯이, TRF 분야로 수입되었다. "모든 대가를 감수하고 구조를 향해 간다"라는 전략을 채택한 것은 이처럼 다른 학제의 기법을 사용하는 것과 연구 과제의 성격의 결과적 수정 둘 다를 수반했다. 첫째, 참여자들은 신뢰할 만한 생물학적 검정을 얻기 위해 고전 내분비학보다 더 확립된 영역에 의존했다. 둘째, 그들은 펩타이드 화학으로부터 정제 기술을 빌려왔다. 기유맹이 일찍이 1966년에 이미 100만 배의 정제물을 얻었기에

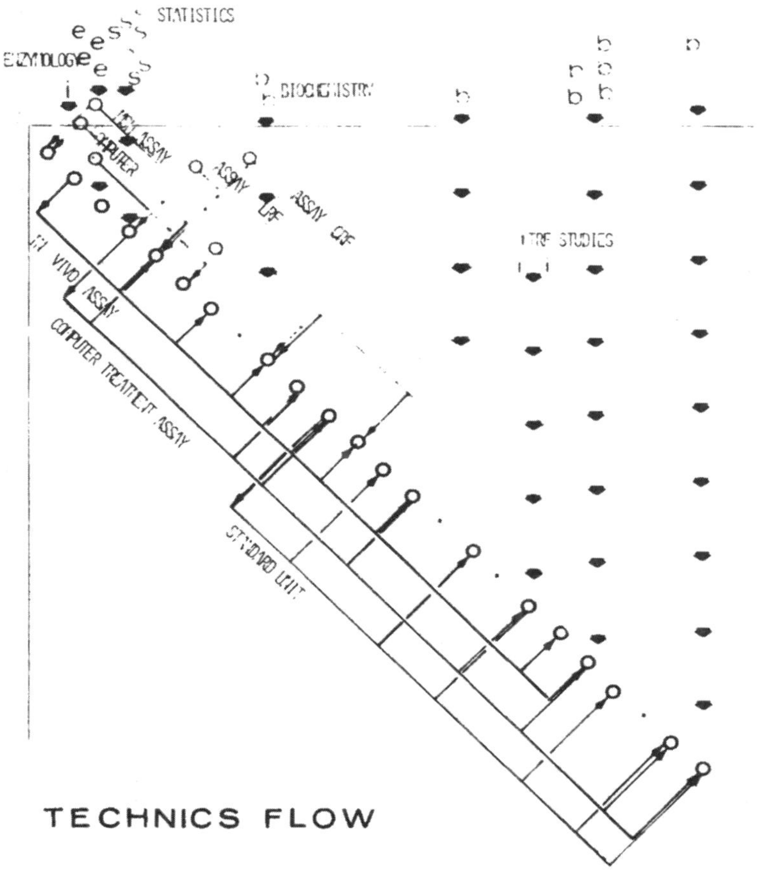

그림 3.4

그림 3.3처럼 이것은 TRF 영역을 단순화한 표현이다. 이 시점에서는 기유맹의 논문들만 보이고, 기법 차용에 대응하는 작업들만 나타나 있다. 이어진 화살표는 그룹이 자신의 논문을 인용하는 정도를 나타낸다. 끊어진 화살표는 TRF 영역의 발전이 어느 주요 분야로부터(그리고 언제) 수입을 필연화하는지를 가리킨다. 다시 한번 말하자면, 모든 작업의 완전한 그물은 논문이 관계된 한에 있어서 그 분야에 대한 아주 좋은 근사가 된다. 이 경우에서 그것은 TRF가 존재한다는 신호들이 구성될 수 있는 물질적 배치를 보여준다.

이것은 비교적 쉬운 것으로 판명 났다. 셋째, 참여자들은 막대한 양의 뇌 추출물을 축적했다(그림 3.4). 정밀했음에도 불구하고, 이 과제는 약간의 훌륭한 관리와 상당한 인내를 요구했을 뿐이다. 이런 삼중의 변화는 연구 기준을 크게 향상시켰다. 실제로, 여러 경쟁 그룹들(샬리의 표현으로는 "용기가 없었던" 그룹들)이 스스로 황폐화되었음을 발견하게 되었던, 요구되는 화학 전문성의 정도가 그런 것이었다.

이와 함께, 전부가 아니면 전무라는 식의 전략 선택은 많은 어려움을 수반했다. 고도로 정제된 물질을 얻었음에도 구조를 결정하는 데 실패하면 연구자들의 노력은 별것 아니게 될 것이다. 분석화학 기법을 차용하는 데는 정제 화학 기법의 경우보다 전문성과 장비 사용 측면에서 비용이 더 많이 들었다. 이것의 한 가지 원인은 분석화학의 도구 사용 자체가 물리학의 여러 가지 진보를 통합했다는 점이다. 특히 펩타이드 화학은 생물학적 물질의 구조를 결정하는 강력한 연장들을 발전시켰다. 그렇지만 연구자들은 자신을 이 인접 분야 안에 재위치시키는 데 어려움을 겪었다. 생리학 내부에 있는 동안 TRF는 그 작용 양식이 연구될 수 있을 흥미로운 물질로 남아 있었는데, 그럼에도 불구하고 그것의 구조는 애매하지 않게 파악될 수가 없었다. 그런 파악을 성취하기 위해서는 분석 펩타이드 화학의 새로운 맥락 안에 그 물질을 재위치시킬 필요가 있었다. 이 재위치화를 성취하려는 기도에서 연구자들이 마주한 좌절은 1968년에 쓰인 다음 문구에 잘 설명되어 있다.

> TRF의 화학적 구조를 특징지으려는 우리의 노력은 우리로 하여금 고전적 방법론이 단지 제한된 중요성을 갖는 것으로 판명될, 다소 어려운 문제를 우리가 다루고 있다는 결론으로 이끌었다. 지금까지 우리가 사용했던 고도로 정제된 TRF 준비와 함께, 그 물질은 기체 크로마토그래피의 사용 또는 심지어 130℃에서 10-7torr(토르) 수준의 고도 진공 속에서의 사용을 **배제하는**, 대기압에서 비휘발성인 것으로 나타났는데, 이는 그것을 연구하기 위한 질량 분석 기술(mass spectrometry)

의 사용을 배제한다. 이런 상황에서 보통 만들어지는 고전적 유도 물질〔메틸, 트라이메틸 시릴(trimetyl sylyl), 피발릴(pivalyl)〕은 이 물질을 연구하는 일에 어떤 도움을 주는 것으로 아직까지 입증되지 **않았다**. 시간 평균으로 60MHz(메가헤르츠), 100MHz, 또는 220MHz에서 고도로 정제된 TRF의 핵자기 공명 스펙트럼들(nuclear magnetic resonance spectra)은 폴리아마이드(polyamide) 구조를 완전히 배제하지 **않은** 채, 표재성(peripheral) CH_3기를 갖는 고도로 포화된 지방족 고리 또는 이종 고리 원자 구조를 우리가 다루고 있을 수도 있다는 것을 제외하고는 어떤 의미 있는 정보도 내놓지 못했다. 적외선과 자외선 스펙트럼은 어느 쪽도 많은 정보를 주지 **못했다**. 여기서 주요 문제 중 하나는, 얻은 정보가 지니는 특이성의 상응하는 손실과 더불어 그것들의 최고의 민감도 수준까지 그렇게 확장되었던 이들 방법들 각각의 하나에 대해 쓸 수가 있는 보통은 미세한 양의 물질의 문제다. 출발 물질의 극단적으로 높은 비용과 이 출발 물질에서 얻을 수 있는 순수한 TRF의 미세량이라는 관점에서 보아, TRF 분자에 대한 화학적 특성 부여의 해결책은 **물리화학 또는 유기화학이** 현재적으로 제공하는 또는 여전히 발전하는 중인 … **몇몇 가장 진보된 방법론**을 요구하게 될 것이다. TRF에 대한 생리학적 연구를 취급하는 일련의 실험은 보다 많은 보상을 요구하는 것이었다(Guillemin et al., 1968: 579).

다른 말로 하면, 작용 양식보다는 서열 쪽으로 가는 초기의 전략이 실수였음을 느끼게 되었던 것이다. 도쿄에서 열렸고 TRF 하부 분야의 주요 연구자들이 참석했던 한 심포지엄에서, 화학적 접근의 가치를 확신한 이들과 해리스와 같은 생리학자들 사이에 수많은 의사교환이 있었는데, 해리스는 전체 분야가 이 과제에 진력하는 데서 아무런 가치를 찾지 못했다. 1966년 매컨은 내분비학회상을 받았다. 이것은 그 문제에 대한 고전적 접근을 정당화하는 효과를 냈는데, 이때 바로 샬리와 기유맹 둘 다 그들의 화학적 추출 작업에서 가장 어려운 부분에 빠져 있었다.

새로운 접근이 함축한 근본적인 차이, 샬리와 기유맹이 이끄는 그룹 사이에서 커져 가던 경쟁, 분리와 분석화학 사이의 이행에 영향을 미치는 일에서의 극단적인 어려움에 관해서 이제는 많은 참여자가 의식하게 되었다. 그렇지만 누구도 자금 지원 기관만큼 그 분야의 상태에 당황하지 않았다. 8년 동안 점점 더 많은 돈이 그 분야에 투자되었으나, 점점 더 적은 결과가 나왔다. 1968년 말 NIH 검토위원회가 결성되어 그 분야에서 무엇이 잘못되었는지 평가하고자, 특히 연구자들의 화학과 관련된 전문성을 평가하고 그들이 그 구조를 얻을 가능성을 검토하고자 했을 때 상황은 곪아 터질 듯했다(Burgus, 1976; McCann, 1976; Guillemin, 1975; Wade, 1978). 명백히 자유방임의 원칙이 이때는 존중되지 않았다. 연구자들은 그들이 어디에 서 있는지를 증명하라고 1969년 1월 애리조나주 투손(Tucson)에 소환되었는데, 연구비 지원의 발생 가능한 철회 및 고전 생리학의 더 돈이 싸게 먹히면서 더 보상이 주어지는 영역으로의 전환이라는 명백한 위협 속에 놓이게 되었다.

막 새로운 결과들을 얻는 참이었던 기유맹은 이 회합을 몇 달 늦추기 위해 할 수 있는 모든 것을 했다(Guillemin, 1976). 실험실의 다른 구성원들과 마찬가지로 그는 예비적 결과들의 공적인 노출이 이익보다 손해가 될 수 있음을 느꼈다. 하지만 이 단계에 이르러 그는 버거스(Burgus)와 협력하기 시작했는데, 버거스는 TRF 검정의 안정성이 그에게 분석화학을 사용하는 일이, CRF가 그랬던 것처럼, 붙잡기 어려운 물질에 대해 낭비가 되지는 않을 것이라는 점을 일단 확신시켜 주자, 그 분야에 이끌렸던 화학자였다(Burgus, 1976). 실제로 모든 것이 버거스의 화학에 의존했다. 기유맹은 화학자가 아니었다. 샬리는 그 분야에 관한 연구를 중단했고, 버거스만이 더 힘든 분야로의 접근을 보장할 수 있었다. 버거스가 확신을 주는 결과를 제출하지 않았다면 그 프로그램이 이 시점에서 중단되었을지 그렇지 않았을지를 평가하기는 어렵다. 재료와 뇌 추출물을 축적하는 과정은 1968년의 어떤 시각에 돌아올 수 없는 시점을 아마도 통과했을 것이다. 그럼에도, 화학에로의 접근은 연구비가 없어서 방해받았을 수도 있었고, 만일 자금 지원 기관이 그들의 위협을 실행했다면, 긴 지연이 발생했을 수도 있다.

1969년 1월 투손에서 열린 심포지엄에서 많은 참여자가 개회 세션 이후에 심하게 낙담하게 되는 느낌 속에서 보고했다. 아무런 진척도 이루어지지 않았고, 사용되고 있던 화학은 다소 의심스러워 보였으며, 화학자와 내분비학자 간에 몇몇 공개적인 논쟁이 있었다. 그러나 버거스가 말하기 시작했을 때 상황은 변했다.

> 지난 몇 주 동안 우리가 막 얻어낸 물질 1mg의 사용 가능성과 함께, 우리는 마침내 아미노산 분석을 얻어낼 수 있었다.
>
> His: 28.5 Glu: 28.1 Pro: 29.2
>
> … 이 아미노산들의 합계는 준비 재료 전체 무게의 80%를 이루었다(Burgus and Guillemin, 1970a: 233).

이것은 TRF가 똑같은 몰 비율로 세 가지 아미노산을 포함한다는 것을 보여주었다. 다른 말로 하면, TRF가 펩타이드가 아니라는 관점은 아마도 틀렸으리라는 것이다. 그 결과 TRF가 효소에 의해서 활성화되지 않으며 따라서 펩타이드가 아니라는 논변은 뒤집혔다. 효소 불활성화의 결여에 관한 이어진 설명은 더 앞서 있던 연구를 잘못된 것으로 묘사했다.

> 세 가지 아미노산이 나타난 것을 고려할 때 단백질 가수분해 효소가 분자에서 활성을 띠지 않은 점은 놀랍지 않다. 단백질 가수분해 효소에 대한 저항도 설명해줄 관계된 순환적 펩타이드 또는 보호된 펩타이드의 가능성에 대해서도 고려했다(Burgus and Gillemin, 1970a: 236).

그렇지만 버거스는 TRF가 펩타이드이며 그 밖의 다른 것이 아니라는 데 대한 주장을 짧게 한 채 끝냈다. 이어진 토론에서 이에 관해 질문을 받자, 그는 왜 후속 실험이 아직 수행되지 않았는지 설명할 때 일어났던 극적 전환을 강조했다. "이 물질의 폴리펩타이드 성질에 관한 우리의 사고 양식은 지난 2주 또는 3주간 기본적으로 변화를 겪었다"(Burgus and Guillemin, 1970b: 239). 이 변화가 초래된 방식에 관한 엄밀한 세부 사항은 즉각적으로 명백해지지는 않았다. 그럼에도 심포지엄 후원자 측의 관점에서 볼 때, 버거스의 결과는 안도감으로 다가왔다. 모든 이가 발표자들을 축하해주었다. 화학의 질을 감시해달라고 특별히 초청받은 화학자 중 한 사람은 이렇게 논평했다.

> 버거스 박사와 기유맹 박사께 축하를 전하고 싶고, 아주 우아하고 흥분을 일으키는 두 화학 논문에 대해서 샬리 박사께도 축하하고 싶다. 우리 다수가 일이 이제는 좀 종결되어가고 있으며 두 사례 모두에서 순도의 기준이 극히 인상적이었다고 느낀다고 나는 확신한다(Meites, 1970: 238).

여기서 언급된 종결성은 기유맹과 샬리 둘 다가 추구했던, 펩타이드 화학을 사용해 TRF의 구조를 얻겠다는 단수의 목표를 가리킨다. 인상적 기준에 대한 지적은 하나의 전문분야 경계와 다른 전문분야 경계 사이에서 기준들이 증가했음을 반영한다. 몇 사람의 응답자들은 그 분야가 구제될 것이며 돈이 중단되지 않으리라는 그들의 낙관적 느낌을 회상했다.

하지만 앞서 했던 논의를 염두에 둘 때, 샬리의 반응이 아주 달랐던 점은 놀랍지 않다. 샬리 그룹은 "순간적으로 우리는 TRF 분자 속에 세 가지의 아미노산이 존재한다고 보고한 최초의 인물이 되었다"(Meistes, 1970: 238)라고 주목한 것을 빼고는 출간된 논의에 거의 기여한 바가 없다. 그렇지만 인터뷰에서의 그의 회상은 더 생생했다.

투손 회의에서 기유맹의 보고를 들었을 때, 아이고, 나는 우리가 1966년에 쭉 이어서 올바른 궤적 위에 있었다고 생각했습니다. 정말 굉장히 놀라운 일이었어요. … 우리는 지옥에서처럼 일했고 … 그리고 나서 곧바로 F와 협정을 체결했습니다(Schally, 인터뷰, 1976).

버거스가 수립한 맥락에서 샬리의 1966년 논문은 믿을 만한 가치가 있게 되었을 뿐 아니라, 되돌아보면 투손 논문의 전조가 되었으며, 따라서 그의 주요 주장에 신뢰를 제공했던 것이다.

가능성들을 줄여가기

부분적으로 정제된 분별물에 대해 수행한 생물학적 검정은, 결과로 나오는 각각의 기록하기가 수십 가지 서로 다른 방식으로 해석될 수 있다는 의미에서 '부드러운' 기법으로 생각될 수 있다. 이와 대조적으로 아미노산 분석(amino acid analysis: AAA)은 각각의 기록하기와 부합하는 가능한 진술들의 수가 훨씬 더 적다는 의미에서 '단단한' 기법이다. 부드러운 기법과 단단한 기법 사이의 차이는 기법의 질에 대한 어떤 절대적 평가에 의존하지 않는다. 단단함은 단순히 특별한 물질적 배열이 여러 가지 더 많은 대안적 설명에 대한 제거를 더욱 진전시킨다는 사실을 나타낸다(6장을 볼 것).

1962년에 기유맹은 TRF를 향해 나아가기로 결정했다. 그렇지만 1968년에 이르기까지 이 목표를 필연화하는 단독 가설을 여전히 얻지 못했다. TRF는 생물학적 검정에서 활성 분별물이 되었으며 아미노산 분석기에서는 크기를 가질 수 있는(1 mg) 표본이 되었다. 분석화학의 사용은 TRF가 1962년과 1968년 사이에 존재했다는 점과 세 가지 아미노산이 그 분자 안에 나타난다는 점 둘 다를 믿을 수 있게 해주었다. 그러나 TRF는 여전히 다양한 여타의 것이 되었을 수도 있다. 그것은 여섯 가지 가능한 조합 속의 어느 하나에서 히스티딘, 글루탐산, 프롤린이었을 수 있다. 그것은 또한 세 개, 여섯 개, 또는 아홉 개의 아미노산 서열(여러 번 반복되는 똑같은 서열)이었을 수도 있다. 마지막으로 그것은 그저 더 큰 활성 분자의 성분이었을 수도 있는데, 전체 무게의 20%는 여전히 설명되지 않았기에 그러하다. 다른 말로 하면, 1966년과 1969년 사이에 버거스가 더 많은 분석화학 기법을 들여옴으로써 가능성의 수를 극적으로 줄였음에도 너무 많은 가능성이 남아 있었다. 이와 동시에 도구들의 민감도가 한계에 가까워져 있었기 때문에 마지막 몇 개의 가능성을 제거하기는 한층 더 어려워지고 있었다.

각각의 새로운 실험은 가능한 대안적 설명들의 범위를 재정의할 수 있었다.[11] 예를 들어 TRF의 무게에 관해서 알려진 내용은 트라이-펩타이드, 헥사-펩타이드, 또는 노나-펩타이드와 양립했다. 그 무게가 신뢰할 수 있다고 여겨지자, TRF가 노나-펩타이드 이상일 수 있다는 가정은 이 사실과의 양립 불가능성 때문에 제거되었다. 그렇지만 이 관점에서는 대안적 설명의 범위가 늘어날 수도 있었다. 예를 들어 버거스는 TRF가 그저 펩타이드라는 점을 믿지 않았고, 그것이 단순한 트라이-펩타이드라는 점은 더욱 믿지 않았다. 결과적으로 그는 필연적이라고 궁극적으로 판명된 것 이상의 더 많은 가능성의 수를 고려함으로써 그의 최종 선택을 지연시켰다. 이와 유사한 방식으로, 새로운 방법, 동료와의 신선한 의사 교환, 동료의 믿음에 대한 평가에서의 변화 각각이 가능한 대안의 범위를 넓히거나 줄였다. 투손 회의에서 7년간의 보상 없는 연구 이후에 TRF에 관한 가능한 특성 부여의 수가 극적으로 축소되었다는 것을 갑자기 깨달으면서 상당한 흥분이 야기되었다. 1962년에 TRF는 당시에 알려진 20개 아미노산의 어떤 조합으로 구성되어 있었을

11 더 단단한 지반 위에서 '대안'의 관념을 고려하기에 앞서 우리는 6장까지 기다려야 한다. 대안의 수가 불가지론적 장에 의존한다는 점과 한 가지 대안 또는 다른 대안의 제거가 기록하기의 어떤 것에 부여된 상대적 무게에 의존한다는 점은 분명하다.

것이다. 1966년까지 대안의 범위는 늘어났다. TRF는 또한 비펩타이드 성질을 띠는 여타 가능한 배열일 수도 있었다. 1969년에 갑자기 그것은 20개 또는 30개의 가능성 중 단지 **하나**만 될 수가 있었다. 분석화학의 70년 속에서, 그런 가능성의 하나를 얻는 데 사용된 전략은 일차 구조 측면에서 그 물질에 관해 이야기하는 것이었다(Lehninger, 1975).

궁극적 목적은 TRF의 특수한 구조를 얻는 것이었다. 일단 얻게 되면 그 합성 복제물을 생산할 수 있고 이를 원물질과 비교할 수 있기 때문에 그것은 궁극적인 목적이었다. 전략 선택이 주어지면 더 이상 알려질 어떤 것도 남지 않는다는 의미에서 또한 그것은 궁극적이었다. 아리스토텔레스는 실체를 그것의 속성 이상의 어떤 것으로 정의했다. 그렇지만 화학에서 물질이란 그것의 속성으로 완전히 환원될 수 있어서 정확하게 유사한 구조를 새로이 얻을 수 있다(Bachelard, 1934). 이것은 그 목표에 대한 참여자의 매혹을 부분적으로 설명해준다. 만약에 정확한 구조를 얻을 수 있다면, 화학과 분자생물학의 어떤 견고성이 내분비학 안으로 도입되는 것이다. 또는, 적어도 한 가지 미지항("우리가 도입하는 것이 정확히 무엇인가?")이 제거될 수 있고 잇따르는 모든 생물학적 검정의 정교함은 향상될 수 있을 것이다.

TRF 구조를 안정화하기 위한 요건은 단순했다. 기록하기 장치로부터 얻어낸 자취들이 화학의 언어로 바뀌어야 했다. 오직 세 개의 아미노산만이 그 물질 속에 나타나며 이들 산의 배열 중 하나만이 활성을 촉발한다는 것이 알려져 있었다. 1969년에 아미노산의 그 특수한 배열을 파악해내는 일에 따랐던 어려움은 표 3.1에 설명되어 있다. 제안된 구조는 각각 그 문제에 새로운 방법을 적용해 결과로 얻은 것이며, 각각 몇 달만을 살아남았을 뿐이다. 명백히 서로 다른 이름의 다발이 정확히 어떻게 하나의 단일 서열로 안정화되었는지 보여줄 필요가 있었다.

서열을 결정하는 한 가지 간접적 수단은 TRF에서 동등한 몰 비율로 존재한다고 알려진 세 가지 아미노산의 모두 여섯 가지의 가능한 조합을 합성하

표 3.1

1962 이전	TRF는 존재하는가?		
1962 이후	TRF는 존재한다. 그것은 무엇인가?	펩타이드다.	
1966 무렵		펩타이드가 아닐 수도 있다. 펩타이드가 아니다.	
1969. 1월		펩타이드다.	His, Pro, Glu를 포함한다.
1969. 4월			R-Glu-His-Pro 또는 R-Glu-His-Pro-R이다. Pyro-Glu-His-Pro-OH가 아니며 Pyro-Glu-His-Pro-OMe도 아니며 Pyro-Glu-His-Pro-NH_2도 아니다.
1969. 11월			TRF는 Pyro-Glu-His-Pro-NH_2다.

는 것이었다. 우리가 앞서 보았듯이 샬리가 1968년에 시도했지만 어떤 활성을 찾는 데는 실패했다. 버거스는 1969년에 똑같은 접근법을 따라갔고, 합성 펩타이드 가운데 어느 것도 활성을 나타내지 않음을 유사하게 알아냈다. 하지만 1969년에 이르자 맥락이 변화했다. 샬리가 2년 먼저 했듯이 TRF가 펩타이드가 아니라고 결론 내리는 대신에, 버거스의 부정적 결과는 "N번째 말단에서 무언가가 이루어져야 한다"라는 증거로 받아들여졌다. 이것은 모두 여섯 개의 펩타이드에 대한 더 나아간 화학적 조작을 필요로 했다. '아세틸화(acetylation)'로 알려진 그런 한 가지 조작의 결과로, 단 하나의 펩타이드가 활성을 보여주었음이 알려졌다. "세 가지 아미노산의 어떤 분포 대신, R-Glu-His-Pro 서열이 생물학적 활성에 필수적인 것으로 보인다"(Burgus et al., 1969: 2116).

그리하여 TRF의 합성 복제물이 천연 TRF에 대한 지식이 구성되기 전에 알려졌다. 다른 말로 하면, 합성 화학의 사용은 몇 마이크로그램뿐인 소중한 자연 추출물을 건드리지 않고도 TRF의 가능한 서열을 여섯 개에서 하나로 줄이기에 충분했다.

그럼에도 불구하고 이 작업은 천연 TRF가 R-Glu-His-Pro 구조를 갖고 있다는 것이 아니라 합성 물질 R-Glu-His-Pro가 생물학적으로 활성일 뿐이라는 것만을 증명했을 뿐이다. 이 더 나아간 사항을 증명하기 위해, 천연 물질과 합성 물질 둘 다로부터 얻은 기록하기 내용이 비교되어야 했다. 샬리 그룹은 20가지의 서로 다른 시스템에서 두 물질의 박막 크로마토그래프(thin layer chromatograph: TLC)를 비교해 이를 시도했다. 그러나 이것은 기유맹 실험에서 받아들일 수 있는 증명으로 여겨지지 않았다. 기록하기 내용의 수와 질이 증명을 구성할 수 있느냐의 여부는 구성원들 간의 교섭에 의존했다. 두 가지 크로마토그래프(하나는 합성 표본에 대한 것이고 다른 하나는 천연 표본에 대한 것)가 유사한지 여부를 결정하는 것은 극히 어려웠다. 작은 차이들을 유의미한 것으로 평가하면서, 버거스는 썼다. "몇 가지 크로마토그래피 시스템에서 특수한 활성 및 거동의 **차이**가 주어졌을 때, Pyro-Glu-His-Pro-OH가 천연 TRF와 **동등하지 않음**은 **명백했다**"(Burgus et al., 1969b: 226). 그는 나아가 남아 있는 작은 차이들을 줄이게 할, 그리하여 TRF의 한 가지 서열을 규정하게 할 더 진전된 수정 사항을 제안했다. "가장 흥미로운 구조 중의 하나는 'Pyro-Glu-His-Pro-아마이드'일 텐데, 왜냐하면 아마이드화된 C 말단을 갖는 생물학적으로 활성인 수많은 폴리펩타이드가 존재하기 때문이다" (Burgus et al., 1969b: 227).

펩타이드 역시 아마이드화될 수 있다는 관념은 크로마토그래프 위에 나타난 두 세트의 관찰 사이의 차이를 줄일 화합물을 제조하도록 이끌었다. 실제로 일단 합성되자 이 새로운 화합물은 생물학적 검정 및 여타 기록하기 장치 모두에서 천연 TRF와 유사한 것으로 밝혀졌다. "TRF의 속성은 대부분 아마이드의 속성과 가장 밀접하게 **합치했는데**, 혼합물로 시행했을 때 TLC의 네 가지 서로 다른 체계 속의 합성 화합물로부터 **분리해내는 것에는 실패했**

다"(Burgus et al., 1970).

우리가 TRF는 Pyro-Glu-His-Pro-NH_2이거나 Pyro-Glu-His-Pro-NH_2가 아니라고 단순하게 결론 내리는 일은 부적절할 것이다. 차이 또는 정체는 그 자체로 존재하지 않는다. 오히려 그것들은 그것이 사용되고 탐구자들 간에 교섭되는 맥락에 의존한다. 그러므로 어떤 차이를 사소한 잡음으로 기각하거나 주요한 불일치로 여기는 것이 가능하다. 기유맹 그룹은 천연 화합물과 합성 화합물 간의 "약간의 차이들"이 다양한 기록하기 장치에 의해서 드러난 것으로 관찰했다. 그렇지만 그들은 이 약간의 차이들을 아주 심각하게 보았고, 7월에 출간한 논문에서 "그러므로 TRF의 구조는 Pyro-Glu-His-Pro-OH가 아니고 Pyro-Glu-His-Pro-OMe도 아니며 TRF는 Pyro-Glu-His-Pro-NH_2도 아니다"(Burgus et al., 1969b: 228)라고 썼던 것이다. 그러나 이 진술을 두고 신뢰 부여에 관한 뒤이은 논쟁은 없게 되었고, 이야기는 1969년 7월에 끝나게 되었다.[12]

기유맹 그룹이 필요하다고 판명 난 것 이상의 가능성들을 고려하는 동안, 샬리 그룹은 두 편의 논문을 출간했다〔폴커스(Folkers)가 써서 1969년 8월 8일과 1969년 9월 22일에 제출〕. 이들 논문에는 투손 회의에서 노출되었던 바도 1966년과 1969년 사이의 기간도 언급되지 않았다. 그 대신에 1966년 논문은 올바른 아미노산 분석이 제공된 최초의 논문으로 묘사되었다. 폴커스의 1969년 논문 중의 첫 번째 것은 "활성을 지닌 TRH의 합성 트라이펩타이드 서열 수정법의 발견"이라는 제목이 붙어 있었고 활성 펩타이드의 **몇 가지 중 하나**로서 Pyro-Glu-His-Pro-NH_2를 언급했다. 그렇지만 기유맹은 이 관념이 1969년 6월 내분비학회 모임의 비공식 대화 와중에 한 그룹에서 다른 그

12 역사적 담론이라는 단어의 사용에 걸려 들어가지 않는 것이 다시 한번 중요하다. 우리가 앞에서 보여주었듯이 이야기의 **끝**이라는 개념은 그 구조를 얻기 위한 기유맹의 전략에 의존했다. 그것은 또한 버거스 등의 1969b 논문에서 진술이 그들에 의해서 자격 제한을 받은 방식과 샬리와 기유맹이 나중에 제시한 수많은 해명에 의존했다.

룹으로 전해졌다고 주장했다. 이 주장의 진실을 확립하기란, 자신이 이미 이 수정법을 알았지만 "이야기하지 말라고 교육"받았다는 샬리의 주장의 진실을 확립하는 것만큼 어렵다. 폴커스의 1969년 논문 중 두 번째 것은 "TRH와 Pyro-Glu-His-Pro-NH_2의 동일성"(Boler et al., 1969)이라는 제목이 붙었고, 천연 물질과 합성 물질을 **동일하게** 보려는 폴커스의 결정을 기록했다. "버거스 등(Burgus et al., 1969b)은 양(羊)의 TRH 구조가 Pyro-Glu-His-Pro-NR의 그것이 **아니**며 이차적 아마이드 변형 또는 삼차적 아마이드 변형이 배제되지 않는다고 이야기한다"(Boler et al., 1969: 707). 그렇지만 신기하게도 볼러(Boler) 등은 같은 논문의 그다음 문단에서 이 진술과 모순을 일으키는 것으로 보인다. "TRH의 구조가 Pyro-Glu-His-Pro(NH_2)의 그것이 아니라면, 일정한 가능성들이 명백해진다"(Boler et al., 1969: 707). 다른 말로 하면, 폴커스 논문의 제목이 그가 한 가지에 분명히 정착했음을 지시하고 있음에도 불구하고, 폴커스는 TRF의 대안적 구조들을 갖고 놀았다는 것이다. 이것은 논문의 문체가 성취할 수 있는 바에 관한 좋은 사례다. 샬리의 진술들은 기유맹 그룹으로 하여금 샬리 그룹의 애매한 말을 비난하는 것을 허용해주었다. 기유맹 그룹과 관계된 한에서, 샬리는 Pyro-Glu-His-Pro-NH_2가 그 구조라는 데 대해 그들보다 더 나은 증명을 갖고 있지 못했다. 오히려 그들은 샬리의 진술들을 버거스의 논변에 대한 확신의 표현으로도 보았고, "지나치게 조심스러운" 버거스를 2개월을 갖고 때리는 수단으로도 보았다. 우리가 앞에서 보여주었듯이, 버거스는 샬리에 의존할 수가 없었지만 정보의 새로운 원천을 확보해야 했던 것이다.

이때 펩타이드 화학의 조직화가 주어진 상황에서, 버거스는 질량분석기만이 천연 TRF와 합성 TRF 간의 차이를 평가하는 문제에 대해 완전히 만족스러운 답을 제공할 수 있을 것이라고 생각했다. 일단 분석계가 있으면 누구도 더 이상 논란을 벌일 수 없을 것이다.[13] 질량분석기의 힘은 그것이 구현하는 물리학에 의해서 주어진다. 질량분석기의 사회사를 여기서 연구하는 것은 우리의 목적이 아니다. 버거스(Burgus, 1976)가 말했듯, "그것이 몇 개의 가능성만을 남기고 모두 제거하기" 때문에 펩타이드 화학자에게 질량분석기 사용이 궁극적 논변을 구성했다고 말하는 것으로 충분할 것이다. 크로마토그래프 사용만으로도 화학자들로 하여금 TRF의 구조가 다를 수 있다고 계속 논의하게 할 수 있을 것이며 대안적 해석을 제안하게 해줄 수 있을 것이다. 그리하여 버거스는 샬리의 박막 크로마토그래피(TLC) 사용에 대해 다음과 같이 논평했다. "어떤 **훌륭한** 화학자가 TLC는 증거를 만들어낼 수 **없다고** 당신에게 말해줄 겁니다(Burgus, 1976)." 더 이상의 논변을 피하고 질문에 대한 답을 정하는 유일한 길은 질량분석기를 통하는 것이었다. 합성 물질과 천연 물질의 자취 사이의 유사성은 다른 시스템에서는 우연의 일치로 여겨질 수 있겠으나, 질량분석기는 원자 수준에서 정보를 제공했다. 검정 또는 크로마토그래피에서는 유사한 활성을 설명하는 수천 가지의 방식이 존재할 수 있겠지만 질량분석기에서는 유사성을 설명하는 매우 적은 가능성만이 존재한다. 버거스는 그래서 천연 TRF와 합성 TRF의 스펙트럼을 얻은 이는 누구나 그 질문에 대한 답을 항구적으로 정할 수 있으리라고 예견했다(표 3.1을 볼 것).

불행히도 TRF 표본이 휘발성이 아니었기 때문에 질량분석기의 사용은 그

---

13 질량분석기는 **암흑상자**(black box)를 구성한다. 이는 그 분야에서 단단함의 대부분을 질량분석기가 제공하게 되는 이런 특성 때문에 정확히 그러하다(6장을 볼 것). 30년 중반의 커다란 원형은 이제 압축되고 흔한 장비가 되었는데, 이것은 초기 해석의 대부분을 실행하고자 컴퓨터를 합병시켜놓고 있다. 그것은 30년 동안 유기화학에 적용되어왔고, 특히 일찍이 1959년에 펩타이드에 적용되었다. 그것의 사용이 방출인자들로 확장된 일은 따라서 상대적으로 작은 계단이었다. 기유맹의 전략이 제기되었을 때, 어떤 여타의 최종적 증명도 사용 가능하지 않았다. 그 장비의 힘은 그 기록하기(스펙트럼)가 전자 흐름과 표본이 된 분자와의 직접 접촉에 의해 얻어진다는 사실에 있다(Beynon, 1960). 매개의 숫자가 아주 큼에도 불구하고(Bachelard, 1934), 각각의 가리킴은 암흑상자화 되어 있으며 한 벌의 가구 속에 합병되어 있는 것이다. 결과적으로, 최종적 결과는 논쟁의 여지가 없는 것으로 받아들여진다.

때까지 제한되어 있었다. 표본을 휘발성으로 만드는 수단이 없이는 구조에 대한 애매하지 않은 최종 결정이 이루어질 수가 없었다. 그에 따라서 표본이 휘발성이 되는 그런 방식으로 질량분석기에 넣는 몇 가지 방식을 탐구자들이 시도했던 몇 달의 기간이 계속되었다. "주요한 기술적인 진전은 아니지만, 이 특별한 프로그램을 위해서 만들어진 것입니다. … 이것이 일이 그렇게 오랫동안 걸린 이유인데, 우리는 중단하고 이 기법을 발전시켜야 했습니다"(Burgus, 1976).

마침내 버거스는 천연 표본을 질량분석기 내부에 넣을 수 있었고(1969년 9월 어느 날), 그 분야의 누구도 합성 물질의 스펙트럼과 유의미하게 다르다고 해석할 수 없었던 스펙트럼을 얻을 수 있었다. "이것은 합성 산물과 천연 산물의 유사성에 기초해 결정된 천연 산물의 구조를 보여주는 첫 번째 사례다"(Burgus and Gillemin, 1970).

여기서 우리는 TRF 이야기의 전환점에 도달한다. TRF 분야 연구자들은 천연 TRF가 Pyro-Glu-His-Pro-NH_2와 "유사한" 스펙트럼을 가졌다고 더 이상 말하지 않았으며, TRF가 합성 화합물인 Pyro-Glu-His-Pro-NH_2와 "닮았다"라고 말하지도 않았다. 그 대신 주요한 존재론적 변화가 일어났다(4장을 볼 것). 참여자들은 이제 TRF는 Pyro-Glu-His-Pro-NH_2**이다**라고 말하고 있었다. 그 술어는 절대적인 것이 되었고, 모든 양상은 떨어져 나갔으며, 그 화학적 이름이 실제 구조의 이름이 되기 시작했다. TRF의 지위는 즉각 사실의 지위로 변환되었고 "기유맹과 샬리는 TRF가 Pyro-Glu-His-Pro-NH_2**임을 확립했다**"와 같은 진술은 진부한 것이 되었다.

TRF가 다른 네트워크 속으로 움직여 들어가다

고도로 정밀한 분석화학의 연장을 사용해서 얻은 TRF의 순수한 분별물은

8음절로 이루어진 줄로 단순하게 파악될 수 있다. 이 레이블은 분석화학과 질량분석기의 물리학이 변하지 않는 이상 애매하지 않은 것으로 남게 될 것이다. TRF를 분석화학의 비교적 제한된 맥락 속에 놓은 일의 이점은 일찍이 1969년 11월에 명백해졌다. 이 시기 이전에 TRF가 무엇인지 알아내기란 모순된 진술, 부분적 해석, 반쯤 구워진 화학으로 가득 찬 41개 논문의 복잡한 번거로움을 통과하는, 공이 많이 드는 수색이 요구되는 일이었다. 그렇지만 1969년 11월 이후, 8음절은 전화 또는 구술을 통해 뉴스가 급속하게 확산할 수 있게 했으며 그리하여 네트워크 구조의 급격한 변화 가능성을 불러일으켰다. 작은 전문가 그룹이 비교적 적은 수의 논문을 인용함으로써 수년간 동일한 문제에 관심을 가질 수 있었을 것이다. 하지만 이제는 상당히 많은 대중이 그 8음절 공식을 그들 연구를 위한 신선한 출발점으로 사용할 수 있었다. 그 세 가지 아미노산 공식 역시 돈을 그 공식에 사용하는 것이 가능해지면서 막대한 양의 물질을 어떤 화학 회사에서 주문하는 데 사용될 수가 있는 실질적 이점을 지니게 되었다.

이 장에서 반복적으로 강조하고자 한 결정적 논점은 모든 똑같은 가능성을 지닌 구조들로부터 단 하나의 정제된 구조가 선택되면, 그 구성된 대상의 본성에 결정적 변환이 일어난다는 것이다. TRF 안정화가 있은 몇 주 후에, 정제된 물질의 문제가 없는 표본들이 기유맹과 샬리가 이끌던 원래 그룹에서 완전히 제거되어 멀어져 버렸던 연구자 집단들 안에서 돌아다니기 시작했다. 이 집단들에는 순수하지 않고 문제가 있는 분별물들(골칫거리이며 신뢰할 수 없는 검정에서만 활성인 것으로 알려진)은 결코 도달할 수 없었을 그룹들과 실험실들이 포함되었다. 이 새로운 그룹에게 TRF는 급속도로 당연하게 여겨지게 되었다. 역사는 사라져가기 시작했고 현장 과학자들에게 그것의 생산에 관한 남은 흔적과 흉터는 점점 덜 중요해졌다. 그 대신 TRF는 장기적 연구 프로그램의 일부로 활용되는 많은 도구 중 하나로 더해지게 되었다.

8년간의 노력과 세 가지 아미노산의 최종적 구조의 단순함 사이의 차이,

처리된 수 톤의 시상하부와 최종으로 얻어진 단지 미량의 물질 사이의 불균형, 두 연구 그룹 사이의 맹렬한 경쟁과 투손 학회에서의 드라마, 이 모든 것은 TRF가 또 다른 네트워크, 즉 언론 네트워크 내부에서 새로운 중요성을 가질 수 있게 했다. TRF는 이야기가 되었고, 양(羊)의 뇌를 몇 톤이나 사용한 일은 신화가 되었다. 10년간 산출한 41편의 논문에 전혀 관심이 없던 사람들도 이제는 거꾸로 그들이 두드러지게 하고 극적으로 만드는 데 도움을 주었던 그 최종적 사건에 관심을 가질 수 있었다.[14]

14 예컨대 ≪메디컬 월드 뉴스(Medical World News)≫(1970.1.16)와 ≪르몽드(Le Monde)≫(1970.1.15)를 볼 것. 이 기간에 수많은 논문이 제각각 샬리와 기유맹 사이의 맹렬한 경쟁과 그들 발견의 임상적 중요성에 관해 주장했다. 주로 TRF 이야기 때문에 수여된 노벨상이, 언론에서 이야기들의 유사한 궤도를 재생시켰다.

제4장

—

사실의 미세처리

우리의 첫 실험실 방문은 실험실 활동을 위한 문헌적 기록하기의 핵심적 중요성을 확립했다. 실험실의 작업은 다양한 문서의 연속적 생성이라는 관점에서 이해할 수 있는데, 이것은 진술 유형의 변환에 영향을 주기 위해, 그리하여 진술 유형의 사실적 지위를 강화하거나 약화하기 위해 사용된다. 바로 앞 장에서 단일 사실의 생성에 관해서 우리가 했던 역사적 조사는, 만들어낼 수 있는 대안적 진술의 수효를 제한할 때 실험실 맥락이 미치는 영향을 보여주었다. 하나의 네트워크에서 다른 네트워크로의 결정적 전이에 의해서만 한 특수한 진술은 사실로서 유통되기 시작할 수 있다. 그렇지만 지금까지의 우리 논의에 기초해, 우리가 지금도 과학 활동의 바로 그 본질을 꿰뚫어야 함을, 즉 '논리'와 '추론'을 다루어야 하는 과학 활동의 측면들을 사실 구성에 관한 우리의 서술이 아직 손대지 못한 채 놔두고 있음을 논할 수 있을 것이다. 그러므로 이 장에서 우리는 사실 구성의 가장 내밀한 측면으로 들어가는 우리의 탐구를 확장하기 위해 실험실의 일상적 활동에 대한 면밀한 조사로 돌아간다. 우리는 과학자 사이에서 전달되는 일상적 의사교환과 동작에, 그리고 그와 같은 미세 사항이 '논리적' 논변, '증명'의 이행, 이른바 '사고과정'의 작동을 일으키는 것으로 보이는 방식에 초점을 둔다.

실험실의 일상적 활동에 관한 우리의 조사는 가장 작은 동작조차도 사실의 사회적 구성을 이루어내는 방식에 대한 관심을 담고 있다. 다른 방식으로 보자면 이 장에서 우리의 관심사는 사실이 사회적으로 구성되는 미세과정에 있다. 우리가 처음부터 논의해왔듯이, 사회적이라는 용어를 우리가 사용하는 의미는 이념(Forman, 1971), 추문(Lecourt, 1976), 또는 거시제도적인 요인(Rose and Rose, 1976)의 명백한 영향이 아닌 다른 현상을 언급한다. 그런 요인들은 과학의 사회적인 특성을 좀처럼 망라할 수 없다. 더욱이 이런 종류의 사회적 요인들이 즉각적으로 명백하지 않을 때마다 특정 사회학자들은 자신이 관찰하는 활동이 자신의 능력 영역 안으로 떨어지지 **않는다**고 결론 내릴 위험이 존재한다. 예를 들어, 바로 앞 장에서 제시한 TRF의 역사는 이념의 영향을 오직 한 번만 드러냈고(158쪽), 이력 결정에 대한 간접적 영향의 증거만이 존재할 뿐이다(152쪽). 그리고 세 경우에서만 제도적 요인의 영향에 대한 어떤 증거가 존재했다(예를 들어 179쪽). 몇몇 사회학자가 사용하는 사회적이라는 표현의 의미는 따라서 이념, 명백한 부정직, 편견 등의 명백한 영향에 관한 적은 수의 사례만을 산출시킬 것이다. 그러나 TRF 이야기가 사회학적 특징의 부분적 영향을 나타낼 뿐이라고 결론을 내리는 일은 옳지 않을 것이다. 그 대신에 우리는 TRF가 철저하게 사회적 구성물**이다**고 주장한다. 사회적이라는 표현을 사용하는 의미를 유지함으로써, 전통적인 사회학적 파악을 명백하게 넘어가는 수준에서 강한 프로그램을 추구할 수 있기를 우리는 희망한다. 크노어(Knorr)의 의미에서, 우리는 과학의 실천의 특이한, 국소적인, 이질적인, 다면적인 특성을 보여주기를 원한다(Knorr, 인쇄 중). 추론의 외관상의 논리적인 특성은 오제(Augé, 1975)가 "해석의 실천"이라고 부르는, 그리고 국소적·암묵적 교섭, 계속해서 변화하는 평가, 무의식적 또는 제도화된 동작을 포함하는, 훨씬 더 복잡한 현상의 일부일 뿐이라는 것이다. 이 장에서 우리의 목적은 이것이 옳으며 과학의 논리적이고 간명한 특성에 대한 믿음 자체가 이와 같은 해석의 실천 과정에서 발생한다는 점을 보여주려는 것이다. 짧게 말해서, 우리는 해석의 과학적 실천의 논리와 해석의 비과학적 실천 사이의 차이가 어떻게 해서 실험실 내부에서 창조되고 유지되느냐를 관찰한다.

과학 활동의 본성은 비과학적 활동에서의 해석 실천과 본질적으로 다르다는 전제에서 출발하고 싶은 유혹을 느끼기도 할 것이다. 그렇지만 우리가 제안하게 될 것처럼, 그런 유혹은 과학의 실천이 가설, 증거, 연역과 같은 용어의 사용을 통해서 너무도 자주 표현되기 때문에 부분적으로 생겨나는 것이다. 그런 용어들의 사용은 과학의 실천이 다르다고 묘사하지만, 그 용어들이 동어반복적이지 않게 사용되고 있는지는 명백하지가 않다. 예를 들어, 가핑클(Garfinkel, 1967, 8장)은 과학 활동에 관한 슈츠(Schutz, 1953)의 서술과 연관해서 상식적 합리성의 열 가지 기준을 나타내고 과학에 특수하다고 여겨질 수 있는 네 가지를 덧붙인다. 네 가지 기준 가운데 하나는 과학자가 "목적-수단 관계와 형식논리 원리의 양립 가능성"을 찾는다는 사실이다(267쪽). 그렇지만 이것과 이것에 대응하는 상식적인 실천의 기준과의 유일한 차이는 전자(前者)에서 '형식논리'라는 용어가 나타난다는 것뿐이다. 과학을 정의하는 특징으로서 형식논리라는 관념은 명백히 동어반복적으로 사용되고 있다. 또 다른 기준인 "상황 정의와 과학(적) 지식의 양립 가능성"(268쪽)은 '과학적'이라는 단어를 포함한다는 것을 빼고는 그것의 일상생활의 상대편과 동일하다. 다시 한번 구별의 기준이 되는 특징이 동어반복적으로 사용된다. 이런 책략이 비교적 흔함에도 불구하고(Althusser, 1974), 슈츠와 같은 저자가 채용했을 때는 특히 두드러지는데, 슈츠는 작업 중에 있는 과학자의 현실적 실천을 현상학적으로 서술하려는 공언된 목표를 지니고 있다. 인식론자들이 그들에게 먹인 관념들에 친숙한 관찰자들은 과학자의 실천적 활동에서 존경을 나타내는 담화의 예를 파악하기 쉽다는 것을 발견한다. 과학자들은 그리하여 그들이 과학자이기 때문에 과학적으로 작업하는 것으로 보이게 된다. 우리의 목적에서 보자면, 문제는 과학과 상식 사이의 주요한 차이가 이 차이에 대한 동어반복적인 정의의 결과로서 수립된다는 점이다. 우리 입장은 그런 차이가 존재한다면 그 존재가 경험적으로 증명되어야 한다는 것이다. 그러므로 과학 활동을 묘사하면서 인식론적 개념을 사용하는 것은 피하고자 한다.

실험실 작업의 미세과정에 관한 우리 조사는 현실에 있는 실험실의 실천에 대한 관찰에 기초한다. 준인류학적 접근으로 얻은 이 재료는 과학 활동의 내밀한 세부 사항을 분석하는 것에 특히 알맞다. 과학자들의 일상적 생활을 2년간 공유함으로써 인터뷰, 문서고 연구, 또는 문서 연구가 산출한 것을 훨씬 넘어서는 가능성을 얻을 수 있었다. 우리는 따라서 일상적 만남, 작업 토론, 동작, 꾸밈없는 다양한 행위에 관한 관찰을 끌어올 수 있다.[1]

이 장의 첫째 절에서 우리는 실험실 구성원 사이의 모든 상호작용에 존재하는 뚜렷한 관심과 선입견의 범위를 탐구한다. 특히 우리는 비교적 짧은 대화가 교환되는 동안 사실이 창조 또는 파괴될 수 있는 방식을 조사한다. 둘째로 이런 종류의 교환의 출현이 '착상'과 '사고 과정'에 관한 해명으로 변환되는 과정을 고찰한다. 마지막으로 사회적으로 구성된 것으로서의 사실을 이해하는 데 대한 저항의 근원을 논의한다. 비색인적(nonindexical) 진술의 부재와 비색인적 진술로서의 사물이 존재한다는 믿음, 둘 다를 우리가 사회적으로 어떻게 설명할 수 있을 것인가?[2]

1 이 장에서 우리는 미세처리와 관계가 있는 재료의 작은 부분만을 사용한다. 우리의 의도는 단지 실험실 작업을 개관하는 것이다. 이를 위해 대화와 설명에 대한 분석을 약간 단순화해야 했다. 완전한 분석, 특히 '대화 분석'(예를 들면 Sacks, 1972; Sacks et al., 1974)의 엄격함을 갈망하는 분석은 여기에 제시된 것보다 훨씬 더 자세한 논의를 요구한다.

2 과학에서 색인성(indexicality)은 이미 제한된 관심을 누린 바 있다. 예를 들면, 반스와 로(Barnes and Law, 1976)는 과학자들이 사용하는 표현 가운데 어느 것도 색인성을 벗어날 수 없다고 논의했다. 그 함의는 과학적 표현이 '과학이 아닌' 또는 상식적 맥락에서 채용된 어떤 것 이상으로 의미의 결정성(determinacy)을 산출해낼 수는 없다는 것이다. 가핑클(Garfinkel, 1967)의 논의 역시 이 결론을 지지하는 것으로 읽을 수 있다. 이와 관계된 방식으로, 유럽 대륙의 많은 기호학자가 최근에 문헌 분석이라는 연장을 시, 광고, 변호사의 변론, 과학 등의 다양한 영역의 수사학 연구로 확장하기 시작했다(Greimas, 1976; Bastide, 출간 예정; Latour and Fabbri, 1977). 기호학자에게 과학은 어떤 여타의 것처럼 허구 또는 담론의 형태이고(Foucault, 1966), 그것의 한 가지 효과는 '진리 효과'인데, 이것은 (모든 여타 문헌적 효과처럼) 동사의 시제, 발언의 구조, 양상(樣相, modality) 등과 같은 텍스트적 특성에서 생겨난다. 색인성이 정정되는 방식에 관한 앵글로·색슨권(圈)의 연구와 유럽 대륙 기호학 사이의 엄청난 차이에도 불구하고, 그들은 공히 과학의 담론이 아무런 특권적 지위를 갖고 있지 않다는 입장을 보이고 있다. 과학은 색인성을 벗어나는 능력에 의해서도 수사학적 장치 또는 설득적 장치의 결여에 의해서도 그 특성을 부여받지 못했다.

대화 속 사실의 구성과 해체

과학에서 사실 구성의 미세과정을 조사하는 한 가지 방식은 실험실 구성원 사이의 대화와 토론을 살펴보는 것이다. 다양한 이유로 실험실 내 토론을 녹음하기는 불가능했다. 그렇지만 총 25건의 토론에 대해서, 시점(時點), 동작, 억양에 대한 기록을 포함하는 공책들이 편찬되었다. 벤치, 로비, 점심때 잠깐 나눈 대화를 비롯해 수많은 비공식적 토론도 이와 유사하게 공책에 담겼다. 테이프녹음기는 사용할 수 없었고, 그래서 이 공책들은 '대화 분석'에 필요한 엄밀성을 결여한다. 그렇지만 심지어 그것들의 좀 거칠거나 '정돈된' 상태에서조차도, 이 토론 공책은 사실 구성의 면밀한 분석을 위한 유용한 기회를 제공한다.

논변이 실험실 내의 통상적 상호작용이 있는 동안 계속해서 수정되며 강조되거나 부정되는 몇 가지 방식을 예증하기 위해 비공식적 토론에서 취한 세 가지 짧은 발췌를 고찰하는 것으로 우리는 시작했다. 대화는 로비에서 윌슨(Wilson), 플라워(Flower), 스미스(Smith) 사이에서 발생했다. 윌슨이 며칠 전 그가 했던 실험에 관해서 말하기 시작했을 때는 스미스가 떠나려는 시점이었다.

(a) 윌슨(플라워에게): 더 적은 양을 상대로 하는 이 ACTH 검정이 얼마나 어려운지 아시죠. … 음, 15년 동안 그의 검정에 내 돈을 낭비했나 싶어요. … 디트리히(Dietrich)가 이상적인 곡선을 계산해냈습니다. 막판엔 그가 실수를 저질렀는데, 왜냐하면 실제 자료를 보면 ACTH가 내려갈 때마다 엔도르핀(Endorphin)이 내려가고, ACTH가 올라갈 때마다 엔도르핀이 올라가기 때문이에요. 그래서 우리는 두 곡선의 일치를 계산하려 해요. 스누피(Snoopy)가 했을 땐 0.8이었습니다.

플라워: 와!

윌슨: 그리고 평균을 갖고 하려는데, 그것은 완전히 적법하죠. 확신컨대, 0.9일 거예요(XII, 85).

그러고 나서 윌슨과 플라워는 그들이 ≪사이언스≫에 싣고자 쓰고 있던 논문에 관해 토론하기 시작했다. 그렇지만 스미스가 다시 떠나려 하자, 윌슨이 그를 향해 돌아섰다.

(b) 윌슨(스미스에게): 그건 그렇고, 어제 컴퓨터에서 헤모글로빈 … 또는 이스트(사이의 합치) 93% 보았어요?! …

(플라워에게): 우리가 무엇을 이야기하고 있는지 아시죠? 우리 친구 브러닉(Brunick)이 어제 내분비학회 회의에서 그가 CRF에 대한 아미노산 분석을 얻어냈다고 공표했습니다. 그의 GRF에 무슨 일이 생겼는지 아시죠? 스미스는 동족관계에 있는 것들을 보기 위한 컴퓨터 프로그램을 갖고 있었습니다. 헤모글로빈에서 98% 동족관계를 발견했는데, 공기 중에 떠다니는 이스트에서는 어떨지 … 모르겠네요….

플라워: 그게 관심삽니다.

윌슨(웃음): 당신이 누구냐에 달렸죠…(XIII, 85).

첫 번째 발췌문에서, ACTH와 엔도르핀이 동일하다는 관념은, 두 곡선의 일치에서 가망성이 있는 개선이 있으리라는 제안으로 강화되었다. 결과적으로 스미스와 플라워는 그 작업이 희구된 전문적 기준을 충족시켰음에 설득당했다. 그렇지만, 두 번째 발췌문에서는 중요하며 오랫동안 찾으려 애썼던 방출인자인 CRF와 상대적으로 별것 없는 단백질인 헤모글로빈 조각 사이의 거의 완전한 일치를 보여줌으로써 한 동료의 주장이 기각당했다. 그의 최근 주장과 그 동일한 동료가 몇 년 더 일찍이 수행했던 잘 알려진 큰 실패 간의 고리가 만들어짐으로써 기각 효과는 강화되었다(Wynne, 1976: 327 참조). 브러닉은 아주 중요한 방출인자를 발견했다고 주장했는데, 이것은 나중에 헤모글로빈 조각으로 판명 났다. 브러닉의 최근 주장은 이 과거의 사건을 참조함으로써 심하게 위태해졌다. 플라워의 이어진 논평("그게 관심삽니다")은, 브러닉의 전문적 기준과 비교해 그 자신의 전문적 기준에 대한 월슨의 큰 존중을 지시하는 것으로 여겨질 수 있는 반응을 촉발했다.

스미스는 월슨이 ≪사이언스≫ 논문에 관한 토론으로 돌아가기를 제안했을 때 떠났다. 월슨은 플라워에게 유럽 과학자가 그에게 보내주었던 뇌하수체 혈관계에 관한 새로운 지도 작성 내용을 보여주었다. 그러고 나서 그 지도에 대한 토론이 계속되었다.

(c) 월슨: 여하튼, 이 논문의 질문은, 이들 펩타이드가 주입된 I.V.(정맥주사)의 어떤 정신행동적 효과가 존재한다는 **아무런 증거도 없다**는 버전 중 하나에서 내가 이야기했던 바인데 … 우리가 그걸 쓸 수 있을까요?

플라워: 그것은 **실천적** 질문인데… **우리는** 무엇을 부정적인 대답으로 **받아들일까요**? 〔플라워는 긍정적 결과를 갖고 있는 '엄청난' 양의 펩타이드 사용을 보고했던 한 논문을 언급했다.〕

월슨: 그렇게 **많이요**?

플라워: 예, 그래서 그것은 펩타이드에 의존하지만 …을 하는 게 매우 중요합니다.

월슨: 내가 펩타이드를 당신께 드릴 것이고, 그래요, 우리가 그걸 해야 하지만 … 그 논문을 읽고 싶네요….

플라워: 그것이 …에 있는 것을 아시죠?

월슨: 아, 갖고 있습니다.

플라워: 문턱값은 1 ug입니다. … 좋습니다, 우리가 쥐 100마리에 주사하기를 원한다면 (적어도 몇 마이크로그램은 필요해요.) … 그것은 실천적 쟁점입니다(XII, 85).

앞서 나온 발췌문과 달리, 이 마지막 장면에서는 윌슨이 일련의 질문을 하는 것을 볼 수 있다. 윌슨과 플라워는 대략 같은 학문적 지위를 갖고 있다고 여길 수 있는데, 그럼에도 플라워는 윌슨보다 열 살가량 젊다. 그들은 둘 다 실험실 책임자이자 국립과학아카데미 회원이다. 그렇지만 플라워는 신경전달물질의 정신행동적 효과에 관해서 전문가인 반면에 윌슨은 이 분야 신참자다. 윌슨은 그래서 공동 논문(초고가 앞 대화의 시점에서 이미 준비되어 있었다)을 쓰는 일에서 플라워의 전문성이라는 이로움을 필요로 한다. 더 구체적으로 말해, 윌슨은 펩타이드가 정맥에 주사되었을 때 아무런 활성도 띠지 않는다는 주장의 근거를 알기를 원하며, 그래서 그들 논의에 대한 가능한 반대에 맞설 수 있기를 원한다. 첫눈에 포퍼주의자(Popperian)는 플라워의 반응에 기뻐할 수도 있을 것이다. 그렇지만 그 질문이 증거의 존재나 부재에 따라서 단순히 결정되지 않음은 분명하다. 오히려 플라워의 논평은 **무엇을** 부정적 증거로서 **받아들이기로 선택하느냐**에 달렸다는 것을 보여준다. 그에게 쟁점은 실천적인 질문이다. 플라워와 윌슨은 이런 의사교환을 정신행동적 효과의 출현을 탐구하는 데 그들이 필요로 하는 펩타이드의 양에 관한 토론으로 이어간다. 윌슨은 자신의 실험실에서 이 희귀하고 값비싼 펩타이드를 제조했다. 그래서 플라워에게 문제는 어느 정도 양의 펩타이드를 윌슨이 제공하려 하느냐다. 그들 간의 토론은 따라서 무엇이 정당한 양의 펩타이드를 구성하느냐에 관한 복잡한 교섭을 수반한다. 윌슨은 그 물질의 사용 가능성에 대한 통제권을 지니고 있다. 이와 동시에, "엄청난" 양의 펩타이드 사용을 고려하는 것을 필수적이게 만들 수 있을 한 주장이 문헌에서 나왔다. 이 주장에 비추어 보면 정맥주사가 행동 효과를 부여한다는 데 대한 윌슨의 주장은 약화된다. 다른 한편, 더 앞선 연구에서 사용된 펩타이드의 양은 생리학적 규모로 보아 그것이 어떤 것의 초과와는 거리가 멀기 때문에 우스운 것이라고 논의한다. 그럼에도 윌슨은 펩타이드를 플라워에게 주는 데 동의했고, 그 탐구를 다른 연구자가 사용했던 양의 펩타이드로 실행하는 데 동의했다. 그들은 이것이 윌슨의 주장이 뒷받침될 수 있을 유일한 길이라고 결정했다. 중요한 것은 이 실험이 윌슨의 주장이 이미 초고로 작성된 이후에 계획되었다는 점이다.[3]

이들 토론의 맥락이 주어지면, 플라워와 윌슨 사이의 교섭이 그들 작업의 인식론적 기초에 관한 그들의 평가에만 유일하게 의존하지는 않는다는 점이 명백해진다. 다른 말로 하면, 과학 활동에 대한 이상화된 시각이 지식 확장을 위한 특수한 탐구의 중요성을 평가하고 있는 참여자들을 묘사할 수 있을지라도, 앞의 발췌문은 전적으로 다른 고려가 끼어듦을 보여준다. 예를 들어, 플라워가 "…을 하는 것이 매우 중요합니다"라고 말할 때, 펩타이드 사용의 상대적 중요성에 관한 대안적 반응의 범위를 마음속에 그려보는 것이 가능하다. 사실 윌슨의 응답("내가 펩타이드를 당신께 드릴 것이고")은 윌슨이 플라워의 발언을 펩타이드 요청으로 듣고 있음을 가리킨다. 단순히 펩타이드를 요청하는 대신에 플라워는 그의 요청을 탐구의 중요성이라는 관점에서 꺼낸다. 다시 말해 과학 활동의 인식론적 또는 평가적 정식화가 사회적 교섭 작업을 하도록 이루어지고 있는 것이다.

이처럼 단 몇 분이 걸리는 단일 토론이 일련의 복잡한 교섭을 포함할 수 있다. ACTH와 엔도르핀이 공통 관계를 갖고 있다는 주장은 강화되었다. 브러닉의 최근 주장은 강등되었으며, 일정한 펩타이드에서 정신행동적 효과의 결여를 이야기하는 윌슨의 주장을 겨냥한 공격에 대해서 저항을 강화하도록 연구가 계획되었다. 그렇다면 이것들은 실험실 곳곳에서 끊임없이 발생하는 사실 구성의 그저 몇몇 미세과정의 결과인 것이다. 실제로 앞에 보고된 만남

3 이 현상은 우리 연구에서 여러 번 관찰되었다. 그것이 논문에 편견이 있다거나 자료가 함부로 변경된다는 것을 시사하지는 않는다. 오히려 우리가 2장에서 제안했듯이 논문은 작업을 더 유효하게 하기 위해 마련된, 장 내에 존재하는 작업임을 보여준다. 자료와 논점의 관계는 탄약과 과녁의 관계에 유비된다. 이는 논문이 실험실 연구 활동을 정확히 반영해야 하는 이유가 왜 존재하지 않는지에 대한 이유다(Medawar, 1964; Knorr, 출간 예정).

은 수백 개의 유사한 의사교환을 대표하는 전형적인 것이다. 이런 의사교환 과정에서 믿음이 변화하고, 진술은 강화되거나 불신되며, 연구자 사이의 평판과 동맹이 수정된다. 우리의 현재 목적에서 보자면, 이런 종류의 의사교환의 가장 중요한 특성은 그것이 참여자들 사이에서 일어나는 교섭의 영향을 벗어나 있다는 의미에서의 '객관적' 진술들을 결여하고 있다는 점이다. 게다가 그런 의사교환이 과학이 아닌 배경에서 의사교환이 지니는 특성과는 현저하게 다른 추론 과정을 포함한다는 지적은 존재하지 않는다. 실제로 관찰자에게 '과학의' 의사교환의 성질과 '상식적' 의사교환의 성질 사이에서 어떤 전제된 차이는 이내 사라진다. 이것이 시사하듯, 실험실 내 대화 교환과 바깥에서 일어나는 대화 교환 사이에 유사성이 존재한다면, 과학 활동과 상식적 활동 간의 차이는 추론 과정 속에 존재하는 차이 이외의 면모에 의해 가장 잘 특징지어질 수 있다(6장을 볼 것).

실험실 내에서 과학의 의사교환과 과학이 아닌 맥락에서 발생하는 의사교환 사이에 존재하는 한 가지 명백한 유사성은 그것들의 비균질성이다. 불과 몇 초 동안 지속되는 의사교환에서 몇 가지 명백하게 다른 몰두가 나타난다. 예를 들어 다음의 의사교환은 논문 초고에 관해 토론하고 있던 두 과학자 사이에서 발생했다.

> 스미스: 전체 서열 분석 작업을 해야 하는데 시간이 충분치 않습니다.
>
> 윌슨: 그러나 영국에서 온 이 친구들은 논문에 아미노산 분석만 제시할 뿐이군요. 나쁜 방식인데….
>
> 스미스: 그리고 위험합니다. 돼지와 양의 서열 사이에 일정한 변이가 있어서 아미노산 분석으로 서열을 연역할 수가 없거든요(IV, 37).

이 의사교환이 있던 동안 스미스와 윌슨은 탁자에 앉아 초고, 원장부, 논문 복사물에 둘러싸여 있었다. 논문 초고를 절반이나 작성해놓았음에도, 논의를 지지하는 자료는 아직 입수하지 못한 상태다. 스미스가 논평하듯이 자료를 얻는 데 필요한 일련의 탐구는 그가 할애할 수 있는 것보다 더 많은 시간이 걸릴 것이다. 윌슨이 언급했던(그리고 그들 자신의 논문에서 필수적으로 언급해야 했던) 영국 연구자들이 쓴 논문은 새로이 발견된 물질 A가 알려진 물질 B의 구성 부분의 일부일 뿐이라고 주장한다. 그들은 물질 A에 대한 아미노산 분석이 물질 B에 대한 아미노산 분석의 일부와 동일했음을 발견했으므로(그리고 그 두 물질이 연관되어 있다고 믿을 보조적인 이유를 그들이 갖고 있었으므로), 영국 연구자들은 그 두 물질의 구조가 같음을 결론 내렸다고 이야기되었다. 서열보다는 오히려 아미노산 분석을 보고하는 것은 "나쁜 방식"이었다고 윌슨은 논평했다. 영국 연구자들이 그(윌슨)가 물질 A에 대한 직접적인 서열 분석 작업으로 똑같은 판정을 확립하려 시도하고 있던 지점에서 물질 A를 파악했다고 너무 이르게 주장했다고 불평하는 것이었다. 그렇지만, 스미스는 그 쟁점을 그저 나쁜 방식의 문제 그 이상의 것으로 보았다. 그의 신용 가능성은 미래의 논문이 물질 A에 대해 다른 구조를 내놓을 수도 있다는 위험 때문에 위기에 처했는데, 이로써 스미스와 영국 연구자들 모두 아미노산 분석으로부터 물질의 구조를 너무 이르게 연역했다는 비판이 성립 가능할 것이다. 이 가능성은 구조를 확립하려던 과거의 시도에 관해 참여자들이 지닌 지식에 의해 높아졌다. 책상 위에 계속 놓아두었던 데이호프(Dayhoff) 펩타이드 사전을 참조함으로써 스미스는 여러 물질의 구조가 펩타이드를 취해온 특정 동물의 종에 따라서 달라진다는 점을 보여줄 수 있었다. 그럼에도 아미노산 분석에서 그 구조를 연역해낼 수 없다고 그가 논의했을 때, 스미스가 절차의 절대 규칙에 호소하고 있었던 것은 아니다. 덜 위험한 상황에서, 덜 엄격한 그룹에서, 그 사전이 아무런 변이를 보여주지 않았던 사례에서 구조는 이런 방식으로 연역될 수 있었을 것이다. 영국 연구자들은 이미 이런 연역을 했으므로 윌슨과 스미스는 똑같은 도약을 하고 싶어 했을 수도 있다. 더 많은 실험을 수행할 것이냐 또는 물질 A와 B를 동일한 것으로 단순히 일치시킬 것이냐의 결정은 따라서 윌슨과 스미스가 한 다양한 평가에 의존했다. 예를 들어 충분한 시간을 쓸 수 있었느냐 여부는 그가 완수해야 했던 여타 과제의 상대적 중요성에 대한 스미스의 평가에 달려 있었다. 구조를 독립적으로 연역하는 일의 중요성은 미래의 논문에서 나타날 성립 가능한 반대에 관한 스미스의 평가에 의존했다.4

과학자 간의 이런 대화 사례들은 평가의 복잡한 그물이 동시적으로 어떤 한 가지의 연역이나 결정 속으로 들어간다는 것을 보여준다. 마지막 사례에서, 전문직업적 실천의 필요성, 시간의 제약, 미래에 있을 논쟁의 가능성, 공존하는 연구 관심의 긴급함에 대한 평가가 있었다. 평가의 풍부함이, 이들의 대화가 발생했던 실제 물질적 배경과 분리되어 발생하는 사고 과정이나 추론 절차에 관해 상상해보는 것을 불가능하게 하는 것이다. 서로 다른 유형의 몰두가 과학자 사이의 의사교환 속으로 들어오는 방식을 이제 더 면밀히 보기로 한다.

어떤 발언은 서로 다른 몰두를 하나나 그 이상 포함할 수 있다. 그러므로 어떤 주어진 상황에서 다중적 관심이 동시에 어떤 한 가지 발언 속으로 들어오거나 혹은 관심의 집합 사이에서 발언이 빠르게 전환될 수도 있다. 예를 들면 어떤 것에 관해서 알려진 바를 다루는 일련의 발언은 갑자기 중단될 수 있고, 그래서 아주 다른 몰두가 작용하게 된다(누가 그것을 했는가? 그는 얼마나 좋은 사람인가?). 그러나 이들 관심은 자체가 급작스럽게 전환되는 경향이 있다(어디에 그리고 무엇을 내가 출간해야 하나?). 그다음 발언은 이제 또 다른 몰두를 구현해낼 수가 있다(이 논문에서 우리는 무엇을 말할 수 있는가?). 게다가, 토론은 명백하게 연결되지 않은 문제에 의해 방해받는 경향이 항상 있다

---

4 위험스러운 반대로서 다른 이들의 논평을 보는 일은 다시 스미스의 이력 결정에 달려 있다. 만일 그가 과학을 떠났다면(그리고 교육 쪽으로 들어갔다면) 반대에 대한 그의 민감성은 수정되었을 수도 있다. 이와 대조적으로, 우리는 3장에서 반대가 전혀 중요하지 않은 것으로 판명 날지라도 어떻게 아주 심각하게 여겨질 수 있는지 보여주었다.

〔마이크(Mike), 거치대를 어디에 놨어?〕.

과학자의 토론 속으로 들어가는 관심에 관한 포괄적 유형론은 현재 토론의 영역을 넘어설 것이다. 그럼에도 대화 교환의 네 가지 주요 종류를 예비적 방식으로나마 식별해내는 것은 가능한데, 이들 각각은 참여자들의 몰두의 집합에 대응한다.

첫 번째 종류의 의사교환은 '알려진 사실'에 대한 참조를 특징으로 했다. 확립된 지 오래된 사실에 관한 토론은 드물었고 이 지식이 현재 논쟁과 유관하다고 생각될 때에만 발생했다. 더 빈번히, 알려진 것에 관한 토론은 최근에 확립된 사실과 관련되었다. 따라서 흔한 종류의 의사교환은 이랬다. "예, 누군가 그걸 했다고요?" "그 방법에 관한 논문이 있나요?" "이 완충제를 가하면 어떻게 되나요?" 그렇지만 토론이 과거에 대한 아무런 참조 없이 시작될 때, 그것은 의사교환을 하던 무리가 최근 출간된 특정 논문의 존재를 불러내기 얼마 전이었다. 다음은 점심때에 있었던 토론의 일부다.

디터(Dieter): MSH와 베타 LPH 사이에 어떤 구조적 관계가 있나요?

로즈(Rose): MSH가 베타 LPH와 공통된 부분을 갖고 있다는 건 잘 알려져 있죠. …〔로즈는 어느 아미노산들이 똑같은지를 계속 설명했다. 갑자기, 그가 디터에게 물었다.〕 시냅토솜(Synaptosome)에서 단백질 분해 효소를 발견하리라고 기대했나요?

디터: 아, 그렇습니다.

로즈: 그렇다면, 그게 오랫동안 알려져 있었어요?

디터: 글쎄요, 그렇기도 하고 아니기도 한데… 얻지 못한다는 걸 보여주는, 해리슨(Harrison)이 쓴 논문이 있어요(VII, 41).

이 의사교환은 교과서에 발견하리라 기대할 수 있을 법한 종류의 진술로 시작되었다(2장을 볼 것). 그렇지만 어떤 것이 잘 알려져 있다는 언명은 참여자에게 불충분한 것이며 또한 관심을 불러일으키지 않는 것으로 여겨졌다. 로즈는 얼마나 오랫동안 이것이 잘 알려져 있었는지 알기를 원했다. 디터는 이어 그 문제에 관해 출간된 진술을 포함하는 논문을 언급했다. 그래서 주의는 지식 항목 자체로부터 미개척 분야에의 그것의 근접성에 관한 평가와 그것의 출간 장소 및 시간으로 빠르게 다시 방향 조정이 이루어졌다. 결과적으로 논쟁("예와 아니오")의 가능성이 제기되었다. 분명히 이런 종류의 의사교환은 그룹의 구성원들로 하여금 서로의 지식을 계속 끌어오도록 할 수 있는, 그리고 전문가들로 하여금 자신의 것을 개선하게끔 할 수 있는 정보 확산 기능을 한다. 이들 의사교환은 현재 관심사와 관계가 있게 된 과거의 실천, 논문, 착상을 되찾는 데 도움이 된다.

두 번째 종류의 의사교환은 검정을 수행하는 것과 같은 실천적 활동의 과정에서 발생했는데, 이때 다음과 같은 발언이 흔했다. "통제하려면 쥐를 얼마나 써야 합니까?" "표본을 어디에 두었죠?" "피펫을 이리 주세요." "주입하고 이제 10분 되었습니다." 이것들은 일을 하는 올바른 방식에 대한 언급이 계속 이루어지는 의사교환의 대체로 비언어적인 덩어리 가운데서 언어적 성분이다. 이들 의사교환은 기술자 사이에서, 또는 연구자와 기술자 사이에서(또는 기술자로 활동하는 연구자 사이에서) 일어난다. 더 정교한 형식 속에서 이 의사교환은 특정 방법의 신뢰 가능성에 대한 평가와 관계되어 있다. 예를 들면 힐스(Hills)가 논란이 되는 어느 물질을 분리하는 데 가능한 협력에 관해 이야기하고자 실험실에 왔을 때, 그는 자신이 사용해온 생물학적 검정의 신뢰 가능성을 연구자들에게 확신시켜야 했다. 힐스는 한 시간 동안 자기 방법의 세부 사항을 소개했는데, 그 시간 동안 그는 질문으로 자주 중단하게 되었다.

존: 메탄올을 말씀하셨는데 … 이게 순수한 메탄올이죠?

힐스: … 내가 생각하는 것은 순수한 메탄올이고, 나는 더 이상 신경 쓰지는 않습

니다. … 그것들이 정상 세포처럼 보이는 일곱째 날에 이르러 우리는 그 접시를 사용합니다. 그것들은 전혀 구별되지 않으며, 우리는 성장을 최소화하는 새로운 매질을 첨가합니다.

존: 우리가 시도해보았어요. 잘 되더군요.

힐스: 그거 재미있네요.

윌슨: 이것이 당신이 얻은 비율이죠, 존?

힐스: ○○○을 내 물질에 더해서 합칠 때는 전혀 반응이 없어요.

존: 이것이 **동일한** 접시 속에 있는 것인가요?

힐스: 우리는 그 경우 방향을 뒤집으며 그 뒤에는 동일한 반응을 얻게 될 겁니다.

존: 음, 그거 재미있네요(VI, 12).

피상적으로, 이런 종류의 토론은 순전히 기술적인 것이라고 여겨질 수도 있다. 그렇지만 앞 사례에서 볼 수 있듯이, 토론의 형식과 질료 둘 다를 제약하는 수많은 저류(底流)가 항상 존재한다. 예를 들면 관심을 나타내는 존의 마지막 표현은 힐스의 논의가 전적으로 설득력이 없다는 그의 느낌을 숨겼다. 존은 자신의 우두머리인 윌슨이 힐스와 열정적으로 협력하고 있는 것을 알았기 때문에 힐스의 논의를 너무 엄격하게 조사하기는 불가능하다고 느꼈다고 뒤이어 보고했다. 존에 따르면, 그의 질문들은 힐스의 방법에 대한 꽤 명백한 반대들을 그저 제거해내는 것을 목표로 했다. 힐스의 결과는 메탄올이 순수하지 않았기 때문에 생겨났을 수가 있다. 존은 그 실험실의 화학자들이 인공물로 판명 날 수 있을 물질을 분리해내려던 힐스와의 협력을 요청받을 가능성을 피해 가길 원했다. 이에 더해, 힐스의 방법에 관한 토론은 그가 작업해왔던 물질이 몇 년 전 그 실험실이 받은 거액의 연구비의 초점이었다는 모든 관계자의 암묵적 지식과 더불어 나아갔다. 그러나 수백만 달러의 연구비가 들었는데도 그 물질을 분리하려는 그들의 기도는 지금껏 성공적이지를 못했다. 존에 따르면, 실제로 이 분리를 해냈다는 출간된 주장이 10건 정도 있었으나 모두 오류가 있는 것으로 판명 났다. 힐스의 방법에 대한 외견상 기술적인 토론은 따라서 미래의 협력에 관한 존의 평가, 인공물로 나타날 물질에 대한 연구를 회피하려는 욕망, 그룹의 현행 투자에 의해서 정보를 받은 주의 깊은 조사를 포함한다.[5]

가끔은 세 번째 종류의 의사교환이 일어났다. 이런 종류는 이론적 문제에 주로 초점을 맞춘 것으로 보였다. 이것으로 우리는 과거의 지식 상태, 서로 다른 기법의 상대적 효율성, 또는 특정한 논문과 과학자에 대한 어떤 명백한 언급도 없는 의사교환을 의미한다. 이런 종류의 의사교환은 주로 존과 스펜서(Spencer) 사이에서 발생했다.

존: 당신이 생리학적으로 의미가 있다고 부르는 바가, 지금 기술적으로 실행 가능한 것보다 더 큽니다.

스펜서: 하지만 그건 건강한 태도입니다. 신경전달물질을 정의하는 기준과 같이, 미래의 연구를 정의해줍니다. 이 기준에 의하면 TRF의 생리학적 역할에 관한 증거가 전혀 없습니다.

존: 논점을 다시 이야기해보자면 … 원래, 나는 계통발생적인 의미를 이야기하는 것인데, 신경전달물질이 먼저라는 겁니다. 수용체는 모든 장소에서 증가합니다. 펩타이드가 단지 그렇게 진화한 것은 아닙니다. 더 적은 수용체도 있지만 나는 신경전달물질과의 아무런 차이도 볼 수 없습니다(XIV, 10).

---

5 그런 기술적 토론들이 다른 토론들과 본질적으로 다르지는 않다. 그것들은 불가지론적 장내의 일정한 단계와 압력에 대응한다. 이론에 관한 질문("이 기제를 당신은 어떻게 설명하시겠습니까?")에서 일반적 기법("어느 검정으로 그것을 시도하시겠습니까?")에 관한 질문으로의 윌슨의 전이는 동료에 대한 그의 확신에서 비롯된다. 확신이 정말 약하다면 그는 더 많은 특수한 질문("당신의 책을 보여주십시오")을 하게 될 것이고, 그것이 잘되지 않으면 윌슨은 몇몇 경우에 상대적으로 하찮은 절차("당신은 어떤 표본을 사용했고, 어디서 분말을 취했습니까? 거치대에 어떻게 번호를 매겼습니까?")의 사용에 관해 조사했다. 그의 확신과 기득권은 그가 한 질문들에 결정적이었다.

외견상 순수하게 이론적인 문제에 대한 관심으로 보이지만, 이런 유의 토론은 여타 논점과 밀접하게 연관되어 있다. 첫째, 앞의 토론은 스펜서가 같은 날 보내야 했던 초록에 관해 전에 했던 토론 때문에 시작되었다. 이 초록에서 스펜서는 TRF는 인공물이며 아무런 생리학적 중요성이 없다고 지적하는 것으로 보였다. 둘째, 이 토론은 그들 학제의 미래와 실험실 속 연구가 취할 방향에 대한 존과 스펜서의 관심과 비명시적으로 관계가 있었다. 펩타이드 호르몬에 대한 정의에서의 전이가 그들에게 중요했다. 만일 펩타이드 호르몬이 고전적 방출호르몬이 아니라 신경전달물질로 정의되었다면, 여타 방법이 사용되었을 것이고, 여타 협력이 들어왔을 것이며, 여러 연구 프로그램이 세워졌을 것이다. 이 토론이 일어난 시기는 TRF가 신경전달물질과 유사한 효과를 갖는다는 것이 점점 더 많이 알려졌을 때, 그리고 그에 따라 학제의 경계를 벗어나는 과정에 있을 때였다. 이와 동시에 존과 스펜서의 실험실 지도자는 이미 연구를 물질의 정신행동적 측면으로 전이시켰다. 만일, 우리가 이론적 토론을 해석하면서 사회적 배경을 지나치게 강조하고 있으며 그 배경은 인위적으로 구성되어온 것이라고 누군가 논한다면, 우리는 과학자들이 연구 프로그램 평가의 일부로 끊임없이 이런 종류의 해석을 내린다고 대답할 수 있다.

네 번째 종류의 대화 교환은 여타 연구자들에 대한 참여자들의 토론을 특징으로 한다. 때로 이것은 과거에 누가 무엇을 했느냐에 관한 회상을 포함했는데, 연구 압력이 이완된 점심 이후나 저녁에 보통 이루어졌다.[6] 더 흔했던 것은 특정 개인이 평가받는 토론이었다. 이것은 종종 특정 논문의 논의에 관한 언급이 이루어지는 그런 경우였다. 한 진술 자체를 평가하는 대신에, 참여자들은 저자에 관해서 이야기하고 저자들의 사회적 전략이나 심리적 구조의 측면에서 그 진술을 설명하는 경향이 있었다. 예를 들면 스미스와 리커트

---

6 과거에 대한 토의 대부분에서 신용의 올바른 할당 문제가 주요 초점이었다. 5장을 볼 것.

(Rickert)는 그들이 쓴 초록에 관해 토론하고 있었다. 그들 앞에 리커트의 그림이 있었는데, 이것은 리커트 실험실에서 연구하던 젊은 박사 후 연구원이 산출한 것이었다. 토론의 초점은 이 연구자의 능력이었다.

스미스: 그녀가 다섯〔마리 더 많은 동물〕을 해치울 수 있다고 확신합니까?

리커트: 그녀의 정직성이요?

스미스: 그녀의 정직성이 아니면 … 그녀가 다른 것을 해냈다고 확신했나요…?

리커트: 아, 아닙니다만, 그 수준에서, 그녀는 아주 믿을 만합니다(IV, 12).

결국 스미스와 리커트는 그들이 완전하게 확신하지 못하는 결과를 출간하는데 '득보다 실이 더 많았기' 때문에 초록을 더 진전시키지 않기로 결정했다. 이 결정에 영향을 미친 중요한 요인 중 하나는 그 젊은 연구자의 인격에 대한 그들의 평가였다. 그렇지만, 스미스의 최초 발언에서 자료의 신뢰 가능성이, 관련된 개인의 인격적 속성의 관점에서 평가되어야 하는지는 분명하지 않다. 스미스의 첫 번째 발언에 대한 리커트의 반응은 그 자신의 혼동을 드러낸다.

진술의 생산에 끼어든 인간의 작용에 대한 이런 종류의 언급은 매우 흔하다. 실제로, **누가** 주장을 만들었느냐가 그 주장 자체만큼이나 참여자의 토론에서 중요하다는 점은 분명했다(5장을 볼 것). 어떤 의미에서 이 토론들은 참여자들 자신이 참가하는 복잡한 과학사회학과 과학심리학을 구성했다. 다음 발췌문은 참여자 자신의 과학사회학이 결정을 내리고 진술을 평가하는 자원으로 사용되는 방식을 보여주는 더 나아간 사례를 제공한다.

그녀가 …이기 때문이거나 그녀의 경쟁력이 대단하기 때문에 내가 그녀와 중대한 연구를 하기를 갈망하는 것은 아닙니다. 우리는 그녀의 논문에서 마지막이 될 텐데, 음, 15인 중 열두 번째겠죠〔웃음〕(IV, 92).

이것은 특정한 실험을 할 것이냐 말 것이냐에 관한 두 참여자 사이의 토론 중에 일어났다. 그 일을 하기로 하는 결정에는 협력자가 채택할 가망이 있는 전략의 종류에 대한 평가가 분명히 관련되었다.

> 그들은 그들의 비즈니스를 모릅니다. 그들이 몇 년 동안 진통제로 알려져 왔던 프로게스테론(progesterone)을 보는 것일 수도 있어요. … 또한, 그 모두 속에 표지가 존재합니다. 영국 사람이 그것을 발견했고, 그것을 밀어붙입니다. 정상이지요(VII, 42).

유사한 방식으로, (몇몇 영국 연구자의 진술에 대한) 앞의 비판은 발견을 그들이 다루는 일에 대한 논평을 포함한다.

앞의 네 가지 대화 교환을 잠정적으로 구별하는 것이 가능함에도 불구하고, 많은 토론이 한 주제에서 다른 주제로 계속 전환하며 진행된 것도 분명하다. 예를 들면, 어느 토론(완전하게 재생하기에는 너무 길다) 과정에서 막 돌아온 한 참여자가 그린(Green)이 "바보짓을 했다"라고 논평했다. 그는 즉각 이 사적인 공격을 "그린은 여전히 새로운, 더 유력한 펩타이드에 대해서 이야기하고 있습니다"라는 불가지론적 진술과 연결했다. 발언자는 이어서 그와 그린의 화학자와의 만남을 관련지어 주었던 기법들에 관한 토론으로 전환했다.

> 실험실에서 있었던 네 시간에 따르면, … 나는 인상을 받지 못했어요. … 출간된 연구로 판단했을 땐 훨씬 더 당혹스러운 것이었습니다. … 잘라(Xala)〔그린의 화학자〕는 그린의 아킬레스건입니다(X, 1).

그래서 하나의 짧은 토론 과정에서 연구 주제 문제, 성격, 회의에서 했던 주장, 다른 실험실에서 사용한 기법들, 경쟁자들의 과거 주장이 언급되었다.

대화가 잠시 끊겼다가 동일한 발언자가 다음과 같이 덧붙였다.

> 지금까지 매우 빠르게 변화해가고 있고, 우리는 이 물질에 대한 항체를 가진 유일한 사람들입니다. … 우리는 의미 있는 작업을 하는 유일한 사람들로 보였습니다(X, 10).

이 짧은 부가 내용에서, 발언자는 실험실의 한 물질적 요소(항체)를 불가지론적 장(agnostic field)과 그 자신의 연구 둘 다에 연결 짓는다.

같은 발췌문이 더 나아가, 일단 다른 참여자 두 사람이 말하기 시작하자 토론 안으로 들어오는 다수의 관심을 보여준다.

A: 당신이 재미있어 할 것을 우리가 갖고 있어요. … 우리는 B 1회분을 주었습니다. 극초단파로 동물들을 죽였고 … 물론 우리는 어떤 주입 없이도 몇몇 통제 방법을 갖고 있죠.

B: 흠, 흠.

A: 그리고 우리는 그것들을 베타와 알파에 대해서 검정합니다.

B: 전체 뇌를?

A: 예, 그리고 깜짝 놀랄 일은 두 시간 반 뒤에 있었습니다.

B: 〔신중하게 적으면서〕 두 시간 반….

A: 그것은 여전히 베타 값의 40%였고 … 〔휘갈겨 쓴 종잇장을 가리키면서〕 그 값들은 여기에 있어요.

B: 이런, 믿을 수가 없군요!

A: 물론 베타 검정이 완전하진 않지만 신뢰할 수 있어요….

B: 이 경우에 B에 대한 오독이 중요할 수 없다고 생각하는데….

A: 아니죠, 아니라고 생각합니다.

B: 〔용지를 보면서〕 이 점은 통계적으로 다른 것이죠?

A: 아, 맞아요, 내가 했어요. … 여하튼 그것은 통제와 다릅니다….

B: 통제는 뭐죠?

A: 통제는 동일한 방식으로 추출한 뇌입니다. … 이야기할 것이 조금 있을 텐데, 통제에서 알파보다 베타가 25배 더 많아요.

B: 그렇게 많다는 것이 벌써 흥미로워지네요.

A: 그 값은…

B: 연맹에 초록을 보내기엔 너무 늦었죠?!(X, 20).

이 의사교환은 참여자들이 많은 자료 용지를 쳐다보면서 일어났다. "믿을 수가 없군요"와 "깜짝 놀랄 일" 같은 표현은 펩타이드 베타가 빠르게 그리고 자료의 반대되는 지적에 의해 강등되리라는 기대에서 뻗어 나왔다. 발췌문 마지막을 향해 가면서 "흥미로워지네요"라는 표현을 B가 사용한 것은 베타나 알파의 어느 것이 인공물이냐에 관한 논쟁이라는 배경에서 이해될 수 있다. B의 질문 각각은 검정 결과에 대한 기본적 반대를 예견했다. 질문들에 답하거나 예견하는 능력은 전적으로 국소적 상황에 의존했다. 다른 말로 한다면, 검정을 신뢰할 수 없었을 가능성이나 읽은 값이 다른 물질의 존재에서 비롯되었을 가능성이 있었다. 의사교환을 했던 무리는 그래서 그들의 수치를 만지고, 가능한 반대를 고려하고, 진술에 대한 그들의 해석을 평가하고, 다른 주장들의 신뢰 가능성을 따져보는 일에 참여했다. 늘 그들은 논문으로 날쌔게 돌진할 준비, 그리고 그들의 논의에 대한 기본적인 반대의 먹이가 되지 않으려는 노력 속에서 그 논문의 논의를 사용할 준비가 되어 있었다. 그들의 논리는 지적 연역의 논리가 아니었다. 오히려 그것은 그들이 상상해볼 수 있는 만큼의 여러 대안을 제거하려는 토론자 그룹의 기술적 실천이었다. 이들 미세과정의 힘으로 그들은 진술이 특정한 방향으로 향하도록 강제하려고 했다. 앞의 사례에서 얻은 결과를 설명한다고 생각된 관념(이른바 섭취 이론)은 3일간만 지속되었다. 뒤이어 B가 언급했던 결과는 인공적 효과에서 생겨난

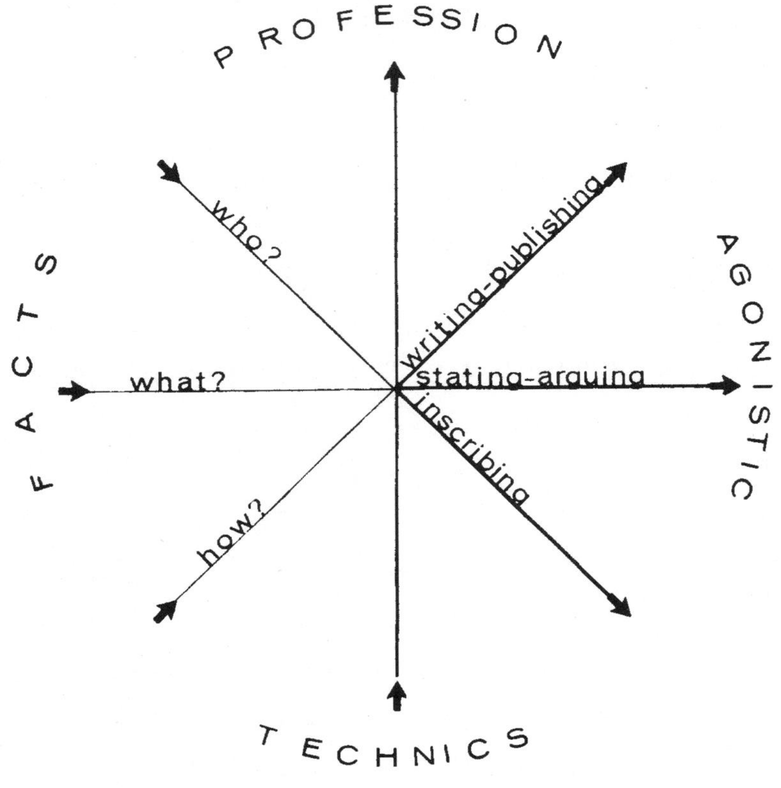

그림 4.1
이 도표는 우리가 실험실에서 관찰한 대화의 서로 다른 몰두를 나타낸다. 어떤 발언은 교차선의 가운데에 위치할 수 있으며 여기에 지적해놓은 몰두의 어떤 집합으로 갑작스럽게 전환되기 쉽다. 주요 집합은 이미 구성된 사실(단계 4 또는 5), 이들 사실을 만든 개별적인 사람들, 제작 과정 속에 있는 단언의 집합(단계 1에서 3), 마지막으로, 수행될 작업을 허용하는 실천의 덩어리와 기록하기 장치다. 어떤 발언은 따라서 이들 여러 가지 평가의 합체인 것이다. 우리가 과학적 언명이 사회적으로 구성된다고 말할 수 있는 것은 이런 의미에서다.

것으로 설명되었다.

우리 탐구 과정에서 주목했던 모든 대화에 대한 포괄적 분석은 현재 논의의 영역을 훨씬 넘어갈 것이다. 그렇지만 현장 과학자들 간의 대화가 과학의 실천에 관한 연구에서 이제껏 주로 무시되어온 잠재적으로 성과 있는 자료의 원천이 된다는 것은 분명하다. 그러므로 이 재료가 가져오는 기회 중 몇몇을 요약하기로 한다. 첫째, 대화 재료는 과학자들의 토론에서 무수한 상이한 유형의 관심과 몰두가 얼마만큼 서로 맞물려 있는지를 꽤 분명하게 나타낸다(그림 4.1). 둘째, 우리는 순수하게 서술적인, 기술(技術)적인, 또는 이론적인 토론을 파악하는 일의 극단적 어려움을 드러내는 증거를 제시했다. 과학자들은 동일한 토론 안에서 관심을 계속해서 바꾼다. 더욱이 그들의 토론은 그들의 의사교환에 정보를 부여해주는 관심의 맥락에서 설명될 수 있을 뿐이다. 셋째, 과학자들이 그들의 상황에서 채용하는 신비로운 사고 과정이 일상생활의 마주침에서 그럭저럭 헤쳐 나가기 위해 채용하는 기법들과 두드러지게 다르지 않다고 우리는 제안했다. 물론 이 주장을 만족스럽게 유지하기 위해서는 훨씬 더 세부적인 논의가 필요하다. 현재로서는 다만 우리가 서술했던 마주침이 사실 구성이라는 관념을 사용해 적절히 설명될 수 있다는 점과 이로써 임시변통적인 인식론적 설명을 사용할 필요가 없어진다는 점을 제안할 것이다.

'사고 과정'의 사회학적 분석

실험실에 관한 다수의 서면 기록과는 달리, 비공식적 토론은 수정되거나 공식화되지 않은 재료가 된다. 그런 재료가 과학자 간의 일상적 의사교환에 존재하는 사회적 요인의 관입에 대한 풍부한 증거를 제공한다는 점은 아마도 놀랍지 않을 것이다. 그러나 이제 그 분석을 사고 자체라는 영역으로 확장시키는 것이 가능할 것인가? 우리는 독자로 하여금 거시사회학적 관심사로부터 실험실에 관한 연구로, 그리고 거기로부터 단일 사건에 관한 미시사회학적 연구로 우리의 이동을 따라오도록 설득을 시도했다. 앞 절에서 우리는 사실 구성이 어떻게 대화 교환에 의해 영향받는지 조사했다. 그러나 사고에 대한 분석은 확실히 사회학적 탐구의 영역을 넘어선다! 예를 들면, 사고 속에서 개별 과학자의 독거(獨居)가 정의(定義)에 의해 사회학자를 배제한다고 논의될 수는 없을 것이다. 사회적 요인은 사고 활동에서 자명하게 결여되어 있다. 이에 더해, 사회학적 관찰자가 사고 과정에 대한 어떤 서면 기록을 제시할 수 없기 때문에 사고의 사회적 특성을 증명할 수 없다는 주장도 가능할 것이다.[7]

무언의 개인적 사고라는 수준에서 이루어지는 사회학적 탐구를 중지하고 그 기반을 심리학(Mitroff, 1974), 정신분석, 또는 과학자의 회상(Lacan, 1966)에 맡겨두는 것이 더 현명해 보일 수도 있겠지만, 이는 지금까지의 우리 논의와 일관되지 않는다. 만일 우리가 과학자들의 사고를 사회학적 용어로 설명할 수 없다면, 우리 자신이 벗어나려고 했던 임시변통적 개념이 '내밀한 사고 과정' 속으로 그저 피난해 들어올 것이다. 결과적으로 과학은 다시 한 번 이상하게 보이게 될 것이다. 우리 입장이 19세기 생물학의 생기론(生氣論, vitalism) 반대자들과 다른 것은 아니다. 순수하게 기계적이고 유물론적인 용어로 생명을 설명하려던 생물학자들이 어떤 진보를 이루어냈을지라도, 몇몇 측면은 항상 설명되지 않은 채 남아 있다. '영혼' 또는 '순수한 생기력'이라는 관념이 피난처를 발견할 구석은 항상 존재했다. 이와 유사하게, 과학에 특별한 무언가가 있다는, 유물론자와 구성주의자가 결코 파악할 수 없는 특별하

---

7 우리의 인류학적 관점이 갖는 한 가지 큰 이점은, 논문, 원장부, 학술지 소논문, 편지, 심지어 대화 녹취록이라는 풍부한 서면 문서에 대한 의존이다. 그와 같은 쓰인 문헌을 사용 가능한 한에서, 기호학, 주해(註解), 민속방법론 등이 적용될 수 있다. 그렇지만 한눈에 보아도 '사고 과정'은 이런 종류의 취급에 소용이 되지 않는다.

거나 신비한 무언가가 있다는 관념은 점점 더 멀리 추진되었다. 그러나 과학자의 정신에 특수한 사고 과정이 존재한다는 생각이 지속되는 한 이 관념은 계속 남아 있을 것이다. 우리가 임시적으로 이 새로운 수준의 미세과정으로 진출할 필요가 있다고 함은, 우리의 논의를 완성하는 것이고 과학에 대한 이국적 견해를 구조하려는 노력을 절름발이로 만드는 것이다.

사고 과정 연구의 주요 걸림돌이 서면 기록이 부재한다는 점이라고 이미 언급했다. 상황은 운 좋게도 그것보다는 더 복잡한데, 이웃 실험실의 한 구성원이 제공한 다음의 설명에서 볼 수 있는 것과 같다.

> 슬로빅(Slovik)이 검정을 제안했지만 그의 검정이 모든 곳에서 작동하지는 않았습니다. 사람들은 그것을 재현할 수 없었어요. 일부는 할 수 있었지만 일부는 할 수 없었지요. 그런데 어느 날 슬로빅은 그것이 물속의 셀레늄(selenium) 농도와 관계될 수도 있다는 **착상을 얻었습니다**. 그들은 검정이 작동하는지 확인했어요. 그리고 정말로 슬로빅의 착상은 옳았고, 셀레늄 농도가 높은 곳에서는 항상 작동했습니다(XII, 2).

분명히, 이 설명은 성서 주해에서 발견되는 종류의 처치를 잘 따르는 것이다(Bultmann, 1921). '어느 날 어찌어찌해서 착상을 얻었다'라는 유형을 보여주는 일화인데, 과학사가들이 잘 알고 있듯이 과학자들의 회상에 흔하다. 그것이 일화이다라는 관찰은 중요한 귀결을 갖는다. 어떻게 슬로빅이 그런 좋은 착상을 얻을 수가 있었고 어떻게 그렇게 지독히도 옳을 수 있었는지를 경탄하는 대신에, 면담 재료에 기초한 사회학적 논의를 사용하는 대안적 설명을 정식화할 수 있다. 이런 종류의 설명은 다음 형식을 취한다. 첫째, 대학원생은 자신의 분야와는 전혀 관계없는 분야에서 학점을 딸 의무가 있다는 제도적(캘리포니아대학교) 요구 때문에, 슬로빅의 젊은 학생이었던 세라(Sara)가 셀레늄 연구에 착수했다. 그녀는 이것이 그녀의 주요 선택과 모호한 관계를 지녔기 때문에 그것을 선택했다. 둘째, 대학원생들이 특별학점을 얻었던 관계가 없는 영역에 대해서 대학원생들이 이야기해달라고 요청받은 비공식적 세미나가 개최되는 그룹의 강한 전통이 있었다. 셋째, 어느 모임에서 세라는 그녀의 동료 면역학자의 관심을 끌었던 조직을 다루는 그리고 물속 셀레늄 농도가 암에 미치는 영향과 같은 더 관련이 없던 질문을 다루는 셀레늄에 관련된 논문을 발표했다. 슬로빅이 이 모임에 있었다. 몇 년 전에 그는 한 세포 배양 검정을 제안했는데, 처음에는 누구도 그것을 재현할 수는 없었지만 뒤이어 몇몇 곳에서는 작동하되 다른 곳에서는 그렇지 않은 것으로 알려졌다. 검정의 효력이 지리적 위치에 따라 달라진다는 사실은 곤혹스러운 것이었는데, 주로 과학의 원리는 보편적 참이 되는 것이라는 널리 퍼져 있던 연구 가정 때문이었다. 슬로빅의 기술자조차도 그 자신이 검정을 실험실 바깥에서 작동하도록 할 수 없음을 발견했다. 필요한 모든 재료와 장비가 슬로빅의 실험실로부터 옮겨질 때까지는 그 검정이 작동하는 것으로 알려지지 못했다. 그러나 슬로빅의 실험실 바깥에서 동일한 조건을 재생하려는 이 성공적 기도조차도 물이 중대한 인자임을 드러내지는 못했다. 이전에는, 슬로빅의 검정을 재현하려는 시도가 실패했는데, 그것은 명백히 다른 탐구자들이 사용했던 세포의 본성 때문이었다.

세라는 발표 말미에 캠퍼스에 있는 어떤 이가 물속에 있는 미량의 셀레늄이 몇몇 형태의 암을 일으킬 수 있음을 최근에 제안했었다고 언급했다. 미국 전역에서 물속 셀레늄 농도의 지리적 분포와 일정 유형 암의 출현 사이에 일치가 있었다는 것이 그 제안이었다. 세라는 누구도 이 제안을 심각하게 여기지 않았다고 말했다. 그러나 슬로빅은 물속 셀레늄 농도 분포가 일정 지역에서 특수 현상의 선별적 발생을 설명할 수 있다는 관념을 받아들였다.8 그의

8 이 작업은 유비적 과정에 대한 헤시(Hesse, 1966)의 정의와 합치한다. 분류 과정이라는 관점에서 보아, 암에 대한 X의 특수한 관심은 분리되어 **나온** 것이고, 물속 셀레늄 농도와 변하는 **무언가** 사이의 중첩이라는 관념은 분류되어 **들어온** 것이며 슬로빅의 특수한 문제

검정은 '몇몇 장소'에서 작동했을 뿐이었다. 따라서 높은 셀레늄 농도가 그 검정이 작동하지 않았을 장소에 대응했다는 점은 성립 가능했다. 슬로빅은 검정이 작동하도록 하는 데 성공하지 못했던 동료에게 황급히 전화를 했다. "들어봐요, 착상을 얻었어요. 세라가 그것이 물속에 있는 셀레늄일 수가 있다고 제안했어요. 당신이 확인할 수 있습니까?"

이 두 번째의 설명이 첫 번째 설명만큼이나 많이 구성된 이야기일지라도, 몇몇 주목할 만한 차이가 존재한다. 첫 번째 것의 주요 인물은 슬로빅이다. 두 번째 것은 한 대학원생, 슬로빅, 셀레늄 농도와 암 사이의 가정된 연결을 이야기한 범인을 등장시킨다. 첫 번째 설명은 갑작스러운 깨달음에 초점을 둔다. 두 번째 설명은 우연적으로 관계된 사건들의 다중적 진행을 묘사한다. 첫 번째 것은 개인의 **착상**을 강조하고, 반면 두 번째 것은 제도적 요구, 그룹 전통, 세미나 모임, 제안, 토론 등을 언급한다. 더 중요한 점은 첫 번째 설명이 두 번째 설명의 일부로 포함되었다는 것이다.

슬로빅은 그의 동료들에게 그가 착상을 얻었다고 이야기했다. 분명히, 그 착상을 해낸 명예를 부여하는 일은 어느 특수한 버전이 권위 있는 것으로 받아들여지느냐에 커다란 정도로 의존한다. 그 착상이 세라보다는 슬로빅한테 처음으로 발생했다고 진짜로 이야기할 수 있을까? 우리는 다음 장에서 착상을 배우들이 전용한 일에 대한 토론으로 돌아가게 될 것이다. 현재의 목적과 관련해서 보자면, (첫 번째 설명에서처럼) 착상을 갖는 것이 복잡한 물질적 상황에 대한 요약을 나타낸다는 점에 주목하는 것이 중요하다. 셀레늄 농도와 검정 간의 연결이 일단 이루어졌을 때, 부수하는 모든 사회적 상황은 사라져 버렸다. 두 번째 설명을 첫 번째 설명으로 변환함으로써, 화자는 상황의 국소화된, 비균질적인, 물질적인 집합(그 안에서는 사회적 요인이 분명하게 가시

안으로 수입되었다. 근접성과 그 뒤이은 단계를 설명해주는 유비적 닮음은 영역마다 변하는 현상이다. 우리의 관심사는 유비 추론 자체가 아니라 그런 추론(유비적 추론 또는 여타 추론)의 부재다.

적인)을 관념의 사회적 구성의 어떤 자취도 품지 않은 사적이고 추상적인 관념의 갑작스러운 출현으로 변환시킨다.[9]

이 예는 사회학자나 심리학자가 연구해야 할 어떤 사고 과정이 존재하지 않을 수도 있음을 시사한다. 이것으로 우리는 개인의 착상과 사고 과정이 물질적이고 집체적인 상황의 전반적 집합을 나타내고 단순화하는 특별한 형식에서 결과하는 것임을 제안하려는 것이다. 만일 관찰자가 그런 일화를 액면 그대로 받아들이면, 사실 구성의 사회적 특성을 보여주기가 어렵게 될 것이다. 그렇지만 만일 그가 그 일화들을 그들의 '장르'의 일정한 법칙들에 복종하는 이야기로 취급한다면, 사실 구성의 분석을 확장시키는 일, 그리고 착상과 사고에 관한 그런 이야기가 어떻게 생겨나는지를 이해하는 일, 둘 모두가 가능하다.[10]

앞의 예는, 착상을 지니고 있는 정신에 관한 이야기로 너무도 빈번히 변화되는 바를 우리가 사회학적으로 이해하려는 시도를 장려한다. 한 유용한 격언은 "생각은 손작업이다"라는 하이데거(Heidegger)의 관찰이다. 사고는 숙련 작업이라는 것이다. 숙련 작업의 중요성을 보여주는 통상적이지 않은 명시적인 한 예는 유명한 도너휴(Donohue) 일화에 대한 왓슨(Watson, 1968)의 설명과 연관되어 있다. 염기가 비슷비슷한 구조를 따라 짝을 짓고 있는 그의 '예쁜 모형'에 대한 왓슨의 묘사는, 그 스스로를 사고 영역 안에 위치시키는 것이 아니라 염기에 관한 물리적으로 실재하는 판지 모형을 다루고 있는 실재하는 케임브리지대학교의 한 사무실 내부에 위치시킨다. 그는 착상을 지니게 되었음을 보고하는 것이 아니라, 그 대신에 그가 제리 도너휴와

9 사고 자체의 존재에 대한 믿음을 강화하는 요약된 설명으로서 착상이라는 관념은 과학적 진리에 대한 니체(Nietzsche, 1974a, 1974b)의 논의에 많이 빚지고 있다.

10 사물에 관한 진술을 특수한 장르에 고유한 구체적 이야기로 단순히 변환시키는 것은 **양식사**(樣式史, Formgeschichte)의 기초다(Bultmann, 1921). 성서 주해를 취급할 때는 명백함에도 불구하고, 이 변환은 과학에 관한 연구에서 많은 관심을 누리지 못했다.

사무실을 같이 썼음을 강조한다. 도너휴가 왓슨이 염기를 그려내기 위해 엔올형(enol form)을 선택한 것에 반대했을 때, 왓슨은 실제 화학 교과서를 지목했다.

> 몇 가지 여타 교과서 역시 구아닌(guanine)과 티민(thymine)을 엔올형으로 그려 놓았다는 나의 즉각적인 보고는 제리에게서 영향을 받은 것이 아니다. 다행히, 여러 해 동안 화학자들이 가장 박약한 근거 위에서만 존재하는 그들의 대안들보다 특수한 호변형(互變形, tautomeric forms)을 임의로 선호해온 것을 그는 허용했다(Watson, 1968: 120).

왓슨은 교과서 안에서 표현된 일반적인 의견보다는 도너휴를 다양한 이유로 믿기로 선택했는데, 그중 그날까지의 도너휴의 이력에 대한 그의 평가가 특히 중요했다.[11] 우리가 5장에서 보게 될 것처럼, 개인의 이력은 그의 주장을 평가하는 중요한 자원이 된다. 그의 평가에 기초해 왓슨은 염기에 관한 새로운 판지 모형을 오려냈고, 모형을 한동안 그의 책상 주변에 옮겨 놓은 후에 티민과 구아닌 그리고 아데닌(adenine)과 사이토신(cytosine) 쌍에 관한 판지 모형의 대칭을 보았다. 만일 왓슨이 그의 책을 쓰지 않았더라면, 의심의 여지없이 이 실천의 복잡성은 "어느 날 왓슨이 케토형(keto form)을 시도하는 착상을 얻었다"라는 일화로 변환되었거나, 또는 경쟁 이론들 사이의 거대한 인식론적 전투로 변환되었을 것이다.

관찰자에게 주요 어려움은 그가 보통 너무 늦게 현장에 도착한다는 점이다. 그는 이런 또는 저런 과학자가 어떻게 착상을 갖게 되었는지에 대한 회

---

11 크릭과 왓슨(Crick and Watson, 1977)은 그 후에 도너휴에 대한 왓슨의 확신이 어떻게 권위 있는 화학 교과서에 대한 믿음을 극복하기에 충분할 정도로 강해졌는지를 설명했다. 참여자들은 도너휴가 〔폴링(Pauling)을 제외하면〕 믿을 만한 유일한 사람이라는 사실이 결정적이었다고 회상했다.

고적 일화를 기록할 수 있을 뿐이다. 이 어려움은 새로운 진술의 구성 **그리고** 그것의 형성에 관한 일화의 뒤이어지는 출현 둘 다에 관한 본래 장소에서의 관찰에 의해서 부분적으로 극복될 수 있다. 예를 보자.

실험실에서 스펜서는 뉴로텐신(neurotensin)과 물질 P, 이 두 펩타이드의 유사체를 연구해왔다. 그는 몇 가지 행동 검정으로 이들 펩타이드를 시험해 보았으나 결과에 아주 만족하는 것 같지는 않았다. 그렇지만 이 프로그램의 한 가지 성과는 물질 P의 유사물인 봄베신(bombesin)이 뉴로텐신의 효과와 가장 가깝게 합치하는 것으로 보였다는 것이다. 이는, 그 사실에도 불구하고 봄베신이 뉴로텐신의 구조와는 전혀 관련되어 있지 않다는 것이었다. 얼마 후, 감기에 걸린 쥐의 체온에 미치는 봄베신의 실질적 효과를 보여주려던 도표를 스펜서가 생산해낸 일에 상당한 흥분이 따랐다. 이 효과의 기대하지 않았던 규모가 실험실 안에서 여러 논평을 끌어냈다. 봄베신이 몇 마이크로그램의 양으로 여타 검정에서 활성을 보여주었음에도 불구하고, 체온을 낮추는 데는 나노그램만이 필요했을 뿐이다. 그 실험실의 구성원들은 이것을 새로운 발견으로 고지했다. 이전에는 실험실에서 전혀 사용하지 않았던 검정에서 왜 그가 봄베신을 사용했느냐고 질문을 받았을 때, 스펜서는 다음과 같이 응답했다.

> 훌륭한 CNS(중추신경계) 검정을 할 수 있는 누군가를 나는 오랫동안 기다려왔습니다. … 나는 많은 것을 시도했고 … 당신이 기억하듯, 체온을, 말단 진동을 시도했습니다. 결코 만족하지를 못했어요. … 그러나 체온, 그것이 중요했죠. … 그건 쉽게 측정할 수 있었고 CNS 효과와 직접 연결되는 것입니다. … 그러고 나서 비스(Bis)가 작성한 이 논문이 나왔습니다. … 나는 정말로 CNS 검정을 원했습니다(IX, 68).

비스가 쓴 논문은 감기에 걸린 쥐의 체온에 미치는 뉴로텐신의 효과를 기술했다. 앞서 있었던 시도에 기초해서, 스펜서는 봄베신이 기능적으로(그러나 구조적으로는 말고) 뉴로텐신과 관계되어 있음을 알았다. 결과적으로, 체온에 미치는 봄베신의 유사한 효과의 성립 가능성은 시도해볼 만한 가치가 있으리라는 생각이 스펜서에게 떠올랐다. 그리하여 봄베신에 대해 품고 있던 관심과 뉴로텐신과 봄베신의 효과 간의 유비에 대한 직관이 함께 그로 하여금 새로운 효과를 시험해보도록 자극했다.12 공교롭게도 봄베신은 뉴로텐신보다 10만 배 더 활성이 있는 것으로 나타났다.

뒤이어 ≪사이언스≫에 보낸 논문에서 봄베신과 뉴로텐신 사이의 연결은 더 이상 유비적인 것이 아니었다. 그 대신에 그것은 중추신경계에 대한 봄베신의 중요성에서 명백하게 연역되었다. 그러나 우리가 앞에서 보아왔듯, 이 중요성은 앞서 존재했던 그것의 정당화보다는 실험의 귀결이었다. 두 달 후 봄베신과 체열 간의 연결을 어떻게 이루어냈느냐고 질문받았을 때, 스펜서는 그것이 "논리적인 착상이었고 … 〔봄베신이 처음으로 분리되었던〕 개구리의 열 조절에 대한 단도직입적인 앎이었다"라고 설명했다.

이 예가 지니는 중요성은 스펜서가 시간이 지나자 발견에 대한 그의 설명을 수정했다는 사실이 아니라(Woolgar, 1976; Knorr, 1978), 이 수정의 본성에서 나오는 것이다. 최초에 봄베신과 열 조절 간의 연결은 약했다. 실험실의 국소적 상황은 그것을 하나의 존재자와 다른 존재자 사이에 있는 단지 작은 단계로 만들었다. 그렇지만 얼마 후 그 연결은 강력한 논리적 연결로 변환되었다. 동시에 스펜서가 취한 이 단계는 매우 커졌던 것으로 보인다.

유비 추론(analogical reasoning)의 고루 미치는 영향은 과학 활동을 관찰하는 사람들에게 명백해질 것이다. 실제로 과학에서는 유비의 본성에 관한

---

12 다시 한번 이 예는 헤시(Hesse, 1966)의 구도와 합치한다. 뉴로텐신에 관한 비스의 연구는 정돈되었고, 체온 검정의 원리는 차용되어 봄베신 영역으로 수입되었다. 그 연결을 가능케 하는 고리는 봄베신과 뉴로텐신 간의 유사성이다. 그렇지만 교차 또는 잡종화는 관념이나 개념보다는 물리적 사건과 관련되어 있다. 검정은 물질과 교차하는 것이다.

광범위한 문헌이 존재한다(예를 들면 Hesse, 1966; Black, 1961; Mulkay, 1974; Edge, 1966; Leatherdale, 1974). 새로운 진술이 형성되고 그럼으로써 창조의 여타 신비적 행위를 구성하는 존재하고 있는 착상들 간의 약한 연결들을 꼼꼼하게 분류하는 작업을 노출시키도록 도와준 잡종화 과정의 종류에 관해서 이들 저자는 토론했다. 'A는 B이다'라는 형식의 논리적 연결은 'A는 B와 닮았다', 'A는 내게 B를 생각나게 한다', 'A는 B일 수가 있다'와 같은 유비적 연결의 집단의 한 부분일 뿐임이 지적되어왔다. 그런 유비적 연결은 그것들이 논리적으로는 부정확하다고 할지라도 과학에서 특히 성과가 있는 것으로 입증되었다. 예를 들면, 앞에 서술한 상황에 대응하는 삼단논법은 다음의 형식을 취할 것이다.

> 봄베신은 때로 뉴로텐신처럼 행동한다.
> 뉴로텐신은 체온을 내려준다.
> 그러므로 봄베신은 체온을 내려준다.

분명히 이것은 논리적으로 부정확하다. 그럼에도 후에 우수한 기여라는 찬사를 받은 결과를 냈던 탐구를 자극하기에 충분했다.[13] 일단 새로운 진술이 수용되자, 초기의 전제들은 그 삼단논법을 형식적으로 올바르게 만들기 위해서 (문자화된 또는 여타의 회고적인 설명 속 표현을 통해서) 수정되었다(Bloor, 1976).

---

13 이 표현은 심사위원 보고에서 취한 것이다. "발견 내용 **자체**는 B와 그의 동료 연구자의 뉴로텐신에 관한 독창적 연구를 확장한 것이지만, 체온에 대한 봄베신의 두드러진 잠재성은 … **현저한** 기여다." '확장'과 '현저한'이라는 표현은 심사위원이 유비적 과정을 파악했음을 보여준다. 처음으로 출간된 논문에는 유비적 경로의 자취가 남아 있다. "이들 펩타이드의 생물학적 활성과 그것들의 CNS 속 분포의 유사성 때문에, 우리는 자연에서 생겨나는 몇 가지 펩타이드를 시험했다." 뒤이어서 나온 논문은 중추신경계에서의 이들 펩타이드의 새로운 역할로부터 출발하고 있다.

우리의 논점은 과학자들이 행한 그리고 빈번히 유비 추론이라 묘사되는 그런 유의 작업이 추론이 아니라는 것이다. 스펜서는 성공적인 검정을 수행해내길 원했고, 실험실에서 봄베신을 얻었으며, 그것에서 무언가를 만들어내길 원했다. 그는 봄베신과 뉴로텐신의 유사성에 관한 자료를 축적했고, 비스의 논문을 읽었으며, 비스가 묘사한 검정을 채택했다. 물질적 배치, 상황, 우연의 만남을 재구성함으로써 체온에 미치는 봄베신의 효과를 시험해내겠다는 결정은, 매우 작은 단계였으며 그것이 그러했다고 나중에 묘사되었던 대담한 논리적 도약과는 거리가 멀었다는 점이 분명해진다. 정확히 말해 국소적 상황들이 매우 빠르게 변하기 때문에, 그것들에 대한 모든 언급은 일단 그 단계가 이루어지면 사라져버린다. 참여자와 관찰자 둘 다, 모든 우연적인 사건들에 관해 침식되어온 그 사건의 한 버전을 곧 넘겨받게 된다. 회고적으로 보면 두 개의 존재자(실천 또는 진술)는 무관해 보인다. 결과적으로 그들 간의 어떤 연결은 '두드러진' 것으로 보인다.

우리는 새로운 발견(또는 사실에 관한 진술)의 출현에 대한 설명이 변환의 이중적 과정을 수반한다고 논의했다. 한편으로, 유비적 경로가 논리적 연결에 의해서 종종 대체된다. 다른 한편으로, 약한 연결을 잠정적으로 가능하게 하는 국소적 상황의 복잡한 집합이 직관의 섬광에 의해서 대체된다. 착상을 지니는 누군가라는 관념은 과정들의 복잡한 연쇄를 매우 응축해서 요약해준다. 논리적인(그러나 결실이 없는) 그리고 더구나 성과적인(그러나 논리적으로는 올바르지 않은) 절차들을 과학자들이 사용하는 일 사이에 존재하는 본질적 모순을 받아들이는 것을 배우기 시작하는 설명을 위한 기초를, 그것은 또한 형성시킨다. 우리의 논의는 사고 과정이 사회학적 연구를 즉시 받아들이려고 한다는 점, 단순히 그것만은 아니다. 오히려, 연구의 중요한 초점은, 사고 과정이 창조되고 유지되는 과학자들이 설명하는 실천의 측면에 두어야 한다는 것이다.

사실과 인공물

사실이라는 용어와 관련된 역설은 2장에서 자세히 설명되었다. 사실은 모순되는 두 가지 의미를 지닐 수 있다는 것이다. 한편으로, 우리의 준인류학적 관점은 그것의 어원학적 중요성을 강조한다. 사실은 어근 facere, factum(만들다 또는 하다)에서 유도되었다. 다른 한편으로, 사실은 존재자의 '바깥쪽 저기에 있음'을 이유로 뜻대로 변경할 수 없고 어떤 상황에서 쉽사리 변화하지 않는 몇몇 객관적으로 독립적인 존재자를 지시하는 것으로 여겨진다. 이미 주어진 것으로서의 지식의 존재와 행위자에 의한 그것의 창조 간의 긴장은, 오랫동안 철학자들(Bachelard, 1953)과 지식사회학자들을 열중하게 하는 주제가 되어왔다. 몇몇 사회학자들이 이 두 관점의 종합을 기도했지만(예를 들어 Berger and Luckman, 1971), 보통은 그다지 만족스럽지 못한 결과를 얻었다. 더 최근에는 과학사회학자들이 과학의 사회적 직조를 옹호하는 입장을 확신을 갖고 논의했다(예를 들어 Bloor, 1976; Collins, 1975; Knorr, 1978). 그러나 이런 논의에도 불구하고 사실들은 사회학화되기를 거부한다. 그것들은 '바깥쪽 저기에' 있음이라는 상태로 되돌아갈 수 있는 것처럼 보이고, 그에 따라 사회학적 분석의 파악을 넘어설 수 있는 것처럼 보인다. 이와 유사한 방식으로, 사실의 미세처리에 대한 우리의 논증은 단지 사실이 구성된다는 점에 대한 잠정적인 설득이 될 것 같다. 사실들이 존재한다는 관념, 솜씨 있는 드러냄을 요구하는 것이 사실들의 존재라는 관념으로 돌아가기 훨씬 전에 독자들, 특히 현장 과학자들이 이 관점을 채택할 것 같지는 않다.14 그러므로 이 장의 마지막 부분에서는 사회학적 설명에 대한 이런 저항의 근원을 논의한다. 그런 논의를 만들어내는 일이 어째서 체계적으로 어리석어 보이

14 물론, 이 관점의 채택은 실천적 필요였다. 참여자들은 스스로 그들이 구성에 참여하고 있음을 아주 많이 의식했다.

는지 이해하지 못한다면, 강력한 지식사회학 프로그램의 실행 가능성을 논의하는 일은 별로 쓸모없을 것이다. 칸트(Kant, 1950)가 조언했듯이, 어떤 것이 망상임을 보여주는 것만으로는 충분치 않다. 우리는 그 망상이 왜 필요한지 또한 이해할 필요가 있다.

TRF의 경우에서 우리는 언제 그리고 어디서 진술과 사실 사이에서 탈바꿈이 일어났는지를 보여주었다. 1969년 말에 이르러 기유맹과 샬리가 TRF는 Pyro-Glu-His-Pro-NH_2라는 진술을 정식화했을 때, 누구도 이 주장에 대해서 더 이상의 반대를 제기할 수 없었다. TRF의 출현이라는 9년의 영웅담에 아무런 관심이 없었던 실험실들이 1969년 말에 출간된 논문들을 그저 인용함으로써 이 진술에서부터 전진해갔다. 그들에게 그 진술은, 그들이 참여했던 검정들의 잡음을 줄인다고 기약해주었던 합성 물질에 질서를 부여하는 충분한 기초였다. 차용자의 관점에서 볼 때 확립된 사실의 생산에 관한 자취는 흥미 없는 것이자 관계없는 것이었다. 5년 후에는 TRF '발견자들'의 이름조차 중요하지 않게 되었다(그림 3.2를 참조할 것).

우리는 안정화의 시점에 대한 우리의 결정이 '실재하는 TRF'가 그저 발견되길 기다리고 있었고 마침내 1969년 가시화되었다는 가정에 의존하지 않았다는 점을 드러내는 데 신중을 기해왔는데, 그 시점에 어떤 진술은 그 자체로부터 장소와 시간이라는 결정 요인과 그것의 생산자와 생산과정에 대한 모든 언급을 제거해버린다. TRF는 여전히 인공물로 판명날 수 있었다. 예를 들면, TRF가 '생리학적으로 유의미한' 양으로 몸 안에서 Pyro-Glu-His-Pro로서 나타난다는 증명으로 받아들여진 어떤 논의도 아직은 제기되지 않았던 것이다. 합성 Pyro-Glu-His-Pro가 검정에서 활성이 있다는 것이 받아들여졌다고 하더라도, 그것을 몸 안에서 측정하는 일은 아직 가능하지가 않았다. TRF의 생리학적 중요성을 확립하려는 기도 가운데 부정적 발견은 TRF가 인공물일 가능성보다는 사용되는 검정의 비민감성 탓으로 지금까지 돌려졌다. 그러나 좀 더 나아간 약간의 맥락의 변화는 대안적 해석의 선택과 이 TRF가 인공물일 가능성의 실현을 여전히 선호할 수도 있다. 안정화가 발생하는 시점은 특수한 맥락 안에서 널리 퍼져 있는 조건들에 의존한다. 안정화가 구성 과정에 대한 모든 언급으로부터 한 진술의 탈출을 수반한다는 점은 사실 구성 과정의 특성이다.

사실과 인공물 각각이 참인 진술과 거짓인 진술에 대응하지는 않는다. 오히려 진술들은 그것들이 그것들의 구성 조건을 언급해주는 정도에 의해 연속체를 따라가면서 놓여 있다. 이 연속체의 일정 지점에 이르러, 구성 조건에 대한 언급을 포함하는 것이 설득이라는 목적을 위해서 필요하다. 이 지점을 넘어서면 구성 조건은 관계가 없어지거나, 그것들을 포함하는 일은 진술의 확립된 사실적 지위의 토대를 허물려는 기도로 보이게 될 것이다. 우리의 논점은 사실들이 실재하지 않는다는 것도 아니고, 사실들이 그저 인공적이라는 것도 아니다. **우리의 논변은 사실이 사회적으로 구성된다는 단지 그것이 아니다. 우리는 또한 산출의 모든 자취를 탐지하는 일을 극도로 어렵게 만드는 그와 같은 일정한 장치 사용이 구성 과정에 포함된다는 점을 보여주길 원한다.** 안정화 시점에서 무슨 일이 일어나는지를 더 면밀히 살펴보자.

진술이 참인지 거짓인지, 객관적인지 주관적인지, 매우 가망성이 높은지, 꽤 개연성이 있는지를 첫 출발에서부터 실험실 구성원들이 결정할 수는 없다. 불가지론적 과정이 격해지면서 양상이 계속 부가되거나 탈락되거나 전도되거나 수정된다. 그렇지만 진술이 일단 안정화되기 시작하면 중요한 변화가 일어난다. **그 진술은 분리된 존재자가 된다**. 한편으로, 그것은 대상에 관한 진술을 나타내는 단어의 집합이다. 다른 한편으로, 그것은 그것 고유의 생명을 갖는 대상 자체에 대응한다. 그것은 그 원래 진술이 진술 바깥에 존재하는 그 자체에 대한 실제 이미지를 투사해주었느냐에 관한 것이다(Latour, 1978). 이전에 과학자들은 진술들을 다루고 있었다. 그렇지만 안정화 지점에서는 이들 대상 **그리고** 이들에 관한 진술 둘 모두가 존재하는 것으로 보인다. 머지않아 실재성은 대상에 점점 더 많이 속하는 것으로 여겨지고, 대상에 **관한** 진술에는 점점 더 적게 속하는 것으로 여겨진다. 결과적으로 전도가 일어난다. 그 대상이 왜 처음으로 그 진술이 정식화되었느냐에 대한 이유가 되어버리는 것이다. 안정화 개시 시점에 대상은 진술의 가상적 이미지였다. 뒤이어서, 그 진술은 "바깥쪽 저기"에 있는 실재의 거울상이 된다. 그러므로 'TRF는 Pyro-Glu-His-Pro-NH_2이다'라는 진술의 정당화는 단순히 "TRF는 **실제로** Pyro-Glu-His-Pro-NH_2**이다**"인 것이다. 이와 동시에 과거가 전도된다. TRF는 거기에 늘 있던 것이며, 모두가 볼 수 있도록 노출되기를 단지 기다리고 있었던 것이다. 그 구성의 역사 또한 이 새로운 우월한 지점으로부터 변환되었다. 구성의 과정이 '실제의' 구조로 불가피하게 이끌었던 단일 경로에 대한 추구로 전환되었다. '위대한' 과학자의 솜씨와 노력을 통해서만 남의 관심을 딴 데로 돌리게 만드는 것과 막다른 골목길이라는 방해물을 극복할 수 있었고, 실제 구조가 있는 그대로 노출될 수 있었다.

일단 분리와 전도가 일어나면, 가장 냉소적인 관찰자와 헌신적인 상대주의자조차 '실재하는' TRF가 발견되었으며 그 진술은 실재를 반영한다는 인상에 저항하기가 어려울 것이다. 일단 진술들의 한 가지 집합과 그 진술들이 대응하는 한 가지 실재에 직면하게 되면, 관찰자에게 주어지는 더 나아가는 유혹은 과학자의 진술과 외부의 실재 사이에 완벽한 합치를 경탄하는 일이다.[15] 경이는 철학의 어머니이므로, 관찰자가 이 기적적 합치의 존재 및 이해를 설명하기 위해 온갖 종류의 환상적 체계를 발명하기 시작할 가능성마저 있다. 이 가능성에 맞서기 위해, 우리는 이런 종류의 망상이 실험실 내부에서 구성되는 방식에 대한 우리의 관찰을 제시한다. 진술이 외부 존재자와 그토록 정확하게 합치하는 것으로 보이는 것은 작은 경이다. 그것들은 동일한 것이다.

---

15 이것은 그 문제에 대한 흄(Hume)의 급진적인 취급 이래로 철학자들의 거래에서 주식이 되어왔다.

우리의 주장은 대상과 대상에 관한 진술 사이의 대응의 힘이 **그 실험실의 맥락에서 일어나는 한 진술의 분리와 전도에 기인한다는 것이다**. 이 주장은 세 가지 방식으로 뒷받침될 수 있다. 첫째, 과학적 실재(scientific reality)에 대한 서술은 이 실재에 '관한 것이다'라고 주장되는 한 진술의 재정식화 또는 재진술을 빈번히 포함하기 때문에, 그 안에서 대상이 존재한다고 이야기되는 그와 같은 '바깥쪽 저기에 있음'의 본성을 적절히 서술하는 데는 심각한 난점이 존재한다. 예를 들어, TRF는 Pyro-Glu-His-Pro-NH_2라고 이야기된다. 그러나 '바깥쪽 저기에 있는' TRF의 본성에 관한 더 나아가는 서술은 이 진술의 반복에 달렸으며 그러므로 동어반복을 연루시킨다. 독자가 이것이 실재론적 입장에 대한 보장 없는 희화화라고 생각하지 않도록, '과학에 관한 실재론적 이론'을 옹호하는 논변에서 인용할 가치가 있을 것이다. 본질적으로, 여기서 옹호되는 입장은 과학의 어떤 이론도 "과학 지식의 자동사(自動詞)적 대상"이라고 불리는 것 없이는 성립 불가능하다는 것이다.

> 우리는 우리의 세계와 유사한 세계를 쉽게 상상할 수 있는데, 과학 지식의 동일한 자동사적 대상을 포함하지만 그것들에 대한 지식을 산출할 과학은 없는…. 발생했으며 다시 올 수 있는 그런 세계에서 실재는 이야기되지 않을 것이나 그럼에도 사물은 모든 종류의 방식으로 활동하고 상호작용하기를 그치지 않을 것이다. 그런 세계에서 … 조수(潮水)는 다시 돌아올 것이고 금속은 그것들이 하는 방식으로 전기를 전도시킬 것인데 … 그것들에 관한 우리 지식을 산출시킨 뉴턴(Newton)이나 드루데(Drude)가 없이도 말이다. 비데만·프란츠 법칙(Wiedemann-Franz Law)은 그것을 정식화하거나 실험적으로 확립하거나 연역할 누군가가 없을지라도 계속해서 성립할 것이다. 수소 원자 두 개는 산소 원자 한 개와 계속해서 결합할 것이고 알맞은 환경에서 삼투는 계속해서 발생할 것이다(Bhaskar, 1975: 10).

이 저자는 이들 자동사적 대상이 "우리와 꽤 독립적"(21쪽)이라고 덧붙인다.

그는 그러고 나서 두드러진 고백과 함께 계속해간다. "그것들은 알 수 없는 것이 아닌데, 왜냐하면 사실상 그것들에 관해 꽤 많은 것이 알려져 있기 때문이다"(22쪽). 꽤 많은 것들이 정말로! 실재의 독립에 관한 이 저자의 경이가 그것의 초기의 구성을 숨긴다. 게다가 이들 독립적 대상에게 준 존재론적 지위는 그것을 서술하는 모호한 용어들에 의해 강화된다. 예를 들어 "금속은 그것들이 하는 방식으로 전기를 전도시킨다"라는 진술은 현재의 논의 영역을 넘어서는 복잡성을 함축하며, 함축에 의해서 여기에 제공된 서술을 일으키는 실재에 대한 추구 및 실재의 노출을 향한 매우 힘든 노력에 대해서만 사용이 가능한 것이다.16 이 저자는 이름의 대상이 있다고 상정해 이름의 기원을 설명하는 방식을 사용해서만 비데만·프란츠 법칙의 실재성을 상기할 수 있을 뿐이다. 이에 더해서, 그는 현명하게 자신의 논의를 물리학에, 그리고 그에 대해서는 뉴턴 이전의 물리학에 제한한다. 아마도 "과학 지식의 자동사적 대상"의 "독립"은 염색체나 비뉴턴적 물리학과 같이 보다 최근에 구성된 대상과 관련해서는 적잖이 문제가 되는 것으로 보일 수가 있다. 앞에서 제시했던 실재론적 입장은 독립적 대상의 본성이 그것을 구성하는 용어로 서술될 수 있을 뿐인 어떤 동어반복적 믿음에 집중한다. 우리가 선호하는 바는 이러한 종류의 믿음을 가능하게 만드는 진술의 분리 및 전도 과정에 대한 관찰이다.

과학자들 스스로 특정한 진술이 '바깥쪽 저기에 있는' 어떤 것과 '실질적으로' 관계되느냐 또는 그것이 단지 상상의 산물이거나 채용된 절차의 인공물이냐에 대해 계속 질문을 제기한다. 따라서 과학자들을 실재론과 상대주

16 '발견된' 진술의 대상을 서술해달라고 요청받았을 때, 과학자들은 변함없이 그 진술을 반복했다. 그렇지만 똑같은 진술을 덜 자세히 반복함으로써 이야기되고 있는 것보다 **더 많은** 실재가 존재한다는 인상을 전하는 것이 가능하다. 이 서술의 불완전성은 대상이 그것에 대한 지식에 의해서 완전히 규명되는 것은 아니라는 지적으로 여겨진다(Sartre, 1943을 볼 것).

의 간의 논란을 철학자에게 남겨두고 자신의 과학 활동에 바쁘게 전념한다고 묘사하는 것은 비현실적이다. 논의, 실험실, 연중 시점, 논쟁의 유통에 의존해 탐구자들은 실재론자, 상대주의자, 관념론자, 초월적 상대주의자, 회의주의자 등의 입장을 다양하게 취하게 될 것이다. 다른 말로 하면, 사실의 역설에 관한 논쟁은 사회학자나 철학자의 배타적 특권이 아니다. 결과적으로, 이들 입장 간의 본질적 차이를 결정해내려는 기도는 어떻게 논쟁이 결정되고 입장이 실제적이며 잠정적인 성취로 여겨지게 되느냐를 이해하는 일이라기보다는 단지 연구 주제와 동일한 종류의 논쟁에 참여하는 일이 된다. 마르크스(Marx, 1970)가 말했듯이 말이다.

> 인간 사고가 객관적 진리에 도달할 수 있느냐를 알려는 질문은 이론적인 질문이 아니라 실천적인 질문이다. 인간이 진리, 즉 실재와 그의 사고를 **넘어서 있는** 어떤 것의 힘을 증명해야 하는 일은 실천에 의한다.

사회학자의 중요한 과제는 실재의 구성 그 자체가 물상화되어서는 안 됨을 보여주는 것이다. 실재 구성 과정의 모든 단계를 고려함으로써, 그리고 그 현상에 대한 일반적인 설명을 제공하려는 유혹에 저항함으로써 이를 보여줄 수 있다.

분리와 전도의 출현을 옹호하는 아마도 가장 강력한 논변은 인공물의 존재일 것이다. 실험실의 국소적 맥락의 어떤 수정은 수용된 진술이 제한되거나 의심받게 되는 양상의 사용을 초래할 수가 있다. 이것은 아마도 실험실에서 이루어질 가장 매혹적인 관찰 — 실재의 해체 — 을 산출할 것이다. '바깥쪽 저기에 있는' 실재는 다시 한번 진술 속으로 녹아 들어가는데, 그것의 산출 조건은 다시금 명백해진다. 우리는 이 해체 과정의 여러 예를 이미 제시했다 (예를 들면 166쪽부터 이어지는 몇 쪽을 볼 것). TRF의 어떤 일부분이라는 존재가, 그것이 사그라지기 전에는 그리고 정제 과정의 인공물로 알려지기 전에는, 몇 년 동안 사실로 받아들여졌고 거의 실재로 여겨졌다. 때로 진술의 지위는 날마다, 심지어 시간마다 변했다. 예를 들면 한 물질의 사실적 지위는 며칠이라는 기간에 극적으로 변화했다.[17] 화요일에 한 정점이 실재하는 물질을 보여주는 기호라고 여겨졌다. 그러나 수요일에 그 정점은 신뢰할 수 없는 생리신호기록기(physiograph) 때문에 나온 것이라 여겨졌다. 목요일에는 또 다른 추출물 풀(pool)의 사용으로 "동일한 것"으로 여겨지는 또 다른 정점이 생겨났다. 이 시점에서, 새로운 **대상**의 존재는 천천히 견고해지고 있었으나, 그다음 날에는 다시 해체되게 되어 있었을 따름이다. 과학의 최전선에서 진술들은 이중적 잠재성을 계속 나타내고 있다. 그것들은 국소적 원인(주관성 또는 인공물)의 측면에서 설명되거나 '바깥쪽 저기에 있는'(객관성과 사실) 것이라고 언급된다.

불가지론적 힘의 한 집합이 진술을 사실적 지위를 향해 밀어붙이지만, 또 다른 집합은 그것을 인공물적 지위로 밀어붙인다. 이것은 이 장 시작 부분에서 인용했던 종류의 의사교환에 의해 예시된다. 어떤 시점에서 진술의 국소적 지위는 이들 힘의 결과에 의존한다(그림 4.2). 동일한 진술의 구성과 제거가 직접적 관찰에 의해서 감시될 수 있으며, 그래서 '바깥쪽 저기에 있는 것'이었던 바가 '그저 일련의 단어', '허구' 또는 '인공물'이라고 언급되는 진술로 뒤집히는 것으로 보일 수 있다(Latour, 1978). 사실적 지위와 인공물적 지위 사이에서 한 진술의 변환을 관찰하는 일의 중요성은 명백하다. 만일 과학의 '진리 효과'가 접히는 것과 펼쳐지는 것 둘 다로 보일 수도 있다면, 사실과 인공물 간의 차이는 전자가 실재에 기초하는 한편 후자는 단지 국소적 상황과 심리적 조건에서 생겨나는 것이라고 논의하기가 더 어려워진다. 실재와 국소적 상황 간의 구별은 그 진술이 사실로서 안정화된 **이후에만 존재한다**.

17 이 물질의 구성에 관한 역사는 다른 곳에서 자세히 연관이 될 것이다. TRF의 경우와는 대조적으로, 관찰자는 이 물질을 구성하려는 초기의 시도로부터 그 물질의 최종적 견고화와 산업 과정에서의 쓰임에 이르기까지 존재하고 있었던 것이다.

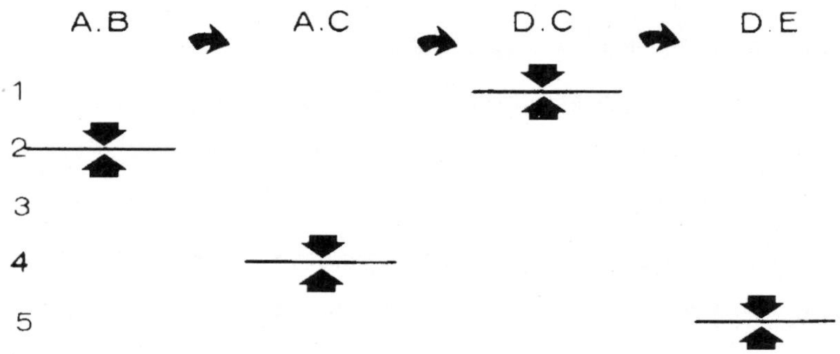

그림 4.2
이 과학 게임의 평판이 진술 (A.B)를 사실적 지위(단계 4와 5) 쪽으로 가능한 한 멀리 밀어붙이기 위한 것으로 가정된다면, (그 진술을 인공물로 변환시키려는 노력의 형태로) 만난 저항에 의존해 과학자는 그가 그의 진술을 단계 5로 밀어붙일 수 있을 때까지 그것을 수정해야 한다. 여기서의 가정적인 예는 밀어붙이기와 도약이라는 이중의 움직임을 예시해준다. 저항이 너무 심하면, 새로운 진술은 유비적 도약으로 벼려지고 불가지론적 장에서 다시 밀어붙여진다. 이 이중 움직임의 결과는 각 진술에 고유한 패턴을 따르는 표이(漂移)다.

이 논변을 다른 식으로 요약하면, 한 진술이 왜 사실이 되는가를 설명하는 데 '실재'를 사용할 수 없는데, 실재의 효과를 얻는 것은 진술이 사실이 된 이후에만 그렇게 되기 때문이다. 이것은 실재의 효과가 '객관성' 또는 '바깥쪽 저기에 있음'의 측면에서 주조되느냐에 관한 경우다. 어떤 진술은 존재자 속으로 분열해 들어가고 어떤 진술은 존재자에 관한 것이 되는 것은 논쟁이 확정되기 **때문이다**. 그런 분열은 결코 논쟁의 해결에 앞서지를 못한다. 물론 논쟁의 대상이 되는 진술을 연구하고 있는 과학자에게 이것은 별것 아닌 것으로 보일 것이다. 결국 TRF가 회의에서 튀어나올 것이며 그것이 어떤 아미노산을 포함하고 있는지에 관한 논쟁을 결국 확정할 것이라는 희망 속에서 그가 기다리지는 않는다. 따라서 이 연구에서 우리는 그 논변을 방법론적 예방책으로 사용한다. 과학자 자신들처럼 우리는 실재라는 관념을 한 진술의 안정화(3장을 볼 것)를 설명하기 위해서 사용하지는 않는데, 왜냐하면 이 실재는 안정화의 귀결로 형성되는 것이기 때문이다.[18]

사실이 존재하지 않는다고, 또는 실재와 같은 그런 것은 존재하지 않는다고 말하고 싶진 않다. 이 단순한 의미에서 보아 우리 입장이 상대주의는 아니다. 우리의 논점은 '바깥쪽 저기에 있음'이 과학 연구의 **원인**이라기보다는 과학 연구의 **귀결**이라는 것이다. 우리는 따라서 **시점**의 중요성을 강조하길 원한다. 1968년 1월의 TRF에 대해 고려해보면, TRF는 우연적인 사회적 구성이라는 점과, 더욱이 과학자들 스스로가 인공물일 수도 있는 한 실재를 그들이 구성할 가능성을 상당히 의식하고 있었다는 것에서 상대주의자라는 점을 보여주기는 쉬울 것이다. 다른 한편, 1970년 1월 분석에서는 TRF가 과학자들에 의해 발견된 자연의 대상으로 드러나게 되는데, 그들은 그동안에 확

18 지금 제기되는 질문은, 어떤 종류의 설명이 그 설명의 진리 진술이 사용될 수 없을 경우에 논쟁의 확정에 적용될 수 있느냐라는 질문이다. TRF의 경우에서 우리가 답의 몇몇을 지적하고 나아가 6장에서 설명의 일반적 모형을 개관함에도, 여기서 우리의 주요 의도는 실재론적 입장의 남은 부분에서 그 질문을 구출하려는 것이다.

고한 실재론자로 탈바꿈해버렸던 것이다. 논쟁이 일단 확정되자, 실재는 이 확정의 원인으로 여겨지게 된다. 그러나 논쟁이 계속 격렬한 상태에 있는 동안에, 실재가 토론의 귀결인 것인데, 마치 그것이 과학적 노력의 그림자인 듯 논쟁 속에 존재하는 각각의 비틀림과 선회를 따른다.[19]

논쟁의 중지와 별개로 사실의 실재성을 받아들이기 위한 여타 기반이 존재한다는 점을 반대할 수가 있다. 예를 들어, 한 과학적 진술의 그 실험실 바깥에서의 유효성이 그것의 실재와의 대응을 받아들이기 위한 충분한 기초라고 논의할 수 있다.[20] 사실은 그것을 과학의 바깥에 당신이 적용했을 때 작동하기 때문에 사실이라고 말할 수 있을 것이다. 이런 반대는 한 진술의 바깥쪽 저기에 있는 것과의 등가를 반대하는 일과 똑같은 방식으로 답을 받을 수 있다. 실험실 활동에 대한 관찰은 사실의 '외부적' 특성 그 자체가 실험실 작업의 **귀결**임을 보여준다. 어떤 사례에서도 우리는 실험실에서 산출된 진술에 대한 독립적 검증을 관찰하지 못했다. 그 대신에, 우리는 병원과 산업 같은 사회적 실재의 여타 경기장으로 몇몇 실험실 실천이 **확장**되는 것을 발견했다.

이런 관찰은 실험실이 이른바 기초과학과만 배타적으로 관계한다면 별다른 무게를 지니지 않을 것이다. 그렇지만 우리 실험실은 특허를 통해 임상의 및 산업과 여러 가지로 연결되었다.[21] 한 가지 특수한 진술을 고려해보기로

---

19 우리가 그림자라는 용어를 사용하는 것은 그 용어를 플라톤이 원래 사용했던 것과 대조된다. 우리에게 실재(플라톤의 용어에서는 관념)는 과학의 실천의 그림자다.

20 빈번하게, 인식론의 역사(예를 들면, Bachelard, 1934)에서 유효성에 관한 논변은 진리에 관한 논변이 유지 불가능해질 때 사용된다. 실재론자가 패배할 때 규약주의자가 우세해진다(Poincaré, 1905)(그리고 그 반대도 마찬가지다). 그것이 작동한다는 논변은 그것이 실재와 들어맞는다는 논변보다 더 신비할 것도 덜 신비할 것도 없다.

21 앞 장들에서 언급된 물질(과 그 유사물) 다수는 특허를 받는다. 실험실에서 '발견된' 물질은 특허 문서에서 '발명된' 것으로 서술된다. 이는 진술의 존재론적 지위가 최종적으로 확정될 가망성은 좀처럼 없음을 보여준다. 관계된 분파들의 지배적 관심에 따를 때, '동일한'

한다. "소마토스타틴은 방사성 면역 검정으로 측정된 것으로서 성장호르몬의 방출을 막는다." 우리가 이 진술이 과학 바깥에서 작동하느냐고 묻는다면, 그 답은 방사성 면역 검정이 신뢰할 만하게[22] 갖추어진 모든 곳에서 성립한다는 것이다. 이는 그 진술이 **모든 곳에서**, 심지어 방사성 면역 검정이 갖추어지지 **않은** 곳에서조차도 참이 됨을 함의하지는 않는다. 만일 어떤 이가 소마토스타틴이 환자의 성장호르몬 수준을 낮추는지를 확인하기 위해 병원 환자에게서 혈액 표본을 취한다면, 소마토스타틴 방사성 면역 검정에 접근하지 않고서는 이 질문에 답할 길이 없다. 어떤 이는 소마토스타틴이 이런 효과를 지닌다고 **믿을** 수 있으며 심지어 귀납으로 그 진술이 절대적으로 참이라고 주장할 수 있지만, 이것은 증명이라기보다는 믿음과 주장이 된다.[23] 그 진술에 대한 증명은 동일한 검정을 갖추기 위해 방사성 면역 검정이 타당하게 성립하는 네트워크의 확장을 필연화하는데, 이는 병원 병동의 일부를 실험실의 부속 건물이 되게 하는 것이다. 주어진 진술이 그 실험실 밖에서도 검증되었느냐를 증명하는 일은 그 진술의 존재 바로 그것이 실험실의 맥락에 의존하므로 불가능하다. 우리는 소마토스타틴이 존재하지 않음을 논의하는 것이 아니고, 그것이 작동하지 않는다고 논의하는 것 역시 아니며, 그것은 그것의 존재를 가능케 하는 사회적 실천의 네트워크 바깥으로 튀어나갈

물질이 새로운 지위를 부여받을 수 있다.

22 신뢰 가능성이라는 개념은 그 자체가 교섭에 복속된다(Collins, 1974; Bloor, 1976). 예를 들어, 몇 군데의 실험실이 우리 실험실의 구성원들이 산출한 결과를 입증하는 것에 실패한다면, 우리 실험실 구성원들은 단순히 이 실패를 타인의 무능에 대한 증거로 고쳐 쓸 것이다(VII, 12).

23 우리가 귀납의 문제의 또 다른 버전을 철학의 용어로 논의하기를 원치 않는다. 우리는 단순히 그 문제를 과학사회학자들의 연구에 순종하도록 만들기 위해 경험적 기반 위에 그것을 놓고자 한다. 경험적 기초 위에서, TRF이든 소마토스타틴이든 그것들이 계속해서 구성되고 해체되는 물질적이고 사회적인 네트워크를 벗어나지 못한다. 소마토스타틴의 경우에 관한 논의로는 Brazeau and Guillemin(1974)를 볼 것.

수 없음을 논의하고 있는 것이다.

사실의 역설적 본성에 관해서는 특별히 신비로운 것이 아무것도 없다. 사실들은 일단 논쟁이 확정되면 그것이 당연하게 받아들여지는 그런 방식으로 구성된다. 역설의 기원은 과학의 실천에 대한 관찰 결여에 있다. 한 관찰자가 TRF의 구조가 Pyro-Glu-His-Pro-NH_2라 생각하고 나서 이어서 '실재하는' TRF 역시 Pyro-Glu-His-Pro-NH_2임을 인식할 때, 그는 인간의 정신과 자연의 대응을 보여주는 이 장엄한 예에 놀랄 것이다. 그러나 산출 과정을 면밀하게 조사해보면 이 대응이 훨씬 더 세속적이고 덜 신비적임이 드러난다. 사물과 진술은 그것들이 동일한 원천에서 나온다는 단순한 이유에서 대응하는 것이다. 그들의 분리는 **그들의 구성 과정의 마지막 단계**일 뿐이다. 이와 유사하게, 많은 과학자와 비과학자가 똑같이 과학의 바깥에서 과학적 사실이 유효하다는 것에 놀란다. 캘리포니아에서 발견된 펩타이드 구조가 사우디아라비아에 있는 가장 작은 병원에서 작용한다니 얼마나 이상한가! 한편으로, 그것은 잘 장비가 갖추어진 임상 실험실에서만 작동할 뿐이다. 작동의 동일한 집합이 동일한 답을 산출한다는 점을 고려한다면 놀랄 일은 그다지 없다(Spinoza, 1677). 당신이 동일한 검정을 수행한다면, 당신은 동일한 대상을 산출시키게 될 것이다.[24]

사실 산출의 미세과정을 이렇게 소개함으로써, 우리는 실험실 생활에 대

24 이 놀라움은 과학의 사안에서 특히 두드러진다. 뉴캐슬(Newcastle)에서 나온 최초의 증기기관이 지금 전 세계적 철도망으로 발전한 것에 누구도 놀라지 않는다. 이와 유사하게, 누구도 이 확장을 열차가 존재하지 않는 곳에서조차 증기기관이 돌아갈 수 있다는 증명으로 여기지 않는다! 마찬가지로, 네트워크 확장이 돈이 많이 드는 작업이라는 점과 증기기관은 그것이 돌아가도록 만들어진 선로 위에서만 돌아간다는 점을 기억해야 한다. 그렇다고 해도 과학을 관찰하는 사람들은 사실이 구성되는 네트워크 내부에서의 사실의 '검증'에 빈번히 놀란다. 이와 동시에 그 네트워크의 확장 비용을 행복하게 잊는다. 이 이중적 기준에 대한 유일한 설명은 사실이 관념인 것으로 기대된다는 점이다. 불행히도, 실험실에 대한 경험적 관찰은 사실의 이런 관념화를 불가능하게 만들어버린다.

한 면밀한 조사가 인식론자들이 보통 착수하는 문제를 잘 처리하는 유용한 수단을 제공한다는 점을 보여주려 시도했다. 또한 이들 미세과정에 대한 분석이 과학 활동의 어떤 특수한 성질을 선험적으로 받아들이는 일을 어떤 식으로든 요구하지 않음을 보여주려 시도했다. 마지막으로 사실의 안정화를 설명하기 위해 외부적 실재와 과학적 산출물의 외부적 유효성에 관한 논의를 멀리하는 일이 중요함을 보여주려 시도했는데, 왜냐하면 그런 실재와 유효성은 과학 활동의 원인이라기보다는 귀결이기 때문이다.

제5장

—

신용의 순환

앞서 각 장에서는 실험실 생활을 조금 다른 관점으로 묘사해왔다. 2장의 인류학적 접근은 실험실 안에서 문헌적 기록하기의 중요성을 나타내주었다. 3장의 역사적 논법은 사실들이 특수한 물질적 맥락 안에서 존재하는 그 사실들의 구성에 의존한다는 것을 보여주었다. 그리고 4장에서 '착상을 갖다', '논리적 논의를 사용해', '증명' 구성하기와 같이 현상의 구성에서 작동하는 미세과정을 논증하기 위해 인식론의 기반을 강하게 잠식해 들어갔다. 이 같은 표현 스타일의 한 가지 이점은 과학에 관한 연구와 종종 연관되어 있는 구별들 다수에 대부분은 우리가 영향을 미칠 수 있었다는 것이다. 예를 들면, 3장에서 사실과 인공물 간 구별의 어떤 쪽도 강하게 밀지 않고 과학적 활동을 분석할 수 있었다. 유사하게, 앞쪽 마지막 장에서, 우리는 실재론적 입장이나 상대주의 입장의 어떤 쪽도 우리 스스로 강하게 밀지 않고 미세처리 작업을 조사하고자 했다. 이들 구별의 한쪽이나 다른 쪽과 우리 자신을 동맹시키기를 원치 않았던 주된 이유는, 이들 구별이 실험실에 있는 참여자들에게 자원을 공급했음을 우리가 알았다는 점이다. 그런 구별 자체가 실험실 활동에 의해 구성되는 것으로 알려졌을 때 이 활동을 이해하기 위해서 그 구별을 사용하는 것은 부적절해 보인다.

한 가지 특수한 구별이 지금까지의 우리 논의에서 해명되지 않은 채 남아있는데, 그럼에도 불구하고 그것은 논의의 여러 단계에서 암시되어왔다. 우리는 사실의 생산과 이 생산과 관계된 개인들 간의 구별을 언급하는 것이다. 물론 우리는 기록하기 장치의 활성화를 초래한 노동력을(2장), 결정과 투자가 이루어지게 한 이들을(3장), 착상과 논의의 주창자들을(4장) 이미 언급했다. 그럼에도 개인으로서의 과학자에 대해서는 아직 별로 이야기하지 않았다. 특히 우리는 개별 과학자를 우리 토의에서 분석의 출발점이나 주요 단위로 여기는 것을 피해왔다. 이것은 사실의 **사회적** 구성에 관련한 연구라고 공언한 논문에서는 이상하게 보일 수가 있다. 하지만 그것은 실험실 생활에 대한 우리의 관찰과 잘 들어맞는다. 현장 기록에서 출현하는 전체적인 인상은,

우리 정보원들 각각이 한 개인이나 한 정신이기에 앞서 실험실의 일부였다는 점이다. 결과적으로, 개인들보다 더 적절한 분석의 단위임을 스스로 암시했던 것은 노동의 연쇄, 네트워크, 논의 기법이었다. 이에 더해서, 개인과 그 개인이 한 일 간의 구별은 사실의 구성에 중요한 자원을 공급해주었음을 주목했다. 우리의 정보원들은, 개인의 위치와 행한 일과 그의 또는 그녀의 연합과 관계된 논쟁에 계속해서 관여했다. 앞서 우리가 주목했듯이(1장), 인적 작용의 존재에 호소하는 일은 사실성에 대한 주장의 밑을 도려내는 강력한 수단이 될 수 있다. 여러 경우에 정보원들은 특정 착상을 한 이가 자신이었다고 보고했다. 그렇지만, 뒤이어 실험실의 다른 구성원들은 동일한 착상이 '그룹의 사고 과정'에서 비롯된 것이라고 보고했다. 개인과 그들의 활동 간의 구별이 참여자들에게 자원으로 작용했다는 관찰은 개인을 분석의 출발점으로 삼는 데 대한 우리의 거리낌을 옹호해주는 더 나아간 이유였다.

이 장에서 우리는 이 구분의 유포를 조사하고 그것이 실험실에서 설득력 있게 채용된 방식을 본다. 우리가 관찰했던 과학자 다수는 자신을 위해서 개인의 이력을 구성하는 데 그 구별을 스스로 성공적으로 사용했는데, 그 이력은 실험실 활동의 물질적이고 경제적인 측면과는 꽤 분명하게 분리되는 것이었다. 몇몇 기술자처럼 덜 성공적인 참여자들은 실험실의 물질적 요소와 떼어낼 수 없도록 묶여 있었던 이력과 함께하고 있는 스스로를 발견했다. 우리는 사실 구성 활동에서 그 활동 결과로 생겨나는 개인을 분리하지 않고 개인 이력의 구성을 설명하려 들 것이다. 이것을 하기 위해서, 우리는 사회적, 경제적, 인식론이라는 제목 아래서 보통 토의된 실험실 활동의 측면들을 함께 연결하기 위해 신용(credit)이라는 개념을 사용한다. 이 장의 첫째 부분에서, 확장된 신용 개념이 실험실 활동의 이 외견상 분리된 측면들을 함께 묶어줄 수 있다고 논의한다. 이 장의 둘째 부분에서는 신용이라는 이 개념을 특정한 우리 실험실의 이력과 그룹 구조에 적용한다.[1]

신용: 보상과 신용 가능성

무엇이 과학자에게 동기를 부여하는가?

무엇이 과학자로 하여금 기록하기 장치를 갖추게 하고, 논문을 쓰게 하고, 대상을 구성하게 하며, 서로 다른 위치를 차지하게 하는가? 무엇이 과학자로 하여금 하나의 주제에서 다른 주제로 옮겨 가게 하고, 하나의 실험실에서 다른 실험실로 옮겨 가게 하며, 이런 방법 또는 저런 방법을, 이런 자료의 조각 또는 저런 자료의 조각을, 이런 문체 형식 또는 저런 문체 형식을, 이런 유추 경로 또는 저런 유추 경로를 선택하게 하는가? 이들 질문에 답하는 한 가지 길은 과학자가 훈련하는 동안 그에게 각인된, 그리고 뒤이은 이력을 밟는 동안 조용하게 강화된 규범들을 가정하는 것이다. 그렇지만 다른 곳에서 주목해왔듯이, 우리가 쓸 수 있는 재료에서 규범을 유도해내려는 기도는 주요한 어려움과 마주치곤 한다(Mulkay, 1975). 특히 우리는 아주 적은 예를 제외하고는 과학의 규범에 대한 명시적 호소를 판정해낼 수 없었다. 이 중 몇몇은 반규범(counternorms)에 더 가까운 요소를 구성했다(Mitroff, 1974). "모든 사람이 자기 자신의 소재를 밀어붙이죠, 통상적입니다 — 통상적? — 인간적인 것을 의미합니다"(IV, 57). 다른 진술들은 오직 좋은 인상을 주기 위해 설계된 것으로 보였다. 예를 들면, 기술자에게 그다음 생물학적 검정을 위한 도구를 배치하라고 요구할 때, 네이선(Nathan)은 이렇게 말했다. "우리가 거듭 확인하지 않으면, 사람들이 우리 논문에 들어 있는 숫자가 …에 기인한다고

---

1 이 장에서 우리는 느슨하게 구조화된 인터뷰(다수가 테이프에 녹음되었음), 출간 목록, 이력서, 연구비 신청서, 참여자가 제공한 여타 문서를 사용한다. 가치 있는 자료는 그룹의 갈등과 동학에 참여해 또한 얻게 되었다. 이 장에서 개인의 이력 선택에 관해 명시적으로 다루면서 관련자들의 익명성을 보호하기 위해 이름, 날짜, 머리글자, 성별, 연구자들이 작업한 물질 등을 변경하는 여러 가지 방책이 필요했다.

주장할 겁니다." 나중에 왜 이 도구를 사용했느냐고 묻자, 네이선은 이렇게 답했다. "과학에서는, 항상 과도하게 조심해야 합니다"(X, 2). 가능한 논쟁과 비판의 관점에서 보는 정당화는 이와 같이 외부인 관찰자의 이익을 위해 규범이라는 관점에서 고쳐 쓰였다. 물론 네이선의 마지막 진술에 기초해서 규범은 나타나되 보이지 않는다고 말할 수도 있지만, 이런 종류의 추론적 도약을 인정할지라도 규범은 실험실, 주제 영역, 또는 자료 항목의 선택을 설명할 수는 없다. 기껏 해봐야, 규범들은 단순히 행동의 거시적 경향의 윤곽을 그려내는 것이다. 그리고 가장 나쁘더라도, 단순히 이념적 담론의 주제를 언급하는 것이다(Mulkay, 1975). 어느 경우든 규범의 설명력은 과학과 그것을 만드는 과학자 둘 다를 이해한다는 우리 목적에는 많이 못 미친다.

과학자의 행동을 설명하는 대안적 접근은 과학자들이 그 자신의 행동을 설명하는 용어에 더 조심스럽게 유의한다. 규범에의 호소가 우리의 응답자들 사이에서는 극히 드물었던 반면에, 준(準)경제용어를 사용한 행동 서술이 널리 퍼져 있었으며, 특히 젊은 과학자들 사이에서 그러했다.[2] 다음 예들을 고려해보기로 한다.

이 도구는 내게 1년에 10편의 논문을 가져다줄 수 있습니다(II, 95).

우리는 그와 일종의 공동계좌를 갖고 있었습니다. 그는 신용을 얻었고, 우리 역시

2 여기서 연구된 작은 그룹 안에서조차 세계 또는 이념에 대한 표상은 두드러지게 달랐다. 우리가 이를 체계적으로 연구하지 않았음에도, 우리는 알튀세르(Althusser, 1974)가 "과학자들의 자생적 철학"이라고 부른 것에 유의했다. 어떤 인물은 클로드 베르나르(Claude Bernard, 1865)에게서 차용한, 과학에 관한 전형적으로 실증적인 표상을 갖고 있었다. 다른 인물은 과학에 관한 신비적 견해를 갖고 있었고 그의 연구를 종교에 관한 근본주의적 접근과 연결했다. 셋째 인물은 그의 활동에 대해 상업적 견해를 갖고 있었고 벼락부자 인식론을 고집했다. 넷째 인물은 투자에 관한 경제적 모형을 갖고 작업했다. 선임 구성원 중 다섯째 인물은 여기에 인용했다.

그것을 얻었지요. 지금은 그것에 더 이상 의존할 수 없습니다(VI, 12).

왜 이것(물질)에 대해서 작업하느냐 하면, 우리는 이 영역에서 최고는 아닙니다. 우리는 방출인자 분야에 많이 투자했고 … 거기서는 최고이며, 그 안에 머물러 있는 게 낫습니다(VII, 183).

그렇다면 여기에 투자와 수익이라는 개념을 사용하는 전형적인 예가 존재하는 것이다. 그런 용법이 가끔 있는 발언에 제한되는 것은 아니다. 때로 그것은 이력의 패턴에 대한 길고 더 정교한 설명 전반에 걸쳐 유지된다. 예를 들면 어느 의사 교환에서 A는 왜 사람들이 과학을 하는지에 대한 전반적 구도를 자발적으로 제의했다. 그의 설명은 자유주의 정치경제학, 사회진화론, 사이버네틱스(cybernetics), 내분비학의 복잡한 혼합물이었다.

모든 것이 피드백에 의존하는데, 만족 임계값이 무엇이냐, 그 질이 어떠하냐, 필요한 피드백 빈도는 얼마나 되느냐 … 모든 변수를 조정하기는 어렵습니다. 나는 내과의였어요. … 당신이 1년에 2만 달러 이상 보수를 받는 곳을 원했지만 … 이는 필수적인 의학이었고 … 나의 명민함을 증명해주는 긍정적인 피드백을 원했지만 … 환자들은 그러기에 적당하지 않아요. … 나는 아주 드문 상품을 원해요, 동료의 인정 말입니다. … 나는 과학으로 이동했고 … 그래요, 그러나 나는 성취욕구가 높아요. … 나는 브랫(Bradt)처럼 빈번한 피드백을 필요로 하진 않으며 따라서 처음에는 보상이 별로 없는 주제도 선택할 수 있습니다(VI, 52).

그의 분야에서 기회를 잡으려는 새로운 탐구자가 한 평가가 가장 널리 공유되었다. 인터뷰가 진행된 동안에 있었던 다섯 가지 경우에 대해서, 응답자들은 그들의 학제의 성장을 나타내는 곡선을 대략 보여주었으며, 왜 그들이 그 곡선의 오르내림에 의존해 그 분야 안으로 들어갔거나 떠났는지를 설명했다. 예를 들기로 한다.

> 이것은 펩타이드 화학 이론이고, 보시면 … 차츰 줄고 있죠. … 브러닉의 실험실은 오직 그에 관해서만 연구한다는 걸 알아서 거기로 가지 않았습니다. 그런데 지금은 … 〔다른 상승 곡선을 계속 그리면서〕 이것이 미래, 즉 분자생물학이고, 나는 이 실험실이 이 새로운 영역에서 더 빨리 움직일 것을 알았습니다(VIII, 30).

이들 진술이 편리한 정당화보다 응답자의 진짜 동기에 더 많이 대응하는지 여부는 우리가 해결할 수 없다. 그렇지만 우리는 투자, 보상, 연구, 흥미로운 기회에 관한 응답자의 계속적인 중요한 언급으로 받아들인다. 그들은 빈번히 자신들의 노력을 자신들이 시장의 오르내림이라고 불렀던 바와 관련지었고, 어떻게 이 오르내림이 자신들의 행동을 설명하는지 보여주고자 선들을 그렸다. 이들 경제적 또는 사업적 은유를 통한 자기 표상의 복잡성은 규범의 단순성과 뚜렷하게 대조된다. 이 복잡성을 보여주는 좋은 예가 과학을 떠나 교육 쪽으로 들어가려는 소망에 대한 T의 설명이다.

> 과학은 내가 거기에 쏟아놓은 투자에 비해 주로 불만스러웠어요. … 차후에 그것이 그럴 가망성이 있을 것으로 나는 예견할 수 있습니다. … 내가 얻은 긍정적 피드백의 양에 대해 정당하다고 생각했던 것 이상으로 나는 정말로 열심히 연구했는데….
>
> Q: 그게 무슨 뜻이죠?
>
> T: 긍정적 피드백으로 나는 어떤 문제를 풀었다는 만족감과 그것을 타인들과 의사소통해 얻은 기쁨을 의미합니다(VI, 71).

이어서 T는 과학을 떠난 것을 후회했다고, 그렇지만 특히 그의 연구는 "싸구려 연구가 아니었기 때문에 … 실험실에 장비를 갖추는 데 적어도 10만 달러가 필요한" 상황에 처했기 때문에 그것은 전부가 아니면 전무인 경우였다고 계속 설명해주었다. 다른 한편, 그가 그곳으로 이동해 가고 있었던 상태가 충분히 윤택해져서 그에게 연구비를 지급해줄 수도 있으리라고 그는 생각했다. 그는 덧붙였다.

> 연구 쪽에서 다시 일을 찾는 나의 능력은 우리가 지금 쓰고 있는 논문이 출간되면 한 해 안에 올라갈 것이지만 … 만일 내가 교육을 하기 시작한 이후에 한 해 더 기다린다면, 분명히 긴장하게 될 것입니다(VI, 73).

그러므로 T의 계산에는 사용 가능한 자료, 긍정적 피드백의 정도, 특수 상태에 관한 일반적 자금 조달 정책, 논문의 출간과 수용에 대한 고려가 포함되었다. 이 모든 요인이 시간에 따라 변한다고 간주되었으므로, T의 주요 관심사는 유용한 기회가 있으면 언제 자본 투자를 하는 것이 최선이냐를 결정하는 일이었다.

물론 정보원이 경제적 유비를 자주 사용했다고 해서 경제적 모형이 그들의 행동을 설명하는 데 필연적으로 최선임을 의미하지는 않는다. 그렇지만 배타적으로 사회적 규범의 관점에 선 설명이 부적절하다는 점을 그것이 뜻하지는 않는다. 더 중요한 점은 과학자들이 자료, 정책, 자신의 이력에 대해서 거의 똑같은 폭으로 말했음이 앞의 예에서 분명하게 나타난 것이다. 그들은 따라서 그들 자신의 행동에 관한 요인과 외적 요인 간의 구별을 하지 않은 모형으로 연구하고 있었던 것으로 보인다.

보상으로서 신용 개념이 지니는 한계

앞의 예들은 과학자들이 신용에 대해 이야기하기 위해서 경제적 은유를 사용하고 있었다고 해석 가능하다. 예를 들면 투자에서 얻는 기회와 수익의 평가는 신용이 할당되는 과정에 관한 은유적 재정식화라고 설명할 수도 있다. 실험실 대화의 상당량에 신용이라는 용어에 대한 언급이 포함되는 것은 참이다. 관찰자들의 공책은 신용의 분포에 관해 거의 날마다 언급했음을 보여준다. 게다가 신용이라는 용어는 인터뷰 중에 정보원들이 명시적으로 사용했다. 전체적으로 신용은 네 가지 방식으로 사용되었다. 첫째, 교환될 수 있는 상품이다. 예를 들면 몇몇 슬라이드를 빌려준 데 감사하는 편지 말미에 다음 내용이 포함되었다.

> 미래의 강의에서 그것들을 사용할 기회를 제게 준 데 대해 다시 한번 감사를 전합니다. 제가 물론 그것들에 대해서 당신에게 신용을 돌리게 될 것임을 꼭 확신하시기 바랍니다.

둘째, 신용은 공유될 수 있다.

> 그는 대부분의 신용을 나와 공유했습니다. 이는 그가 매우 관대했음을 나타내는데, 왜냐하면 그때 나는 어린 강아지였기 때문입니다.

셋째, 도둑맞을 수 있다.

> 그는 **나의** 실험이라고 말하지만 그건 그의 것이 아니고 우리의 것이며, 우리가 그 모든 일을 하게 되었지만 그가 모든 신용을 얻을 것입니다.

넷째, 축적되거나 소모될 수 있다. 이들 서로 다른 용법은 신용이 화폐의 모든 특성을 지닌다는 것을 보여준다. 그렇지만 우리가 보여주게 될 것처럼, 과학자들의 행동을 설명하면서 그들이 이런 화폐를 추구하리라고 보는 관점에 지나치게 의존하면 오해를 낳는 과도한 단순화에 빠질 수 있다.

신용에 대한 언급의 유행이 우리를 의심하게 만들었다. 본질적으로 추문 폭로 노력으로 종종 이해되는 바를 연구하는 대표 인물들에게는 신용이 적절한 재료로 여겨지기 때문에, 외부인, 특히 사회학자라는 딱지를 달고 있는 이는 신용에 관한 이야기를 충분하게 흡수할 수 있다고 쉽게 기대할 수도 있다. 적어도 초기에는 응답자들이 자신이 하는 과학 작업의 세부 사항을 외부인과 토론할 수 없으므로, 그들은 자신이 적절하다고 느끼는 주제, 즉 뒷공론, 추문, 풍문의 측면에서 반응하는 경향이 있다. 결과적으로 우리는 신용에 대한 언급이 여타 참여자보다는 외부인 관찰자와의 의사 교환에서 더 자주 나온다고 기대하게 될 것이다. 우리의 실험실에서, 이 효과는 신용의 잘못된 분포를 보여주는 최근의 어떤 사례에 대한 강한 느낌이 널리 퍼져 있는 바람에 더욱 악화되었다. 많은 경우 응답자들은 신용의 할당보다는 과학의 과정을 토론하도록 설득당해야 했다! 분명히, 일정한 국소적 조건은 신용에 대한 언급이 이상하게 널리 퍼져 있는 점에 대해서 설명해준다.[3]

과학자들이 신용에 관해 토의하기는 했지만, 그들이 항상 그랬던 것은 아니다. 특히 그들이 자료에 대해 토론할 때나 미래에 관해 이야기할 때는 신용이 그다지 언급되지 않았다. 인터뷰 중 왜 이 실험실로 왔느냐고, 혹은 왜 특정 문제 영역이나 방법을 선택했느냐고 질문했을 때, 우리가 인터뷰했던 20명 가운데 단 한 사람도 신용의 사용 가능성이라는 관점에서 대답하지 않았던 것이다. 그렇다면, 역설이 존재한다. 참여자들은 몇몇 상황에서, 신용에 관해서 자유롭게 그리고 심지어 지치지 않고 이야기했지만 다른 상황에서는 전혀 언급하지 않았다. 상황의 이 두 가지 집합을 조심스럽게 바라봄으

---

3 이 프로그램의 주요 문제는 정보원들이 생각하기에 듣기 원하는 정보를 얻으려는 관찰자에게 그들이 행사한 압력이다. 이것이 왜 우리가 그 실험실의 정치에 관해서 그토록 많은 이야기를 들었는지에 대한, 그리고 왜 우리가 그런 이야기를 사용하지 않기로 결정했는지에 대한 이유다. 이 이야기 뒤에는 매우 분명한 투자 전략, 구성원들이 투자를 결정할 수 있었던 자원으로 사용되고 있던 관찰자의 존재, 다른 이들의 반응의 성격이 존재했다.

로써, 중요함에도 불구하고 보상으로서 신용이라는 개념은 이차적인 현상이라는 인상을 얻게 된다. 예를 들면, 허버트(Herbert)가 최근 회의의 환영연에 대해서 감사했으며 "…에 대해서 당신이 더 앞서 했던 연구에 관해서 말씀드리면 … 이들 일찍 있었던 그리고 통찰력이 날카로운 행동의 관찰에 대한 모든 신용은 확실하게 당신에게 돌아갈 만합니다"라고 덧붙였던 것은, 물질을 요청하고, 실험을 제안하고, 착상을 제기하는 긴 편지의 끝에서였을 뿐이다. 하지만 과거의 일에 대한 이런 언급에 기초해 편지의 나머지를 설명하기는 불가능하다. A와 했던 토론의 끝에서 C는 "당신은 그것에 대해서 많은 신용을 얻을 것입니다"라고 논평했다. 그러나 이것은 신용에 관한 그들의 질문이라는 관점에서 있었던 전체로 두 시간에 걸친 그들의 토론을 우리가 설명하도록 좀처럼 허용해주지 않는다. 그의 긴 보고의 끝에서, 한 명의 심사위원은 "여기서 인용되어야 하는 맥…(Mc…)〔참고문헌〕에 의해 도파민(dopamine)은 생체 내에서 …을 억제한다고 최초로 보고되었다"라고 썼다. 심사위원은 이 점에서 신용 공유의 규칙에 호소하고 있는 것으로 보일 수도 있다. 그러나 이것은 그의 이전 논평의 풍부함을 설명하지 못한다. 신용에 관한 언급은 빈번히 발견되지만, 그것은 과거, 또는 그룹 구조, 또는 우선성 문제에 관한 토론에서의 두드러짐을 가정할 뿐이다. 결과적으로 보상으로서 신뢰는 과학을 실천하는 과학자의 행동을 적절히 설명할 수 없다. 오히려 그것은 과학적 성취의 사후에 있을 자원 재분배 지연과 같은 제한된 현상을 설명한다.

과학자들이 신용에 관해서 말하지 않더라도, 그리고 보상의 형태로서 신용이 동기가 됨을 부정하더라도, 그들이 신용 추구에 의해서 동기를 부여받는다고 물론 논의할 수 있다. 그러나 어떻게 동기부여에 대한 참여자 자신의 설명에서 진정한 동기(신용)가 결코 의식적인 것으로 드러나지 못하는지 설명할 억압 체계의 존재를 이것이 요구할 것이다. 임시변통적 설명을 추구하는 대신 과학자들은 단순히 신용에 의해 동기를 부여받지는 않는다고 가정하는 편이 나을 수도 있다. 예를 들면, 만일 인터뷰한 정보원들이 어떤 방법이 신뢰 가능한 자료를 산출하기 때문에 선택했다고 보고한다면, 신뢰 가능성에 대한 그 언급은 신용을 구하는 일에 대한 관심의 위장된 형태로 여겨질 것인가? 또 다른 응답자가 자신은 어떻게 학습 과정이 뇌 수준에서 작동하느냐 하는 문제를 풀기를 원했다고 보고한다면, 이것은 그가 신용을 원했다고 이야기하는 모호한 방식으로 이해되어야 할 것인가?

신용 가능성의 추구

옥스퍼드 사전은 신용에 대한 몇 가지 정의를 제시하는데, 그 가운데 오직 하나("뛰어남에 대한 인정")가 몇몇 사회학자가 신용을 보상으로 나타내기 위해 그 용어를 사용하는 의미에 대응한다. 대안적인 사전적 정의는 이렇다.

(1) …에 대해서 일반적으로 믿는 속성 … 신용 가능성
(2) 타인에 대한 확신에 기초한 사적 영향
(3) 사업에서 지불 능력과 성실에 대한 명성, 미래에 있을 지급에 기대해 개인 또는 단체로 하여금 물품과 화폐에 관해서 신뢰하게 만들어줌

그렇다면, 신용은 믿음, 권력, 사업 활동과도 연합될 수 있다. 우리 실험실의 과학자들에게 신용은 보상에 대한 단순한 언급 이상의 더 넓은 의미가 있었다. 특히 그들의 신용 사용은 사실의 생산에 관한 통합적인 경제적 모형을 시사한다. 이 가능성을 조사하기 위해 어느 과학자의 이력을 약간 자세히 살펴보고 신용에 관한 어떤 정의가 그것을 가장 쓸모 있게 설명하는지 평가하기로 한다.

인터뷰에서 디트리히는 의학 학위를 받은 후 연구를 하기 위해 의학에서 나왔다고 알려주었다. "나는 돈에 많은 관심은 없었고, 연구는 더 흥미롭고 더 어렵고 도전적인 것이었죠"(XI, 85). 그의 다음 결정은 어디서 대학원 연

구를 하느냐였다. "베른은 나쁘지 않았지만, 뮌헨이 더 나은 장소였고, 더 위신이 있으며, 더 흥미로웠다." 다른 곳에서 보았듯이, 과학자가 훈련을 받는 장소는 장래 이력에 큰 영향을 미친다. 경제적 용어로 말하자면 뮌헨에서의 대학원 훈련은 베른에서의 같은 훈련보다 몇 배 더 가치가 있었다. 다시 말해 디트리히는 뮌헨에서 훈련받는다면 더 높은 신용을 얻게 되리라는 점을 깨달았던 것이다. 이로부터 우리는 과학자 이력의 시작이 개인이 점차 신용 증명서를 누적해가는 일련의 결정을 수반한다는 것을 알 수 있다. 이들 신용 증명서는 디트리히의 가능한 미래의 투자에 관해 타인들이 한 평가에 대응한다.

> 그러고 나서 나는 에일라트(Eilat)에서 개최된 회의에 갔습니다. … 신경생리학에 대한 관심을 깨달았고 … 좋은 분야로 보였어요. 사람이 몰려 있지 않고, 점점 더 중요해질 분야요. … 어느 날 해결되어 끝을 볼 암과 같은 유는 아닌 것으로 보였습니다(XI, 85).

디트리히는 그리하여 자신의 관심이라는 측면에서 신경생리학을 연구하려는 결정을 설명했다. 이것과 동시에 젊은 탐구자가 한 분야의 호기와 자신의 장래성을 평가했던 준경제적 계산의 요소를 우리는 볼 수 있다. 전망에 대한 그의 평가는 그 자신의 노력 투자에서 오는 가망성 있는 수익에 대한 견적을 수반했다. 디트리히의 다음 단계는 그 분야에서 연구하고 있는 누군가를 선택하는 일이었다.

> 이 회의에서 나는 X에 관해서 들었습니다. 나는 그에게 갔지만, 그는 나를 물리쳤어요. … 그는 내과의를 원치 않았고 … 젊은이 그룹을 형성시키는 것을 원치 않았거든요. … 시간 낭비였죠(XI, 85).

회의에서 들은 바로 디트리히는 X가 그 분야에서 최고임을 알게 되었다. 디트리히에게 이것은 X의 그룹에서의 동일한 투자가 어떤 다른 그룹에서의 투자보다 훨씬 더 효과적일 것임을 의미했다. 채용의 과정은 어느 한쪽이 다른 쪽이 제공할 수 있을 자본을 평가하는 교섭을 수반했다.

> 그러나 X는 나에게 …〔연구소〕에 있는 Y를 알아보라고 했습니다. … Y는 나에게 그 주제에 대해 연구하라고, 1년 안에 끝내야 한다고, …에서 재직권을 얻도록 지원하겠다고 말했어요. … 그 주제는 뇌 안에서 효소가 있는 위치를 파악하는 것이었고 … 그 문제는 지금도 해결되지 않았으니 그가 완전히 시점(時點)을 잘못 잡은 거였지만 … 나는 자리를 원했고 그래서 그의 조언을 따랐어요. … 나는 …에서 자리를 잡았고 … 박사학위 논문을 쓰고 몇 가지의 출간물을 갖게 되었습니다(XI, 85).

이것은 이력을 부드럽게 출발하는 좋은 예다. 기록하기 장치가 작동했으며 충분한 문서가 생성되어 있어서 그의 논문과 박사학위 논문을 지원해주었다. 짧게 말해, Y의 투자는 소기의 성과를 거두었다. 그러나 보상의 관점에서 볼 때 수익은 최저한이었다. 디트리히의 연구는 널리 갈채를 받지도 못했고 눈에 띄는 성취로 여겨지지도 않았던 것이다. 그러나 Y의 배경으로 그의 재직권을 확보하기에는 충분했다. 디트리히는 이제 그 분야에서 본격적으로 일할 수 있는 공인된 연구자였다.

> 이 효소는 그전에 잘 연구되어 있지 않았습니다. 나는 사람들이 전에 이야기했던 바가 틀렸다는 걸 보여주었어요. … 그들은 1000번 정제하고 그것이 순수하다고 주장했고, 나는 3만 번 정제하고 그것이 아직도 순수하지 않음을 보여주었죠. … 나는 내가 이 효소를 특징짓는 쪽으로 전진해갔다고 말할 수 있습니다(XI, 85).

이 기여는 전형적 작업의 모든 요소를 지닌 점증하는 과학적 진보를, 그 정제 기준의 변화를, 이와 병행하는 기법의 변화를 나타낸다. 디트리히는 그의 위치를 이와 같이 요약할 수 있었다. "수많은 사람이 아세틸콜린 분해를 연구했지만 신기하게도 합성을 연구한 이는 아주 적습니다. … 이 효소에 관해서 … 나는 세계적인 전문가죠〔웃음〕." 이 특별한 사실 생산자는 그의 공헌을 위해 시장에의 접근을 확보했다. 그 결과 이 효소에 관해 토론하는 어느 회의에 초청받게 되었다. 이 주제를 다루는 어떤 논문에서 그는 인용될 것이다. 이렇게 해서 그는 작은 저축액을 더 큰 수익으로 변환할 수 있었다.

형광법(fluorescent method)으로 뇌 지도를 그리려면 단일종 항체가 필요한데, 이 항체를 기르는 데는 순수한 효소가 필요합니다. 말했듯이 심지어 3만 번 정제했는데도 내게 그것은 아직 규정하기에 충분할 정도로 순수하지 않아요. … 하지만 휴스턴에 있는 어떤 이는 자기가 순수 효소를 갖고 있다고 주장했습니다.

믿을 수 있는 자료를 얻기 위해 그는 특수한 기술적 역량이 있는 특별한 기록하기 장치가 필요했다. 분명히, 만일 너무 많은 잡음이 발생한다면 그 자료는 신뢰 가능한 것으로 보증될 수 없다. 시장에는 순수한 효소에 대한 수요가 있었다. 그것이 의사소통될 수 있었던 정보가 아니었기에, 디트리히는 Z와 협력하기 위해서 휴스턴으로 옮겨갔다. 디트리히는 자신의 방법을 Z의 순수 물질에 사용해 새로운 자료를 얻고자 희망했다. 그렇지만 그 기획은 실패했는데, 왜냐하면 Z의 주장이 어떤 자료에 의해서도 뒷받침될 수 없었기 때문이다. Z는 그 효소를 갖고 있지 않았던 것이다. 그러나 디트리히는 여타 더 중요한 자원에 접근했고, 다른 전문분야에서 자신의 기회를 보았다.

나는 늘 펩타이드에 관심이 있었어요. … 나는 이 안에서 좀 차단당해 있었고, 나의 대장은 가능성이 있는 사람이었습니다. … 또한 파린(Parine)과 나는 서부 해

안으로 가길 원했습니다.

디트리히는 그 연구소에서 플라워와 함께 연구하기 위해 장학금 형태의 돈을 얻을 수 있었다. 장학금은 탐구자가 지불 능력을 일단 입증하면 사적 단체나 연합 단체가 그에게 만들어주는 선불이었다. 뒤이어 그런 선불이 출간과 사실이라는 방식에 의해 간접적으로 재조달되었다. "적어도 나는 스스로 일할 수 있음을 보여줄 수 있었고, 그것이 가장 중요한 것이었습니다."

파린은 우연히 디트리히로 하여금 그의 이전 효소 연구보다 상당히 더 중요한 주제를 연구하게 했다. 다른 말로 한다면, 동일 양의 연구가, 그것이 첫 번째로 수행되었던 것보다 연구비, 인용의 수용, 회의 초대에로의 접근이라는 관점에서 볼 때 그 새로운 분야에 훨씬 더 큰 충격을 주었던 것이다. S와의 연합의 결과로 디트리히는 그를 독일로 돌아오게 설득하는 (공간, 기술자, 자립, 재료의 측면에서) 더욱더 매력적인 제의를 받았다. "아시다시피 나는 독일에서 분위기가 무르익었고 전문가가 거의 없는 시점인 지금 펩타이드 전문가입니다"(XI, 86). 그 연구소에서 디트리히는 독일 사정에 비해서 훨씬 더 매력적인 시장에 더 많이 접근하는 즐거움을 누렸다. S 및 W와의 연합이라는 단순한 사실이 그에게 명성과 물질적 자원 두 측면 모두에서 상징적 신용 가능성을 부여했다. 그 연구소에 있음으로써 디트리히는 의사소통 네트워크, 물질, 기술자에 대한 접근을 획득했고, 2장에서 서술했던 물질적 자원의 거대 자본을 활용할 수가 있었다. 디트리히가 한 투자는 그 연구에서 신용의 집중, 그리고 그 분야에서 믿을 수 있는 정보에 대한 높은 수요로 인해 엄청난 보답을 받았다. 이에 더해, 그의 독일 국적이 그로 하여금 화폐 사이의 변동 위에서 놀도록 해주었다. 그는 미국에서 일한 결과로 독일에서의 그의 노력에 대해 훨씬 더 높은 수익을 얻을 수 있었다. 그러나 그가 독일에서 쓸 수 있었던 실험실 공간, 기술자, 독립성, 연구비가 보상의 형태로 제공된 것은 아니었다. 오히려 이것들은 새로운 기록하기 장치, 그리고 자료, 논문, 사실의 생산에 신속하게 재투자될 물질적 자원이었다. 그의 연구에 대한 이들 투자가 보답받지 못했다면 디트리히는 신용 가능성을 상실했을 것이다. 이런 관점에서 보면 과학자의 행동은 자본 투자자의 그것과 매우 비슷하다. 신용 가능성의 누적은 투자에 필요 불가결하다. 이 더미가 크면 클수록 투자자는 실질적 수익을 더 많이 거둘 수 있고, 따라서 그의 커가는 자본에 더 많이 추가할 수 있다.4

다시 말하지만, 보상 수령을 과학 활동의 궁극적인 목적으로 여기는 일은 옳지 않을 것이다. 사실상 보상 수령은 신용 가능성 투자라는 커다란 순환의 단지 하나의 작은 부분일 뿐이다. 이 순환의 본질적인 특징은 재투자와 신용 가능성의 더 나아간 획득을 가능케 해주는 신용 가능성의 획득이다. 결과적으로 누적된 자원의 끊임없는 재배치가 아닌 과학 투자의 궁극적 목적이란 없다. 우리가 과학자의 신용 가능성을 자본 투자의 순환에 비유하는 것은 이 의미에서다.

한 형태의 신용 가능성에서 다른 형태의 신용 가능성으로의 전향

디트리히의 이력 경로가, 관심에 대한 엄밀하고 복잡한 계산에 기초한 일련의 결정을 포함했음에도, 이 관심의 정확한 본성은 문젯거리로 남는다. 우리 자신을 과학적 기여에 대한 보상 추구라는 개념에 국한한다면, 디트리히가 파산했음이 명백하다. 10년간 투자한 후 그는 거의 알려지지 않아서, 1년

4 이 논의의 많은 부분이 부르디외(Bourdieu, 1972, 1977)의 연구에 크게 의존한다. 이에 대한 이유는 간단하다. 과학에 대한 경제적 분석은 자체를 거시적 요인에 관한 고려에 제한했으며, 버널(Bernal, 1939), 손 레텔(Sohn Rethel, 1975), 영(Young, 연도 미상)과 같은 마르크스주의자들이 수행했을 때조차도 그러했다. 상징자본(경제자본이 이것의 부분집합이 될 뿐인) 개념을 도입함으로써만 비경제적 행위에 경제적 논의를 적용할 수 있다(Bourdieu, 1977). 과학에의 직접적 적용에 관해서는 Knorr(1978)와 Bourdieu(1975b)를 볼 것.

에 8회도 인용되지 못했고, 상도 못 받았으며, 친구를 별로 만들지 못했다. 그렇지만 신용 개념이 신용 가능성을 포함하도록 확장하면, 훨씬 더 성공적인 이력을 볼 수 있다. 그는 좋은 신용증명서를 갖고 있고, 두 종류의 방법을 써서 믿을 만한 자료를 산출했으며, 지금은 자본을 엄청나게 축적해놓은 연구소의 새롭고 중요한 영역에서 연구한다. 보상 추구라는 관점에서 볼 때 그의 이력은 큰 의미가 없다. 신용 가능성의 투자자로서 그 이력은 매우 성공적이었다.

보상으로서의 신용과 신용 가능성으로서의 신용을 구별함으로써 우리는 그저 단어놀이를 하고 있는 것이 아니다. 보상으로서의 신용은 과거의 과학적 성취에 대한 동료의 인정을 상징하는 보상과 상을 분배받는 것을 말한다. 다른 한편, 신용 가능성은 과학을 실제로 할 수 있는 과학자의 능력과 관계된다. 우리는 2장 끝에서 어떻게 한 진술이 양상의 계속된 포함을 불필요하게 만든 문서들을 사용함으로써 주장에서 사실로 변환될 수 있는지를 보았다. 적절한 문서에 의해 그렇게 뒷받침된 진술은 개인이 믿을 만하거나 도구가 신뢰할 만한 것과 똑같은 방식으로 믿을 만하다고 이야기될 수 있다. 그러므로 신용 가능성이라는 개념은 과학적 산물인 바로 그 물질(사실), 그리고 돈이나 제도 같은 외부적 요인의 영향 둘 모두에 적용될 수 있다. 신용 가능성이라는 개념은 사회학자로 하여금 외부적 요인과 내부적 요인을 그리고 그 역을 관련짓도록 허용한다. 동일한 신용 가능성이라는 개념은 과학자의 투자 전략에, 인식론적 이론에, 과학의 보상 체계에, 과학 교육에도 적용될 수 있다. 신용 가능성은 그러므로 사회학자로 하여금 과학 속의 사회적 관계가 지니는 이들 서로 다른 측면 사이에서 어려움이 없이 움직이도록 해준다.

만일 과학자가 단지 보상을 찾는 이라기보다는 신용 가능성 투자자라고 우리가 가정하면, 과학적 행동의 수많은 이상한 사례를 과학자들이 한 형태의 신용 가능성으로부터 다른 형태의 신용 가능성으로 전향한다는 관점에서 쉽게 설명할 수 있다. 우리가 이를 네 가지 예를 들어 잘 밝혀줄 수 있다.

(a) 내가 실험실에서 이 물질에 한 모든 투자를 고려할 때 그리고 내가 그것에 대한 훌륭한 검정을 갖고 있지조차도 못할 때, 만일 레이(Ray)가 이 검정을 갖출 수 없으면, 그는 해고될 것입니다(XIII, 83).

여기에 언급된 투자는 돈과 시간에 관한 것이었다. 이 투자에 기초해 앞으로 나올 논문을 뒷받침할 수 있는 자료의 형태로 보답이 기대되었다. 검정을 맡은 개인의 진가는 그 검정의 질과 산출된 자료에 의존했다. 만일 검정이 실패하면 레이는 신용 가능성을 잃을 것이고, 그의 투자와 논의를 뒷받침하는데 요구된 자료 둘 모두를 잃을 것이다. 결과적으로 X는 레이의 입장이 위험에 처해 있다고 그에게 (간접적으로나마) 경고했다. 이 경우에 생물학적 검정에서 나온 자료가 한 논의를 지지하는 데 필요했다. 생물학적 검정의 성공은 레이의 권위를 지지하는 데 필요했다. 이 권위는 다시 그의 위치를 지지하는 데 필요했다. 마지막으로 X의 투자는 새로운 논문에 의해서 지지되거나 보답받아야 하는 것이었다.

(b) 그 분야의 절정기는 지나갔어요. … P의 그런 실험 이후에 큰 붐이 일었죠. … 수많은 사람이 그 분야로 들어와서 넘쳤습니다. … 얼마 후, 새로운 아무런 일도 생기지 않았을 때 그것은 점점 더 불가능해 보였습니다. … 기대가 매우 높았고, 그래서 사람들은 아무 실험도 없이 논문을 냈는데, 단지 사변(思辨)인 … 그러고 나서 많은 사람이 그것을 재현하려 했을 때 부정적 답을 얻었고 … 부정적 결과가 누적되면서 기대가 무너져 버렸습니다(VIII, 37).

결과적으로 P를 포함한 많은 이가 그 분야를 떠나기 시작했다. 초기 실험이 작은 골드러시를 재촉했고, 사람들이 새로운 분야에 투자하면서 이력의 경로는 방향을 바꾸었다. 초기에 기준은 아무런 실험도 필요로 하지 않는 그런 것이었다. 거의 어떤 명제도 널리 퍼져 있는 흥분의 분위기 속에서 인정받았다. 그렇지만 견고한 자료가 흐르기 시작했을 때 다양한 명제들은 하나씩 하나씩 파산했다. 부정적 결과들은 그러므로 이력에 대한 기대를 다시 한번 수정시켰던 것이다.

다른 분야의 탐구자에 관해서 이야기하면서, Y는 말했다.

(c) 나는 이 사람이 더 앞서 낸 결과를 지지했는데 … 이때 많은 사람이 그것을 쓰레기로 여겼습니다. 그는 자기 분야에서 중요한 사람이고 … 그리하여 현재 그는 나를 회의에 초청했으며, 그것은 내가 다른 분야의 새로운 사람들을 만나게 되는 좋은 기회입니다(X, 48).

다른 과학자의 명제에 대한 Y의 믿음은 결국 회의 초청으로 변환되었다. 더욱이 그 초청은 다른 사람들과 아는 사이가 되고 새로운 착상에 대한 정보를 얻을 좋은 기회였다. 동일한 정보가 뒤이어 새로운 실천으로 변환될 수도 있는 것이다. 그러므로 논쟁의 여지가 있다고 여겨지는 다른 누군가의 자료에 대한 확신은 자본 투자가 되었다. 그 투자는 이 예에서 다른 과학자의 위치("그는 중요한 사람입니다") 덕분에 보답받을 수 있었다.

K와 L은 베타 계수기에서 표본을 세고 있었다. K는 L보다 15세 위다.

(d) L: 이 그림들을 보시죠, 나쁘지 않은데요.

K: 음, 내 경험을 믿어요. 그것이 100 훨씬 이상이 아닐 때는 좋은 것이 아니고, 잡음입니다.

L: 그렇다고 해도 잡음이 꽤 일관된 것이네요.

K: 그것이 많이 변화하지는 않지만, 이 잡음으로는 당신이 사람들을 확신시킬 수 없어요. … 훌륭한 사람들 말이에요(XIII, 32).

몇몇 인식론자의 관점에서 보면, 우리는 자료의 신뢰 가능성이 그 분야 내의 개인들에 대한 평가와는 꽤 뚜렷하게 분리되는 쟁점이 되리라고 기대할 것이다. 그러므로 자료 평가는 다른 사람을 확신시키는 수사적 작업과 명백히 연결되어서는 안 되고, 해석하는 개인이나 결과를 듣는 청중에 따라 변화되어서도 안 된다. 그럼에도 위와 같은 예들은 과학자들이 피상적으로는 관계가 없는 이 쟁점들 사이에서 빈번히 연결을 이루어낸다는 것을 보여준다. 사실상 그런 쟁점들은 모두가 하나의 신용 가능성 순환의 일부다. 결과적으로 그것들 사이에 이루어진 연결은 서로 다른 형태의 신용 가능성 사이의 전환이라는 관점에서 설명될 수 있다. 그러므로 한 참여자가 자료의 질, 청중의 입장, 그 자신의 이력 전략을 동시에 평가한다는 것은 놀랍지 않다.[5]

그림 5.1은 신용 가능성의 순환을 설명한다. 신용 가능성이라는 개념은 돈, 자료, 위신, 신용증명서, 문제 영역, 논의, 논문 등 사이의 전환을 가능케

5 전환의 또 다른 예를 호글랜드(Hoagland)의 회상에서 발견할 수 있다.

"하버드에서 그리고리 핀커스(Gregory Pincus)와 나는 1927년에 박사학위를 받았고 진심 어린 친구가 되었다. 내가 떠나고 그는 크로지어(Crozier)의 학과에서 조교수로 지냈지만, 3년짜리 근무 기간이 두 차례 지난 후에는 그의 빛나는 업적에도 불구하고 계약이 갱신되지 않았다. 나는 그가 클라크(Clark)에서 나와 합류하게 하려고 열심이었고, 그가 방문교수로 올 수 있도록 우리는 함께 외부의 다양한 곳에서 연구비를 충분하게 모았다. 1936년에 이르러 그의 책 『포유류의 난자(The Eggs of Mammals)』와 한 포유류, 즉 어머니는 있으나 아버지가 없는 토끼에서 성공적인 발병론(發病論)을 보고했던 여러 논문을 출간했다. 이것은 과학계와 일반 언론에서 많은 관심을 모았지만 대학의 보수적 구성원들에게는 별로 열광적으로 받아들여지지 않았다. 나는 핀커스의 스테로이드 호르몬에 관한 관심과 지식이 흥분을 불러일으킨다고 느꼈다. 그는 이미 소변의 스테로이드를 측정하는 개선된 방법을 개발했고 이를 내분비 문제에 적용했다"(Meites et al., 1975).

각 문장은 한 가지 형태의 신용 가능성과 다른 형태의 신용 가능성 사이에 있는 전환과 관련되어 있다. 그러므로 우리는 어떻게 졸업장, 사회적 관계, 위치, 돈, 신용, 관심, 확신이 교환되는지를 읽는다. 호글랜드는 그의 친구 핀커스에게 단순히 보답한 것이 아니다. 오히려 그는 기법과 착상을 필요로 했고 그래서 그의 뒤를 밀어주었으며 다른 이로 하여금 그 모험에 연구비를 주도록 확신시키려고 했다.

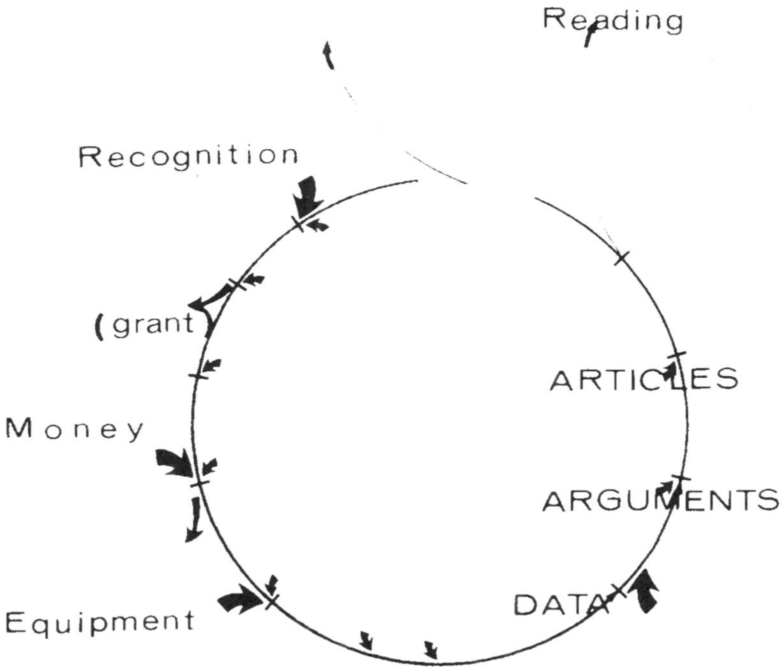

그림 5.1
이 그림은 과학자가 과학장(科學場, scientific field)에서 움직이는 데 필요한 한 유형의 자본에서 다른 유형의 자본으로의 전환을 나타낸다. 이 도표는 한 가지 특수한 부분보다는 완전한 순환이 현재의 분석 대상임을 보여준다. 화폐자본에서처럼, 전환의 크기와 속도는 작업의 효율성이 확립되는 주요 기준이다. 서로 다른 접근(예를 들면 경제적 접근과 인식론적 접근)에 대응하는 용어들이 단일 원의 위상들에서 합체되어 있음에 주목해야 한다.

한다. 과학에 관한 여러 연구가 이 순환의 작은 부분 하나 또는 다른 작은 부분에 초점을 두는 데 비해, 우리는 각각의 일면이 투자와 전환의 끝없는 순환의 단지 일부분이라고 본다. 예를 들어 만일 우리가 과학자는 보상을 향한 추구에 의해서 동기를 부여받는다고 묘사한다면, 관찰한 활동의 오직 소수만 설명할 수 있을 뿐이다. 그 대신 우리가 과학자는 신용 가능성 추구에 참여해 있다고 가정하면, 그들의 서로 다른 관심과 한 가지 종류의 신용이 다른 신용으로 변환되는 과정 둘 다를 더 의미 있게 만들 수 있다.[6]

믿을 수 있는 정보에 대한 요구

보상과 신용 가능성의 차이가 갖는 힘을 완전히 이해하기 위해서, 보상이 주어지는 과정과 신용 가능성이 평가되는 과정을 구별할 필요가 있다. 보상과 신용 가능성 둘 다 본질적으로 다른 과학자에 관한 동료의 논평에서 나온다. 그러므로 노벨상 수상조차도 현장 과학자의 다양한 제출물, 추천서, 평가서에 의존한다. 그러나 실험 자체 속에서 이를 평가하는 논평은 어떤 형태를 취할까? 두 가지 특징이 즉시 명백해진다. 첫째, 과학자들이 한 평가적 논평은 사람으로서의 과학자와 그들의 과학적 주장 사이를 구별하지 않는다. 둘째, 이들 논평의 주요 공격은 한 개인의 주장 안에서 투자될 수 있는 신뢰 가능성을 평가하는 일을 향한다. 상을 수여하는 가능성은 주변적인 고려다. 이것에 대한 인상적인 일화를 다음 예에서 볼 수 있다. 한 펩타이드를 합성해달라고 C가 글렌(Glenn)에게 요청했을 때, 생물학적 검정을 하는 방에 C와 파린이 있었다. 이 펩타이드는 다른 동료 T가 엔도르핀보다 더 활성이 있다고 주장했던 것이다. 펩타이드 주입기가 준비되었을 때, C는 수술대 위에 있는 쥐에게 주사를 놓을 준비를 갖추었다.

> 나는 틀림없이 그 펩타이드가 아무것도 하지 않으리라고 생각해요. … 이것은 내가 내 친구 T에게서 얻은 확신입니다. 〔C는 주입기를 누르고 쥐를 즐겁게 다루었

---

6 순환 개념이 지니는 한 가지 주요 이점은 우리로 하여금 관찰되는 사회적 활동 뒤에 있는 궁극적 동기부여를 규정할 필요에서 자유롭게 해준다는 것이다. 더 정확히 말하면, 어떤 이는 그것이 과학의 비범한 성공의 원인이 되는 끝없는 순환의 형성이라고 제안할 수도 있을 것이다. 사용가치에서 교환가치로의 급작스러운 전환에 관한 마르크스의 논평(Marx, 1867: 4장)은 사실의 과학적 산출에 잘 적용될 수 있을 것이다. 많은 진술이 산출되는 이유는 각각이 사용가치는 없으나 전환을 가능케 하며 신뢰 가능성 순환의 재생산을 가속하는 교환가치를 갖고 있다는 점이다. 이 견해는 이른바 과학과 산업의 관계에 대해서도 함축을 지니고 있다(Latour, 1976a).

다.] 좋습니다, 찰스 T., 우리에게 말해주어요. [몇 분 경과] 보세요, 아무 일 없죠…. 뭔가 일어난다면 쥐가 훨씬 더 뻣뻣하겠죠. [한숨] 아, 내 친구 T … 뉴욕에 있는 T의 실험실로 갔다가 그의 기록을 보았는데 … 출간으로 이어지는 기록이었어요. 마음이 불편하더군요(V, 53).

이 사건은 동료와 그의 물질을 흔히 융합시키는 일을 강조한다. 제안과 제안자에 대한 신뢰 가능성은 동일하다는 것이다. 만일 그 물질이 쥐에서 바랐던 효과를 냈다면, T의 신뢰 가능성은 증가했을 것이다. 다른 한편, 만일 그가 T에게 더 많이 확신을 갖고 있었다면, C는 그 결과에 놀랐을 것이다. 이것은 다음 내용에서 특히 명백하다.

지난주 내 위신이 아주 낮아졌어요. X는 내가 신뢰할 만하지 못하고 내 결과가 빈약하며 그는 감명받지 못했다고 말했습니다. … 어제 내 결과를 그에게 보여주었습니다. … 오, 이제 그는 매우 기분이 좋아져서, 자신이 강한 인상을 받았으며 내가 그것에 대해 많은 신용을 얻게 될 것이라 말합니다(XI, 85).

현장 과학자에게 가장 중대한 질문은 "그가 쓴 훌륭한 논문 때문에 나는 나의 빚을 인정의 형식으로 보답받았나요?"가 아니라 "그는 믿어야 할 만큼 충분하게 신뢰 가능합니까? 내가 그를/그의 주장을 신뢰할 수 있습니까? 그가 내게 견고한 사실을 제공해줄까요?"다. 과학자들은 다른 이의 성취를 인정하기 위해 규범의 특별한 체계로 강제되어 있기 때문이 아니라 각 사람은 그 자신이 믿을 수 있는 정보를 산출해내는 것을 증가시키기 위해 다른 이를 필요로 하기 때문에 그들이 서로에게 관심이 있는 것이다.

믿을 만한 정보에 대한 요구를 다루는 우리 논의는 해그스트럼(Hagstrom, 1965)과 부르디외(Bourdieu, 1975b)가 제안한 과학 내 교환 체계에 관한 두 가지 영향력 있는 모형과 대조된다. 두 모형 모두 명백하게 경제학에서 영향을 받았다. 해그스트럼의 모형은 전(前)산업사회의 경제학을 채용하며 두 과학자 간의 관계를 선물 교환의 관계로 묘사한다. 그렇지만 해그스트럼에 따르면 교환에 대한 기대는 결코 명시적으로 이루어지지 않는다.

> 쿨라(kula) 거래자의 도량이 넓은 태도가 답례 선물을 기대하지 않음을 의미하지는 않는 것 이상으로, 과학적 기여에 대한 보답으로 인정에의 기대가 존재함을 대중이 부인하는 것이, 인정에의 기대가 부재함을 의미한다고 여겨져서는 안 된다(Hagstrom, 1965: 14).

교환에의 기대에 대한 명시적 언급이 우리가 관찰했던 다수 사례에서 나타났다. 우리의 과학자들이 자신이 어떤 보답 선물도 기대하지 않고 있었다는 허구를 주장해야 했다는 제안은 존재하지 않았다. 결과적으로 과학자들은 선물을 주는 자라는 기초적 논변은 보증받은 것으로 보이지 않는다. 실제로, 우리는 해그스트럼 스스로 물었던 질문을 제기할 수 있다.

> 그러나 왜 선물 주기는, 그것이 근대적 삶의 대부분 여타 영역에서, 특히 가장 뚜렷하게 "문명화된" 영역에서 교환의 형태로서는 본질적으로 쓸모가 없을 때, 과학에서 중요해야 하는가?(Hagstrom, 1965: 19).

그 똑같은 현상이 여타 전문직업 영역에서 명백하다는 사실에 대해서가 아니라 과학자 사회 내의 이 구식 전통의 생존에 대해서 해그스트럼은 아무런 이유도 제공하지 않는다. 모든 그와 같은 전문직업 영역 안에서, 해그스트럼은 이렇게 논한다.

> 물물 교환이나 계약 교환에 반대되는 것으로서 선물 교환〔또는 봉사 규범〕은 잘 사회화된 개인들이 공식적 통제와 독립적으로 움직이는 능력에 커다란 신뢰가 놓

이게 되는 사회체제에 특히 잘 맞는다(Hagstrom, 1965: 21).

그렇다면, 해그스트럼에게, 선물 교환이라는 고대의 체계는 사회의 규범을 유지시키는 데 기능적으로 공동으로 필수적인 것이다. 다른 말로 하면, 포틀래치(potlach)라는 고대적 체계는 규범의 중심 체계를 지지해주는 한 방식으로 보인다는 것이다. 과학자의 출간 전략조차도 선물 교환에 참여함으로써 규범에 순응함을 보여주는 표현이다.

사회적 인정을 얻으려는 욕망은 과학자로 하여금 그의 발견을 더 큰 공동체에 기부함으로써 과학적 규범에 순응하도록 유도한다(Hagstrom, 1965: 16).

과학 활동은 규범에 지배되며, 이들 규범의 강화는 선물 주기라는 특수한 체계의 존재를 수반한다. 그러나 이 체계는 참여자에 의해서는 결코 언급되지 않는다. 실제로 만일 과학자들이 자신이 보답 선물을 기다리고 있음을 부정한다면 이것은 훈련과 규범에 대한 그들의 엄격한 순응의 성공을 보여주는 증거로 여겨질 것이다. 경험적으로 증명 불가능하고 그 저자 스스로 해명 불가능하며 역설적인 고대성(古代性)을 고려하고 있는 어떤 교환 체계에 대한 규범의 관점에 서 있는 설명을 우리는 여기서 갖고 있다.

왜 해그스트럼은 과학자 간의 관계를 설명하기 위해서 원시적 교환의 유비를 사용해야 하는가? 우리는, 실험실 안에서 일어나는 계속적 투자와 신용 가능성의 변환이 근대 자본주의에서 전형적으로 나타나는 경제적 작동을 비추었다는 뚜렷한 인상을 받았다. 해그스트럼은 돈의 움직임이 외견상 부재한다는 데 감명을 받았다. 그러나 이 특징이 규범의 존재를 보존하기 위해서 설계된 모형의 정식화로 이끌어가서는 안 되는가? 과학자들은 규범에의 복종 때문에 서로의 것을 읽는가? 한 사람의 개인은 한 논문의 저자가 보답으로 그의 연구를 읽도록 강제하기 위해서 그 논문을 읽는가? 해그스트럼의 교환 체계는 다소 고안된 동화의 분위기를 갖고 있다. 과학자들은 예의의 문제로 논문을 읽고, 이와 유사하게 공손함 때문에 그 저자들에게 감사한다는 것이다. 이 견해가 불필요하게 복잡하다는 것을 보여주기 위해 과학에서의 교환을 보여주는 예를 한 가지 더 살펴보기로 한다.

당뇨병 연구에서 주요 문제의 하나는 당뇨병 환자의 혈당 수준에서 인슐린(insulin)과 글루카곤(glucagon)의 효과를 구별하는 것의 어려움이었다. 다른 말로 하면, 인슐린의 효과를 연구하려던 기도가 글루카곤이 생성시킨 '잡음' 때문에 좌절되었으며, 글루카곤의 효과를 억누르기는 불가능했다. 그렇지만 1974년에 소마토스타틴이라 불린 새로운 물질이 (완전히 무관한 분야에서) 분리되었는데, 이것은 성장호르몬과 글루카곤 둘 다의 분비를 억제하는 것으로 알려졌다(Brazeau and Guillemin, 1974). 소마토스타틴은 즉시 당뇨병 연구 분야로 수입되었으며 글루카곤 효과를 감소시키는 데 사용되었다.

> GH 방출 억제 호르몬, 즉 소마토스타틴의 발견으로 당뇨병에서 글루카곤의 역할에 대한 객관적 평가로 가는 길이 열린 것 같다. 글루카곤 분비가 완전히 억눌린 상태의 당뇨병 환자를 추적하는 연구가 곧 가능해질 것이다.

임상의가 쓴 이 부분은 글루카곤의 잠재적 중요성을 가리킨다. 만일 이 시점에서 누군가가 임상의들에게 그가 글루카곤 억제 물질의 구조를 알고 있었다고 말한다면, 그는 그들에게 격하게 붙들렸을 것이다. 왜? 그 임상의가 이 개인에게 그의 기여에 대해서 보상해주려는 욕망에 압도되었다고 느꼈기 때문에? 혹은 그가 그 개인의 성취에 명예를 빚졌다고 느꼈기 때문에? **아니다.** 일단 그 새로운 정보로 무장하자, 그의 작업대나 실험실 건물로 돌진하려는 그리고 그의 기록하기 장치에 생긴 잡음의 원인 중의 하나가 통제될 수 있는 어떤 원안(原案)을 수립하려는 그의 능력에서 그 임상의의 격한 반응이 뻗어나올 것이다. 그 임상의는 정보를 가져온 이에게 신용을 지불해야 할 의무가 있지는 않을 것이며 심지어 그의 논문을 인용할 의무가 있지도 않을 것이다. 신선한 정보의 생성에 미치는 유용성은 결정적인데, 반면 뒤이어진 인정 부여는 그 학자에 대한 이차적인 관심사일 뿐이다.

과학의 교환에 관한 부르디외의 모형은 과학자의 행위를 전자본주의적 상인과 무역업보다는 근대 사업자의 행위와 비교한다. 과학의 교환에서 돈의 부재는 그가 비과학 분야에서 교환 체제를 연구한 경험이 있기 때문에 그에게 영향이 없다. 부르디외에게 경제적 교환은 돈이 아닌 자원의 축적과 투자를 포함할 수 있다(Bourdieu, 1975b). 상징자본(symbolic capital)이라는 관념을 사용해 부르디외는 교육 또는 예술과 같은 분야에서의 투자 전략을 근대 자본주의 관점에서 서술한다. 사업 전략조차도 (단순히 화폐자본이 아니라) 상징자본의 축적이라는 관점에서 분석된다. 해그스트럼과 대조하자면, 부르디외는 과학자의 행동 규범 관점에서 설명하려 하지 않는다(Bourdieu, 1975b). 규범, 사회화 과정, 일탈, 보상은 사회 활동의 원인이라기보다 사회 활동의 귀결이다. 이와 유사하게 부르디외는 임시변통적 설명을 꾸며내지 않고 경제학의 다른 더 유용한 규칙의 관점에서 과학을 연구할 수 있다는 입장을 취한다. 그렇다면 부르디외에게 사회 활동의 원인은 투자자들이 자신의 상징적 이익을 최대화하기를 원하면서 채택하는 전략의 집합인 것이다.

> 과학장(科學場)은 경쟁적 투쟁의 장소이며 그 안에서 문제가 되는 특수한 쟁점은 과학적 권위의 독립인데, 이것은 기술적 역량과 사회 권력으로 분리가 불가능한 방식으로 정의된다(Bourdieu, 1975b: 19).

투자자의 전략은 어떤 여타 사업자의 전략에 비유된다. 그렇지만 왜 과학자가 서로 다른 이의 생산물에 관심을 지녀야 하는가는 명백하게 규명되어 있지 않다. 부르디외는 단순히 주장한다.

> 특정한 관심에 대한 무정부적 반대의 과학적 변증법에로의 변환은 상징적 상품을 만드는 각각의 생산자가, 프레드 라이프(Fred Reif)가 제시하듯이, "그 자신에게 흥미로울 뿐 아니라 다른 이들에게도 중요한" 생산물을 생산하면서 갖는 관심이 … 그 똑같은 수단을 적용하는 능력을 더 많이 갖고 있는 경쟁자들에게 대항하면서 점점 더 완전해진다(Bourdieu, 1975b: 33).

관심에 대한 이 동어반복적 설명은 생산된 과학의 내용에 대한 어떤 언급의 부재에 의해 더 나빠진다. 특히 기술적 역량이 사회 권력에 비유되는 방식에 대한 분석이 존재하지 않는다. 이 부재가 "고급 의상실"(Bourdieu, 1975a)에 관한 연구에서는 문제가 되지 않을 수도 있겠지만, 과학 내에서는 우스운 것이다.

부르디외도 해그스트럼도 왜 과학자들이 서로의 것을 읽는 일에 어떤 관심을 두고 있는지를 우리가 이해하는 데 도움이 되지 않는다. 각각 자본주의 경제와 전(前)자본주의 경제에서 유도된 경제적 모형을 그들이 사용하는 일은 **수요**를 고려하는 데 실패한다. 이 실패는 과학의 내용을 다루는 일에서의 그들의 실패에 대응한다. 칼롱(Callon, 1975)이 논의했듯이, 경제적 모형은 이것이 과학의 내용을 설명하는 경우에만 적용될 수 있는 것이다. 해그스트럼과 부르디외는 공유하기 과정으로서의 신용의 재분할에 대한 유용한 설명을 제공하지만, 그들은 **가치의 생산**을 이해하는 데는 별로 기여하지 못한다.

과학자가 신용 가능성 투자자라고 가정하기로 한다. 그 결과는 **시장**의 창조다. 정보는 우리가 앞에서 보았듯이 그것이 다른 탐구자로 하여금 투자된 자본에 대한 수익을 용이하게 하는 정보를 생산하도록 하기 때문에 이제 가치를 보유하게 된다. 투자자 자신의 기록하기 장치의 힘을 증대시킬 수 있을 정보에 대한 투자자들의 **수요**가 존재하며, 그 밖의 투자자들에게서 나오는 정보의 **공급**이 존재한다. 공급과 수요의 힘은 상품의 **가치**를 창조하며, 그것은 공급, 수요, 탐구자의 숫자, 생산자의 장비에 의존해서 끊임없이 오르내린다. 이러한 시장의 오르내림에 대한 설명을 고려해, 과학자들은 그들의 신용 가능성을 보답이 가장 많을 가망이 있는 곳에 투자한다. 오르내림에 대한 그들의 평가는 "흥미로운 문제", "보상을 주는 주제", "좋은 방법", "신뢰할 만한 동료"에 대한 과학자의 언급을 설명해주며, 왜 과학자들이 문제 영역 사이에서 계속 움직여 새로운 협력 프로젝트로 들어가고, 상황이 요구함에 따라서 가설을 붙들거나 놓으며, 한 방법과 다른 방법 사이에서 오가며, 신용 가능성의 순환을 확장한다는 목표를 향해서 모든 것을 감수하는지도 설명해준다.[7]

우리의 시장 모형의 중심적 특징을 상품과 화폐의 단순한 교환으로 여기는 일은 실수일 것이다. 실제로 사실 생산의 예비적 단계에서 보상을 위한 정보의 직접적 교환은 과학자와 주장이 구별되지 **않는다**는 사실에 의해서 방해받는다. 그렇다면 과학 활동의 경제적 모형에서 구입과 등가물은 무엇인가? 우리가 관찰한 과학자들이 자신의 작업 성공을 형식적인 신용의 관점에서 평가하는 경우는 매우 드물었다. 예를 들면, 그들은 그들의 연구가 인용되는 정도에 대해 별로 생각하지 않았다. 그들은 통상적으로 상(賞)의 분포에 신경을 쓰지 않았고, 신용과 우선권의 문제에 최저한으로 관심을 두었을 뿐이다.[8] 실제로 우리의 과학자들은 화폐 보상을 단순히 측정하는 것보

---

7 이것은 몇몇 과학 분석가의 전형적인 이중적 규범이다. 사업자가 포기하고 파산한 회사를 팔 때, 이것은 명백히 탐욕과 이익에 기초한 동기가 표현된 것으로 여겨진다. 그렇지만 과학자가 죽어가는 영역 또는 불신받은 가설(누구도 그 논변을 더 이상 '사지' 않으려 함을 뜻하는)을 포기할 때, 이는 과학의 공평무사(disinterestedness)라는 에토스에 대한 순응을 보여주는 것으로 여겨진다.

8 앞서 주목했듯이, 우리의 연구를 위해 선택된 실험실은 신용에 대한 그의 병리학적인 관심으로 특징지어졌다. 그렇지만 신용 수용의 '**지렛대 받침점**' 자체는 돈이 걸려 있지 않았다. 분야의 수정 때문에 각 참여자는 다른 전략을 채택했다. 투쟁은 신용이 아니라 공간, 연구 프로그램, 장비와 관련되어 있었다. 그들이 이 점에 동의했던 한에서, 누가 신용을 받았느냐에 관해서는 언쟁이 별로 없었다. 그들이 이 점에 관해서 의견을 달리했을 때, 충돌의 명확한 초점은 신용 공유에 관한 격렬한 논의였다.

다 훨씬 더 미묘한 성공 계산 방식을 갖고 있었다. 각 투자의 성공은 그것이 신용 가능성의 급속한 전환을 용이하게 하는 정도와 순환을 통한 과학자의 전진이라는 관점에서 평가되었다. 예를 들면, 성공적 투자란 사람들이 그에게 전화를 하고, 그의 초록이 수용되고, 다른 사람이 그의 연구에 관심을 보이고, 그를 더 쉽게 믿고 더 집중해 경청하고, 그가 더 나은 자리를 제안받고, 그의 검정이 잘 작동하고, 자료가 더 신뢰할 수 있도록 흐르며 더 믿을 수 있는 구도를 형성함을 뜻할 것이다. 시장 활동의 목적은 **전체로서 신용 가능성의 순환을** 확장하고 **순환의 속도를 높이는 것이다**. 나날의 과학 활동에 친숙하지 않은 사람이라면 정보 자체는 좀처럼 '살 수가' 없음을 깨닫지 않는 한 과학 활동에 대한 이 묘사가 이상하다고 느낄 수 있다. 차라리 '구입'의 대상은 미래에 몇몇 종류의 정보를 생산할 과학자의 능력일 것이다. 과학자들 사이의 관계는 식료품 장수와 고객 사이의 관계라기보다는 작은 회사들 사이의 관계와 더 비슷하다. 회사들은 성공을 작업의 성장과 자본 순환의 강도를 살펴 측정한다.9

우리의 실험실 과학자들의 행동을 해석하기 위해 이 모형을 사용하기 전에, 이것이 동기부여와 관련된 어떤 논변으로부터 완전하게 독립되어 있음을 강조하는 것이 중요하다. 보상이라는 개념을 사용하는 설명은 우리로 하여금 과학자들이 신용과 인정에 대한 명시적인 관심을 드러내는 데 실패할 때 그들이 진정한 동기부여를 일상적으로 숨긴다고 가정하게 만들었다. 이와 대조적으로 우리의 신용 가능성 모형은 다양한 유형의 동기부여를 수용할 수 있다. 그러므로 정보원의 설명 속에서 표현된 동기부여를 의심할 필요

---

9 이 비교는 경제라는 개념이 돈의 순환에만 국한되지 않는 한 실행 가능하다. 그 대신에 가치 없는 자본의 존재가 스며든 모든 활동으로 확대되어야 하는데, 그 같은 자본의 유일한 목적은 축적과 팽창이다. 이것은 자본이 개입되어 있지 않은 곳에서조차 경제적 관점에서 활동을 묘사하려는 시카고학파의 노력과는 다르다. 사실의 과학적 산출과 근대 자본주의 경제학 간의 연결은 아마도 단순한 관계 이상으로 더 깊을 것이다.

가 없다. 그리하여, 과학자들은 어려운 문제를 푸는 데 대한, 종신재직권을 얻는 데 대한, 인류의 비참함을 경감시키려는 소망에 대한, 과학 도구를 조작하는 데 대한, 또는 심지어 참된 지식을 추구하는 데 대한 관심을 자유롭게 보고할 수 있다. 동기부여에 대한 표현의 차이는 심리적 기질, 이념적 풍조, 그룹의 압력, 유행 등의 문제다.[10] 신용 가능성의 순환은 어떤 형태의 신용이 다른 형태로 전환될 수 있는 하나의 단일 순환이므로, 과학자들이 그들의 가장 중요한 동기부여 영향력으로 믿을 만한 자료의 최우선성, 신용증명서, 또는 연구비 조달을 다양하게 주장하느냐의 여부는 차이를 만들어내지 않는다. 그들이 순환의 어느 부분을 투자의 목표로 선택해서 강조하거나 간주하든 간에, 그들은 필연적으로 모든 그 밖의 부분도 마찬가지로 통과해 가야만 한다.

10 관계된 문제는 우리가 묘사하는 과학자들의 활동이 어느 정도로 의식적이고 명시적인 전략이냐 하는 것이다. 각 과학자 역시 그의 이력 선택을 논리적이거나, 명시적이거나, 필연적인 것으로 만들려는 논쟁에 참여하기 때문에 이것은 우리가 추상적으로 풀 수 없는 문제다. 과학자들이 그것을 솔직히 인정하지 않는데도 불구하고 '정말로' 관심이 있다고, 또는 그들이 이런 또는 저런 방식을 택했던 일에서 몇몇 자유와 장점을 지니고 있다고 생각함에도 불구하고 그들은 '정말로' 그 분야에 의해서 결정되었다고 우리는 이야기하길 원치는 않는다. 우리는 동기부여 개념과 같은 질문을 심리학자와 역사학자에게 전적으로 개방해둔다. 몇몇 과학자들은 이 주제를 선택한 것이 그들의 의식적 결정이었음을 보이려 하는데, 이와 동시에 동료는 시기가 무르익었기 때문에 다른 것을 할 수 없었다고 논의한다. 다른 경우에는 동일한 정보원이 자신은 전혀 의식하지 않았으며 그것은 어떤 유의 예술적 직관이었다고 당신을 설득하려 할 수도 있는데, 이는 전체 일이 꽤 논리적이었으며 자신이 많은 선택지를 갖지 못했다고 며칠 지나서 당신에게 알려주기만 하려는 것이다. 이 고려가 중요한 것은 개인이 자신의 이윤을 극대화하기 위해 계산한다는 행동 모형을 제안하기를 우리가 결코 원치 않기 때문이다. 이것은 벤담 식의 경제학이 될 것이다. 자원, 극대화, 개인의 존재에 대한 계산 문제는 그토록 끊임없이 움직이는 것이어서 우리의 출발점으로 삼을 수 없다.

전략, 위치, 이력의 궤적

이 장의 첫 번째 부분에서 우리는 과학자들의 투자에 관해서 토론했고 그들을 신용 가능성 투자자로 묘사했다. 우리는 이제 신용 가능성 개념을 우리의 실험실 과학자들이 처한 특수한 상황에 적용하려 기도할 것이다.

이력서

과학자의 이력서(curriculum vitae: C.V.)는 연대에 따른 그 사람의 모든 투자를 보여주는 대차대조표에 해당한다. 전형적 C.V.는 이름, 나이, 성별, 가족 정보, 그리고 각각이 신용 가능성의 특수한 의미에 대응하는 네 가지 부분을 포함한다. 예를 들어 '교육'이라는 항목에서 우리는 다음 내용을 읽을 수 있다.

1962년 밴쿠버, 이학사 및 농학사

1964년 캐나다 브리티시컬럼비아주 밴쿠버, 이학석사

1968년 캘리포니아대학교, 박사(세포생물학)

이 자격 목록은 그 과학자의 **자격 인정**이라 부를 수 있는 내용을 나타낸다. 이것은 자체로 그 사람이 과학자임을 확신시켜주지는 못하지만, 그것은 그로 하여금 그 게임에 들어오는 것을 허가받도록 해준다. 투자 관점에서 보자면 이 개인은 투자하는 데 필요한 신용증명서를 보유하고 있는 것이다. 그런 신용증명서는 교육과 훈련에 투자된 납부자의 돈(또는 때로 사적 자금)이라는 커다란 대출에 대한 공식적 보답을 나타낸다. 물론 각 자격의 날짜, 위치, 주제 문제는 모두가 중요하다. 예를 들기로 한다.

호글랜드(Hoagland) 박사는 컬럼비아대학교 학사학위, MIT 석사학위, 하버드대학교 박사학위를 갖고 있다(Meiter et al., 1975: 145).

이들 자격 사항은 이전의 예에서 본 자격보다 더 인상적인 것으로 이해된다. 이와 유사하게, 한 과학자의 박사과정 연구의 주제가 박테리아 유전학을 포함한다면, 그는 이 영역의 전문가를 필요로 하는 그룹과 협력하기 위해 지원할 때 뚜렷한 이점을 갖는다. 한 과학자의 자격 사항은 시간, 돈, 에너지, 능력이라는 관점에서 다중적 투자의 성공적 귀결인 문화자본(culture capital)을 이룬다. 우리 실험실의 과학자들과 기술자들은 130년 이상의 대학 교육과 대학원 교육을 누적시켜온 것이다.

박사학위와 자격 사항은 모든 과학자가 실질적으로 하나는 갖고 있기 때문에 과학자를 차별화하지 못한다. 더 중요한 것은 '위치'라 이름 붙여진 둘째 항목에 포함된 정보다.

1970년 연구소, 조교수

1968~1970년 리버사이드 소재 캘리포니아대학교, 박사 후 연구 화학자

1967~1968년 리버사이드 소재 캘리포니아대학교, 펠로 연구조수

이 정보는 한 개인이 그 게임에 대해서 인가되었다는 점과 그가 실질적으로 한자리를 얻을 정도로 충분히 잘 행동했다는 점 둘 다를 가리킨다. 동일한 이유로, 이력서는 받은 연구비와 상을 기록했다.

(1) 알파오메가알파 후버의학회, 애리조나 지부 알파

(2) 수상 학자

(3) 애리조나 학생의학연구상

1965~1969년 내분비학의 공중보건 서비스 교육생

공중보건 서비스 박사 후 연구

연구비와 상의 목록은 그 개인에게 이미 들어간 투자 정도에 관한 진술을 제공한다. 그러므로 그의 자격 사항과 위치가 나타내는 한 개인의 신용 가능성에 대한 진술은 보강되었다. 추가로 보강하는 한 가지 원천은 지도교수의 이름과 일했던 실험실 책임자의 이름을 포함시키는 것이다.

1973~1975년 하이파대학교(University of Haifa) 화학과 네이선 O. 하칸 실험실, 방문 연구화학자

1966~1968년 덴마크 코펜하겐대학교 미생물학연구소, 박사 후 연구원, 보증인 N. O. 키르커가르드

요청될 수 있는 추천서를 써준 추천인 명단과 함께 이들 이름을 포함시킨 것은 신용 가능성의 원천으로서 확립된 관계의 중요성을 반영한다. 읽는 이는 이들의 이름을 한 과학자가 속한 네트워크를 확인하는 일, 그리고 그 사람의 지불 능력을 보증할 사람을 파악하는 일 둘 다에 사용할 수 있다.

물론 이력서의 이런 특성들 중의 어느 것도 연구자에게 특유하지는 않다. 특유한 것은 과학자의 **학문적** 위치보다도 분야 내에서 그의 위치다. 독자들은 그 과학자가 어느 문제를 해결했는지, 어떤 기술 또는 전문가 집합과 친숙한지, 미래에 어느 문제를 풀 가망이 있을지를 알고 싶어 할 수 있다. 그렇지만 학문적 위치와 분야 내 위치는 빈번히 하나로 합쳐져 있다.

위치

1962~1964년 주립대학, 파이롤(pyrrole) 화합물 합성

1964~1965년 스탠퍼드대학교, 신입생 화학 실험실 지도

1965~1969년 스탠퍼드대학교, 알칼로이드(alkaloid) 분리 및 구조 규명

1969~1970년 스탠퍼드대학교, X선 결정학

1970년~　　연구소, 연구원

이들 중 위로부터 네 가지 위치는 특별히 유명한 곳에서 착수했던 문제와 관련이 있고, 마지막 위치는 이전에 축적된 신용 가능성의 전환을 통해서 결국 얻은 학문적 위치다.

출간 목록은 한 과학자가 차지했던 전략적 위치에 관한 주요한 지시자다. 공저자 이름, 논문 제목, 논문이 출간된 학술지, 목록의 규모가 모두 함께 과학자의 총체적 **가치**를 결정한다. 일단 이력서가 읽히고 추천서가 접수되면, 재직권 부여 여부, 연구비 부여 여부, 채용할지 아니면 특정 연구 프로그램에 관해서만 협력할지 여부가 개인의 가치에 기초해서 결정된다. 이력서는 따라서 회사의 연례 예산 보고와 비교될 수 있다.

실험실 구성원들이 전에 축적한 자본은 적었는데, 그들이 실험실 그룹의 일부가 되기 전에는 상대적으로 출간이 그다지 많지 않았기 때문이다. 11명의 과학자가 단지 67편을 출간했고 이 중 절반은 우리 연구가 끝날 무렵 이미 그 실험실을 떠났던 한 개인의 연구에서 결과했다. 이에 더해 구성원들은 그 실험실로 오기 전에 학문적 위치라고 할 것을 별로 갖고 있지 못했다. 그들 가운데 한 사람만이 이전에 박사 후 연구원이었다. 그러므로 자본의 관점에서 보면 그 실험실 구성원들은 축적된 것보다 더 많은 신용 가능성의 조짐을 제공했다.

위치

과학자들은 그들이 가능한 최선의 위치로 여기는 바를 차지하기 위해 한 위치에서 다른 위치로 옮긴다. 그렇지만 각각의 위치가 학문적 순위(박사 후 연구원 또는 종신재직권을 지닌 교수와 같은), 그 분야 내의 상황(풀고자 공략하고 있는 문제와 사용한 방법의 특성), 지리적 위치(특정한 실험실과 동료들의 신원)를 동시에 포함한다. 위치라는 이 삼중적 개념은 과학자의 이력을 이해하는 데 결정적이다. 분석자가 이들 세 가지의 측면을 동시에 고려하지 않는다면, 그 분야(거기서 문제가 다른 문제를 발생시키는)에 대한 개념적 표상, 또는 행정의 힘에 맞서 싸우는 개인들에 대한 그림, 또는 제도, 예산, 과학 정책에 초점을 두는 정치경제학의 구조를 산출할 여지가 있다. 그러나 이들 세 가지 측면의 응집은 그의 주의에서 벗어날 것이다.

그 분야[11]는 논점을 만들어내려는 야심을 지닌 개인들의 존재를 제외하고는 썩 중요한 문제로 가득 차 있는 것으로 보이지 않는다. 그럼에도 개인의 전략은 다름 아니라 그 분야의 힘이 요구하는 것이다. 위치 개념은 그래서 매우 복잡하다. 그것은 개인의 전략과 분야의 형상의 교차점을 가리키지만, 그 분야도 그 개인도 독립 변수는 아니다. 이 점을 명료화하기 위해 전쟁과의 유비를 고려해보자.[12]

작은 흙 둔덕은 그 자체로 명백한 전략적 중요성은 없다. 그렇지만 만일 근처에서 전투가 발생한다면 이 둔덕은 특수한 중요성을 가질 **수도 있다**. 한 시점에서는 그저 경관의 일부일지라도, 잠재적으로는 **전략적 위치**인 것이다.

---

11 여기서 장(場, field)이라는 단어는 과학장의 의미를 나타내는 동시에 '불가지론적 장'이라는 관념을 전달하기 위해서 사용되었다. 두 번째 의미에서 '장'(불어로 부르디외의 용어는 "champ")은 구조와 조직이라기보다는 다른 모든 타인의 움직임과 주장에 미치는 개인의 효과를 나타낸다. 이런 식으로 보아 자기장의 의미와 닮지 않은 것이 아니며 물리학에서 유사한 사용(자기장, 장 이론 등)과 닮지 않은 것이 아니다.

12 전장 유비를 우리가 사용하는 것은 '장'이라는 용어와 과학자들 스스로 군대 은유를 빈번히 사용한다는 것, 둘 다에 의해서 아마도 보증될 것이다(예를 들어 3장 168쪽을 볼 것). 정량적 증거를 제시할 수는 없지만, 우리는 실험실에서 가장 빈번하게 사용되는 유비로 첫째가 인식론적인 것('증명', '논의', '확신을 주는' 등), 둘째가 경제적인 것, 셋째가 전장 유비, 마지막이 심리학적인 것('즐거움', '노력', '정열')이라는 인상을 받았다.

그러나 그것은 전장, 다른 군대의 위치, 전투원의 상대적 전력에 관한 전략가의 평가로 인해 그런 중요성을 갖게 될 뿐이다. 한 사람의 전투원에게 이 둔덕은 적의 전열을 성공적으로 공격할 기회를 제공하는 장소로 보일 수 있다. 그 둔덕은 갑자기 의미를 갖는다. 그는 자신이 비상한 기회로 여긴 것에 의해 흥분하고 자신이 처분할 수 있는 힘을 동원하기 시작한다. 일단 둔덕의 임자가 바뀌면 적에게 파괴적인 움직임을 가할 수 있을 것으로 그는 예견한다. 결과적으로, 그는 거기에 도달해 차지하고자 시도한다. 그의 노력의 성공은 전장의 나머지의 움직임 상태에, 그 자신의 힘의 세기에, 그의 명령 솜씨와 위험 평가 솜씨에 의존한다. 일단 그가 목표물에 도달해 그 무고한 둔덕을 **지렛대 받침점**으로 변환시키면, 그 전장의 압력은 즉시 수정될 것이다. 다른 이들이 그가 빠지도록 강제하려고 할 수도 있다. 이 압력에 견디는 그의 능력은 다시 한번 그의 과거의 능력, 그가 처분할 수 있는 자원(사람, 무기, 군수품), 그 둔덕이 제공하는 자원(더 좋은 가시성, 지배적 상황, 암석 등), 그것들을 사용하는 그의 솜씨에 의존한다. 위치는 이와 유사하게 참여자의 이력 궤적, 분야의 상황, 운용할 수 있는 자원, 투자한 위치의 이점의 결과물인 것이다.

앞의 유비는 인터뷰에서 드러난 과학자의 전략과 잘 들어맞는다. 우리 실험실의 과학 활동은 사실이 산출되고, 주장이 소멸하고, 인공물이 해체되고, 주장과 논의가 오류로 판명되고, 이력이 엉망이 되고, 위신이 깎이는 경쟁 영역으로 이루어져 있었다. 이 분야는 그것이 참여자들에 의해서 감지되는 한에서만 존재했다. 더욱이 이 감지의 정확한 성격은 참여자들의 초기 입지에 의존했다. 우리는 다음과 같은 말을 되풀이해 들었다. "당시에 나는 이 기법에, 이 영역에, 이 사람에 관심을 가졌다" 또는 "나는 관심을 깨달았다" 또는 "나는 기회를 보았다" 등. 응답자들은 어떻게 그들이 특정한 방법 또는 기록하기 장치를 붙들게 되었으며, 어떻게 그것을 그들이 논점을 만들어내고 출간하기 시작한 분야로 가져왔는지 서술했다. 우리는 인터뷰에서 "그것이 작동하지 않았다" 또는 응답자들이 "아무 데도 도달하지 못하고 있었다"라고 반복해서 들었다. 응답자들은 자신이 당시에 작동했던 도구, 방법, 협력자 또는 착상을 발견할 때까지 어떻게 표류했는지 관련을 지어주었다. 그들은 당시에 그 분야의 상황을 빨리 변경시킬 수 있었다. 그들이 불신한 진술은 다른 이들에게 전혀 받아들여지지 않았다. 그들은 강해졌다. 그들은 무게를 얻었다. 그들은 더 많은 연구비를 얻었고, 조수를 끌어모았으며, 논의를 발생시켰다. **그 분야는 그들의 새로운 위치 주위에서 변경되었다.**

과학 활동에 관한 전략적 개념은 방출인자 분야 안에서 있었던 기유맹의 경험으로 예시된다. 그가 처음 그 분야에 들어갔을 때, 기유맹은 중심적 문제가 TRF에 대한 신뢰할 만한 생물학적 검정을 얻는 것임을 감지했다. 전략을 정하자 그런 검정을 추구하려고 동료들을 동원했으며 그의 목적과 완벽하게 부합하는 솜씨를 갖고 있던 한 숙녀의 도움을 얻게 되는 우연한 기회를 잡았다. 그는 수많은 기존 주장을 격추하고 TRF의 존재를 가정했던 일의 기초로 삼은 신뢰할 만한 자료를 빠르게 얻기 시작했으며, 이에 대해 즉시 타인의 인정을 얻었다. 이것과 유사하게, 디트리히는 항체가 없어서 뇌 지도를 그리지 못했는데, 항체 생산은 순수한 효소의 분리에 달려 있었다. 결과적으로 그는 그 효소를 보유한 연구자와 협력할 수 있는 한 나라로 가기로 결심했다. 그의 동기는 그가 투자하기를 원했던 위치에 거의 전적으로 의존했던 것이다.

지위, 서열, 상, 과거의 공인, 사회적 상황과 같은 사회학적 요소는 신용할 만한 정보와 더 나은 신용 가능성을 위한 투쟁에 활용되는 자원일 뿐임이 분명해진다. 과학자들이 한편으로 견고한 과학의 합리적 생산에, 다른 한편으로 자산과 투자에 대한 정치적 계산에 참여한다고 논의하는 것은 기껏해야 오해를 불러일으킨다. 이와 반대로, 그들은 적절한 순간을 선택하고, 잠재적으로 성과가 있을 협력에 참여하고, 기회를 평가하고 포착하며, 신용을 인정받은 정보로 쇄도하는 전략가다. 인터뷰에서 그들을 흥분시키고 그들의 관심을 끄는 것은 단지 주변적인 관심사가 아니다. 그들의 정치적 능력은 과학을 하는 심장부에 투자된다. 그들이 더 나은 정치가이자 전략가일수록, 그들이 산출하는 과학은 더 나아질 것이다.

그렇지만 우리의 위치 개념은 순전히 상대적임을 깨닫는 일이 중요하다. 다른 말로 하면, 위치는 분야 또는 참여자들의 전략 집합 없이는 의미가 없다. 이와 동시에 분야 자체는 다름 아닌 참여자들에 의해 평가받은 것으로서 위치들의 앙상블이다. 더구나 한 참여자의 전략은 한 분야 안에 위치하지 않은 경우라면 그리고 여타 참여자들이 감지한 것으로서의 위치들과 관련되지 않는 경우라면 의미가 없다.13 위치 개념은 물상화되어서는 안 된다. 위치는 누군가가 그것을 채우기를 기다리면서 '바깥쪽 저기'에 존재하지 않는데, 그럼에도 불구하고, 이것은 그것이 그 행위자에게 보이는 바인 것이다. 실제로, 파악해야 할 위치의 본성은 그 분야에서 계속적으로 교섭의 초점이다. 위치를 잡는 데 대한 구속요인이 그 분야에 의존한다는 느낌 역시 계속적인 교섭의 결말이다. 위치는 오로지 회고적으로 차지에 쓸모 있는 것으로 정의된다. 그러나 이런 종류의 지각은, 우리가 "G는 한 위치를 차지했다"라고 말할 때 이것은 G가 그 분야의 형상을, 그의 자원을, 그의 이력을 결정했던 방식을 우리가 회고적으로 이해하는 데 대한 속기라는 의미에서, 다시금 분야에 상대적일 뿐이다. 과학자 스스로 그의 위치 점유를 점유의 이익이라는 관점에서 회고적으로 정당화할 수는 있을 것이다.14

---

13 최근에 파리 심포지엄에서 부르디외가 논의했듯이, 장 개념은 동기부여의 성격, 참여자의 존재, 장을 제약하는 요인 자체가 모두 그 분야에서 돈에 걸려 있다는 설명을 고려할 경우에만 이해 가능하다. 우리 논변이 어떤 식으로든 구조주의의 입장을 되살리려는 기도로 해석되어서는 안 된다. 이 논쟁에 대한 소개는 Knorr(1978), Callon(1975), Latour and Fabbri(1977)에서 얻을 수 있다.

14 어떤 의미에서 이 장 전체는 우리 참여자들이 빈번하게 했던 발언, "흥미롭네요"에 관한 논평으로 볼 수 있다(Davis, 1971을 볼 것).

궤적

이력 전략에 관한 참여자 진술에서 보이는 약간 단조로운 패턴은 투자 과정의 단조로움이 반영된 것이다.

> 나는 이 문제를 연구했습니다. 매독스(Maddox) 박사를 만났고, 이 기법을 발전시켰고, 이 논문을 출간했고, 그러고 나서 이 장소에 있는 위치를 제안받았고, 스위처(Sweetzer)를 만났으며, 우리는 이 논문을 출간했습니다. 나는 이 영역으로 움직여 가기로 결정했습니다.

참여자의 이력은 잇달아 차지했던 여러 위치를 포함한다. 한 위치에서 다른 위치로의 이동은 그들이 갖고 출발했던 신용(문화자본, 사회자본, 작업)과 그들이 투자했던 위치의 관점에서 개인의 이력을 나타내는 일종의 대차대조표를 고안함으로써 평가될 수 있다. 각 이동의 인지된 성공과 2장에서 사용된 거친 충격도(각 이동 후에 출간된 논문당 인용 횟수)도 기록되었다. 대차대조표의 각 열은 그러므로 한 이동, 즉 한 위치 변화를 나타낸다(표 5.1). 한 개인은 따라서 동일한 주제와 학문적 지위를 지닌 채 다른 실험실로 이동하거나, 그 실험실에 머물면서 자신의 문제 영역을 바꾸거나, 자신의 연구 프로그램을 수정하지 않고 학문적 서열을 변화시킬 수 있다. 참여자들은 이전 이동에서 그들이 얻은 소득과 함께 그들의 초기 자본을 갖고 각 이동을 시작한다. 자본은 소모될 수 있으므로 개인의 계좌는 때로 적자로 돌아설 수 있다. 예를 들면, 스패로(Sparrow)는 생화학 박사학위와 추천서로 실험실에 합류했다. 신용보증서가 평균 이상은 아니었다. 그렇지만 스패로의 첫 논문은 비상하게 훌륭한 투자인 것으로 판명 났다. 그는 어떤 방출인자를 합성해서 수백 번 인용되었는데, 주로 그 방출인자가 특히 민감한 의학 영역(불임과 같은)과 관련되었고 그것의 합성이 피임에 중요한 함의가 있었기 때문이었다. 다른

표 5.1

	학문적 위치	분야 내 위치	지리적 위치	보답
	없음	없음	베른	의학박사 학위
	대학원생	없음	뮌헨	훈련
1968	=	신경생리학	X의 실험실	=
1970	재직권	효소정제	=	박사학위와 재직권
1972	=	효소의 분리	=	전문가, 회의 초청
1973	=	=	미국, 휴스턴, Z의 실험실	=
1975	=	뇌 펩타이드	캘리포니아, 플라워의 실험실	=
1976	=	=	=	플라워 및 C와의 뇌 펩타이드 연구로 모든 곳에 알려짐
1978	정교수	=	독일, 연구소장	=

표 5.1 디트리히의 이동을 단순화한 대차대조표다. 각 열은 이동에 대응하며, 그 안에서 디트리히의 세 가지 위치 측면 중 하나가 수정되었다. 각 행은 한 가지 위치의 관점에서 측정한 것으로서 디트리히의 이력 궤적에 대응한다. 오른쪽 행은 각 이동에서 결과한 보답을 기록하고 있다. 등호(=)는 아무런 변화도 일어나지 않았음을 가리킨다.

말로 하면, 많은 독자가 수백 번의 실험에 그 새로이 합성된 물질을 사용할 필요가 있었던 것이다. 공저자 여섯 명은 개개인의 기여를 구별해내기 어려운 방식으로 자신들이 가진 자본의 일부를(도구, 전문성, 공간, 신용 가능성의 형태로) 그에게 빌려주었다. 그는 동일 영역에서 4년간 머무르며 동일 물질의 유사물을 계속 합성했지만 그의 노력은 수익 저하와 만났다(1976까지 그가 뒤이어 낸 논문 일곱 편은 각각 0, 0, 10, 4, 3, 2, 0회 인용되었다). 그는 그러고 나서 그 자신의 연구를 하기 위해 다른 문제 영역으로 이동하고자 결심했다. 그러나 그는 자신의 자본 대부분이 그의 위치와 그가 합성했던 특수한 방출인자에 대한 수요에서 귀결되었던 것임을 깨닫지 못했다. 결과적으로 그는 연구소 공간 또는 연구비에 대한 접근이 끊기고 사적 신용 가능성이 출발 당시보다 더 없어진 자신을 불현듯 발견했다. 위치를 바꾸려던 그의 기도는 그의 축적된 신용 가능성이 적절히 변환시킬 수 없는 것이었기에 그의 신용 가능성을 변환시키는 데서 실패를 맞이하게 되었다. 뒤이어 그는 연구소에서 해고되었으며 자신의 과학 자본을 가르치는 위치 또는 산업적 화학 연구와 교환하려고 시도했다. 이것은 더 이상의 어떤 과학적 신용 가능성을 얻을 기회를 포기하는 일을 수반시켰다. 신용 가능성 순환에서 벗어난 그의 이동은 그의 과학적 투자의 파산이 되었다.

위치의 중요성은 이력을 시작하면서 실험실에 들어왔다가 잠시 후에 떠난 과학자들의 궤적으로 잘 예시된다. 출간 후 3년간의 논문당 인용 횟수로 측정한 과학자 다섯 명의 생산성에 대한 비교는 그 실험실에 그들이 머물기 이전, 머무는 동안, 머문 이후 사이에서 뚜렷한 차이를 드러낸다(표 5.2). 다섯 사람 모두 그 실험실에 있으면서 명백히 이익을 얻었음에도, 그들 중 넷은 일단 떠나간 후에는 그들이 획득했던 신용 가능성을 재투자하거나 현금으로 바꿀 수 없었다. 한 사람은 더 나은 연구 위치를 얻었으나 그 이후로 인용된 어떤 논문도 출간하지 못했으며 다른 세 사람은 그들의 자산을 가르치거나 사업을 함으로써 결산해야 했다. 물론 신용 가능성의 관점에서 이들 이동은 빈약한 투자를 나타낸다. 그렇지만 돈이나 안전성의 관점에서는 중요한 보답이 있었을 수 있다. 다섯 사람 중에 마지막은 연구 쪽에서 종신직 위치를 얻었는데, 그가 이미 그 자신의 독립 자본을 소유했기 때문이었다. 이는 그 실험실에 머물렀던 것과 함께 고려하면 종신재직권과 맞바꾸기에 충분했다. "내게 엄청나게 도움이 되었음은 의심의 여지가 없죠"(IV, 98).

그룹 구조

사실의 생산이라는 관점에서 보면, 그룹은 몇 가지의 궤적이 서로 합쳐져

표 5.2

과학자	재직 전	재직 중	재직 후	전환
G	0	13	0	사업
S	0	8	0	교육, 사업
F	2.5	36.6	0	더 나은 연구 위치
U	0	10	0	산업
V	14	22	-	더 나은 연구 위치

짜인 결과로 여겨질 수 있다. 그룹 조직은 따라서 누적된 이동과 그 구성원들의 투자의 관점에서 해석될 수 있다. 참여자들의 궤적의 결합은 행정적 위치의 위계를 만들어낸다. 우리 실험실 그룹은 거의 완벽한 행정적 피라미드를 형성했다. 자격증을 갖고 있지 못한 기술자 15명이라는 넓은 기초를 선임 기술자 5명이 이끌었고 선임 기술자들은 다시 전문직 연구자(박사학위 소지자) 8명의 책임하에 있었다. 이들 8명은 연구 조교수 5명, 연구 부교수 2명, 정교수(또한 소장이었던) 1명으로 구성되었다.[15]

행정적 위치에 대응하는 사회학적 기능은 사실 생산과정에서 각 개인의 역할과 직접 관련이 있었다. 우리는 2장에서 방출인자 분야가 자본 집약적이며 또한 노동 집약적임을 보았다. 따라서 정보는 생물학적 면역 검정 또는 방사성 면역 검정에서 획득되었으며, 이는 몇 사람이 한 번에 수 주간 종사해야 하는 일이었다. 우리는 3장에서 이런 연구의 난점을 한 장소에서의 많

15 기술자 그룹은 높은 이동을 보여준다. 그들은 노동조합에 가입되어 있지 않고, 장기 계약을 맺고 있지 않다. 그들의 연봉은 8000달러에서 1만 5000달러 사이이다. 장기 계약이 없는 초임 박사는 1만 2000달러에서 2만 달러를 지급받는다. 장기 계약이 있는 조교수는 대략 2만 5000달러를 받는다. 종신재직권이 있는 부교수는 대략 4만 달러를 받는다. 종신재직권이 있고 공간에 대한 권력을 쥐는 그룹 우두머리의 연봉은 알려져 있지 않다. 그러므로 연봉은 비과학 분야 회사의 그것과 현격히 다르지는 않다. 더 중요한 것은 참여자들의 연봉이 과학적 자본에 비길 만한 화폐자본의 축적을 가능케 할 정도로 충분하지는 않다는 점이다.

은 노동력, 솜씨의 덩어리, 장비의 누적으로 대처하는 것을 보았다. 연구 일부는 자동 피펫과 자동 계수기 같은 노동절약형 기계에 의해 자동화되었다. 대체로, 기술자들은 이 연구에 책임이 있었는데, 그들은 과학자들의 논의에 사용될 자료를 제공했다.

기술자의 지위는 그가 관련된 작업의 정도나 범위에 의존한다. 그러므로 단지 유리 제품을 씻는 것이 맡은 일인 기술자들의 지위는 펩타이드 서열 판독을 위한 에드만 분해법과 같은 완전한 과정 또는 핵자기 공명 분석계나 방사성 면역 검정(2장을 볼 것)과 같은 전체 기록하기 장치를 책임지는 이들보다 상당히 낮을 것이다. 중간 지위 수준에서 기술자들은 동물을 돌보는 일이나 피펫 작업 등, 하나나 그 이상의 일상적 업무를 전문으로 한다.

그렇지만 이 구별은 특히 기술자가 과학자의 책임 중 몇몇을 떠맡고 있는 경우에 아주 깨끗하지는 않다. 예를 들면, 출간된 논문에 이름이 올라간 브랜(Bran)이라는 기술자는 이렇게 논평했다.

> 나는 X(과학자)보다 분리화학에 관해 더 많이 압니다.
> 〔왜 그룹을 떠나려고 하느냐고 질문하자 브랜이 답했다.〕 나는 여기서 막혀 있는 것 같아요. … 예, 나는 연구를 사랑합니다. 정말로 사랑하고, 그것이 여기에 오기로 선택했던 이유입니다만 … 나는 막혔어요. 나는 박사학위를 받을 능력이 없습니다.

> 질문: 능력이요? 가능성이요?
> 답: 능력이 아니에요. 연구를 하려면 상상력, 독창성이 필요해요. … 나는 그 수준에 도달할 수 없어요. … 극도로 인구 포화가 되었고, 요즘 여기서 어떻게 박사학위를 받을 수 있겠어요. … 그건 돈이 아니잖아요. 나는 Y보다 돈을 더 받죠. … 그리고 내가 초기술자(super-tech)가 되길 원치는 않아요. … 박사학위는 있지만 정신노동을 못하는 사람이 있잖아요. … 나는 초기술자

> 인 몇몇 이들보다 더 많이 볼 수 있을 겁니다. 여기서 … 아마도 그건 IQ일 텐데, 나는 연구를 하는 IQ는 없어요. 박사학위를 얻으려고 그리고 그 후에 그저 초기술자가 되려고 몇 년간 애쓰고 싶지 않습니다(IV, 88).

과학자와 달리 기술자는 신용 가능성을 더 얻는 데 사용할 수 있는 신용 가능성의 초기 자본(박사학위)을 소유하지 않은 경우가 보통이다. 기술자들은 과학적 신용 가능성을 현금으로 바꾸는 일과 재투자하는 일에 월급보다 관심이 덜 했음에도, 신용의 분배와 감사의 말에 강렬한 관심을 보여주었다. 경제적 관점에서 보면 기술자들은 투자자보다 노동자와 더 유사했다. 그들의 월급이 노동에 보답해주었지만, 투자할 자본을 구성하지는 못했다. 이것이 그들이 더 나은 위치를, 예를 들면 다른 실험실로 옮김으로써, 찾으려 다양한 전략을 사용한다는 점을 부정하는 것은 아니다. 그러나 그런 이동이 결코 박사학위를 지닌 투자자와의 등위를 확보해줄 수는 없었다. 이것이 다섯 명 이상의 젊은 기술자가 박사학위 과정을 밟기 위해서 우리 연구가 있던 중에 그 실험실을 떠났던 이유다. 이 초기 자격 사항과 함께, 기술자들은 자신의 일이 월급을 가져다주는 동시에 더 나아가 투자 가능한 신용 가능성의 증대를 가져다주길 기대했다.16

브랜은 '초기술자'를 단순히 다른 이를 위해 일상적 작업을 수행하는, 자격을 갖춘 과학자로 보았다. 실제로 박사학위를 지닌 과학자 상당수가 기술자의 일을 하는 데 대부분의 시간을 소모하므로 박사학위는 별 소용이 없을 것이라고 그는 논의했다. 브랜에게 기술자와 '초기술자' 사이의 차이는 여러 해의 힘든 연구를 정당화하기에 불충분했다. 그렇다면 초기술자인 박사학위

---

16 일곱 명의 기술자가 실험실을 떠나기 직전에 인터뷰했다(세 명은 테이프에 녹음). 사실의 산출에서 그들의 중요성은 보통 저평가된다. 그렇지만 우리의 주된 관심사는 신용 가능성 순환이지 실험실 생활의 여타 더 일반적인 측면이 아니므로, 여기서 이 인터뷰 자료를 사용하지는 않을 것이다.

소지자를 특징짓는 것은 무엇인가?

실험실 내 과학자 여덟 명의 인용 역사는 차이가 뚜렷했다. 세 명은 1년에 평균 150회 인용되었고 나머지는 1년에 약 50회 인용되었다. "메이저리거와 마이너리거"(Cole and Cole, 1973)로 이름이 붙은 것 사이의 이 차이는 개인 출간물의 인용 스펙트럼을 볼 때 훨씬 더 두드러진다(그림 5.2a, 5.2b, 5.3c). 각 스펙트럼은 1년에 2회 이상 인용된 각 논문의 인용 정도를 보여준다. 인용 스펙트럼은 그러므로 한 참여자의 이력의 폭, 노력과 성공의 분배, 각 논문의 쇠퇴를 가리킨다. 예를 들면, F의 스펙트럼(나타나 있지 않음)은 단지 한 편의 논문만 인용되었음을 나타냈다. 다른 한편, A는 인용 총수가 상대적으로 적었음에도 건강한 스펙트럼(나타나 있지 않음)을 갖고 있었다. 이 차이는 지도자(메이저리거)와 초기술자(마이너리거) 사이의 차이를 예시해준다. 평균적으로 마이너리거는 기술자보다 월급을 잘 받으며 논문에서 제1저자가 되는 경향이 있었다. 이들 논문이 인용되었으나, 그 작은 양의 신용 가능성은 저자들에게 독립 공간 또는 연구비와 같은 자원을 공급해주기에는 불충분했다. 그러므로 마이너리거는 자료 산출에서는 물론 문헌에서도 논점을 만들었다. 그러나 자료 산출은 보통 메이저리거의 결정에서 나왔다. 마이너리거는 복잡한 생물학적 검정을 갖추고, 펩타이드를 합성했으며, 요청받으면 다른 이들과 협력하기도 했다. 이것이 마이너리거들에게 논문을 쓸 기회를 제공했지만, 그 주요 움직임은 메이저리거들의 선도로 펩타이드 생물학적 검정이 갖추어졌거나 협력이 우선적으로 영향받게 했던 그런 메이저리거들에 의해 이루어졌다. 1970년과 1975년 중에 네 명의 메이저리거가 제1저자로 논문 100편을 썼고 이어진 몇 년간 논문당 8.3회가 인용되었는데, 반면 여덟 명의 마이너리거는 논문 70편을 썼을 뿐이고 논문당 7회 인용되었다.[17]

---

17 이 차이는 마이너리거가 제1저자가 되도록 허용하는 관용 정책이 아니었다면 더 컸을 것이다.

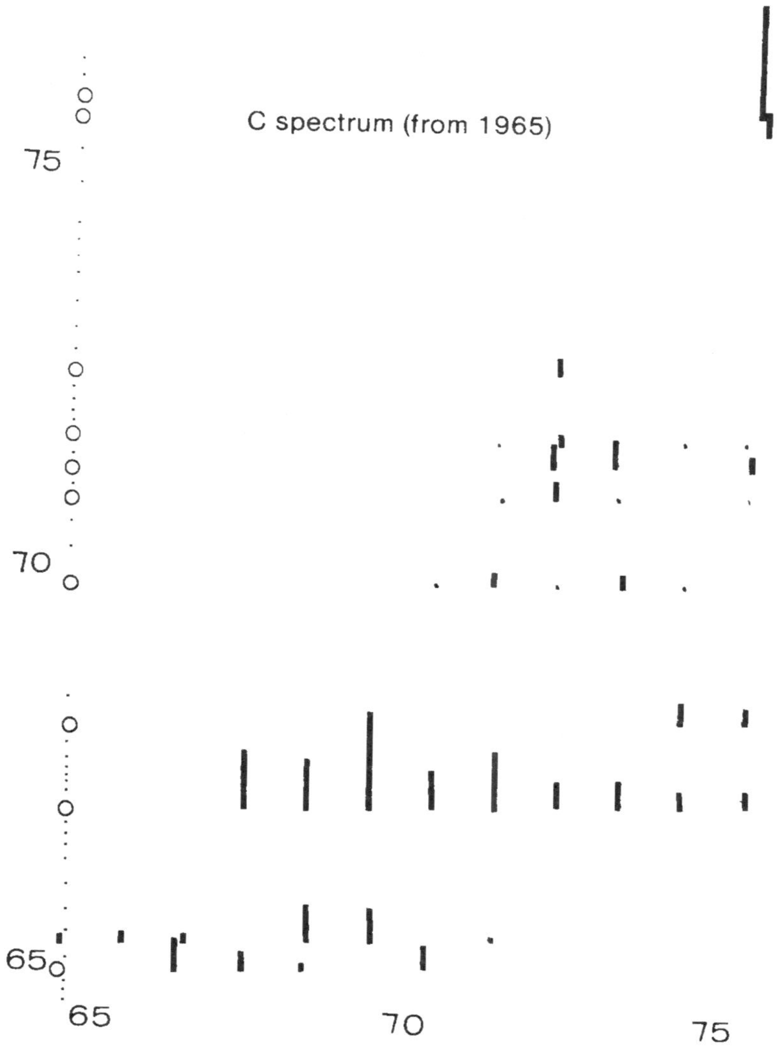

그림 5.2a
과학자가 행한 연구의 확장된 수용은 '스펙트럼'으로 제시될 수 있으며, 이 스펙트럼은 과학자가 (제1저자로서) 출간한 항목의 수와 이루어진 인용의 관점에서 본 이들 항목의 충격 둘 다에 의존한다.

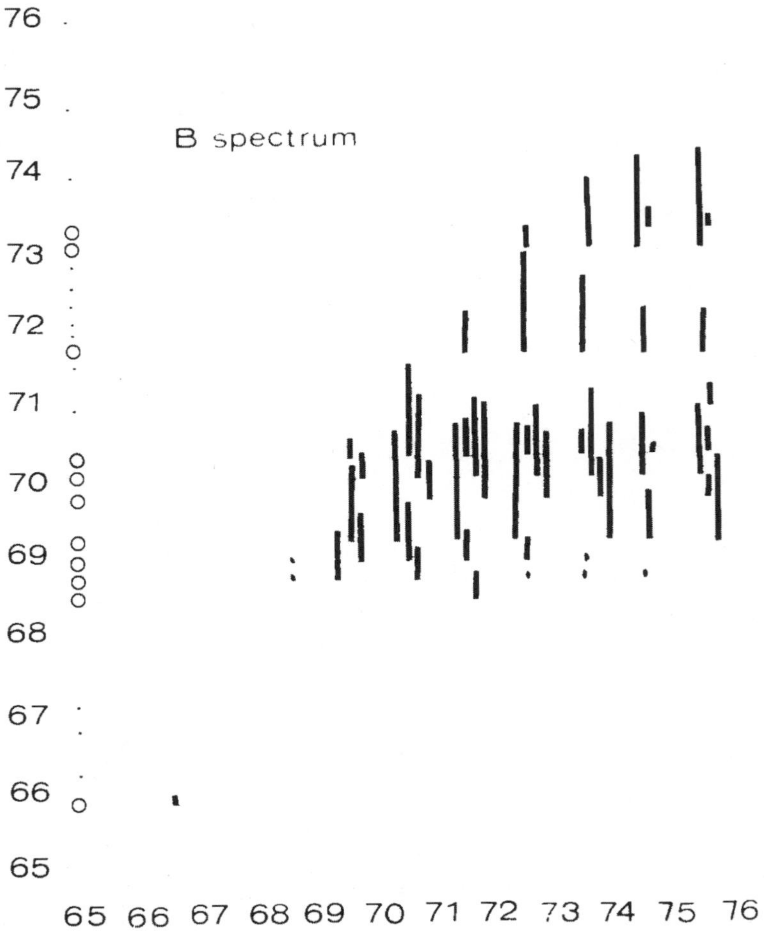

그림 5.2b
논문은 수직 시간 척도 위에 있는 점으로 출간 시점에 나타나 있다. 만일 그것들이 뒤이어 두 번 이상 인용되면, 논문은 원으로 나타나 있다. 각 논문의 인용 역사(출처: SCI)는 주어진 연도(수평 시간 척도)에 이루어진 인용의 수에 비례해 수직 막대로 표시되어 있다. 스펙트럼은 그러므로 개별 과학자의 이력에 대한 그림 요약을 제공해준다.

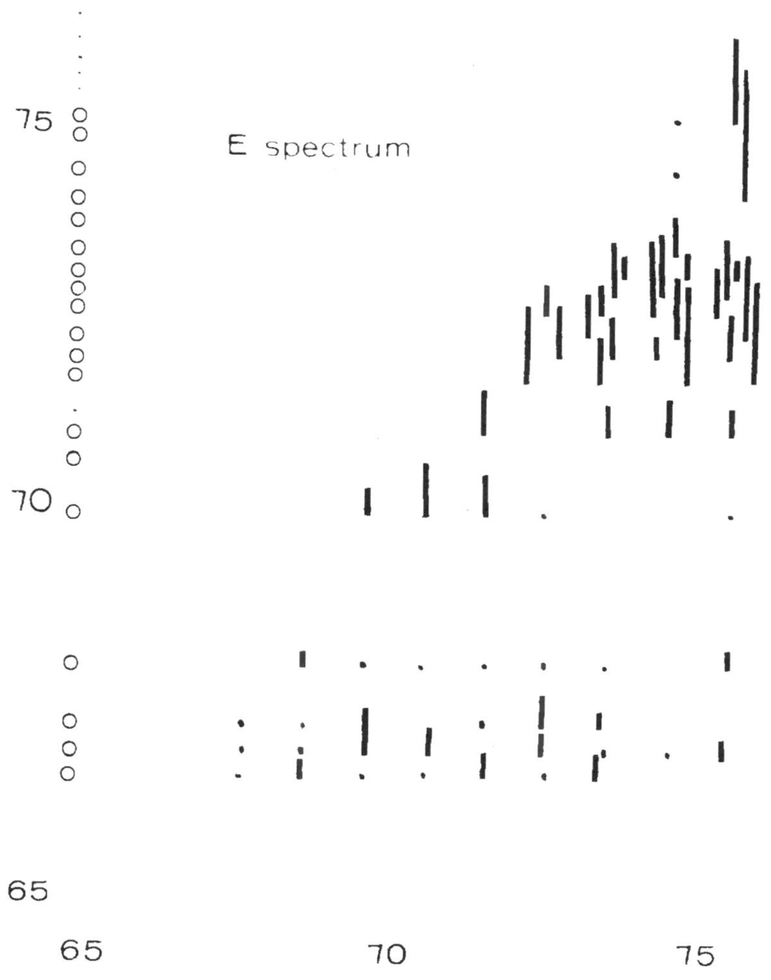

그림 5.2c

과학자의 이력. C(그림 5.2a)는 1967년과 1975년 사이에 출간된 논문으로 비교적 작은 성공을 누렸음을 볼 수 있다. B의 스펙트럼(그림 5.2b)은 그의 좀 더 최근에 나온 출간물이 별로 관심을 끌지 못했다는 점에서 급격한 노화를 보여준다. 이와는 대조적으로, E(그림 5.2c)는 거의 모든 그의 최근 출간물이 인용을 누려 건강한 스펙트럼을 갖고 있다.

위계의 또 다른 핵심적 특징은 사람들이 교체 가능하다고 여겨지는 정도다. 정보의 가치는 그 독창성에 달렸다고 여겨지므로, 참여자가 위계에서 높으면 높을수록 교체 가능성이 적다고 여겨진다. 초기술자는 좋은 기술자보다 교체하기 어려워 보이며, 좋은 기술자는 단순 노동자보다 교체 가능성이 더 낮아 보인다. 그러나 유리 닦는 이와 정원사는 사실 만들기 과정에 영향을 미치지 않고 바뀔 수 있다. 예를 들면 메이저리거 가운데 한 사람은 어느 초기술자가 실험실을 막 떠나려는 데 대해서 이렇게 말했다. "물론, 우리는 몇몇 종류의 합성 화학자를 쓰게 될 것입니다."

이 응답자에 따르면 떠나는 화학자만큼 또 다른 개인이 효율적으로 물질을 제공하는 역할을 실행할 수 있었다. 동시에 이 응답자는 그녀 자신의 연구를 아주 다르게 여겼다. 그러나 그녀가 있었더라도 덜 새로운 정보가 산출되었으리라는 것이다.[18] 여덟 명의 마이너리거의 이력을 분야 내에서 그들의 이력 투자가 효과적이었다고 이야기하면서 설명하기는 어려운데, 왜냐하면 초기술자들은 주로 남을 위해서 일하고 자본의 실질적 취득에 영향을 미치지 않는 경향이 있기 때문이다. 그와 반대로, 그들은 위치나 연구비를 살 수 없다. 그렇지만 자신의 솜씨를 확실한 위치나 비물질적 만족과 교환해 탐구자에게 빌려줄 수 있다. 그들은 따라서 선임 기술자와 비슷한 방식으로 시장에서 돌아다닌다. 그들은 고용되는데, 그들의 독창성 때문이 아니라, 새로운 논점을 만들기 위해서 또 다른 탐구자가 필요로 하는 일정 유형의 자료를 산출시키는 일에서 그들의 신뢰 가능성에 관해 탐구자가 쓴 추천에 기초해서 고용된다.

실험실의 지도자들은 독창적 정보를 창조해야 한다. 그중 한 사람인 책임자는 기술자와 과학자를 채용해 그 밑에서 일하게 할 수 있다. 그는 충분한

18 앞서 언급했듯이, 독창성을 위한 투쟁은 사실 산출의 심장부에 위치해 있다. 그러므로 참여자들에게 "나는 얼마나 독창적인가"라는 질문은 "내 정보가 얼마나 가치가 있는가"라는 것과 동일했다.

신뢰 가능성 자본을 갖고 있어 작업대 일에 대한 그것의 직접적 재투자를 불필요하게 만들 수 있다. 그는 특히 빼어난 자본가인데, 일에 직접 참여하지 않고도 자신의 자본이 실질적으로 증가하는 것을 볼 수 있기 때문이다. 그의 일은 전임(專任) 투자자의 일이다. 자료를 산출하고 논점을 만드는 대신에 그는 연구가 잠재적으로 보상을 받을 영역에서 추구되고, 신용할 만한 자료가 산출되고, 그 실험실이 최대로 가능한 신뢰, 돈, 협력의 몫을 받으며, 한 유형의 신뢰 가능성에서 다른 유형의 신뢰 가능성으로 전환이 가능한 한 빠르게 발생할 수 있음을 확신시키려 한다.

그룹 동학

그룹의 동학을 이해하기 위해 우리는 이력서와 인터뷰에서 재구성된 것으로서 그것의 투자의 역사를 보아야 한다. 가끔 인류학자가 부족의 분해와 뒤이어지는 새로운 정착지 건설을 관찰할 수 있을 정도로 충분히 운이 좋을 때, 통상적 활동이 있었던 동안에는 숨겨져 있는 그들 행동의 규칙을 일별할 수 있다. 우연히도 실험실에 대한 우리 연구는 완전히 새로운 연구 계약이라는 교섭 및 그룹 해체와 시점이 일치했다. 그렇지만 이쪽으로 선회하기 전에 그 그룹이 우리 연구 시점 이전에 발전해온 방식을 짧게 살펴보기로 한다.

1952년부터 1969년 전까지 C는 독특한 위치인 방출호르몬 영역을 차지함으로써 커다란 신용 가능성 자본을 축적했다. 이 위치는 25년쯤 이후에도 여전히 사용되는 방법을 그가 제안했던 것, 그리고 엄격한 기준의 일정한 집합을 그가 부과한 것에 달려 있었다(3장). 이에 기초해서 그는 과학아카데미 회원으로 선출되었고, 일련의 점점 더 많은 연구비를 수령했으며, 이미 좋은 이력을 갖고 있던 한 화학자(B)를 그 그룹에 합류하도록 설득해냈다. 이와 동시에, C는 젊은 학생 두 명을 훈련시켰는데, 이들은 뒤이어 그의 박사 전(pre-doctoral) 연구원과 박사 후 연구원이 되었다. C와 B의 협력은 1969년에 구조 해명으로 성과를 거두었다. 이 일은 그룹에 엄청난 신용을 가져다주었다. C는 또한 피임 문제에 영향을 줄 수 있는 또 다른 물질의 분리에 상당한 노력을 투자했다. 이 시점에서 세 배 더 많은 인원과 "세계에서 최상의 장비"로 묘사된 것을 갖춘, 완전히 새로운 실험실을 세우는 가능성이 제기되었다. C가 수행하던 연구가 낸 결과의 잠재적 적용은 그의 기존의 신용 가능성 및 그룹의 성공과 결합해 모두 그 연구소에 새로운 정착지가 성립하게 했다.

1969년에서 1972년 사이에 그룹이 얻은 인용의 수는 증가했다. 화학 분야에서 그의 연구 결과로 B는 상당한 신뢰를 확보했고, 세 명의 선임 화학자 팀으로 구성된 새로운 실험실의 장이 되었다. E는 큰 생리학 그룹 안에서의 연구 그리고 두 명(그리고 나중에는 세 명)의 탐구자로 이루어진 팀에서 비공식적 리더로 근무한 경험 둘 다에서 이익을 얻었다. 새로이 특성을 부여받은 물질의 작용 양식 및 유사물에 관한 연구는 분야 내에서 그의 입지를 강화했다. 전체 그룹은 일련의 새로운 구조를 생산하는 조립 라인처럼 조직되었다. 소마토스타틴의 구조는 우연하게도 그것의 합성이 당뇨병 치료에 큰 영향을 미치는 것으로 알려졌기 때문에 그룹에게 신뢰 가능성의 새로운 원천이 되었다. 이 연구로 C가 많은 상과 강의 초청을 받았음에 비해, B와 E는 그들이 더 중요한 종류의 보답이라 여겼던 것, 즉 신용 가능성을 얻었다. C는 작업대 일을 별로 하지 않았지만, 실험실에서 생산 활동을 유지·확장할 수 있도록 다른 이들의 연구를 연구비와 교환하는 일에 상당한 에너지를 쏟았다. 그러므로 C와 다른 이들 간의 관계는 일종의 '공동계좌'를 이루었다. C가 점점 더 그룹의 국가적으로 알려진 명목상 우두머리가 되면서, 그는 그 자신의 일을 점점 덜 했고 그의 논문에 대한 인용 수효는 감소했다(그림 5.3을 볼 것).

1972년에서 1975년 전까지, 새로운 물질의 생산에 성공을 거두지 못하자 그룹 내부 구조에 변화가 뒤따랐다. 과학자 몇 명이 기회를 찾아 다른 곳으로 떠났다. 예를 들면, B는 하나의 특수한 연구 프로그램 안에 그의 솜씨를 집중시킴으로써, 제한되었던 화학 내 연구에 접근하는 길을 보았다. 그가 얻

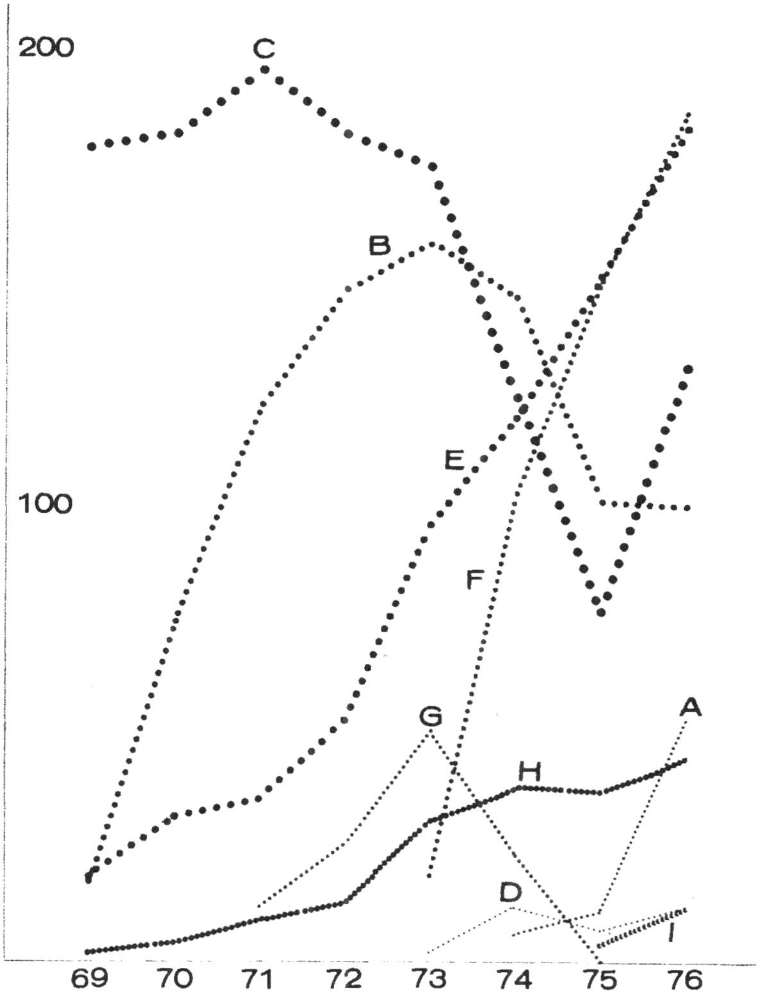

그림 5.3
그룹이 현재의 모습을 갖추었을 때인 1969년부터 시작해 연당 그룹의 각 구성원이 얻은 인용의 총수를 결정하는 데 SCI가 사용되었다. 그림 5.2와 달리, 이 계산은 어느 논문이 인용되었느냐는 고려하지 않는다. 그럼에도 곡선의 비교는 과학자의 비중에 대한 거친 근사를 부여한다. 서로 다른 해에서 곡선의 교차는 인터뷰가 드러낸 그룹 구조의 변화에 밀접하게 대응한다. 1975 이후 C의 만회, B의 느린 제거, E의 계속적 상승, '중요 인물'과 '마이너리거' 사이의 좀처럼 없어지지 않는 차이가 특히 두드러진다. 그렇지만 이력에 관한 완전한 관념을 제공할 수 있는 것은, 이 도표를 개인 스펙트럼과 결합시키는 일에 의해서만 가능하다.

은 인용의 수가 감소했듯이, 정보를 생산하는 그의 소질은 감소되었다. 그의 자본을 보충할 수 없자, 그는 약해진 그의 위치와 낮아진 그의 지위를 보기 시작했는데, 그럼에도 불구하고 그의 학문적 지위는 변화하지 않은 채 그대로였다. 두 명의 젊은 초기술자 H와 G는 두 번째 연구 프로그램(유사물의 생산) 일과에 쉽게 적응했다. 그들은 생리학 분과 일에서 보조적 역할을 계속 유지하며 유사물 생산 책임을 이어받았다. 증가한 신용 가능성으로 E는 생리학 분과를 이어받았고, 그 작업의 공식적 보스로 보이게 되었다. 정부기관과 맺은 수백만 달러짜리 계약은 5년 동안 당뇨병, 피임, CNS(중추신경계) 효과에 대한 실험실 연구를 보장하는 쪽으로 접근했다. 계약을 구속력 있게 만든 것은 C의 서명이었으나, 그럼에도 불구하고 E가 과학 연구를 지도할 것이라는 암묵적 이해가 존재했다.

이 시점에서 E가 지금까지 가장 많이 얻었음에 반해서(그림 5.3) C의 자본(제1저자로서 인용된 것으로)은 저조한 상태였다. E, A, H, I는 실험실 내부에서 새로운 그룹의 핵을 형성했다.

우리의 이 연구가 시작된 것은 이때, 1975년이었는데, 주로 인식론과 생물학을 연구하고 "더 나이 든 과학자는 그룹을 떠나고 더 젊은 과학자가 이어받게 하는 방식"을 알아보라는 C의 초청의 결과였다. 그러나 신용 가능성 순환에서 그의 위치를 발전시키기 위해서 실험실을 떠나는 대신에, C는 작업대 일에 시간과 에너지를 재투자했다. 동료들의 많은 조롱과 완전한 회의에 직면했음에도, 그는 마치 새로 온 박사 후 연구원처럼 유리 제품, 수직관, 생물학적 검정 가운데서 일하며 자리 잡았다. 명백히 이 일은 그룹의 엄청난 자원을 활용했다. 그러나 C는 혼자 힘으로 그 일을 수행했다. 그는 전략적인 것으로 여겨지는 한 문제에 3개월의 연구를 투자하기로 선택했다. 아편제와 동일한 활성을 나타내는 펩타이드를 분리하고 특성을 부여하는 일이 그것이었다. 이 문제는 약리학과 신경생물학 등 다른 분야에서 이미 이야기해왔었다. 그러나 C는 그의 실험실 자원에 의지해 분리화학과 생리학의 고전적 기법을 사용해 3개월 안에 그 문제를 풀기로 했다. C에 따르면, 그 문제를 다루던 다른 탐구들은 정보를 받지 못하고 있었다. "이 사람들은 펩타이드 화학이 무엇인지 모른다." 경쟁자들이 여러 해를 소모했다는 사실에도 불구하고, 공교롭게도 그는 3개월을 약간 넘겨 그 구조를 산출시키는 데 성공했다. 이 연구 노력은 그룹 구조에 심대한 영향을 미쳤다.19 새로운 물질은 두 번째 연구 프로그램(84쪽 이하를 볼 것) 덕택에 당시에 대량으로 생산될 수 있었고, 당시에 붐이었던 약리학과 뇌화학 둘 다에 그리고 약물중독과 정신병에 커다란 중요성을 지니고 있었다. 이들 엄청난 관심에는 돈이 걸려 있었기 때문에 C의 위치는 6개월 사이에 완전히 일변했다. 1975년 9월에 그는 은퇴를 원하는, 나이 먹은 "영향력을 잃은 사람"이었다. 이듬해 3월에 이르러 그는 그룹에서 가장 수요가 있는 구성원이었는데, 과거의 명성 때문이 아니라 신규 분야에서 새롭게 획득한 신용 가능성 때문이었다. 1976년 C의 인용의 극적 증가(그림 5.3)는 전적으로 그의 새로운 연구에 기인했다.

이 새로운 이동은 C가 보상을 얻었던 기존 계약을 완전히 교란했으나, 다른 이들은 신용 가능성을 얻었다. 이와 동시에, 신경학자에 비해 내분비학자가 방출인자에 더 큰 관심을 지녔음에도 불구하고, 그 새로운 물질의 발견은 방출인자가 확립했던 것 이상으로 뇌 연구와 내분비학 간에 훨씬 더 강한 연결을 확립했다. 새로운 물질은 뇌과학자 사이에 강력한 관심이 일어나게 했으며, 인접 실험실에서 새로이 확립된 것들은 특히 그러했다. 그리하여 C는 단지 몇 달의 연구에 기초해 새로운 분야에서 자신이 추앙받는 위치에 자리 잡았음을 알게 되었다. 다른 한편, B와 E는 판에 박힌 생활을 하는 자신들을 발견하게 되었다. 그들은 점점 수익이 감소하는 고전적 방출인자에 관한 논문을 계속해서 썼던 것이다(그림 5.2b와 5.2c). C는 더 이상 은퇴를 원치 않았

19 SCI〔소규모, 사적 서신 교환(Small, private communication)〕 덕분에, 일찍이 1977년에 C가 신경내분비학의 고전적 구성원의 누구도 연합되지 않았던 "무리"의 일부였음을 입증할 수 있다.

고, TRF 이야기가 시작될 때와 유사한 위치에 자리를 잡았다.

급작스러운 위치 변화에 관한 이 예는 신용과 보상이 어떤 의미에서 과학자에게 중요한지 강조한다. C는 새로운 영역에 그의 모든 신용을 자원으로 투자했다. 주로 여타 많은 실험실과의 전화 접촉을 수단으로 해서, 그는 대규모 탐구를 출범시켰고, 새로이 정의된 하부 분야에서 물질, 혈청, 새로운 자료를 교환했다. 파린과의 접촉 덕분에(258쪽을 볼 것) 그는 전적으로 구별되는 '보이지 않는 대학'의 구성원이 되었다. 그룹 내의 여타 연구 노력은 새로운 물질의 장대한 성공으로 무색해졌다. 장비와 기술자는 새로운 과제를 도와주는 데 더욱더 많이 동원되었다. C와 다른 인물들은 전체 실험실 역량이 방출인자보다 잠재적으로 훨씬 더 보답이 있을 영역에 쉽게 투자될 수 있음을 깨달았다. 그렇지만, A는 수익을 빠르게 증가시키려고, 주요 프로그램에 지엽적인 중요성만을 지니는 일군의 새로운 물질에 그의 투자를 늘리기 시작했다. 협력이 깨어지고 있었다. 새로운 계약이 정의되어야 했다.[20]

생산 전략이라는 논점과 비교해볼 때, 인격 또는 '**명예에 관한 일**'과 같은 요인은 그 그룹의 와해에 동반된 갈등의 긴 연쇄에서 상대적으로 작은 역할을 했다. 5년 동안, 이것이 주어진 패러다임에 동의하는 아주 효율적인 수단을 나타냈던 시점에, 그 그룹은 동일한 문제를 탐구하기 위해 세 사람의 선임 투자자의 동의라는 기초 위에서 존재했다. 그렇지만 그 분야와 개인 전략 둘 다 변화하자 상황은 수정되어야 했다. 실험실의 '죽은 자본'을 이룬 장비, 돈, 권위는 재분배되어야 했다. B는 제거되었고 파산했다. F와 A는 그들의 초기술자인 H 및 I와 새로운 그룹을 형성했다. 그들의 문제는 어떻게 그리고 어디에 이 새로운 그룹을 정착시킬지를 정하는 것이었다. 새 그룹의 신용 가능성으로 전국 여러 지역에서 좋은 제안(의장직, 실험실 공간, 기금)을 받았으나 그럼에도 이 중 어느 것도 C의 전략 변화가 성공하기 이전의 실험실 상

20 이는 1977년까지의 상황이었다. 다음을 볼 것.

황과 부합하지는 못했던 것이다. 그로서는, C는 과거 신용을 얻었던 그룹을 떠나서 젊은 박사학위자들이 모인 새로운 그룹과 다시 출발하는 것을 마음에 그려볼 수 있을 새로운 자본을 획득하는 자신의 능력에 충분한 확신을 느꼈다.

그룹의 구성원과 신용의 정의에 관한 구성원의 평가 사이의 관계가 지니는 복잡성은 일단 그룹이 실질적으로 분열되자 특히 분명해졌다.[21] C는 그의 전일제 활동이 그의 자본을 운용하는 일이었고 신용할 만한 자료를 직접적으로 산출하는 일이 아니었다는 점에서 자본가에 비교되었다. 그렇지만 앞서 보았듯이 그의 일꾼들 역시 동일한 시장 안에 있는 투자자였다. 그들은 따라서 C의 직접적 경쟁자가 되었다. 이것이 발생했던 일의 정확한 내용이다. E는 그의 신용 가능성을 현금화하기로 결정했다. 아주 예상외로, 연구하던 실험실과 정확하게 닮은 실험실을 갖출 수 있는 연구비를 동일한 기관에서 확보하기에 자신의 신용 가능성이 충분하다는 것을 그는 깨달았다. 그러고 나서 그는 한 그룹의 장이 되었고, 그 자신의 스태프를 고용했으며, C가 전에 갖고 있던 것과 동일한 장비를 확보했다. 경제적인 관점에서 말하자면, 그는 경쟁 사업을 설립해 H, I, A와 C의 기술자 대부분을 채용했던 것이다. 그림 5.2c와 5.3은 E의 인용 곡선이 (신입자 A와 초기술자 H와 함께) 규칙적으

21 이는 1978년에 수행된 아주 짧은 후속 인터뷰에 기초해 있다. 가까운 과거에 있었던 사건들의 결과는 2장에서 서술된 실험실의 그런 특징들이 실질적으로 변화되었다는 것이다. 대부분의 장비는 여전히 거기에 있지만, 옛 참여자 가운데 두 사람만이 남아 있다. 더 중요한 것은 그 실험이 원래는 특정 유형의 사실을 산출하는 데 맞추어져 있었지만, 이제는 경쟁 실험실이 유사한 노선을 따라 구성된 사실들로 시장을 넘쳐나게 할 무렵으로 보인다는 점이다. 참여자들에게 문제는 2장에서 서술된 장비가 다른 방식으로 그리고 다른 영역에서 어떻게 사용될 수 있느냐다. 지면 이유로 이 전개 내용과 자세히 관계할 수 없다. 우리 연구 대상은 그룹, 공간, 장비, 문제의 집합 사이의 아주 통상적이지 않은 일치였음에 주목하면 족하다. 우리로 하여금 사실 구성의 여러 특징을 살필 수 있게 한 그 특수한 상황은 극히 드물었고, 반복될 수 없을 것이다.

로 상승하고 있음을 보여준다. B의 상황은 매우 달랐다. 그는 분야 내에서 신용 가능성을 전혀 현금으로 바꿀 수 없었고, 스패로처럼 자산을 결산하고 교육으로 들어가도록 내몰렸다(그림 5.2b). C는 대량의 죽은 자본(장비 면에서), 약간의 돈을 남겼으나 노동력은 전혀 남기지 못했다. 그는 이제 실험실에 합병된 이전의 투자 덩어리를 활성화시키기 위해 만들어내야 할 새로운 논점의 원천을 찾아야 했다.

우리가 보았듯이, 신용할 만한 자료의 산출은 신용 가능성의 순환을 활성화하는, 그리고 '과학이라는 비즈니스'에 또는 푸코(Foucault, 1978)가 제기하듯 "진리의 정치경제학"에 움직임이 생기게 하는 한 가지 방식이다. 나중에, 과학자들은 그들 자신의 이름으로 신용 가능성을 현금으로 바꾸려고 투쟁할 수도 있다. 그들은 따라서 그들이 "착상을 지니고 있다"라고(220쪽 이하), 그것은 '그들의' 실험실이라고, 그들의 작업을 위한 기초를 확보하기 위한 관심에서 돈과 장비를 끌어들이려고 변통한 사람은 그들이라고 말할 수도 있다. 이 관점에서 보면 그들은 사업가와 다르지 않다. 그렇지만 이와 동시에 그들은 정부 자본의 단순한 **피고용자**다. 아무리 확장적일지라도, 그들의 과학적 자본은 팔 수 없고 물려줄 수도 없으며 드물게나마 화폐자본과 교환할 수 있을 따름이다. 그들 자신의 자료를 산출하려 일하는 장인처럼, 그들은 자신의 계좌에 다소 배타적으로 관심을 갖고 있다. 그러나 만일 조심하지 않으면 그들은 피고용자 또는 초기술자로 끝날 수 있다. 그렇지만 독립하거나 그리고 운이 좋으면 스스로 고용자가 되는 것도 가능하다. 이와 동시에 그들 스스로는 대부되는 사적인 돈이나 납세자의 돈이라는 대부금을 운영하도록 이익을 받았다는 의미에서 피고용자로 남아 있다. 우리가 관찰했던 과학자들은 그러므로 두 가지의 중첩되는 경제적 순환 사이에서 놓여 있었다. 그들은 일이 진행되게 하기 위해 자신의 자본을 끊임없이 운용해야 했지만, 이와 동시에 자신이 빌려온 돈과 신용을 사용하는 일을 정당화해야 했다.

성공적인 실험실에서는 새로운 진술들을 발견하는 일, 그것들을 증명하는 일, 그것들의 영향을 확대하는 일, 새로운 도구를 갖추는 일, 신용 가능성을 현금과 바꾸는 일, 그것을 재투자하는 일 등에 관해 흥분이 끊이지 않을 것 같다. 전쟁 중 대대 본부나 위기 시 중역실의 긴장감은 통상적인 날 실험실의 분위기와 비교도 되지 않는다! 이 긴장은 비서로 하여금 원고를 제시간에 타자하도록 설득하려는 노력 속에서 비서를 향해 있고, 동물과 비품의 빠른 주문과 일상적인 검정 작업의 조심스러운 실행에 영향을 미치고자 기술자를 향해 있다. 물론 유사한 압박이 어떤 생산 단위에서든 발견될 수 있다. 여기서 더 통상적이지 않은 것은 이런 압력이 탐구자로 하여금 신용 가능하게 되도록 강제한다는 점이다. 한편으로, 자본을 상실하길 원치 않는다면 계속해서 재투자할 의무가 있는 어떤 탐구자의 제약 요인을 과학자들은 잘 견뎌낸다. 다른 한편, 과학자들은 대부된 돈에 대해 금전 수지를 밝히도록 계속적으로 요구받는 어떤 피고용자의 제약 요인을 경험한다. 압력의 이 이중 체계 덕분에, 우리의 과학자들은 실험실 내에서 올가미에 걸려 있는 것이다. 만일 과학자가 새로운 실험을 하는 일, 새로운 위치를 점유하는 일, 새로운 탐구자를 고용하는 일, 새로운 진술을 발생시키는 일을 그친다면, 그는 아주 빨리 '영향력을 잃은 사람'이 될 것이다. 연구비 지원은 멈출 것이고, 이전에 스스로 확립했던 종신재직이 보장된 위치 또는 적소를 빼고는 그는 그 게임에서 청소당할 것이다. 그의 행동을 '규범'의 관점 또는 인정에 대한 추구라는 관점에서 설명하는 것이 가능하지만, 그것이 필연적이진 않다. 경제적 힘은 연구자를 독립적 자본가로서 그리고 동시에 피고용자로서 붙들어 맨다. 이 위치에서 그가 사실을 추출하도록 쥐어짜는 것은 아주 쉽다.[22]

22 과학자들이 임상 연구, 산업, 문화 안으로 이동해 들어감으로써 최종적으로 자본을 실현해내는 일은 여기서 조사되지 않았다. 그럼에도 신용 가능성 순환에서 투자의 합계가 궁극적 정당화를 요구한다는 점은 명백하다. 예를 들면 과학자들의 연구비 제안서 발표에서 분명히 알 수 있다.

제6장

—

무질서에서 질서의 창조

실험실 안 사실의 구성을 조사하며, 우리는 과학에 친숙하지 않은 누군가에 의해 구성되는 것으로서의 배경에 대한 일반적 조직화를 제시했다(2장). 실험실의 몇몇 성취에 관한 역사가 '단단한' 사실의 안정화를 분석하는 데 어떻게 사용될 수 있는지 보여주었다(3장). 이어서 사실이 구성되는 몇몇 미세 과정을 분석했는데, 특히 사실이란 용어가 지니는 역설을 바라보았다(4장). 이어서 실험실 안 개인들의 이력과 그들의 산출물의 견고성 둘 다의 의미를 밝히고자 그들에게 관심을 돌렸다(5장). 각 장에서는 과학자, 역사가, 인식론자, 과학사회학자가 사용하는 용어와는 종종 반대되는 방식으로 구별되는 용어를 정의했다. 우리는 이제 사용된 서로 다른 개념들을 더 체계적으로 연결 지으면서 앞서 나왔던 장들에서 얻은 다양한 발견물을 요약할 것이다. 이와 동시에 우리는 지금까지 조우한 몇몇 방법론적인 문제를 논한다. 예를 들어, 때로 안정된 대상으로 전환되는 허구적 해명의 구성과 유지를 과학 활동이 포함한다는 우리의 주장에서 주요한 문제가 생겨난다는 점이, 독자의 눈을 피해가지는 못할 것이다. 상황이 이와 같다면, 우리 자신이 구성한 과학 활동에 관한 해명의 지위는 무엇일까?

이 장의 첫째 절에서 우리는 지금까지 한 논의를 요약한다. 그렇지만 앞서 나온 장들의 표현을 단순하게 따라가는 대신에, 전체에 걸쳐 사용된 여섯 가지 주요 개념을 파악하고 그것들이 어떻게 연관되는지를 간략하게 보여준다. 이것은 우리를 둘째 절로 이끈다. 여기서 우리는 더 나아간 하나의 관념, 즉 무질서에서 나오는 질서라는 개념을 도입하는데, 이로써 우리 논의를 더 일반적인 과학사회학의 틀 안에서 생각해볼 수 있게 된다. 마지막으로 셋째 절에서 우리는 우리 자신의 해명을 우리가 그들의 활동을 이해했다고 주장하는 과학자들의 해명과 비교한다.

실험실 창조하기: 우리 논변의 주된 요소

우리 논변에서 사용한 첫째 개념은 '**구성**'이다(Knorr, 인쇄 중). 구성은 기록하기가 중첩되고 설명이 뒷받침되거나 기각되는, 느리고 실천적인 장인적 작업을 말한다. 그것은 따라서 대상과 주체의 차이 또는 사실과 인공물의 차이가 과학 활동에 관한 연구의 출발점이 되어서는 안 된다는 우리 주장을 강조한다. 오히려 한 진술이 대상으로 변환되거나 사실이 인공물로 변환될 수 있는 것은 실천적 작업을 통해서다. 예를 들면 앞서 3장에서 우리는 화학적 구조의 집합적 구성을 따라갔고, 정제된 뇌 추출물을 얻어내기 위해 8년 동안 기록하기 장치를 가동한 후에, 어떻게 진술이 그것을 여타 네트워크와 연계할 수 있을 정도로 충분히 안정화되었는가를 보여주었다. 단순히 TRF가 사회적 힘에 의해 조건 지어졌다는 것이 아니라, 오히려 그것이 미시사회적 현상을 통해서 구성되었다는 것이다. 4장에서는 어떻게 진술이 실험실 작업대에서 오가는 대화의 과정에서 끊임없이 양상화되고 탈양상화되는지 보여주었다. 과학자들 사이의 논변은 몇몇 진술을 어떤 이의 주관적 상상이 꾸며낸 것으로 변환하고, 다른 진술을 자연의 사실로 변환한다. 진술의 사실성의 계속적인 유동은 우리로 하여금 사실의 구성 중에 있게 되는 서로 다른 단계를 근사적으로 서술하게 했는데, 마치 실험실이 조립 라인에서 사실이 산출되는 공장이었던 것처럼 서술했다. 사실과 인공물 사이의 차이에 대한 탈신비화는 사실이라는 용어가 직조되는 것과 직조되지 않는 것을 동시에 의미할 수 있게 되는 방식에 관한 우리의 논의(4장 말미)를 위해서 필수적이다. 인공물 구성을 관찰함으로써, 우리는 실재가 논쟁 확정의 **원인**이라기보다는 **귀결**임을 보여주었다. 이것이 명백함에도 불구하고 여러 과학 분석가가 이 점을 간과해왔는데, 이들은 사실과 인공물의 차이를 주어진 것으로 취하면서 실험실 과학자들이 그것을 주어진 것으로 **만들기** 위해서 고투하는 과정을 놓친다.1

우리가 계속해서 사용한 둘째 개념은 **불가지론적**이라는 개념이다(Lyotard, 1975). 만일 주어진 진술을 제한하는 양상의 투하에 영향을 미치고자 설계된 조작을 통해서 사실이 구성된다면, 그리고 더욱 중요한 것으로, 만일 실재가 구성의 원인이 아닌 귀결이라면, 이는 과학자의 활동이 '실재'를 향해 있는 것이 아니라 진술에 관한 이런 조작을 향해 있음을 의미한다. 이들 조작의 총합은 불가지론적 장이다. 불가지론적의 의미는 과학자가 어쨌든 '자연'과 관계되어 있다는 견해와 의미심장한 대조를 이룬다. 실제로 우리 논변 전반에서 자연의 현재적 성분, 즉 TRF의 구조가 창조되었고 우리의 신체관(身體觀) 속에 합병되어왔음을 보여주는 일을 제외하고는 우리는 자연을 사용하는 것을 회피해왔다. 자연은 불가지론적 활동의 부산물로서만 사용할 수 있는 개념이다.[2] 그것은 과학자의 행동을 설명하는 데 도움이 되지 않는다. 불가지론적이라는 개념이 갖는 이점은 사회적 갈등의 여러 특성(논쟁, 힘, 동맹과 같은)을 합병시키며 이제까지 인식론적 용어(증명, 사실, 타당성과 같은)로 기술되었던 현상을 설명해준다는 것이다. 과학자의 행위가 불가지론적 장을 향해 있다는 점이 일단 인식되면, 과학의 '정치'와 과학의 '진리' 사이의 구별을 유지함으로써 얻는 것은 그다지 없다. 4장과 5장에서 살펴보았듯이, 똑같은 '정치적' 성질이 논점을 만들어내고 경쟁자를 책략으로 압도하는 일, 모두에

---

1 이 점은 바슐라르가 빈번히 지적해왔다(예를 들면 Bachelard, 1934, 1953). 그렇지만 과학적 작업 속의 '매개'를 보여주려는 그의 관심은 결코 확장되지 않았다. 그가 제기한 "합리적 유물론(rational materialism)"은 종종 과학과 "선(先)과학적" 관념 간을 구별하기 위한 기초 이상이 되지 못했다. "인식론적 단절(la coupure épistémologique)"에 대한 그의 예외적 관심은 그로 하여금 과학에 대한 사회학적 탐구에 착수하는 것을 막았는데, 그럼에도 과학에 대한 그의 언급의 많은 부분은 사회학적 틀 내에서 자리를 잡을 때 더 의미가 있게 된다.

2 시작부터, 장치의 덩치와 처리된 뇌 추출물의 미미한 양 사이의 거의 터무니없는 대조에 관찰자는 충격을 받았다. 과학적 '지성'과 '자연' 사이의 상호작용은 이 대조를 적절히 설명할 수 없었다.

필요한 것이다.

불가지론적 장은 어떤 여타 투쟁하는 정치적 장과 여러 가지 방식에서 유사하다. 진술 유형을 변환하는 논문 집필이 착수된다. 그러나 주어진 논변이 효과를 지닐 가능성에는 그 장을 이미 만들어내고 있는 여러 입장이 영향을 준다. 작업은 그 장 속에 있는 사람의 수, 값의 의외성, 저자들의 개성과 제도적 애착, 경쟁,[3] 논문의 스타일에 따라 성공적일 수도 있고 그렇지 못할 수도 있다. 몇몇 과학 분석가가 정치 생활의 무질서한 떨림과 대비하기 좋아하는 질서 있는 패턴을 과학장이 보여주지 않는 이유가 이것이다. 신경내분비학의 장은 그러므로 다수의 주장을 포함하며 여러 물질은 단지 국소적으로만 존재한다. 예를 들어 MSH 방출인자는 루이지애나, 아르헨티나, 캐나다의 한 곳, 프랑스의 또 다른 한 곳에 존재할 뿐이다. 우리의 정보원은 관련 문헌 대부분을 무의미한 것으로 여겼다.[4] 무엇을 증명으로 여길 것인가 또는 무엇이 좋은 검정이 되는가에 관한 교섭은 변호사나 정치인 간의 어떤 논변보다 다소 무질서하다.[5]

불가지론적이라는 개념을 사용하면서 우리는 과학자들의 어떤 특별히 사악하거나 정직하지 않은 특성을 함축해내려는 의도를 갖고 있지는 않다. 과학자들의 상호작용이 적대적인 것으로 나타날 수 있을지라도, 그것이 유일하게 경쟁자에 대한 심리적 평가 또는 사적 평가와만 관련되는 것은 결코 아

3 다른 맥락에서는 경쟁의 중요성이 달라질 수 있다. 예를 들어 당뇨병 치료에 대한 소마토스타틴의 중요성은 그 집단의 논문 각각이 조심스럽게 확인되었음을 확신시켜준다. 이와 대조적으로 엔도르핀의 경우에 어떤 논문은 (그것의 추측이 아무리 난폭한 것이었다 하더라도) 초기에 사실로서 수용되었을 것이다.

4 실험실에 들어간 첫날, 관찰자는 그 분야에 있던 내내 한 형태 또는 수정된 형태로 끊임없이 거듭 듣게 된 금언과 함께 인사를 받았다. "그 문제의 진실은 문헌의 99.9%(90%)가 무의미하다는(헛소리라는) 것이다."

5 우리는 이 논변의 근거를 변호사와 과학자 사이에서 발생했던 몇 가지 대화 교환에 두고 있다. 불행히도 여기서 이 자료를 명시적으로 사용할 수가 없다.

니다. 논의의 견고성은 논쟁에서 항상 중요하다. 그러나 이 견고성이 지니는 구성된 특성은 어느 논변이 더 설득력이 있느냐를 결정하는 데서 불가지론적인 것이 필연적으로 어떤 역할을 함을 의미한다. '불가지론적' 또는 '구성' 어느 것도 과학적 사실의 견고성의 기초를 허무는 길로 우리의 논변에서 사용되지 않았다. 이들 용어를 비상대주의적으로 사용하는 이유는 우리 논변에서 사용한 셋째 주요 개념에 관한 논의에서 분명해질 것이다.

우리는 사실의 산출에서 실험실의 물질적 요소가 지니는 중요성을 강조했다. 예를 들어 2장에서 우리는 실험실 내부에서 연구 대상의 바로 그 존재가 바슐라르가 "현상기법"이라 부른 바의 누적에 어떻게 의존하는지 보여주었다. 그러나 이것은 우리로 하여금 한 시점에서 그 집단이 갖고 있는 장비를 서술하는 것만 허용한다. 더 앞선 어떤 시점에서, 장비의 각 항목은 이웃하고 있는 학제 속에서 경쟁하는 논의가 되어왔다. 결과적으로 실험실 활동의 '물질적' 장비와 '지적' 성분 사이의 차이를 당연시할 수 없다. 지적 성분의 동일한 집단이 몇 년 후에는 가구의 한 부분으로서 합병될 수 있음을 보여줄 수 있다는 것이다. 동일한 방식으로, 길고 논쟁적인 TRF 구성은 다른 분석에서 TRF가 논쟁의 여지가 없는 물질적인 성분으로 나타남으로써 결국 파기되었던 것이다. 이와 유사하게, 우리는 5장 끝에서 실험실 내부에서 이루어진 투자가 임상 연구와 제약 산업에서 어떻게 궁극적으로 실현되었나를 짧게 지적했다. 시간 차원이 지니는 중요성을 강조하기 위해, 우리는 앞에서 나온 과정을 **물질화**(materialisation) 또는 **물상화**(reification)(Sartre, 1943)라고 부를 것이다. 한 진술이 불가지론적 장에서 일단 인정되면, 그것은 물상화되고 여타 실험실의 암묵적 솜씨 또는 물질적 장비의 일부가 된다.[6] 우리

6 어떤 것이 사건 이전이나 이후에 아무리 신화적이고 터무니없고 엉뚱하거나 논리적으로 보일지라도 그것이 물상화될 수 있다는 점은 우리의 논변에 결정적이다. 예를 들어 칼롱(Callon, 1978)은 어떻게 기술적 장비가 전적으로 어리석은 결정의 결과와 합병될 수 있는지를 보여주었다. 그렇지만 일단 물상화되면 이들 결정은 이어지는 논리적 논변에서 전

는 나중에 이 논점으로 돌아갈 것이다.

우리가 끌어낸 넷째 개념은 '**신용 가능성**'이다(Bourdieu, 1976). 우리는 신용 가능성을 과학자가 만들어내는 투자와 실험실의 서로 다른 측면 사이의 전환을 정의하기 위해 사용했다. 신용 가능성은 경제학적 개념(돈, 예산, 임금 지급 등)과 인식론적 개념(확실성, 의심, 증명 등)의 합성을 활용한다. 그에 더해서, 그것은 정보는 **비용이 든다**고 강조한다. 비용편익분석은 자료의 성격, 논문의 형태, 학술지의 유형, 독자가 제기 가능한 반대는 물론, 채용될 기록하기 장치의 유형, 관련된 과학자의 이력, 자금 지원 기관이 내린 결정에도 적용된다. 비용 자체는 화폐, 기간, 이미 만들어낸 에너지에 관한 이전의 투자에 따라 변화된다.7 신용 가능성이라는 관념은 인가, 자격증, 신용과 같은 일련의 개념의 믿음('신조', '믿을 수 있는')과 이유('책임이 있는', '계산', '신용 점수') 간의 연결을 허용한다. 이것은 관찰자에게 사실 구성에 관한 균질적 관점을 제공하며, 경제적, 인식론적, 심리적 요인 사이의 임의적 구분을 흐리게 한다.8

우리가 사용한 다섯째 개념은, 다소 프로그램에 따르는 것이기는 하지만, '**상황**'이라는 개념이다(Serres, 1977). 상황(주변을 둘러싼)은 일반적으로 과학의 실천과 무관하다고 여겨져 왔다.9 우리 논변은 그것들의 유관성을 증명

제 역할을 한다. 더 철학적인 용어로 말하자면, "실재하는 것은 이성적이다"라는 헤겔적 논변을 받아들임으로써 과학을 이해할 수는 없다는 것이다.

7 라캉 저작(Lacan, 1966)의 몇 쪽과 영(Young, 연도 미상)의 몇몇 간접적인 힌트를 제외하고는 에너지 투자에 관한 이런 종류의 정신분석적 이해는 아직 발전되어 있지 않다.

8 예를 들어, 마흘루프(Machlup, 1962)와 레셔(Rescher, 1978)는 경제용어로 정보시장을 이해하려고 했다. 그렇지만 그들의 접근은 경제적 투자의 중심 개념을 변환하기보다는 확장한다. 이와 대조적으로 부르디외(Bourdieu, 1976)와 푸코(Foucault, 1978)는 투자의 한 특수 형태로서 금융경제학을 포함하는, 진리의 정치경제학의 일반적 틀을 개괄했다.

9 이 철학적 기획은 상황의 어떤 자취를 제거하려는 기도로 특징지을 수 있다. 따라서 플라톤의 『소크라테스의 변명(Apology of Socrates)』에서 소크라테스의 임무는 활동에 대해 예술가나 법률가 등이 제공한 정의에 포함된 상황을 제거하는 것이다. 그런 제거는 '이데

하려는 기도로 요약될 수 있을 것이다. 단지 TRF가 상황에 둘러싸여 있고, 영향을 받으며, 부분적으로 상황에 의존하거나 또는 기인한다고 우리가 주장하는 것이 아니다. 오히려 우리는 과학이 전적으로 상황에서 직조되는 것이라고 논한다. 더욱이 과학이 모든 상황을 벗어나는 것으로 보이는 것은 정확히 말해 특수하게 국소화된 실천을 통해서다. 이것이 사회학자들에 의해 이미 논증되어왔기는 하지만(예를 들어 Collins, 1974; Knorr, 1978; Woolgar, 1976), 상황이라는 개념은 세르(Serres)가 제기한 철학적 관점에서 또한 발전되어 나왔다(Serres, 1977). 2장은 신경내분비학에서 안정된 대상을 가능하게 해주는 상황에 관해 분석했다. 3장은 어떤 상황 네트워크 안에서 TRF가 원래 구성되었던 실험실 밖으로 유통될 수 있는지 보여준다. 4장 끝에서 우리는 어떻게 똑같은 점이 소마토스타틴의 확산에 대해서도 참이 될 수 있는가를 보고한다. 4장에서는 또한 어떻게 일상적 대화가 국소적 또는 기묘한 상황의 면모를 계속해서 특징으로 보여주는지를 지적한다. 마지막으로 5장에서 우리는 이력의 상황적 특성을 설명하기 위해 위치라는 개념을 사용한다. 한 분야는 구조 또는 질서를 갖는 패턴이라기보다는, 오히려 그것 자체가 질서가 잡히지 않은(281쪽 이하를 볼 것) 방식으로 서로에게 영향을 미치는 위치들로만 이루어지는 것이다. 위치라는 개념을 통해서 우리는 '올바른' 시간 또는 '올바른' 시험 분석에 관해 말할 수 있고, 또는 하버마스(Habermas, 1971)의 용어로 과학의 역사성을 대체할 수 있다(Knorr, 1978).

우리가 의지한 여섯째이자 마지막 개념은 '**잡음**'(또는 더 정확히 말해, 신호 대 잡음의 비율)인데, 이것은 정보 이론(Brillouin, 1962)에서 차용해온 것이다. 과학 활동을 이해하는 것에 이를 적용하는 일은 새롭지는 않지만(Brillouin, 1964; Singh, 1966; Atlan, 1972), 우리 용법은 매우 은유적이다. 예를 들어 실

아'의 존재를 확립하기 위해 지불해야 하는 대가다. 손 레텔(Sohn Rethel, 1975)은 그런 철학적 작업이 과학과 경제학 발전에 본질적이라고 논변했다. 그러므로 상황을 재구성하는 과업은 철학적 전통의 유산에 의해 근본적으로 방해받은 것이다.

험실에서 산출된 신호 대 잡음의 비율을 계산하려고 하지 않았다. 그러나 똑같은 개연성을 지니는 사건이라는 배경에 반해 정보가 측정된다는 또는 싱(Singh, 1966)이 다음과 같이 말한 바의 핵심 관점을 유지했다.

> 주어진 메시지들의 앙상블에서 메시지 출현 확률의 로그(logarithm)로 메시지의 정보 내용을 측정한다. 정보를 정의하는 이 방식은 엔트로피 측정과 정보 측정이 형태 면에서 동일한 통계역학에서 더 이른 선례가 있었다(Singh, 1966: 73).

잡음이라는 개념은 기록하기 장치에 쓰인 자취를 바쁘게 읽고 있는 참여자에 관한 우리의 관찰과 밀접하게 들어맞는다(2장, 68쪽 이하를 볼 것). 똑같은 개연성을 갖는 대안들이라는 관념으로 우리는 3장에서 등장했던 TRF의 최종적 구성을 서술할 수 있었다. 질량분석기 도입은 개연성 있는 진술의 수를 제한한다는 것이다. 5장에서, 수요의 의미가 우리로 하여금 정보의 시장이라는 관념을 발전시키는 것을, 그리고 신용 가능성 순환의 작동을 허용하는 것을 가능하게 했는데, 이 수요의 의미는 한 참여자의 조작에서 잡음이 감소하면 다른 참여자가 다른 곳에서 잡음을 감소시키는 능력이 증진한다는 전제에 기초했다.

사실의 **구성**의 결과로 사실은 누구에 의해서도 구성되지 않은 것으로 보인다. 불가지론적 장 속에서 수사적 **설득**의 결과로 참여자들은 자신들이 확신해오지 않았음을 확신한다. **물질화**의 결과로 사람들은 물질적 고려가 '사고 과정'의 사소한 구성 요소일 뿐이라고 맹세할 수 있다. 신용 가능성 투자의 결과로 참여자들은 경제학과 믿음이 과학의 견고성과 어떤 식으로도 관계되어 있지 않다고 주장할 수 있다. **상황**에 대해 말해보자면, 그것은 해명으로부터 단순히 사라져버리는데, 사실의 단단하고 견고한 세계에 대한 인정에 맡겨지기보다 정치적 분석에 더 쉽게 맡겨지게 되는 것이다! 이런 종류의 전도가 과학에 특유한 것인지 여부는 확실치 않지만,[10] 그럼에도 우리가 논변의 많은 부분을 전도가 일어나는 바로 그 순간을 규정하고 기술하는 데 바쳤다는 점은 매우 중요하다.

앞선 장들의 주요 논변들을 요약했는데, 앞의 개념들은 몇 가지 서로 다른 분야에서 빌려온 것이기 때문에 이제 주요 논변들이 어떻게 연관되는지 보여주는 것이 중요하다.

잡음 개념에서 시작하기로 한다. 브릴루앵(Brillouin)에게 정보란 확률의 관계다. 한 진술이 기대했던 바와 다르면 다를수록, 그것은 더 많은 정보를 포함한다. 불가지론적 장 속에서 한 진술을 옹호하는 어떤 참여자에게 중심 질문은 얼마나 많은 대안적 진술이 똑같이 개연적인 것이냐가 된다는 내용이, 따라서 나온다. 큰 수효를 쉽게 생각해볼 수 있다면, 원래의 진술은 의미 없는 것으로 치부될 것이며 다른 것들과 쉽게 구별되지 않게 될 것이다. 만약에 다른 것들이 원래의 진술보다 가망성이 적어 보인다면, 후자는 우뚝 설 것이고 의미 있는 기여로 여겨질 것이다.[11] 예를 들어 실험실 구성원이 아미노산 분석기에서 한 정점을 읽을 때(사진 9), 그는 우선 그 정점이 배경잡음과 다른 것인가를 자신에게 (또는 타인에게)[12] 확신시킬 수 있는지 여부를 확

---

10 바르트(Barthes)는 이런 종류의 변환이 근대 경제학에서 전형적이라고 논한다. 그러므로 물신주의(fetishism)에 대한 마르크스의 관념(Marx, 1867)과 과학적 사실의 관념 사이에 유용한 유사성이 존재할 수 있다(사실과 물신주의 양자는 공통된 어원적인 기원을 공유한다). 두 경우 모두, 과정에 복잡한 다양성이 작용하며 이에 의해 참여자들은 '바깥쪽 저기'에 존재하는 바가 그들 자신의 '소외된' 작업의 산물임을 잊는다.

11 브릴루앵은 단어 가망성이 있는(likely)을 반직관적 방식으로 사용한다. 이는 한 진술이 가망성이 있지 않을 경우에 그 진술이 똑같이 개연성을 갖는 진술들이라는 배경으로부터 떨어진 거리가 매우 크므로 그것이 정보를 포함한다는 단지 그것이다. 그러나 일상 언어 속에서는, 한 진술이 여타 것보다 더 가망성이 있을 때 사람들이 그것을 믿는다고 말할 수 있다. 이 명백한 모순은 정보가 잡음에 대한 신호의 비율일 따름이라는 데서 나온다.

12 논의 과정에서 우리는 자신을 확신시키는 것과 다른 이들을 확신시키는 것 사이의 구별을 최소화하려 했다. 인터뷰에서 둘 사이의 이어져 나오는 단축 아이콘이 매우 흔했고("나는 확신하고 싶었고, W가 일어서서 나를 모순되게 만들기를 원치 않았습니다"), 그래서 우리

실히 해야 한다. 우리가 보았듯이 이는 부분적으로 동료에게 의존한다. "이 정점을 봐요"라는 주장이 "정점은 없어요. 그냥 잡음입니다. 그 정점은 다른 쪽에서 약간 흐릿해진 것이라고 당신이 단순히 말할 수도 있을 것입니다"라는 반응을 만나면(사진 8을 볼 것), 그의 진술은 이 맥락에서 아무런 정보 가치도 갖지 못할 것이다.

모든 진술(그리고 이력)을 해체하도록 위협하는 문장은 "**그러나 당신은** 그것이 …라고 **말할 수도 있을 것입니다**"라는 조건적 형식을 취하며 똑같이 개연성이 있는 진술들의 목록에서 앞자리에 선다. 이 정식화의 결과는 흔히 잡음 속 진술의 해체가 된다. 그러므로 그 게임의 목적은 대안적 진술들이 똑같이 그럴듯하지는 않음을 과학자(또는 동료)가 인정하도록 강요할 수 있는 모든 가능한 책략을 수행하는 것이다. 3장과 4장에서 몇몇 그런 책략에 대해서 논의했다. 한 가지 공통되는 책략은 '**구성**'이라는 책략이다. 하나보다는 두 개의 아미노산 분석 정점을 동료에게 보여줌으로써, 또는 정점과 바닥선 사이의 거리를 증가시킴으로써, 다양한 가능한 진술들 사이의 차이가 또한 증가할 것이다. 충분히 확신을 하게 됨으로써, 사람들은 반대를 제기하는 일을 완전히 **멈출** 것이고, 진술은 사실의 지위를 향해 움직이게 될 것이다. 어떤 이의 상상의(주관적) 허구가 되는 대신 그것은 '실재하는 객관적인 것', 의심을 넘어서는 존재가 될 것이다.13

따라서 정보 구성의 작동은 동등하게 개연적인 진술들의 어떤 집합을 **동등하지 않게** 개연적인 진술들의 집합으로 변환시킬 것이다. 동시에 이 작동

는 둘을 인위적으로 구별하는 것을 포기하게 되었다. 아마도 과학자는 인식의 가장 비밀스러운 부분에서 전체적 불가지론적 장과 함께 논의하며 동료의 잠재적 반대의 하나하나 모두와 관계하리라는 점을 우리 경험이 시사한다.

13 이 정식화는 어지러운 분야에 대한 과학자들 자신의 인상과 밀접히 부합한다. 그 분야는 당신이 **무엇이든** 말할 수 있는, 또는 더 정확히 말하면 **누구든** 어떤 것이나 똑같이 잘 말할 **수 있는** 분야다.

은 신호 대 잡음 비율을 증가시키기 위해 설득(불가지론적)과 글쓰기(구성) 활동에 의존한다.

한 진술이 모든 대안 이상으로 더 개연적이라고 여겨지는 것과 같은 방식으로 비동등성이 동등하게 개연적인 진술의 집합 속으로 도입될 수 있을까? 우리의 과학자들이 가장 빈번히 사용하는 기법은, 다른 이들이 동등하게 개연적인 대안들을 제기하는 데 치르는 **대가를 크게 하는** 기법이었다. 예를 들어 3장에서 우리는 방출인자 분야에 새로운 기준을 부과해서 경쟁자의 노력을 황폐화시킨 사례를 보여주었다. 이와 유사하게 버거스가 논점을 제시하고자 질량분석기를 사용했을 때, 그는 대안적인 가능성을 제기하기 어렵게 만들었는데, 왜냐하면 그렇게 하는 것은 물리학 전체와 경합하는 일이 될 것이기 때문이었다. 일단 아미노산 사슬 중의 한 원자에 대응하는 모든 스펙트럼 선으로 슬라이드를 만들어 보여준다면 누구도 일어서서 반대할 가능성은 없다.[14] 그렇게 논쟁은 확정된다. 그러나 만약에 박막 크로마토그래피의 점들을 보여주는 슬라이드가 발표되면 화학자 10명이 일어서서 "이것은 증명이 아니다"라고 단언할 것이다. 후자의 경우에서 차이는 어떤 화학자라도 사용된 방법에서 결함을 쉽게 발견할 수 있다는 것이다(그러나 223쪽의 도너휴 일화를 볼 것).

이 점은 우리가 앞서 정의했으며 지금은 최상으로 사용할 수 있는 물질화 또는 **물상화**의 중심적 의미를 제외하고는 명백히 동어반복이 될 것이다. 질량분석기는 물리학 전체 분야의 물상화된 부분이다. 그것은 앞서 존재하던

14 질량분석기 사용에 기초해 그 논변을 경합시키는 것이 원리적으로 불가능하다고 말하는 것은 아니다. 그러나 이론의 기초를 수집하는 대가가 매우 커서 실제 누구도 그것에 도전하지 않을 것이다(예외가 아마도 과학혁명의 사례 속에 있을 것이다). 원리적으로 가능한 것과 실제로 행할 수 있는 것 사이의 차이가 우리 논변의 핵심이다. 라이프니츠(Leibniz)가 말했듯, "모든 것이 가능하지만, 모든 것이 동시에 발생할 수는 없다". 동시 발생 가능성(compossibility)의 영역이 확장되는 과정은 3장에서 탐구했다. 질량분석기가 박막 크로마토그래피보다 더 진실을 보여주지는 않는다. 다만 좀 더 강력할 뿐이다.

과학 활동의 덩어리의 주요부를 합병해내는 가구의 실질적 부분이다. 이 기록하기 장치가 발생시킨 결과물에 대해 논쟁하는 대가는 엄청난 것이었다. 실제로 이것은 '질량분석기에 도달하기' 위해 처음부터 분투했던 기유맹과 버거스에 의해 설명이 된다. 그렇지만 박막 크로마토그래피의 경우에는 앞서 존재하던 해석적 작업이 매우 드물게 물상화되었다. 결과적으로 크로마토그래피에 기초한 논변의 어떤 단계에서 경쟁하고 대안적 논변을 제안하는 것은 쉽다. 앞서 존재하던 많은 논변이 암흑상자(black box) 속으로 합병되면,[15] 그 논변들에 대안을 제기하는 대가는 엄두도 못 낼 정도로 비싼 것이 된다. 예를 들어 어떤 이가 사진 11에서 보는 컴퓨터의 배선, 't 검정(t-test)'에 기초하는 통계학, 또는 뇌하수체 속의 관의 이름을 두고 경쟁할 가능성은 없다.

암흑상자화의 작동은 신용 가능성(5장)의 이용 가능성에 의해서 이루어지게 된다. 우리가 앞서 논의했듯이 신용 가능성은 더 광범위한 신용이라는 현상의 일부인데, 이것은 화폐, 권위, 확신, 그리고 부분적으로는 보상도 의미한다. 한 진술이 제안될 때 제기되는 첫 번째 질문은 그 진술이나 그 진술의 저자를 얼마나 신뢰할 수 있느냐다. 이 질문은 앞에서 언급한 대가의 문제와 직접적으로 유비된다. 경쟁자의 것과 똑같은 확률을 갖는 진술을 직조해내기 위해서는 어떤 종류의 투자가 이루어져야 하는가? TRF 서열 분석하기와

---

15 '암흑상자'라는 용어는 과학사회학자가 과학자의 인식적 문화를 사회학적 탐구에서 면제된 자족적 존재자로 다루어서는 안 된다는 휘틀리(Whitley, 1972)의 논변 역시 떠오르게 한다. 우리가 이 견해에 동조함에도, 휘틀리는 결정적 논점을 놓치고 있다. 지식의 항목들을 그것이 창조되는 환경과 구별되게 하는 암흑상자 창조하기라는 활동은 정확히 과학자의 시간 대부분을 차지하는 것이다. 암흑상자화가 과학에서 행해지는 방식은 그러므로 사회학적 탐구의 중요한 초점이다. 장치의 항목 또는 동작의 집합이 실험실 안에서 일단 확립되면, 사회학적 대상으로 다시 변환되도록 영향을 미치기는 매우 어려워진다. 사회학적 요소를 노출시키는 대가(예를 들면 TRF의 생성을 묘사하는 비용)는 과거에 있었던 암흑상자화 활동의 중요성을 반영한다.

같은 100만 달러대 사업에서는 아마 어떤 대안적 진술도 실현 가능하지 않을 것이다. 이미 이루어진 투자에 아마도 맞먹을 수 있을 어떤 투자도 있을 수 없다는 그런 내용이 구속요인이다. 결과적으로 이미 신뢰하는 진술들은 당연하게 여겨질 것이다. 이에 더해 그 진술들은 다른 실험실에서 논점을 만들어내는 데 사용될 것이다. 이것이 5장에서 정의된 시장의 본성이다. 이 당연하게 여겨지는 펩타이드 구조가 문제가 되지 않는 논변의 형식을 취하든 백색 분말 표본의 형식을 취하든 간에, 그것을 차용하면(또는 구입하면) 경쟁자가 진술들로 경합하기는 더 어려워지느냐의 여부가 유일하게 중요한 질문이 되는 것이다.

물론 비용, 물상화, 신용이라는 개념들은 우리가 앞서 했던 논변에 비추어 이해되어야 한다. **이유야 어떻든**, 받아들여져 온 모든 것은 반대를 제기하는 대가를 증가시키기 위해서 물상화될 것이다. 예를 들어 과학자가 어떤 문제가 중요하다고 정의할 때, 그 문제가 하찮은 것이라고 반대할 수 있다고 누구도 느끼지 못하는 그런 내용이 그 과학자의 입지가 될 것이다. 결과적으로 그 분야는 이 중요한 문제를 중심으로 틀을 갖출 수 있고, 연구비가 바로 제공될 것이다. 도너휴의 일화에서 화학자들이 DNA 염기에 대해 엔올형을 선호하는 것은 교과서 속에서 안정화되었고 물상화되었는데, 그래서 왓슨이 그것을 의심하거나 케토형이 똑같이 개연적이라고 단순히 반대하기는 더 어려웠다. 비용편익분석은 지배적인 **상황**에 따라 변화할 것이고, 따라서 어떤 일반적 규칙도 수립될 수 없다. 어떤 논문의 문체는 독자가 그것을 믿지 않는 일을 더 어렵게 만들 수 있다. 진술의 자격 제한은 독자의 반대를 무장해제시킬 수 있다. 여타의 청중에게 각주 사용을 통한 문서화는 확신을 더해줄 수 있다. 경쟁자는 투옥 또는 기만에 의해서 침묵당할 수조차 있다(Lecount, 1976). 게임의 주요 규칙은 투자 비용을 투자가 낳을 반대급부와 비교해 평가하는 것이다. 게임은 윤리적 규칙에 따라 진행되지 않는데, 윤리적 규칙의 집합은 피상적 조사가 드러내주는 것이다.16

우리의 논의 전체에 걸쳐 사용한 앞의 개념들의 조합 결과로 나오는 초상에는 하나의 중심적인 특징이 있다. 수정하기에는 너무나도 큰 대가가 든다고 여겨진 진술들의 집합이 실재라고 불리는 것을 이루어낸다는 점이다. 과학 활동은 '자연에 관한' 것이 아니며, 그것은 실재를 구성하기 위한 맹렬한 싸움이다. **실험실**은 작업장이며, 생산력의 집합인데, 이것이 구성을 가능케 한다. 한 진술이 안정화될 때마다 그것은 실험실 안으로 (기계, 기록하기 장치, 솜씨, 일상적인 내용, 편견, 연역, 프로그램 등의 외피로) 재도입되며, 그것은 진술들 사이의 차이를 증가시키는 데 사용된다. 물상화된 진술에 도전하는 대가는 상상 불가능할 정도로 크다. 실재는 은닉되어 있다.[17]

지금까지 사용했던 여섯 가지의 주요 개념이 어떻게 연관되는지를 보여줌으로써, 그리고 마지막으로 2장에서부터 시작했던 실험실의 의미에 초점을 맞춤으로써 우리 논변의 주요 논점을 요약했다. 그렇지만 한 가지의 단독 개념에 주로 의지해 실험실 생활을 서술하는 대안적 방식이 존재한다.

무질서에서 나오는 질서

동등하게 개연적인 진술의 집합이 동등하지 않게 개연적인 진술의 집합으로 변환되면 질서가 창조된다(Brillouin, 1962; Costa de Beauregard, 1963;

16 이것은 정치계와 과학계를 설명할 다른 규칙이 필요하지 않은 이유다. 이와 유사하게 우리는 과학자의 정직과 부정직을 단일한 분석적 관점에서 고려한다. 기만과 정직이 근본적으로 다른 행동인 것은 아니다. 그것들은 전략이며, 그 전략의 상대적 가치는 불가지론적 장의 상황과 상태에 의존한다.

17 실재가 어떤 것(anything)을 뜻한다면, 그것은 힘의 압력에 '저항하는(resist)'〔사물(thing)을 의미하는 라틴어 'res'에서 유래〕 것이다. 실재론자와 상대주의자 간의 논의는 실재에 관한 적절한 정의가 부재해 악화되었다. 다음 내용만으로도 충분할 수 있다 — '마음대로 바꿀 수 없는 것이 실재로 여겨진다'.

Atlan, 1972). 이제 브릴루앵의 유명한 신화적 배역인 맥스웰의 악마(Maxwell's demon)와 함께 질서 개념을 사용해, 실험실 생활에 관한 새로운 해명을 제시할 것이다. 가장 단순한 버전은 다음과 같다(Singh, 1966).

차가운 오븐 속에 있는 악마는 더 빠르게 움직이는 분자들이 오븐의 한 부분에 모여 있게 함으로써 열량을 증가시킬 수가 있다. 이렇게 하려면 악마는 분자들의 상태에 관한 정보, 분자를 그 성질에 따라서 오거나 가게 할 작은 덫, 분류된 분자가 탈출해 무작위 상태로 돌아가는 것을 막아줄 포획체를 필요로 한다. 우리는 지금 악마 자신이 작업하는 데 소량의 에너지를 소모한다는 점을 알고 있다. 이야기되듯이, "어떤 것을 거저 얻는 것은 불가능하다, 심지어 정보까지도".

이 해명은 실험실 안에서 진행되는 바에 대해서 이해를 돕는 유비를 제공한다. 우리는 이미 실험실이 사전 작업이 모이는 포획체가 됨을 보았다. 이 포획체가 열리면 무슨 일이 생길까? 다음의 실험을 관찰자가 실행했다고 상상해보라. 밤에 방치된 실험실에 들어가서, 사진 2에서 보이는 큰 냉장고 중 하나를 연다. 우리가 알다시피 거치대 위에 있는 각 표본은 정제 과정의 한 단계에 대응하고, 원장부로 되돌아가서 참조할 수 있도록 긴 코드 번호가 적힌 레이블이 붙어 있다. 관찰자는 각 표본을 차례로 취해, 레이블을 떼어내 던져버리고, 레이블 없는 표본을 냉장고에 되돌려놓는다. 다음날 아침, 그는 의심의 여지없이 극단적으로 혼란스러운 장면을 목격하게 될 것이다. 어떤 표본이 어느 것인지 누구도 식별해낼 수 없을 것이다. 물론 화학 기법이 중간에 진전되지 않는다면 레이블들을 교체하는 데 5년, 10년, 심지어 15년(표본에 레이블을 붙이는 데 걸린 시간)이 걸릴 것이다. 앞서 진술했듯이 어떤 표본은 똑같이 쉽게 다른 어떤 것이 될 수가 있다. 다른 말로 하면 실험실의 무질서, 또는 더 정확히 엔트로피가 증가할 것이다. 어떤 것도 각각의 모든 표본에 대해서 이야기될 수 있다. 이 악몽 같은 실험은 어떤 유능한 맥스웰의 악마를 무질서를 감소시키길 소망하면서 막아내는 덫 설치 체계의 중요성을

부각시켜준다.[18]

이 점에서 우리는 2장에서 도입했던 **기록하기**가 지니는 외견상 이상한 의미에 대해 아마도 정당성을 부여할 수 있을 것이다. 거기서 우리 논변은 글쓰기가 정보를 전달하는 방법이기보다는 질서를 창조하는 물질적인 작동이라는 것이었다. 글쓰기의 중요성을 관찰자가 실험실에 머무는 동안 착수했던 한 실험에 준거해서 설명하기로 한다. 1장에서 언급했듯이, 사회학자는 참여관찰을 하는 동안 기술자로 일했다. 우리에게 다행스럽게도, 그 관찰자는 아주 능률적인 실험실에서 극단적으로 나쁜 기술자였던 것으로 판명 났다. 결과적으로, 그가 가진 결함들은 그의 정보원의 능력의 뿌리를 부각시켰다. 가장 어려웠던 과업 하나는 비커에 넣는 용액을 적게 하거나 많게 하는 것이었다. 그는 어느 비커에서 용액을 처리해야 하는지를 기억해야 했으며, 예를 들어 비커 12번에 용액 4를 가해야 하는 데 주의했다. 그러나 그는 시간 간격에 주목하는 일을 잊었음을 깨닫게 되었다. 반쯤 빨아올린 피펫과 함께, 그는 비커 12번에 용액 4를 **이미** 넣었는지의 여부에 대해서 헤매고 있는 자신을 발견했던 것이다. 그는 얼굴을 붉히면서, 실제 행위가 발생하기 이전에 또는 이후에 주의했던지를 확인하려고 했다. 명백하게 그는 언제 주의해야 하는가에 주의하지 않았던 것이다! 그는 당황했고 비커 12번에 파스퇴르 피펫의 피스톤을 눌러댔다. 그러나 아마도 이제는 그 투여량을 그 비커에 **두 번** 넣었을 것이다. 만일 그렇다면, 읽은 값은 잘못되었을 것이다. 그는 그 숫자값에 X표를 했다. 관찰자의 훈련 부족은 그가 이런 방식을 계속해왔음을 의미했다. 놀랍지도 않게, 결괏값은 넓은 산포를 나타냈다. 하루 치 일을 날

18 브릴루앵이 과학사회학자 사이에서 대체로 알려져 있지 않음에도, 그는 과학 생산에 관한 유물론적 분석에 중요한 기여를 해왔다. 그는 **모든** 과학 활동(이른바 '지적' 또는 '인식적' 활동을 포함해서)을 물리학의 통상적 대상과 어떤 식으로 상동적인 물질적 작동으로 간주한다. 물질과 정보 사이에 다리를 놓음으로써, 그는 또한 지적 요소와 물질적 요소 사이의 — 과학 연구에 매우 극적인 — 간격에 다리를 놓는다.

려버렸다. 정규분포곡선을 생겨나게 하는 실천적 기적〔볼츠만(Boltzmann)이 이 단어에 부과한 의미에서〕을 충분히 평가하기 위해서는, 기술자가 될 필요가 있고, 그에 대해 무능한 기술자가 될 필요가 있다. 풍부한 보이지 않는 솜씨가 물질적 기록하기를 떠받친다. 모든 곡선은 무질서의 흐름에 둘러싸여 있고, 한 값이 기록지의 다른 위치를 또한 차지할 수는 없는 그런 방식으로 모든 것이 써지거나 일상적으로 처리되기 때문에 해체로부터 구제될 뿐이다. 그러나 불행한 관찰자는 이들 제약 요인의 당사자가 아니었다! 더 많은 질서를 창조해내는 대신에 그는 더 작은 질서를 창조하는 것에 성공했을 따름이기 때문이다. 그리고 그러던 중에 그는 동물, 화학물질, 시간, 돈을 소모했던 것이다.

심지어 자신감 없는 관료와 충동적인 소설가조차도 과학자보다는 기록하기에 덜 집착할 것이다. 과학자와 혼돈 사이에는 문서고, 레이블, 원장부, 수치, 논문의 벽만이 있을 뿐이다.[19] 그러나 이 서류 뭉치는 더 많은 질서를 창조하는 유일한 수단을, 따라서 마치 맥스웰의 악마처럼 한 장소에서 정보의 양을 증가시키는 수단을 제공한다. 그러니 그들의 집착을 평가하기는 쉽다. 자취를 계속 따라가는 일은 무질서에서 패턴이 생겨나오는 것을 볼 수 있는 유일한 길이다(Watanaba, 1969). 정제되지 않은 뇌 추출물 수프에서 똑같이 활성을 띠는 펩타이드 1000여 개를 분별해내기란 불가능할 것이다. 만일 이들 펩타이드 중 하나를 분리해내려 설계된 검정이 조심스럽게 수행되었더라도, 기록되지 않았다면 기술자들은 전체를 다시 시작해야 할 것이다. 자취의 중첩이 없을 것이고, 결과적으로 대상의 구성이 없을 것이기 때문에, 진술들

---

19 작업대 일조차도 단계화와 글쓰기라는 용어로 가장 잘 분석될 수 있다. 표본은 수술대의 한쪽에 있는 채색된 거치대 상단에 놓일 것이고 천천히 움직여질 것이다. 움직임은 초시계로 감시될 것이며 종잇장에 기록될 것이다. 이 수준에서조차, 가능한 반대 내용들이 이 연구를 수행하는 도중에 이루어진 일군의 주의 내용에 의해서 반격되고 있다(실험실 사진을 볼 것).

사이에서 식별을 해낼 방법이 없을 것이다. 이와 대조적으로, 일련의 곡선이 기록되고, 그것들을 커다란 도서관 탁자에 펼쳐놓고 그에 대해서 곰곰이 생각해볼 수 있을 때, 한 대상이 구성의 과정 속에 있게 된다. (기록하기 장치가 산출한) 엷지만 읽을 수 있는 자취가 기록되고, 이것은 그 속의 모든 것이 똑같이 개연적이지는 않은 그런 질서의 주머니를 창조한다. 8년 걸리는 서류와 100만 달러가 드는 장치의 관점에서 볼 때, TRF의 구조에 관해서 만들어낼 수 있는 가능한 진술의 영역은 제한된다. 이 영역 밖에서 한 진술을 변별하는 데 비용을 들이는 것은 금지되어 있다.

맥스웰의 악마는 질서가 **창조되었음**을, 그리고 이 질서가 악마의 조작에 앞서서는 결코 존재할 수 없음을 보여주므로 실험실 활동을 위한 유용한 은유가 된다. 과학적 실재는 질서의 주머니이며, **비용을 들여서**라도 이미 포위되었던 것과 들어맞는 신호를 잡아내고 포위함으로써 무질서에서 창조된 것이다. 하지만 이 모형의 힘을 충분히 탐구하기 위해서는 질서와 무질서의 관계를 더 자세히 조사할 필요가 있다. 무질서는 잡음이 있어 비능률적인 기술자가 만들어낸 진술들이 그 잡음 안에서 해소되어버리는, 단지 그런 잡음일 뿐인 것은 아니다. 역설적으로 실험실은 또한 무질서의 산출과 연루된다. 모든 기록하기 장치에서 나오는 모든 사건을 기록하고 자취를 유지시킴으로써 실험실에는 컴퓨터 목록화 작업, 자료 용지, 원장부, 도표 등이 흘러넘친다. 외부의 무질서에 성공적으로 저항한다고 할지라도 실험실 자체가 그 울타리 안에서 무질서를 발생시킨다. 뇌 추출물이 내놓는 수천 개의 잡음이 누적된 자료의 잡음으로 대체된다. 정보는 다시 건초 더미 속의 찾기 힘든 바늘처럼 보인다. 어떤 패턴도 나타나지 않는다. 이 위험에 대한 참여자들의 해결책은 누적된 자료 뭉치에서 나오는 재료를 선별적으로 제거하는 것이다. 여기에 진술들의 중요성이 존재하며, 그 계보에 대해서는 우리가 2장에서 개관했다. 문제는 이제 배경잡음(기저선)에서 정점을 식별해내는 것이 아니라 모은 정점과 곡선의 뭉치에서 나타나는 문장을 읽어내는 것이다. 특별한 곡선 하나가 선별되고, 정돈되며, 슬라이드에 오르고, 그 진술과 연결 지어서 제시된다. "스트레스는 ACTH와 베타 엔도르핀을 방출시킨다." 이 진술은 수치의 덩어리에서 수립되고 수치의 덩어리를 나타낸다. 한 논문이 작성되기 시작하는데, 이것이 2차 포함군(그림 2.1에서 실험실 칸막이로 표시된 포함군)을 이룬다.

분류하기, 뽑기, 포위하기는 비용이 들어가는 작업들이며, 좀처럼 성공하기 어렵다. 어떤 느슨함이 다시 한번 진술을 혼동 속으로 익사시킬 수 있다. 이것은 한 진술이 그것 자체로 존재하는 것이 아니라, 그것들 자체의 잡음을 감소시키려 분투하는 실험실들로 이루어진 불가지론적 장(또는 5장의 시장) 안에 존재하기 때문에 더욱 그러하다. 그 진술은 그 장 안에서 견디게 될 것인가, 혹은 그 연구 주제에 관한 문헌 더미 속에서 다시 한번 그저 익사하게 될 것인가? 어쩌면 그것은 이미 군더더기이거나, 단순하게 틀렸을 수 있다. 어쩌면 그것은 잡음에서 결코 식별되어 나오지 않을 수도 있다. 실험실의 산출 과정은 다시금 혼돈스러워 보인다. 진술들은 추진되어야 하고, 빛 속으로 나와야만 하고, 공격, 망각, 무시로부터 방어되어야 한다. 아주 적은 수의 진술이 그 진술들의 사용이 자료 또는 진술들의 조작 속에서 엄청난 정제를 끌어내기 때문에 그 분야 내부의 모두에게 붙잡힌다(Brillouin, 1962: 4장). 이런 진술에 대해 사람들은 "의미 있다" 또는 "많은 것을 설명한다"라고, 또는 어떤 기록하기 장치에서 잡음을 극적으로 감소시킨다고, 즉 "이제 우리는 신뢰 가능한 자료를 얻을 수 있다"라고 이야기할 것이다. 그와 같이 아주 드문 사건, 즉 배경잡음에서 사실 분류해내기는 종종 노벨상과 트럼펫 취주를 예고한다.

맥스웰의 악마는 질서를 **창조한다**. 이 유비는 우리가 앞서 실험실 활동을 기술하면서 사용한 주요 개념을 요약하고 관계 짓는 한 방식에만 그치지 않는다. 그것은 왜 논쟁이 해결에 이르게 되거나 진술이 안정화되는지를 우리가 설명하지 못한다는 반대에 답을 주는 데도 도움이 된다. 그러나 이 반대

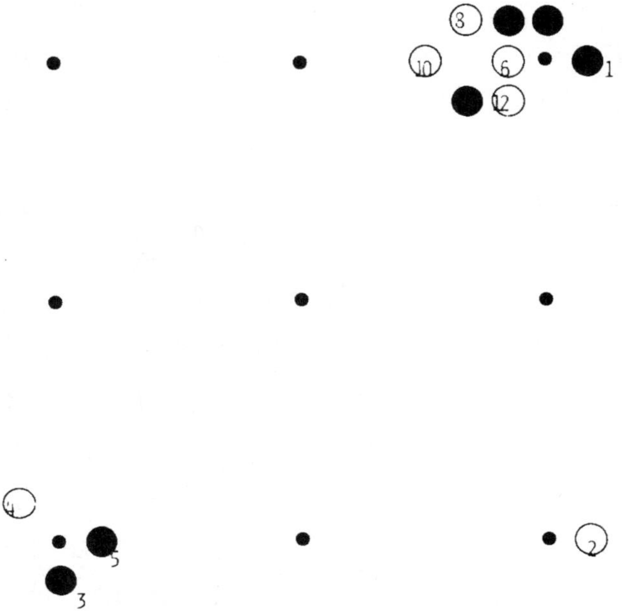

그림 6.1a

는, 그것이 질서는 어쨌든 과학에 의해 '노출'되기 이전에 존재하는 것이거나 어떤 방식으로 무질서가 아닌 무언가에서 결과한 것이라고 가정하는 한에서 의미를 지닐 뿐이다. 이런 기본적인 철학적 가정이 최근에 도전받아왔고, 이 장의 다음 부분에서 우리는 그런 가정이 수용된다면 실험실 활동에 어떤 빛이 비칠지를 보여주려고 한다. 이를 충분하게 해내려면 과학사회학의 통상적인 논의의 영역을 넘어설 것이고, 틀림없이 본 연구를 넘어서게 될 것이다. 따라서 우리의 논의를 실험실에 관한 한 가지 더 나아간 유비적 서술에 국한한다.

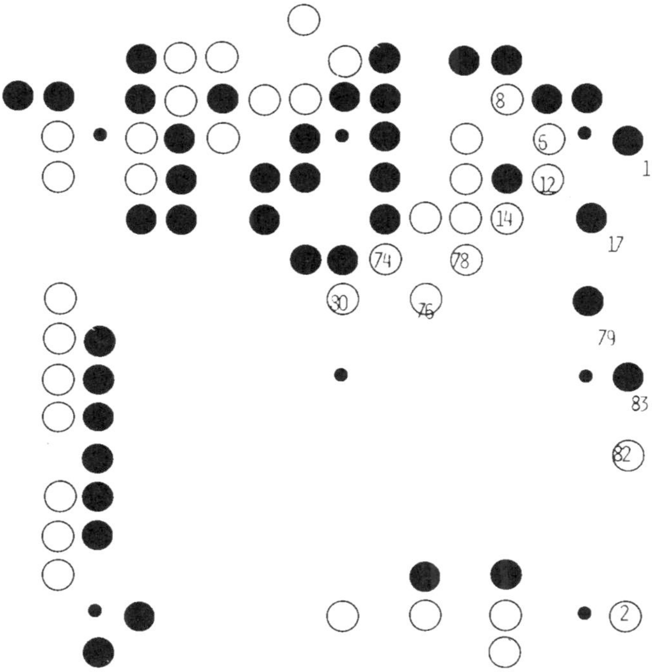

그림 6.1b

그림 6.1은 가와바타(Kawabata, 1972)와 관련된 '바둑' 게임의 세 단계를 보여준다. 바둑이라는 게임은 잇따른 움직임 속에 돌이 추가되는 빈 반상에서 시작된다. 추가된 돌은 예를 들어 체스처럼 반상에서 움직이지는 않는다. 결과적으로 초반의 움직임은 거의 전적으로 우발적이다(그림 6.1a). 그렇지만 게임이 진행되면서 아무 데나 두기는 점점 덜 쉬워진다. 불가지론적 장에서처럼, 앞선 운석(運石)의 결과는 미래의 가능한 운석의 집합을 변화시킨다. 모든 운석이 똑같이 가능한 것이 아니다(그림 6.1b). 실제로 어떤 운석은 전적으로 불가능하고〔예를 들면 흰 돌은 좌상귀에 둘 수 없다〕, 다른 수는 가능성

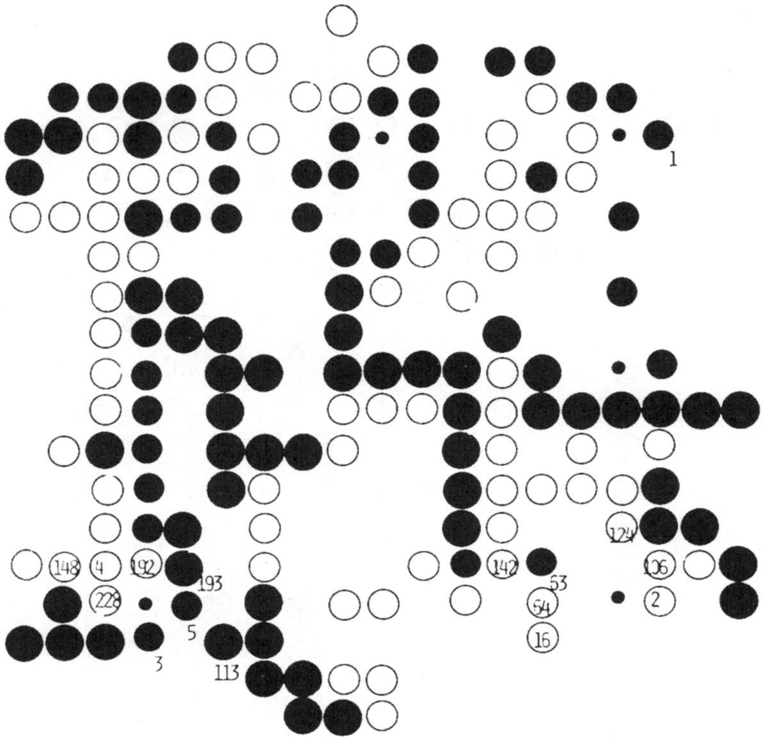

그림 6.1c
그림 6.1a~c는 가와바타(1972)의 소설에서 취한 것으로, 전개되는 '바둑' 게임의 세 순간을 보여준다. 6.1a는 열 번째 수가 두어질 때의 반상을 보여준다. 6.1b는 80번째 수, 6.1c는 끝을 보여준다. 바둑 게임은 질서 있되 예측 불가능한 형태를 구성하는 모형을 제공한다. 가장 중요한 수들은 숫자로 표시되었다.

이 더 작고, 어떤 수는 거의 필연적이다(예를 들면 그림 6.1c에서 63수 다음에 오는 64수). 불가지론적 장에서처럼, 변화하는 패턴은 질서를 보이지 않는다. 우하귀나 반상의 중앙 부분에서 거의 어디에나 두는 것이 가능하다. 그러나 좌측귀의 상황은 분명히 정해져 있다. 상대방이 가한 압력에 따라서 어떤 영역은 방어될 수도 있고 그렇지 않을 수도 있다. 게임은 모든 영역이 점유되고(그림 6.1c) 논란이 되었던 모든 영역이 정해졌을 때(예를 들어 맨 위에 있는 돌) 끝난다. 전적으로 우발적인 시작으로부터, 바둑 두는 이들은 (외적 질서 또는 사전에 존재하던 질서를 사용하지 않고) 일정한 수들이 **필연적인** 것이 되는 게임의 마지막 지점에 도달한다. 원리상으로는 어떤 개별적인 수를 어디에나 둘 수 있다. 그러나 실제에서는 필연적으로 보이는 것을 물리치는 비용은 금지되어 있는 것이다.[20]

질서와 무질서의 관계는 사실의 구성에 관한 우리 해명에 기초 역할을 하는데, 생물학자들에게는 이 관계가 매우 친숙하다(Orgel, 1973; Monod, 1970; Jacob, 1977; Atlan, 1972). 생명이 임의적 변이의 분류를 통해 무질서에서 나타나는 질서 있는 패턴이라는 점은, 생명에 관한 생물학적 표상의 거래 속에 존재하는 주식이다. 예를 들어 모노(Monod)에게 우연(무질서)과 필연(분류 기제)은 복잡한 유기체의 출현을 설명하는 데 충분하다. 실재는 사전에 존재하던 생명에 대한 표상을 사용하지 않고 무질서로부터 구성된 것이다. 실험실 구성원 다수가 생명 자체를 설명하기 위해서 우연, 변이, 서식처, 무질서, 수선과 같은 용어를 사용했다(Jacob, 1977). 그러나 과학사회학자들은 실재의 구성을 설명하기 위해 유사한 개념을 도입하는 것을 극단적으로 꺼리는 듯 보인다.[21] 결국, 실재의 구성은 유기체의 생겨남 이상으로 복잡하지는 않

---

20 바둑 게임 유비의 여타 많은 측면이 과학 작업에 적용될 수 있을 것이다. 유비의 주된 이점은 그것이 우연성/필연성 변증법에 대한 근사적 설명을 제공한다는 점이다. 더 나아간 이점은 과학에서 물상화 과정에 대한 설명이다. 예를 들어, 그림 6.1c에서 넷째 수에 활용된 돌은 148수에 활용된 다른 돌 옆에 놓여 있다. 흰 돌 집단은 포위되었고, 판에서 제거되었다. 이것은 3장에서 보여준 모순의 운동을 근사화한다. 주어진 정보가 모순적으로 보이느냐 그렇지 않으냐는(그리고 제거가 필요하냐 그렇지 않으냐는) 국소적 맥락과 불가지론적 장의 압력에 좌우된다. 이 경우 제거는 특정 위치에 검은 돌을 놓는 결정에서 비롯될 것이다.

21 이 현장연구의 주요 관심사 중 하나는 사회학적 연구가 연구소의 생물학적 연구와 나란히 추구될 수 있다는 점이다. 그러나 관찰자의 정보원들과 관찰자의 사회학 동료 양쪽 모두 과학을 하고 있다고 주장한다는 점은 관찰자에게 명백했다. 이 복잡한 관계에 의해 제기되는 문제들은 다른 곳에서 자세히 조사될 것이다.

을 수도 있다. 앞에서 끌어온 세 가지 짧은 유비(맥스웰의 악마, 바둑 게임, 우연과 필연에 관한 모노의 개념)는 단순히, 여타 많은 학제에서 알려졌으나 과학 분석가의 관심에서는 벗어나 있던 것으로 보이는 배경을 약간 수정해 독자에게 친숙하게 하려는 방식으로서 의도되었다.

사물은 질서 지어져 있고, 질서는 규칙이며, 무질서는 가능한 곳에서마다 제거되어야 한다는 것이 우리 세계관의 일부다. 과학은 물론 정치와 윤리에서도 무질서는 항상 제거되어야 한다. 무질서에서만 질서 있는 패턴이 출현한다는 것이 또한 우리 세계관의 일부다. 이들 가정은 최근에 몇몇 철학자, 특히 미셸 세르에 의해 도전받아왔는데, 세르는 다시 브릴루앵과 볼츠만 같은 저자와 생물학의 새로운 발전에서 커다란 영향을 받았다. 그들의 논변은 이들 가정이 도치되어 있다는 것, 즉 무질서가 규칙으로 여겨져야 하며 질서는 예외로 여겨져야 한다는 것이다. 이 논변은 생명이 엔트로피를 향해 훨씬 더 큰 반대 경향을 먹인 부엔트로피적(neguentropic) 사건이라고 처음으로 여겨지게 된 이래로, 친숙한 것이 되어왔다. 최근에 이 구도는 과학 자체를 특정 유형의 사회적 유기체의 한계적 경우에 포함시키는 것으로 확장되어왔는데, 이것은 부엔트로피의 특별하되 특이하지는 않은 사례다(Monod, 1970; Jacob, 1977; Serres, 1977a, 1977b). 우리 목적을 고려할 때 이 논변의 흥미로운 부분은 질서의 구성이 무질서의 존재에 의존한다는 주장이다(Atlan, 1972; Morin, 1977). 제안된 이 수정 내용을 받아들인다면, 우리의 접근과 과학의 사회적 연구로 향한 외견상 분리된 접근 사이의 뚜렷한 수렴을 식별하는 일이 가능한 것이다.[22] 네 가지의 그런 접근에 대해 고려해보기로 한다.

22 우리가 과학 분석을 위한 독창적 '패러다임'을 발전시키고 있다고 주장하는 것이 아니다. 단순히 우리의 인류학적 입장이 넓게 '과학사회학'이라 이름 붙은 여타 연구와 얼마나 가까운지를 보여주는 것이 우리 목표다. 우리의 인상은, 지금까지 따라왔던 주요 입장이 (a) 다른 입장과 연결되지 않으며, (b) 그들의 발견의 최종적 지위가 무엇인지 다소간 결정되어 있지 않다는 것이다. 여기서 우리가 품고 있는 배경을 약간, 그러나 급진적으로 수정하

첫째, 과학사는 이런저런 발견으로 인도하는 상황들과 기대치 않았던 사건들의 사슬을 증명해주는 것으로 특징지을 수 있다. 그렇지만 사건들의 이 덩어리가 최종적 성취의 견고성과 쉽게 화해되는 것은 아니다. 이것이 어째서 정당화의 맥락(context of justification)이 발견의 맥락(context of discovery)과 그리도 빈번하게 반대되는가에 대한 한 가지 이유다. 우리의 배경 지식의 위에서 나온 수정과 더불어, 이 반대는 더 이상 필요하지 않다(Feyerabend, 1975; Knorr, 1978). 툴민(Toulmin) 또는 자코브(Jacob)의 유비를 사용하자면, 생명 자체가 수선하기와 우연에서 결과되는 것이라면 과학을 해명하기 위해 더 복잡한 원리들이 있어야 한다고 상상할 필요가 전혀 없다. 역사가들이 만든 과학의 "**사건화**(événementialisation)"(Foucault, 1978)는 사실 구성의 핵심을 관통한다. 둘째, 사회학자들은 과학 활동에서 비공식적 의사소통의 중요성을 보여주었다. 잘 문서화되어 알려져 있는 이 현상은 새로이 수정된 가정에 반해 새로운 의미를 취한다. 새로운 정보의 산출은 기대치 않았던 회합의 방식으로, 동창회 네트워크를 통해서, 사회적 근접성에 의해 필연적으로 달성된다는 것이다. 정보의 비공식적 흐름은 공식적 의사소통의 질서 있는 패턴과 모순되지 않는다. 그 대신에, 우리가 제안했듯이, 많은 비공식적 의사소통은 그것의 구조를 공식적 의사소통의 내용물에 끊임없이 참조시키는 일에서 끌어온다. 그럼에도 비공식적 의사소통은 **규칙이다**. 공식적 의사소통은 예외인데, 실제 과정의 **후험적** 합리화로서 말이다. 셋째, 인용 분석가들은 과학 활동에 존재하는 광범위한 에너지 낭비를 보여주었다. 출간된 논문 대부분은 전혀 읽히지 않고, 읽히는 몇 안 되는 논문도 별 가치가 없으며, 나머지 1~2%는 사용하는 이들에 의해 변환되거나 잘못 표현된다. 그러나 만일 우리가 질서는 예외이고 무질서는 규칙이라는 가설을 받아들인다면, 이런 낭비는 더 이상 역설적인 것으로 보이지 않을 것이다. 얼마 안 되는 사실

는 일은 이들 발견의 중요성이 충분히 평가될 좋은 위치를 제공할 수도 있다.

이 실질적인 배경잡음에서 출현한다. 발견 상황과 비공식적 교환 과정 둘 다 생산과정에 결정적이다. 그것들이 전적으로 과학을 존재하게 한다. 마지막으로, 과학자들 사이의 교섭의 세부 내용에 관한 사회학적 관심이 커지면서, 과학자들의 기억에 대한 신뢰 불가능성과 그들이 하는 해명의 비일관성이 드러났다. 각 과학자는 수많은 혼돈된 사건들 사이에서 살아나가려 분투한다. 기록하기 장치를 준비해놓을 때마다 그는 자신의 통제를 넘어서는 다량의 배경잡음과 다수의 매개변수를 의식한다. ≪사이언스≫나 ≪네이처≫를 읽을 때마다 그는 모순되는 개념들, 사소한 것들, 오류들의 덩어리와 대면하게 된다. 논쟁에 참여할 때마다 그는 자신이 정치적 열정의 폭풍에 휘말렸음을 깨닫는다. 이 배경은 상존하는 것이며, 그것에서 안정성의 주머니가 출현하는 일은 정말로 드물 뿐이다. 따라서 설명의 다양성과 과학적 논변의 비일관성이 노출되는 데 놀랄 필요가 없다. 이와 반대로, 수용된 사실이 출현하는 것이 우리를 놀라게 해야 하는 드문 사건이다.

오래된 허구에 새로운 허구를?

이 장에서 지금까지 우리는 앞서 나온 장들의 논변들을 요약했고, 어떻게 그것들이 무질서로부터 질서의 구성이라는 개념을 통해 연관되는지를 보여주었으며, 그것들을 과학사회학에서 이루어져 온 바와 연결해서 살폈다. 이제 우리의 논변 과정에서 마주친 방법론적 문제들을 요약하고, 특히 우리 자신의 해명의 지위가 지니는 골치 아픈 쟁점을 살펴볼 것이다. 과학자가 무질서에서 질서를 산출한다는 우리 주장의 기초는 무엇인가? 명백히 우리 자신의 해명은 그 자체의 구성 조건을 벗어날 수 없다. 어떤 종류의 무질서에서 우리의 해명이 출현하는가? 어느 불가지론적 장에서 허구와 사실 간의 차이를 한데 모으게 될 것인가?

논변 전체에 걸쳐 우리는 과학 활동을 분석하는 이들에 의해서 흔히 채택되는 일정한 구별들을 회피하는 것이 중요하다고 강조했다. 1장에서 우리는 사회적 논점과 기술적 논점 사이의 구별을 받아들이기를 거부했다. 2장에서는 사실과 인공물 사이에 있게 되는 자연의 어떤 주어진 구분을 유예해야 했다. 3장에서 내부적 요인과 외부적 요인 사이의 차이가 사실들의 기원을 이해하기 위한 주어진 출발점이라기보다는 사실들이 정교화된 결과임을 보여주었다. 4장에서 상식과 과학적 추론 사이의 선험적 구별의 유예를 옹호하는 논변을 폈다. '사고'와 기술 작업 사이의 구별조차도 그것이 실험실 내의 과학적 작업의 **귀결**인 것으로 보이기 때문에 설명의 자원으로서는 회피되어야 할 필요가 있었다. 이와 유사하게, 5장에서 우리는 개체로서의 과학자라는 관념은 실험실 내 전유의 갈등의 귀결이라고 논변했다.

문체 면에서는 이처럼 더 이상 쓸모없는 구별을 치환하고 회피하는 데 심각한 난점이 있었다. 토의를 일정한 문예적 장르 각각과 연합시키면서(예를 들어 3장의 '역사적' 토의) 이들 구별을 다시 도입하는 경향이 있는 전문용어를 사용함으로써 우리 자신을 구속한다는 것을 발견했다. 이 때문에 우리 자신의 단어 사용법을 조심스럽게 바라보아야 할 필요가 있었다. 예를 들어 사회적이라는 용어는 사회적과 기술적 간의 구별과 같은 구별을 도입시키는 것을 어렵게 하는 함축을 갖고 있다. 이와 유사하게 친숙한이라는 용어를 사용하면 우리가 과학인류학이라는 개념에 적용하기를 원했던 특수한 의미가 퇴색한다. 특히 3장에서는 역사적 해명에서 흔하게 채용되는 전문용어가 구성된 사실을 '발견된' 사실로 전환하는 성향이 있기 때문에 그것에 저항해야 했다. 4장에서 "나에게 착상이 있었다"라는 표현의 사용 또는 '과학적'의 동어반복적 사용은 우리 논변의 취지를 파괴하기에 충분했다. 결과적으로 인식론자가 사용하는 일부 용어에 대해 논쟁할 필요가 있었다. 신용이란 단어를 채용함으로써 그리고 그것의 다양한 의미를 탐구함으로써, 우리는 전략, 동기, 이력과 같은 용어를 사용할 때 보통 떠오르는 몇몇 구별을 피했다.

그래서 우리는 실험실 생활에 대한 우리의 해명을 위태롭게 만들 수 있는 용어 및 구별의 종류들 사이에서 식별을 해내는 것에 조금 유의하고자 했다. 그렇지만 무엇이 실험실 생활에 대한 우리의 해명을 과학자들이 일상적으로 산출한 그것과 구별시켜주는지를 우리는 여전히 명료화해야 한다. 우리 자신의 구성의 성격과 우리의 연구 대상이 사용한 구성 사이에 어떤 본질적 구별이 존재하는가? 단연코, 그 답은 아니오여야 한다. 이 마지막 구별의 가능성을 부정함으로써만 이 장의 논의가 일관성을 가질 수 있다. 무질서에서 질서 창조하기라는 개념은 실험과학자들의 구성에 대해서 만큼이나 우리 자신의 해명의 구성에도 잘 적용된다. 그렇다면, 그들이 어떻게 아는지를 우리는 어떻게 아는가?

실험실 과학자들이 불가지론적 장에서 할 수 있는 것만큼 힘들게 밀어붙이는 허구들로 그들이 그럭저럭 살아나간다는 사실 구성에 관한 우리의 해명을 우리는 어떻게 세운 것인가?

순진한 방문자가 '이상한' 실험실을 방문했던 상황(2장에 기술된)으로 돌아가 생각해보면, 그가 무질서에서 기초적 해명들을 구성해낸 것이 분명하다. 그는 무엇을 관찰할지 몰랐고, 자기 앞에 있는 대상들의 이름도 몰랐다. 자신의 모든 행위에 확신을 드러내는 정보원들과 대조적으로, 우리의 관찰자는 뚜렷이 쉽지 않다고 느꼈다. 그는 어디에 앉아야 할지, 어디에 서야 할지, 자신을 어떻게 나타내야 할지, 무슨 질문을 해야 할지 망설이는 자신을 발견했다. 잡담, 일화, 강의, 설명, 인상, 느낌이 실험실과의 그의 초기의 일상적 접촉에서 나타났다. 그렇지만 뒤이어 그는 이들 자료를 탐색할 조잡한 기록하기 장치를 갖추기 시작했다. 그는 스크린(그의 공책)에 연결된 관찰자로 자기 자신을 파악했고, (검정에 대한 그의 정의와 같은) 증폭 수단으로 기록되고 있는 효과들을 발견했다. 그러나 이 첫 번째 '사회적 검정(socioassays)'은 극단적으로 잡음이 끼고 혼란스러운 것이었다. 초기 공책들에는 사소한 것, 일반적인 것, 잡음, 더 많은 잡음 등 최초 기록들에 관한 혼동이 드러난다.

관찰자는 이런 인상들의 홍수로부터 질서의 몇몇 안정된 주머니를 창조해낼 의무가 있었다. 그는 이것을 기도했는데, 처음에는 그의 정보원이 쓰는 방법을 조야하게 모방했다. 그는 그래프용지 한 축을 시간으로 잡고 다른 축에는 과학자들의 이름을 썼다. 경계로 무장한 채, 그는 누가 언제 무엇을 했는지 기록했다. 이런 식으로 그는 질서 잡힌 정보를 산출하기 시작했다. 다른 경우에서, 그는 SCI 속 인용 자료 덩어리에서 나온 집단 성원들이 수용한 인용 패턴을 증류해왔다. 어떤 양심적인 맥스웰의 악마처럼, 그는 자신에게 필요한 이름들을 걸러냈고, 인용 횟수를 헤아렸고, 그것들을 세로 칸에 기록했다. 한 가지 결과는 그림 5.3이었다. 이것은 확실히 상대적으로 별로 크지 않은 성취였으나, 그에게 만족감의 짧은 순간을 허용해주었다. 이 결과에 기초해 그는 한 진술을 만들 수 있었다. 정보원들이 그 주장을 난센스라며 반대할 때, 그는 이어서 그 그림을 산출해낼 수 있었고 이것은 그의 청중을, 적어도 잠정적으로, 조용하게 만드는 효과를 냈다.

몇 달 동안 관찰자는 유사한 그림, 문서, 여타 기록물의 꽤 큰 덩어리를 누적시켰다. '바둑'과의 유비를 써서 말하자면, 임의의 수들로 판을 채우기 시작했던 것이다. 결과적으로 그는 더 진행해가면서 이 누적된 재료라는 기호 위에서 단지 **어떤** 진술만을 만들어내는 일이 더 이상 가능하지 않음을 깨닫게 되었다. 게다가 우리의 관찰자는 그 스스로가 과학학 문헌 속의 몇몇 논변을 반대하거나 지지할 수 있음을 발견했다. 그는 또한 자신이 모으기 시작했던 대상들을 사용함과 더불어 그것들을 인공물 또는 사실로 전환할 수 있었다. 그는 논문을 작성하기 시작했고, 그 자신의 불가지론적 장에서 작업하기 시작했다. 그렇지만 이 단계에서 그의 설명은 아주 약해서 어떤 여타 설명도 똑같이 가망성이 있어 보였다. 더욱이 정보원들은 그에게 모순되는 예들을 홍수처럼 쏟아부으며 대안적 해석들을 옹호했다.

그러고 나서, 연구 초기 단계로 돌아감으로써 우리는 관찰자의 방법과 정보원들의 방법 사이의 본질적 유사성을 식별해낼 수 있다. 그렇다고 해도 누가 누구를 모방하고 있었는지는 분명치 않다. 과학자들이 관찰자를 모방하고 있었는가 혹은 그 역인가?

앞서 언급했듯이 관찰자의 경험 가운데는 실험실 기술자로서 참여한 일도 포함되었다. 그는 이따금 흰 가운을 두를 수 있었고, 생물학적 검정실로 들어갈 수 있었으며, 인용 곡선을 그려내고 인터뷰 녹취록을 만드는 대신에 멜라노트로핀 자극 호르몬(melanotropin stimulating hormone: MSH) 검정을 조성할 수 있었다(MSH는 개구리의 피부색이 어두워지게 하는데, 이는 반사계에서 빛의 변화로 측정된다).

관찰자는 자기 앞에 그의 원장부와 빈 자료 용지를 갖고 있었다. 그는 뛰는 개구리들을 움켜잡고, 목을 베고, 껍질을 벗기고, 마침내 피부 박막을 비커 속에 담갔다. 그는 각각의 비커를 광원 위에 놓고, 반사계의 눈금을 읽었으며, 이어 그것을 써 내려갔다. 그날이 끝날 때에 이르러, 그는 컴퓨터에 입력해 넣을 수 있었던 수치들의 작은 더미를 누적시킬 수 있었다(사진 11). 이렇게 한 후에 컴퓨터 출력물에서 표준편차, 유의수준, 평균만이 남았다. 이것들에 기초해서 그는 한 곡선을 그렸고, 그것을 연구 책임자에게 가져가서 논점을 만들기 위해 그 곡선 내에서 약간의 차이와 유사성에 관해 논의했다.

MSH에 대한 인용 곡선 구성과 표준편차 곡선 구성 사이에는 분명히 몇몇 유사성이 있었다. 그러므로 다음과 같은 특징들이 양쪽 활동 모두에 공통적이었다. 기록하기 장치가 준비되었고, SCI의 수백만 명 가운데 5~10명의 이름이 선정되었다(개구리 유기체의 복잡성에서 약간의 피부 조각만이 채취되었다). 탐구자는 기록 가능했던 그와 같은 효과들에 프리미엄을 주었다. 자료는 아주 깨끗이 정리되어서 배경으로부터 분명히 식별 가능한 정점들을 산출시킬 정도였다. 그리고 마지막으로 결과로 나온 그림은 논변에서 설득의 원천으로 이용되었다. 이들 유사성은 '하드' 사이언스와 '소프트' 사이언스의 방법 간에 어떤 근본적인 차이가 존재한다고 주장하기 어렵게 한다.

그의 두 가지 역할의 유사성은, 불안하게 만드는 것임을 입증하기 시작했다. 우리의 관찰자는 때로 스스로가 '자신의' 실험실에 완전히 동화되었다고 느꼈다. 그는 '박사'로 호칭되었고, 원장부와 슬라이드를 갖고 있었고, 논문을 제출했고, 회의에서 동료를 만났으며, 스스로 기록하기 장치를 새로 갖추고 설문지를 채우느라 바빴다. 다른 한편, 그는 그의 정보원의 구성의 명백한 견고성과 자신의 구성 사이의 엄청난 거리를 고통스럽게 의식하고 있었다. 뇌 추출물 1/2그램을 연구하기 위해서 그들은 수 톤의 재료, 수백만 달러, 40명 정도의 큰 집단을 다루었다. 실험실을 연구하기 위해서 우리의 관찰자는 혼자였던 것이다. 작업대에서 MSH 검정을 행하면서 사람들은 그의 어깨너머로 쳐다보고 그를 비판하곤 했거나("피펫을 그렇게 잡지 마라", "당신의 용액 희석을 내가 다시 하게 해달라", "이 값을 다시 확인하라") 그 검정에 관해서 쓰인 60편의 논문 중 하나에 그의 주의가 향하도록 했다.[23] 실험실 작업을 분석하기 위해 약간의 설문지 방법들을 수선하면서 그는 자신이 길드를 형성할 수 있다고 느꼈던 일반적 접촉을 거의 갖지 못했고 그에 대한 선례가 없었다. 과학자들은 실험실을 갖고 있었는데, 그 안에서 그들의 분야의 모든 안정된 대상들이 수집되었으며 구성되고 있었던 대상에 자유롭게 접근할 수 있었다. 관찰자는 그런 자원을 갖고 있지 않았다. 게다가 그는 과학자들이 자원으로 사용했던 실험실 안에 정착해야 했고 이방인, 외국인, 비전문인으로서 정보를 구걸해야 했다.

관찰자의 구성과 정보원들의 구성에 따른 신용 가능성의 차이는 앞선 투자의 정도에 직접적으로 대응했다. 가끔 실험실 성원들이 관찰자의 자료에서 상대적 약점과 박약함을 이끌어냈을 때, 관찰자는 두 파가 향유했던 자원 사이의 불균형의 정도를 지적했다. "이 불균형을 바로잡기 위해서는 이 하나

23 이는 부분적으로 관찰자의 격리 및 훈련 결여에, 그리고 부분적으로 근대 과학에 대한 이전의 어떤 인류학적 연구의 부재에 기인한다. 한 가지 특히 유용한 출처는 코트디부아르의 마녀에 대한 오제(Augé, 1975)의 분석인데, 이것은 과학적 노력에 감명받는 데 저항하기 위한 지적 틀을 제공한다.

의 배치에 대해서 약 100명의 관찰자가 필요할 텐데, 여러분이 여러분의 동물에 대해서 갖고 있는 것만큼이나 각각의 사람은 그들의 연구 주제에 관해서 똑같은 힘을 갖고 있습니다. 다른 말로 하면, 우리는 각각의 사무실에서 TV 모니터링을 해야 합니다. 우리는 전화기와 책상을 몰래 듣고 볼 수 있어야 합니다. 우리는 EEG들을 취하는 데 완전한 자유를 갖고 있어야 합니다. 그리고 우리는 내부적 조사가 필요했을 때, 참여자들의 머리를 자를 권리를 유보하겠죠. 이런 종류의 자유를 갖고, 우리는 단단한 자료를 산출시킬 수 있었습니다." 불가피하게, 이런 종류의 이야기가 나오면 참여자들은 그들의 한가운데서 "빅 브라더"에 관해 음울하게 중얼거리면서 자신의 검정실로 허둥지둥 가버렸다.

점차로 관찰자는 자신의 작업에 대해 확신하게 되었다. 그는 자기 사무실에서 기록하기 내용 더미에 보태가고 있었고, 또한 자신의 활동과 정보원들의 활동 간의 차이에 관해 특별하거나 신비한 아무것도 존재하지 않음을 깨닫기 시작하고 있었다. 본질적 유사성은 양쪽 모두 기술 작업에 참여하고 있었다는 점이었다. 차이들은 자원과 투자라는 용어로 설명될 수 있었으며, 그 활동의 본성이 지니는 이국적인 성질에 의존하지 않고 설명될 수 있었다. 결과적으로 관찰자는 겁이 덜 난다고 느끼기 시작했다. 예를 들어, 정보원들이 도서관의 탁자 위에 있는 자취들을 해석하고 있을 때, 그들은 그에게 정말로 그다지 달라 보이지 않았다. 그들은 도표를 곰곰이 따졌는데, 몇몇은 한쪽에 치워두고, 다른 것의 힘을 평가했으며, 약한 유비적 고리를 잡아냈고, 아주 천천히 **해명**을 구성했다. 이와 동시에, 관찰자는 임시변통의 곡선과 문서의 기초에 관한 허구적 해명을 써가고 있었다. 정보원들과 관찰자는 혼동을 일으킨 문서(슬라이드, 도표, 여타 논문, 곡선을 포함하는 텍스트)를 해석하고 설득력 있는 해명을 써내는 기예에의 참여를 공유했다.[24]

---

24 니체(Nietzsche, 1974)와 스피노자(Spinoza, 1667)가 성서 주해 연구에서 빈번히 지적했

생물학 실험실 속 사실 구성에 관한 우리의 해명은 과학자 자신이 산출한 해명보다 **우월하지도 열등하지도** 않다. 우리가 '실재'에 접근하는 더 나은 방법을 갖고 있다고 주장하지 않기 때문에, 그리고 우리가 과학 활동에 관한, 즉 비용이 드는 그리고 사전에 존재하던 어떤 질서에 의지하지 않는 무질서에서 질서의 구성에 관한 우리의 서술로부터 탈출할 수 있다고 주장하지 않기 때문에, 그것은 열등하지 않은 것이다. 근본적 의미에서, 우리 자신의 해명은 더 이상 **허구**가 아니다.[25] 그러나 이것이 실험실 구성원들의 활동을 열등하게 만드는 것이 아니다. 그들 역시도 불가지론적 장에서 진수될, 그리고 신뢰 가능성의 다양한 원천들을 짊어지게 될 해명들을 구성하느라고 너무도 바빴는데, 일단 확신하게 되면 다른 사람들이 그들 자신이 실재를 구성하는 중에 그 해명들을 주어진 것으로서 또는 사실의 문제로서 합병시키게 될 그런 방식에서 그러했다. 사람들로 하여금 제안된 진술들로부터 양상들을 떨어트리도록 강제하기 위해 그들과 우리가 끌어올 수 있는 신용 가능성의 원천에서 어떤 차이가 존재하는 것도 아니다. 유일한 차이는 **그들이 실험실을 갖고 있다**는 것이다. 한편 우리는 텍스트, 이 현재의 텍스트를 갖고 있다. 어떤 해명을 세우고, 인물을 발명하고(예를 들어 2장의 관찰자), 개념을 무대에

듯이, 과학적 활동의 기본적 원형은 수학 또는 논리학의 영역에서 발견되지 않을 것이며 성서 주해에서 발견될 것이다. 성서 주해와 해석학은 과학적 생산이라는 관념이 역사적으로 날이 서도록 벼려져 오게 한 연장이다. 우리는 실험실 활동에 관한 우리의 경험적 관찰이 그 대담한 관점을 지지해준다고 주장한다. 예를 들어 기록하기 관념은 가볍게 여겨지지 않을 것이다(Derrida, 1977).

25 사실 생산의 전체 과정에는 적용될 수 있지만 특히 그것의 각 단계의 어느 것에도 적용될 수는 없는 무당파적 또는 '불가지론적' 의미를 '허구'가 갖는다고 여겨지지는 않을 것이다. 어떤 하나의 산출된 최종 단계(2장의 용어에서 단계 5)라기보다는 실재의 산출이 여기서 우리가 관여하는 것이다. 단어 '허구'를 사용하는 것에 대한 우리의 주요 관심사는 문학과 글쓰기 해명의 함축이다. 드 세르토(De Certeau)는 한때 "과학소설의 과학만이 존재할 수 있을 뿐이다"라고 말했다(사적 의사소통). 우리의 논의는 과학과 문학의 연결을 명확하게 하기 위한 최초의 임시적 발걸음이다(Serres, 1977).

세우고, 원천에 호소하고, 사회적 분야의 논변들과 연결시키고, 각주를 닮으로써, 우리는 무질서의 원천을 감소시키고 몇몇 진술을 다른 것보다 더 가망성 있게 만들고자 시도했는데, 이것에 의해 질서의 주머니를 창조하게 된다. 하지만 이 해명 자체는 이제 경쟁 영역의 일부가 될 것이다. 얼마나 많은 더 나아간 연구, 투자, 분야 재정의, 무엇을 수용 가능한 논변으로 여길 것이냐에서의 변환이 이 해명을 그것의 대안들 이상으로 더 개연성이 있도록 만드는 데 필요한 것인가?

참고문헌

익명. (1974) Sephadex: Gel Filtration in Theory and Practice. Uppsala: Pharmacia.

______. (1976a) B.L.'s interview. Oct. 19. Dallas.

______. (1976b) B.L.'s interview. Oct. 19. Dallas.

ALTHUSSER, L. (1974) La philosophie spontanée des savants. Paris: Maspéro.

ARISTOTLE (1897) The Rhetorics of Aristotle. Trans. by E. M. Cope and J. E. Sandys. Cambridge.

ATLAN, H. (1972) L'organisation biologique et la théorie de l'information. Paris: Hermann.

AUGE, M. (1975) Théories des pouvoirs et idéologies. Paris: Hermann.

BACHELARD, G. (1934) Le nouvel esprit scientifique. Paris: P.U.F.

______. (1953) Le matérialisme rationnel. Paris: P.U.F.

______. (1967) La formation de l'esprit scientifique: contribution à une psychoanalyse de la connaissance approchée. Paris: Vrin.

BARNES, B. (1974) Scientific Knowledge and Sociological Theory. London: Routledge and Kegan Paul.

______ and LAW, J. (1976) "Whatever should be done with indexical expressions?" Theory and Society 3 (2): 223-237.

BARNES, B. and SHAPIN, S. 〔eds.〕 (출간 예정) Natural Order: Historical Studies of Scientific Culture. Beverly Hills: Sage Publications.

BARTHES, R. (1957) Mythologies. Paris: Le Seuil.

______. (1966) Critique et vérité. Paris: Le Seuil.

______. (1973) Le plaisir du texte. Paris: Le Seuil.

BASTIDE, F. (출간 예정) Analyse sémiotique d'un article de science expérmentale. Urbino: Centre International de Sémiotique.

Beckman Instruments (1976) B.L.'s interview. Aug. 24. Palo Alto.

BEYNON, J. H. (1960) Mass Spectometry. Amsterdam: Elsevier.

BERNAL, J. D. (1939) The Social Function of Science. London: Routledge and Kegan Paul.
BERNARD, C. (1865) Introduction à l'étude de la Medicina Experimentale. Paris.
BHASKAR, R. (1975) A Realist Theory of Science. Atlantic Highlands, N. J.: Humanities Press.
BITZ, A., McALPINE, A., and WHITLEY, R. D. (1975) The Production, Flow and Use of Information in Research Laboratories in Different Sciences. Manchester Business School and Centre for Business Research.
BLACK, M. (1961) Models and Metaphors. Ithaca, N. Y.: Cornell University Press.
BLISSETT, M. (1972) Politics in Science. Boston: Little, Brown.
BLOOR, D. (1974) "Popper's mystification of objective knowledge." Science Studies 4: 65-76.
______. (1976) Knowledge and Social Imagery. London: Routledge and Kegan Paul.
______. (1978) "Polyhedra and the abominations of Leviticus." British Journal for the History of Science 11: 245-272.
BOGDANOVE, E. M. (1962) "Regulations of TSH secretion." Federations Proceeding 21: 623.
BOLER, J., ENZMANN, F., FOLKERS, K., BOWERS, C. Y., and SCHALLY, A. V. (1969) "The identity of clinical and hormonal properties of the thyrotropin releasing hormones and pyroglutamyl-histidine-proline amide." B.B.R.C. 37: 705.
BOURDIEU, P. (1972) Esquisse d'une théorie de la practique. Genève: Droz.
______. (1975a) "Le couturier et sa griffe." Actes de la Recherche en Sciences Sociales 1 (1).
______. (1975b) "The specificity of the scientific field and the social conditions of the progress of reason." Social Science Information 14 (6): 19-47.
______. (1977) "La production de la croyance: contribution a une economie des biens symbolique." Actes de la Recherche en Sciences Sociales 13: 3-43.
BRAZEAU, P. and GUILLEMIN, R. (1974) "Somatostatin: newcomer from the hypothalamus." New England Journal of Medicine 290: 963-964.
BRILLOUIN, L. (1962) Science and Information Theory. New York: Academic Press.
______. (1964) Scientific Uncertainty and Information. New York: Academic Press.
BROWN, P. M. (1973) High Pressure Liquid Chromatography. New York: Academic Press.
BULTMANN, R. (1921) Die Geschichte der synoptischen Tradition. Göttingen: Vandenhoek und Ruprecht. (Histoire de la tradition synoptique. Paris: Le Seuil (1973).)
BURGUS, R. (1976) B.L.'s interview. April 6. San Diego.
______ and GUILLEMIN, R. (1970a) "Chemistry of thyrotropin releasing factor in hypophy-

siotropic hormones of the hypothalamus." Pp. 227-241 in J. Meites(eds.) Hypophysiotropic Hormones of the Hypothalamus. Baltimore: Williams and Wilkins.

______. (1970b) "Hypothalamic releasing factors." Annual Review of Biochemistry 39: 499-526.

BURGUS, R., WARD, D. N. SAKIZ, E., and GUILLEMIN, R. (1966) "Actions des enzymes protéolytiques sur des préparations purifiées de l'hormone hypothalamique TSH (TRF)." C.R. de l'Ac. des sciences 262: 2643-2645.

BURGUS, R., DUNN, T. F., WARD, D. N., VALE, W., AMOSS, M., and GUILLEMIN, R. (1969a) "Dérivés polypeptidiques de synthèses doues d'activité hypophysiotrope TRF." C.R. de l'Ac. des Sciences 268: 2116-2118.

BURGUS, R., DUNN, T. F., DESIDERO, D., VALE, W.; and GUILLEMIN, R. (1969b) "Dérivés polypeptidiques de synthèses doués d'activité hypophysiotrope TRF: nouvelles observations." C.R. de l'Ac. des Sciences 269: 226-228.

BURGUS, R., DUNN, T. F., DESIDERO, D., and GUILLEMIN, R. (1969c) "Structure moléculaire du facteur hypothalamique hypophysiotrope TRF d'origine ovine." C.R. de l'Ac. des Sciences 269: 1870-1873.

BURGUS, R., DUNN. T. F., DESIDERO, D., WARD, D. N., VALE, W., and GUILLEMIN, R. (1970) "Characterization of ovine hypothalamic TSH-releasing factor (TRF)." Nature 226 (5243): 321-325.

CALLON, M. (1975) "L'opération de traduction comme relation symbolique." In P. Roqueplo (ed.) Incidence des rapports sociaux sur le developpement scientifique et technique. Paris: C.N.R.S.

______. (1978) De problèmes en problèmes: itinéraires d'un laboratoire universitaire saisi par l'aventure technologique. Paris: Cordes.

COLE, J. R. and COLE, S. (1973) Social Stratification in Science. Chicago: University of Chicago Press.

COLLINS, H. M. (1974) "The T.E.A. set: tacit knowledge and scientific networks." Science Studies 4: 165-186.

______. (1975) "The seven sexes: a study in the sociology of a phenomenon or the replication of experiments in physics." Sociology 9 (2): 205-224.

______ and COX, G. (1977) "Relativity revisited: Mrs. Keech-a suitable case for special treatment?" Social Studies of Science 7 (3) 372-381.

COSER, L. A. and ROSENBURG, B. [eds.] (1964) Sociological Theory. London: Macmillan.
COSTA de BEAUREGARD, O. (1963) Le second principe de la science du temps: entropie, information, irreversibilité. Paris: Le Seuil.
CRANE, D. (1969) "Social structure in a group of scientists: a test of the 'invisible college' hypothesis." American Sociological Review 34: 335-352.
______. (1972) Invisible Colleges. London: University of Chicago Press.
______. (1977) "Review symposium." Society for Social Studies of Science Newsletter 2 (4): 27-29.
CRICK, F. and WATSON, J. (1977) B.L.'s interview. Feb. 18. San Diego.
DAGOGNET, F. (1973) Ecriture et iconographie. Paris: Vrin.
DAVIS, M. S. (1971) "That's interesting." Philosophy of the Social Sciences 1: 309-344.
DE CERTEAU (1973) L'écriture de l'histoire. Paris: Le Seuil.
DERRIDA, J. (1977) Of Grammatology. Baltimore: Johns Hopkins University Press.
DONOVAN, B. T., McCANN, S. M., and MEITES, J. [eds.] (출간 예정) Pioneers in Neuroendocrinology, Vol. 2. New York: Plenum Press.
DUCROT, V. and TODOROV, T. (1972) Dictionaire encyclopédique des sciences du language. Paris: Le Seuil.
EDGE, D. O. [ed.] (1964) Experiment: A Series of Scientific Case Histories. London: BBC.
______. (1976) "Quantitative measures of communication in science." Paper presented at the International Symposium on Quantitative Measures in the History of Science. Berkeley, California, Aug. 25-27.
______ and MULKAY, M. J. (1976) Astronomy Transformed. London: Wiley-Interscience.
EGGERTON, F. N. [ed.] (1977) The History of American Ecology. New York: Arno Press.
FEYERABEND, P. (1975) Against Method. London: NLB.
FOLKERS, K., ENZMANN, F., BOLER, J. G., BOWERS, C. Y., and SCHALLY, A. V. (1969) "Discovery of modification of the synthetic tripeptide-sequence of the thyrotropin releasing hormone having activity." B.B.R.C. 37: 123.
FORMAN, P. (1971) "Weimar culture, causality and quantum theory 1918-1927." In Historical Studies in the Physical Sciences. Philadelphia: University of Pennsylvania Press.
FOUCAULT, M. (1966) Les mots et les choses. Paris: Gallimard.
______. (1972) Histoire de la folie a l'age classique. Paris: Gallimard.
______. (1975) Surveiller et punir. Paris: Gallimard.

______. (1978) "Vérité et pouvoir." L'arc 70.

FRAME, J. D., NARIN, F., and CARPENTER, M. P. (1977) "The distribution of world science." Social Studies of Science 7: 501-516.

GARFINKEL, H. (1967) Studies in Ethnomethodology. Englewood Cliffs, N.J.: Prentice-Hall.

GARVEY, W. D. and GRIFFITH, B. C. (1967) "Scientific communication as a social system." Science 157: 1011-1016.

______. (1971) "Scientific communication: its role in the conduct of research and creation of knowledge." American Psychologist 26: 349-362.

GELOTTE, B. and PORATH, J. (1967) "Gel filtration in chromotography." In E. Heftmann (ed.) Chromatography. New York: Van Nostrand Reinhold.

GILBERT, G. N. (1976) "The development of science and scientific knowledge: the case of radar meteor research." Pp. 187-204 in Lemaine et al.(eds.) Perspectives on the Emergence of Scientific Disciplines. The Hague: Mouton/Aldine.

GILPIN, R. and WRIGHT, C. [eds.] (1964) Scientists and National Policy Making. New York: Columbia University Press.

GLASER, B. and STRAUSS. A. (1968) The Discovery of Grounded Theory. London: Weidenfeld and Nicolson.

GOLDSMITH, M. and MACKAY, A. [eds.] (1964) The Science of Science. London: Souvenir.

GOPNIK, M. (1972) Linguistic Structure in Scientific Texts. Amsterdam: Mouton.

GREEP, R. O. (1963) "Synthesis and summary." Pp. 511-517 in Advances in Neuroendocrinology. Urbana: University of Illinois Press.

GREIMAS, A. J. (1976) Sémiotique et sciences sociales. Paris: Le Seuil.

GUILLEMIN. R. (1963) "Sur la nature des substances hypothalamiques qui controlent la sécrétion des hormones antéhypophysaires." Journal de Physiologie 55: 7-44.

______. (1975) B.L.'s interview. Nov. 28. San Diego.

______. (1976) "The endocrinology of the neuron and the neural origin of endocrine cells." In J. C. Porter(ed.) Workshop on Peptide Releasing Hormones. New York: Plenum Press.

______ and BURGUS, R. (1972) "The hormones of the hypothalamus." Scientific American 227(5): 24-33.

______, SAKIZ, E., and WARD, D. N. (1966) "Nouvelles données sur la purification de l'hormone hypothalamique TSH hypophysiotrope, TRF." C.R. de l'Ac. des Sciences

262: 2278-2280.

GUILLEMIN, R., BURGUS, R., and VALE, W. (1968) "TSH releasing factor: an RF model study." Exerpta Medica Inter. Congress Series 184: 577-583.

GUILLEMIN, R., SAKIZ, E., and WARD, D. N. (1965) "Further purification of TSH releasing factor (TRF)." P.S.E.B.M. 118: 1132-1137.

GUILLEMIN, R., YAMAZAKI, E., JUTISZ, M., and SAKIZ, E. (1962) "Présence dans un extrait de tissus hypothalamiques d'une substance stimulant la sécrétion de l'hormone hypophysaire thyréotrope (TSH)." C.R. de l'Ac. des Sciences 255: 1018-1020.

GUSFIELD, J. (1976) "The literary rhetoric of science." American Sociological Review 41 (1): 16-34.

______. (출간 예정). "Illusion of authority: rhetoric, ritual and metaphor in public actions-the case of alcohol and traffic safety."

HABERMAS, J. (1971) Knowledge and Human Interests. Boston: Beacon Press.

HAGSTROM, W. O. (1965) The Scientific Community. New York: Basic Books.

HARRIS, G. W. (1955) Neural Control of the Pituitary Gland. Baltimore: Williams and Wilkins.

______. (1972) "Humours and hormones." Journal of Endocrinology 53: i-xxiii.

HARRIS, M. (1968) The Rise of Anthropological Theory. London: Routledge and Kegan Paul.

HEFTMANN, E. [ed.] (1967) Chromatography. New York: Van Nostrand Reinhold.

HESSE, M. (1966) Models and Analogies in Science. Notre Dame, IN: Notre Dame University Press.

HORTON, R. (1967) "African traditional thought and Western science." Africa 37: 50-71, 155-187.

HOYLE, F. (1975) Letter to the Times. April 8.

HUME, D. (1738) A Treatise of Human Nature. London.

JACOB, F. (1970) La logique du vivant. Paris: Gallimard.

______. (1977) "Evolution and tinkering." Science 196(4295): 1161-1166.

JUTISZ, P., SAKIZ, E., YAMAZAKI, E., and GUILLEMIN, R. (1963) "Action des enzymes protéolytiques sur les facteurs hypothalamiques LRF et TRF." C.R. de la societe de Biologie 157 (2): 235.

KANT, E. (1950) [1787] Critique of Pure Reason. London: Macmillan.

KAWABATA, Y. (1972) The Master of Go. New York: Alfred A. Knopf.

KORACH, M. (1964) "The science of industry." Pp. 179-194 in Goldsmith and Mackay(eds.) The Science of Science. London: Souvenir.

KNORR, K. (1978) "Producing and reproducing knowledge: descriptive or constructive." Social Science Information 16(6): 669-696.

______. (출간 예정). "From scenes to scripts: on the relationships between research and publication in science."

______. (출간 예정). "The research process: tinkering towards success or approximation of truth." Theory and Society.

KUHN, T. (1970) The Structure of Scientific Revolutions. Chicago: University of Chicago Press.

LACAN, J. (1966) Les écrits. Chapter: "La science et la vérité," Pp. 865-879. Paris: Le Seuil.

LAKATOS, I. and MUSGRAVE, A. (1970) Criticism and the Growth of Knowledge. Cambridge: Cambridge University Press.

LATOUR, B. (1976) "Including citations counting in the systems of actions of scientific papers." Society for Social Studies of Science, 1st meeting, Ithaca, Cornell University.

______. (1976b) "A simple model for a comprehensive sociology of science." (mimeographed).

______. (1978, 출간 예정) "The three little dinosaurs."

______ and FABBRI, P. (1977) "Pouvoir et devoir dans un article de science exacte." Actes de la Recherche en Sciences Sociales 13: 81-95.

LATOUR, B. and RIVIER, J. (1977, 출간 예정) "Sociology of a molecule."

LAW, J. (1973) "The development of specialities in science: the case of X-ray protein crystallography." Science Studies 3: 275-303.

LEATHERDALE (1974) The Role of Analogy, Model and Metaphor in Science. New York: Elsevier.

LECOURT, D. (1976) Lyssenko. Paris: Maspéro.

LEHNINGER. (1975) Biochemistry. New York: Worth.

LEMAINE, G., CLEMENÇON, M., GOMIS, A., POLLIN, B., and SALVO, B. (1977) Stratégies et choix dans la recherche apropos des travaux sur le sommeil. The Hague: Mouton.

LEMAINE, G., LÉCUYER, B. P., GOMIS, A., and BARTHÉLEMY, G. (1972) Les voies du succès. Paris: G.E.R.S.

LEMAINE, G., MACLEOD, R., MULKAY, M., and WEINGART, P. [eds.] (1976) Perspectives

on the Emergence of Scientific Disciplines. The Hague: Mouton/Aldine.
LEMAINE, G. and MATALON, B. (1969) "La lutte pour la vie dans la cité scientifique." Revue Française de Sociologie 10: 139-165.
LEVI-STRAUSS, C. (1962) La pensée sauvage. Paris: Plon.
LOVELL, B. (1973) Out of the Zenith. London: Oxford University Press.
LYOTARD, J. F. (1975, 1976) Lessons on Sophists. San Diego: University of California.
McCANN, S. M. (1976) B.L.'s interview. Oct. 19. Dallas.
MACHLUP, F. (1962) The Production and Distribution of Knowledge. Princeton, N.J.: Princeton University Press.
MANSFIELD, E. (1968) The Economics of Technological Change. New York: W.W. Norton.
MARX, K. (1970) Feuerbach: Opposition of the Naturalistic and Idealistic Outlook. New York: Beckman.
______. (1977) The Capital, Vol. 1. New York: Random House.
MEDAWAR, P. (1964) "Is the scientific paper fraudulent? yes; it misrepresents scientific thought." Saturday Review Aug. 1: 42-43.
MEITES, J. [ed.] (1970) Hypophysiotropic Hormones of the Hypothalamus. Baltimore: Williams and Wilkins.
______, DONOVAN, B., and McCANN, S. (1975) Pioneers in Neuroendocrinology. New York: Plenum Press.
MERRIFIELD, R. B. (1965) "Automated synthesis of peptides." Science 150 (8; Oct.): 178-189.
______. (1968). "The automatic synthesis of proteins." Scientific American 218 (3): 56-74.
MITROFF, I. I. (1974) The Subjective Side of Science. New York: Elsevier.
MONOD, J. (1970) Le hasard et la nécessité. Paris: Le Seuil.
MOORE, S. (1975) "Lyman C. Craig: in memoriam." Pp. 5-16 in Peptides: Chemistry; Structure; Biology. Ann Arbor: Ann Arbor Science Publishers.
______, SPACKMAN, D. H., and STEIN, W. H. (1958) "Automatic recording apparatus for use in the chromatography of amino acids." Federation Proceedings 17 (Nov.): 1107-1115.
MORIN, E. (1977) La méthode. Paris: Le Seuil.
MULKAY, M. J. (1969) "Some aspects of cultural growth in the natural sciences." Social Research 36 (1): 22-52.

______. (1972) The Social Process of Innovation. London: Macmillan.

______. (1974) "Conceptual displacement and migration in science: a prefatory paper." Social Studies of Science 4: 205-234.

______. (1975) "Norms and ideology in science." Social Science Information 15 (4/5): 637-656.

______, GILBERT, G. N., and WOOLGAR, S. (1975) "Problem areas and research networks in science." Sociology 9: 187-203.

MULLINS, N. C. (1972) "The development of a scientific specialty: the Phage group and origins of molecular biology." Minerva 10: 51-82.

______. (1973) Theory and Theory Groups in Contemporary American Sociology. New York: Harper and Row.

______. (1973b) "The development of specialties in social science: the case of ethnomethodology." Science Studies 3: 245-273.

NAIR, R. M. G., BARRETT, J. F., BOWERS, C. Y., and SCHALLY, A. V. (1970) "Structure of porcine thyrotropine releasing hormone." Biochemistry 9: 1103.

NIETZSCHE, F. (1974a) Human, All Too Human. New York: Gordon Press.

______. (1974b) The Will to Power. New York: Gordon Press.

OLBY, R. (1974) The Path to the Double Helix. Seattle: University of Washington Press.

ORGEL, L. E. (1973) The Origins of Life. New York: John Wiley.

PEDERSEN, K. O. (1974) "Svedberg and the early experiments: the ultra centrifuge." Fractious 1 (Beckman Instruments).

PLATO The Republic.

POINCARÉ, R. (1905) Science and Hypothesis. New York: Dover.

POPPER, K. (1961) The Logic of Scientific Discovery, New York: Basic Books.

PORATH, J. (1967) "The development of chromatography on molecular sieves." Laboratory Practice 16 (7).

PRICE, D. J. de SOLLA (1963) Little Science, Big Science. London: Columbia University Press.

______. (1975) Science Since Babylon. London: Yale University Press.

RAVETZ, J. R. (1973) Scientific Knowledge and Its Social Problems. Haimondsworth: Penguin.

REIF, F. (1961) "The competitive world of the pure scientist." Science 134 (3494): 1957-1962.

RESCHER, N. (1978) Scientific Progress: A Philosophical Essay on the Economics of Research in Natural Science. Oxford: Blackwell.

RODGERS, R. C. (1974) Radio Immuno Assay Theory for Health Care Professionals. Hewlett Packard.

ROSE, H. and ROSE, J. [eds.] (1976) Ideology of/in the Natural Sciences. London: Macmillan.

RYLE, M. (1975) Letter to the Times, 4.12.

SACKS, H. (1972) "An initial investigation of the usability of conversational data for doing sociology." Pp. 31-74 in Sudnow(ed.) Studies in Social Interaction. New York: Free Press.

______, SCHEGLOFF, E. A., and JEFFERSON, G. (1974) "A simplest systematics for the organisation of turn-taking for conversation," Language 50: 696-735.

SALOMON BAYET, C. (1978) L'institution de la science, et l'expérience du vivant." Ch. 10. Paris: Flammarion.

SARTRE, J. P. (1943) L'Etre et le Néant. Paris: Gallimard.

SCHALLY, A. V. (1976) B.L.'s interview. Oct. 21. New Orleans.

______, AMIMURA, A., BOWERS, C. Y., KASTIN, A. J., SAWANO, S., and REDDING, T. W. (1968) "Hypothalamic neurohormones regulating anterior pituitary function." Recent Progress in Hormone Research 24: 497.

SCHALLY, A. V., ARIMURA, A., and KASTIN, A. J. (1973) "Hypothalamic regulatory hormones." Science 179 (Jan. 26): 341-350.

SCHALLY, A. V., BOWERS, C. Y., REDDING, T. W., and BARRETT, J. F. (1966) "Isolation of thyrotropin releasing factor TRF from porcine hypothalami." Biochem. Biophys. Res. Comm. 25: 165.

SCHALLY, A. V., REDDING, T. W., BOWERS, C. Y. and BARRETT, J. F.(1969) "Isolation and properties of porcine thryrotropin releasing hormone." J. Biol. Chem. 244: 4077.

SCHARRER, E. and SCHARRER, B. (1963) Neuroendocrinology. New York: Columbia University Press.

SCHUTZ, A. (1953) "The problem of rationality in the social world." Economica 10.

SERRES, M. (1972) L'interférence, Hermes II. Paris: Ed. de Minuit.

______. (1977a) La distribution, Hermes IV. Paris: Ed. de Minuit.

______. (1977b) La naissance de la physique dans la texte de Lucrèce: fleuves et turbu-

lences. Paris: Ed. de Minuit.
SHAPIN, S. (출간 예정) "Homo Phrenologicus: anthropological perspectives on a historical problem." In Barnes and Shapin(eds.).
SILVERMAN, D. (1975) Reading Casteneda. London: Routledge and Kegan Paul.
SINGH, J. (1966) Information Theory, Language and Cybernetics. New York: Dover.
SOHN RETHEL, A. (1975) "Science as alienated consciousness." Radical Science Journal 2/3: 65-101.
SPACKMAN, N. D. H., STEIN, W. H., and MOORE, S. (1958) "Automatic recording apparatus for use in the chromatography of amino acids." Analytical Chemistry 30 (7): 1190-1206.
SPINOZA (1976) [1977] The Ethics. Appendix Part 1. Secaucus, N.J.: Citadel Press.
SUDNOW, D. [ed.] (1972) Studies in Social Interaction. New York: Free Press.
SWATEZ, G. M. (1970) "The social organisation of a university laboratory." Minerva 8: 36-58.
TOBEY, R. (1977) "American grassland ecology 1895-1955: the life cycle of a professional research community." In Eggerton(ed.) The History of American Ecology. New York: Arno Press.
TUDOR, A. (1976) "Misunderstanding everyday life." Sociological Review 24: 479-503.
VALE, W. (1976) "Messengers from the brain." Science Year 1976. Chicago: F.E.E.C.
WADE, N. (1978) "Three lap race to Stockholm." New Scientist April 27, May 4, May 11.
WATANABA, S. [ed.] (1969) Methodologies of Pattern Recognition. New York: Academic Press.
WATKINS, J. W. N. (1964) "Confession is good for ideas." Pp. 64-70 in Edge(ed.) Experiment: A Series of Scientific Case Studies. London: BBC.
WATSON, J. D. (1968) The Double Helix. New York: Atheneum.
______. (1976) Molecular Biology of the Gene. Menlo Park, CA: W. A. Benjamin.
WHITLEY, R. D. (1972) "Black boxism and the sociology of science: a discussion of the major developments in the field." Sociological Review Monograph 18: 61-92.
WILLIAMS, A. L. (1974) Introduction to Laboratory Chemistry: Organic and Biochemistry. Reading, MA: Addison-Wesley.
WILSON, B. [ed.] (1977) Rationality. Oxford: Blackwell.
WOOLGAR, S. W. (1976a) "Writing an intellectual history of scientific development: the use of discovery accounts." Social Studies of Science 6: 395-422.

______. (1976b) "Problems and possibilities in the sociological analysis of scientists' accounts." Paper presented at 4S/ISA Conference on the Sociology of Science. Cornell, New York, Nov. 4-6.

______. (1978) "The emergence and growth of research areas in science with special reference to research on pulsars." Ph.D. thesis, University of Cambridge.

WYNNE, B. (1976) "C. G. Barkla and the J phenomenon: a case study in the treatment of deviance in physics." Social Studies of Science 6: 307-347.

YALOW, R. S. and BERSON, S. A. (1971) "Introduction and general consideration." In E. Odell and O. Daughaday(eds.) Principles of Competitive Protein Binding Assays. Philadelphia: J. B. Lippincott.

YOUNG, B. (연도 미상) "Science is social relations" (mimeographed).

2판 후기(1986년)

텍스트의 '진정한' 의미를 추적하고 사냥하는 전통적 경향이 있다. 한 책이 처음으로 출간된 이후에, 옹호자와 비판자가 똑같이 책의 저자들이 '실제로 의도한 바'에 관해 끊임없이 논란을 벌인다. 이런 광경으로부터의 환대받는 구원으로서, 문학 이론은 점증적으로 이런 유의 텍스트 비판을 거부해왔다. 현재 경향은 그 자체의 생명을 갖는 텍스트를 허용하는 것이다. 한 텍스트의 '진정한' 의미는 환영(幻影)으로 인식되거나, 적어도 무한히 재조정 가능한 개념으로 인식되고 있다. 결과적으로 '텍스트가 이야기하는 바', '실제로 일어났던 것', '저자가 의도한 바'는 이제 아주 많이 독자에 달렸다. 텍스트를 쓰는 것은 독자인 것이다.

이런 변화가 문학 비평 분야에서 가장 두드러지게 나타났음에도 이는 명백히 과학의 사회적 연구와 특별한 유관성을 갖고 있는데, 과학의 사회적 연구는 객관화 실천(objectification practices)의 잠정적, 우연적 성격을 공리(公理)적인 것으로서 취하고 있다. 과학적 사실의 구성은 특히 텍스트의 운명(지위, 가치, 효용, 사실성)을 텍스트에 대한 잇따른 해석에 의존하게 되는 그런 **텍스트**를 발생시키는 과정이다. 텍스트 해석에 관한 이와 같은 의미와 조화되도록, 우리는 『실험실 생활』의 논변에 관한 일정한 재진술을 기도하지 않을 것이며, 그 대신에 이 책에 대한 몇몇 비판이 지니는 성격과 이런 비판이 반영하는 과학의 사회적 연구 속의 변화에 대해서 논평할 것이다.

1975년 10월 초에 우리 중 한 사람이 소크연구소에서 2년간 연구하기 위해 기유맹 교수의 실험실로 들어갔다. 라투르 교수는 과학 지식을 갖고 있지 않았다. 영어는 매우 미숙했다. 그리고 과학의 사회적 연구의 존재에 관해서 전혀 의식하지 못하고 있었다. 이 마지막 면모와 별도로(혹은 아마도 심지어는 이 마지막 면모 때문에), 그는 그리하여 완전히 이국적 환경으로 보내진 민족지학자의 고전적 위치에 있었던 것이다. 이 질문이 종종 제기되어왔으므로, 우선 어떻게 그가 소크연구소에 도착할 수 있었는지에 관해 몇 마디 하면서 시작하는 일이 유용하다.

프랑스 연구 기관 ORSTOM에 소속되어 발전사회학 분야의 연구원으로 코트디부아르에 있는 동안에, 그는 왜 흑인 실무자가 근대적인 산업적 생활을 받아들이는 것이 그리도 어려웠던지 설명해달라는 요청을 받았다(Latour, 1973). 그는 아프리카 철학과 비교인류학에 관한 방대한 문헌을 찾았다. 하지만, 바로 처음부터 많은 특징이 약간은 너무 빠르게도 아프리카적 '정신'에 기인하는 것으로 보였고, 그런 특징들은 사회적 요인으로 더 단순하게 설명될 수 있는 것으로 보였다. 예를 들어, 기술학교에 다니는 어린 소년들은 백인 교사에 의해서 "3차원으로 이해하지" 못한다고 비난받았다. 이것은 어떤 심각한 결핍으로 여겨졌다. 하지만, (프랑스 체계의 정확한 복제물인) 그 학교 체계는 학생들이 엔진에 어떤 실제적인 작업을 해보기 전에 그들에게 공학적 그림을 소개했던 것으로 판명되었다. 소년들은 대부분 시골 지역에서 왔고 전에 엔진을 보거나 다루어본 적이 없었기에, 그 그림에 대한 해석은 그들에게 꽤 골치 아픈 퍼즐이었던 것이다. 연구가 진전되면서, 더 단순한 사회적 설명보다 억지스러운 인지적 설명을 선호했던 것이 더욱 명백해졌다. 가공할 의혹이 생겨났다. 아마도 인지적 능력에 관한 그 전체 문헌은 근본적으로 틀렸을 것이다. 모든 연구가 과학적 추론과 선과학적 추론 간의 구별에 의존했던 것은 특히나 골칫거리였다. 마르크 오제(Marc Augé) 같은 저명한 인류학자들과 ORSTOM의 여타 동료 간의 상호작용에 자극받아 기초적 연구 프로그램이 형태를 갖추었다. 코트디부아르 농부를 연구하는 데 사용된 똑같은 현장 방법(field methods)이 일급 과학자에게 적용된다면 과학적 추론과 선과학적 추론 사이의 위대한 이분법에 무슨 일이 일어날까? 2년 전에, 과학인류학자를 지망한 그는 (그처럼 부르고뉴 태생인) 기유맹 교수를 만났다. 기유맹 교수는 소크연구소의 개방성을 칭찬했고 그 과학인류학자 지망생을, 자신의 연구비를 스스로 확보한다는 조건으로, 그의 연구실에 관한 인식론적 연구를 수행하도록 초청했다. 그의 실험실에의 총체적 접근을 허가한 기유맹의 아량과 그 후에 과학사회학자(하이드 씨)로 전향한 '인식론자'(지킬 박사)(기유맹이 이런 사람이라고 이해한 어떤 이)를 받아들인 관용에 감사할 가치가 있다.[1]

『실험실 생활』의 초판이 1979년에 나왔을 때, 과학자들의 자연스러운 거주지 안에서 그들의 일상적인 활동에 관한 자세한 연구를 이 책이 최초로 기도했다는 점을 깨닫는 일은, 놀라운 것이었다. 실험실 안에 있는 과학자들은 이것이 종류상 유일한 연구였음에 누구보다도 더 놀랐을 것이다. 그들에게, 그와 같은 연구의 필요성에 관해 이야기하는 우리의 논변은 명백했다. "어떻게 어느 누가 우리의 일상적 작업의 세부 내용을 **무시할** 수 있겠습니까?"라고 그들은 놀렸다. 따라서 이 책에 대한 그들의 주된 반응은, (익명에 의거해 우리가 사용했던 인용에 대한 자세한 조사와 별도로) 그것이 별것이 없다면 별것이 없다는 점이 오히려 전적으로 놀랍지 않다는 것이었다. 이런 반응이 우리 관찰의 정확성에 대한 기분 좋은 입증임에도 불구하고, 이것이 우리의 요점은 아니다. 그 과학자들은 그 이후에 나온 기유맹-샬리 논쟁에 관한 웨이드(Wade, 1981)의 표현에 훨씬 더 끌렸다. 웨이드의 책은 흥미로우며, 매우 편파적임에도 불구하고(샬리를 옹호), 그의 책의 주요 가치는 좋은 과학 저널리즘과 과학의 사회학적 연구 사이의 차이를 보여주는 데 있다. 웨이드의 격분 감각은 '과학적 방법의 규칙'이 깨지는 방식을 그가 즐겁게 묘사하는 가운데

1 어느 사람이 나쁜 사람인가? 독자는 여기서 정체성을 뒤바꿔보기 바란다. 중요한 점은 탈바꿈이 발생했다는 것이다.

전반적으로 명백하다. 너무나도 명백히 '사회적'(스캔들 만들기와 '천박한 조준 사격'이라는 제한된 의미에서)이었기 때문에 우리가 회피했던 그런 에피소드들이, 웨이드의 책에서 강조되었다. 웨이드의 설명 속에서 나타난 논쟁의 지속은 우리의 책이 행한 것보다 과학자들의 병적인 이해관계에 더 잘 접근했다. 분명히, 우리 책은 좀 다른 독자를 위해 의도되었던 것이다.

과학에 관한 이론(theories of science)에 관심을 두고 있는 학자들의 일반적 공동체 안에서, 그 책의 접근법이 갖는 참신함 역시도 놀라운 어떤 것이었다. 쿤이 자신의 입장을 그 후에 수정했음에도 불구하고(Kuhn, 1970), 쿤(1962)은 과학의 사회적 특징에 관한 개념화의 일반적인 기초를 (아마도 눈치채지 못하게 하는 방식으로 그렇게 했음에도 불구하고 — Kuhn, 1984를 볼 것) 이미 제공했으며 반스(Barnes, 1974)와 블루어(Bloor, 1976)는 과학지식사회학(sociology of scientific knowledge) 내의 '강한 프로그램'을 위한 의제를 수립시켰다. 과학을 '암흑상자'로 취급하는 데 대한 많은 저자들의 반감은 잘 확립되어 있다. 우리는 그래서 참여관찰 연구(participant observation studies)가 1970년대의 과학사회학을 특징지은 신쿤적(neo-Kuhnian) 분석이라는 물결의 필수적 면모가 되리라고 기대할 수가 있었다. 그러나 순혈적 과학사회학에 대한 요청이 참여관찰 연구에 의해 즉각적으로 충족되지는 않았다. 현장 과학자의 나날의 활동에 근접해 유의미한 양의 시간을 보내는 이는 많지 않았던 것이다.2

사후관점이라는 이익으로, 초기의 신경마비를 조망하는 것이 가능하다. 물론 어떤 민족지학자(또는 참여관찰자)는 이상한 환경 속에 들어가서 살아야 한다는 애먹이는 요구를 증명할 것이다. 과학 실험실의 내밀한 문화는 특히

---

2 바서만(Wasserman) 반응이 매독과 연계되었던 방식에 관한 플렉(Fleck, 1979)의 해명이, 이런 추세에 앞서 있었다는 점이 이제 널리 받아들여지고 있는데, 원래는 독일어로 1935년 출간되었었다. Westrum(1982)은 정신 의학 연구에 대한 페리(Perry, 1966)의 연구 또한 『실험실 생활』의 결론과 연관되어 있다고 제안했다.

기죽이는 문제, 즉 문화적 문제와 실천적 문제 둘 다를 제공한다. 예를 들어, 분석의 거리를 유지하는 일은 과학민족지학자에게 첨예한데, 왜냐하면 그 자신의 (원래) 문화 자체에 과학은 무엇과 같은 것이냐에 관한 개념이 스며 있기 때문이다. 더 중요한 것은, 아마도, 1970년대 후반의 과학사회학이 쿤의 작업이 갖는 몇몇 함의에 오히려 천천히 반응했다는 사실일 것이다. 쿤의 작업이 과학의 '특수한' 성격에 관한 선입견을 근본적으로 재평가하는 것과 일치했다는 점은 잘 알려져 있고, 이것의 한 가지 특별한 귀결은 과학의 사회적 연구에서 있었던 초점의 변화였다. 과학자, 보상 체계, 제도적 가입 사이의 관계를 연구하는 대신에, 경향은 대상, 사실, 과학의 발견의 근본적인 사회적 특성을 설명하는 것이 되었다. 과학사회학은 과학 지식의 사회학이 되었던 것이다.

조금 덜 인식되었던 바는, 아마도, 과학에 관한 선입견에 대해 다룬 그 동일한 재평가가 과학의 사회적 연구에 의해서 채택된 방법과 기법에 대해서도 함축을 지닌다는 점일 것이다. 과학에 관한 인식론적 선입견의 수정은 과학의 사회적 분석이 갖는 성격에 관해서 만만치 않은 질문을 제기한다. 자연과학자 사이에 존재하는 이와 같은 경향을 탈신비화할 필요성을 공언하면서 우리는 계속해서 나아가 우리 자신들의 연구 실천 속에서 도구적 실재론자(instrumental realist)가 될 수 있을까? 우리는, 이제껏 시야에서 보이지 않은, 과학의 사회적 과정에 관해 목소리를 내야 하지만 우리 자신의 연구의 사회적 과정에 관해서는 침묵해야 하는가? 이렇게 깊은 뿌리를 갖는 논점에 대한 주저하는, 차별적인 반응은 선쿤적(pre-Kuhnian) 정통성으로부터의 해방을 수반했던 연구 관점의 확산을 부분적으로 설명해준다. 과학에 관한 전통적("수용된") 견해에 대한 그들의 경멸 속에서 일반적으로 단합되었음에도 불구하고, 과학 지식에 관한 새로운 사회적 연구를 실천하는 이들은 그들의 방법론적인 스타일과 선호에서 두드러지게 다르다(예를 들면 Knorr-Cetina and Mulkay, 1983에 담긴 논문 모음을 참고할 것). 인식론적 선입견의 수정에 대한

차별적 반응은 또한 『실험실 생활』에 대한 다양한 반응을 설명해주기 시작한다.[3]

그 책에 대한 일반적인 불만은 그것의 기강 해이와 관련되어 있었다. 한 서평자는 『실험실 생활』을 읽는 것은 "마치 매력적인 지형 위에서 극단적으로 울퉁불퉁한 승마를 하는 것과 같다"라고 설명했다(Westrum, 1982: 438). 세부 목차의 생략 및 찾아보기의 부재에 주목한 것과 별도로(두 가지 결점은 이번 판에서 고쳐졌음), 웨스트럼은 단일성(unity) 감각의 결여, 연속적 활동의 결여, 서사의 상대적 비일관성에 관해서 이야기한다. 그러나 우리의 목표는, 정확히 말해 "사물이 존재하는 방식"에 관한 전통적 구성이 지니는 부드럽게 매만져진 서사적 특성의 종류를 부여하는 일을 피하는 것이었다. 예를 들면, **등장인물**에 관한 초기 표현이, 인간이 실험실 내부 행위자의 일차적 범주로 여겨야 함을 함축하게 되는 어떤 해명을 우리는 원치 않았다. 웨스트럼 자신이, 우리 보고의 형식과 우리가 실험실 안에서 서술하는 과정 사이의 합동에 주목한다. "연구자들의 작업 과정에서 잘게 다듬어지는 동물의 뇌처럼, 과학 및 그들의 이력을 전진시키려는 연구자들의 인간적 투쟁은 잘게 다듬어졌으며 그리하여 라투르와 울거는 그들 간의 상호작용을 조사하고 분류할 수 있다"(Westrun, 1982: 438). 『실험실 생활』의 형식에 관한 더 평범한 설명은 프랑스 철학자와 영국 사회학자 사이의 협력이 지니는 성격에서 뻗어 나온다. 혼성화를 통한 최상의 혁신 전통 속에서, 저자들은 영국 해협이라고 (국수주의적으로) 알려진 문화적 이분법의 유의미성을 스스로가 계속해 재발견하고 재교섭한다는 점을 알아냈다. 이런 과정으로부터 쉽지 않은 (그러나 명백히 성과가 있었던) 스타일의 타협이 출현했다.

이 책에 대한 더 실질적인 비판들은 다양한 이슈를 포괄하는데, 그중 가

---

3 『실험실 생활』에 관해 논의하는 서평과 서평 논문은 추가 참고문헌(373쪽)에 수록되어 있는데, 별표(*)로 표시했다. 다수의 '실험실 연구'(주 4를 볼 것) 역시 『실험실 생활』에 대한 비판적 평가를 포함하고 있다.

장 중요한 것은 다음과 같이 요약된다. 각 논점에 관한 꽉 채운 논박을 전개하려 공간을 활용하기보다 우리는 그 비판의 유의미성에 대해서 그리고 그것들이 미래의 연구를 위해 제기하는 문제들에 대해서 짧은 논평을 제공할 것이다.

얼마나 급진적이어야 급진적인 것인가?

과학의 어떤 부분도 사회학적 분석을 넘어서 있지 않다는 논변에 대한 자세한 경험적 증명을 열렬하게 환영하면서도, 몇몇 마르크스주의 학자는 『실험실 생활』이 궁극적으로 "부르주아 과학사회학"(Stewart, 1982: 133)의 산물이라는 점에 비판적으로 주목한다. 과학적 사실은 그것 자신의 역사성에 대한 부정과 그것 자신의 역사성의 말소 속에서 정식화된다는 증명이 주어질 때, 과학의 내적 관계가 뚜렷히 자본주의적인 것으로서 기술될 수 있을 때, 이들 비판은 우리가 계속 나아가서 이것이 왜 그러하냐고 묻지 않았음에 실망한다. 그들은 우리가 과학적 사실의 구성과, 과학과 전체로서의 사회의 계급 분화 간의 위계적이고 착취적 관계 사이에 존재하는 연결을 조사하는 데 실패한다고 불평한다. 『실험실 생활』은 관념론적 상대주의를 지지한다는 혐의를 받게 되었는데 사회경제적 분석의 부재가 이 관념론적 상대주의에 의해 물질적 실재를 "인간의 주관성의 거의 임의적인 변화"(Stewart, 1982: 135)로 환원시키게 된다.

'상대주의'는 명백히 이 특수한 유의 급진주의의 도깨비다. 실제로, 그것을 무차별적으로 사용하는 경향이 있어서, 예를 들면, 상대주의와 구성주의 사이의 구별을 바르게 판단하는 데 실패한다. 그러나 과학에 대한 마르크스주의적 분석이 지니는 약점은 과학적/객관적 관점을 향한 그들의 욕망이다. 과학에 대한 마르크스주의적 분석을 지지하는 이들은 그들의 급진적 과학을 위한 공간을 만들기 위해서 객관성에 대한 비판을 필요로 하나, 그들 역시도 이 급진적 과학의 기반을 마련하기 위해 "실제 과학"을 원한다(Latour, 1982a: 137; 또한 Wolff, 1981을 볼 것). 생산의 사회적 관계가 과학자로 하여금 "특수한 방식으로 자연을 선별해내고 형태 지우게 하는"(Stewart, 1982: 135) 방식에 관한 거시사회학적 분석을 향한 요청은, 마르크스주의 과학에게 부르주아 과학에 대해서 그것이 부정하는 바로 그 특권들을 요구한다.

민족지학적으로 된다고 함은 무엇을 의미하는가?

과학의 실천에 대한 민족지학적 연구라는 관념은 '실험실 연구(laboratory studies)'[4]로 불리게 된 일군의 연구를 발생시켰다. 이들 연구의 공통된 가정은, 과학에 대한 우리의 이해가 현장 과학자들의 나날의 활동 속에 잠겨 들어가 있는 동안 얻게 되는 경험에 유익하게 의존할 수 있다는 점이다. 그렇지만, 이를 넘어선 곳에서 이들 경험으로 무엇을 이룰 수 있고 이루어야 하

4 '실험실 연구' 분야에 관한 비평으로는, 예를 들어, Knorr-Cetina, 1983; Woolgar, 1982를 볼 것. '실험실 연구'라는 항목 아래로 떨어지는 경험적 분석은 다음의 실질적인 영역에 대한 탐구를 포함한다. 신경내분비학(Latour and Woolgar, 1979; Latour, 1980, 1981), 식물 단백질 연구(Knorr, 1977, 1979; Knorr-Cetina, 1981, 1982a, 1982b), 뇌 과학(Lynch, 1982, 1985a, 1985b), 정신 생리학(Star, 1983), 입자 물리학(Traweek, 1980, 1981, 출간 예정), 고체 상태 물리학(Woolgar, 1981a, 1981b, 출간 예정), 콜로이드 화학(Zenzen and Restivo, 1982), 촉매 화학(Boardman, 1980), 세포 생물학(Law and Williams, 1981, 1982; Williams and Law, 1980), 야생 생물학(McKegney, 1982), 육수학(陸水學, limnology) (Greiner, 1982, 1983). 이에 더해, 수많은 논문이 과학에 대한 '인류학적 접근'의 중요성에 관해 전반적 토의를 제공하지만(Anderson, 1981; Elkana, 1981; Lepenies, 1981), 특수한 경험적 연구를 언급하거나 사용하는 경향은 보이지 않는다. 개별 과학자의 경험에 관한 더욱 상세한 연구지만 실험실 작업의 사회적 과정을 제기하는 데는 실패한 것으로 Goodfield(1981)이 있다.

는가에 대해서는 동의가 적다. 『실험실 생활』에서, '과학인류학'이라는 용어를 우리가 사용하는 일이, 기초적인 경험적 재료에 대한 표현, 과학의 어떤 기술 특성을 되찾으려는 우리의 욕망, 연구 대상에 관한 우리의 친숙성을 괄호 쳐야 할 필요성, 어느 정도의 '반성성'을 우리 연구에 결합시켜야 한다는 우리의 욕망을 나타내려는 의도를 갖고 있었다고 우리는 지적했다. 지금 이런 특징들은 좀 일반적인 방식으로 전통적 민족지학의 요구에 대응할 뿐이다. 어떤 것을 민족지적이라 부르는 일은, 우리가 그 부족의 생태, 기술, 믿음 체계에 관한 서술을 포함시켜야 함을 전통적으로 요구한다. 그러나 크노어-체티나(Knorr-Cetina, 1982a: 40)가 주목했듯이, '민족지학'에 대한 이 특수한 해석은 인류학 내부에서 심하게 비판받아왔다. 민족지학에 대한 요청에 관한 더 일반적인 해석은 자세한 경험적 관찰과 현장 기록의 필요성을 나타내는데, 특히 이것들이 연구비의 원천에 관한 정보, 참여자의 이력 배경, 유관된 문헌 속의 인용 패턴, 도구쓰기(instrumentation)의 성격 및 기원 등을 포함하는 곳에서 그러하다. 만일 우리가 사실 산출의 국소적 배경에 관한 비교 분석을 향해서 나아간다면, 한 가지 견해(Latour, 1982b) 안에서, 이것들은 필수적이다. 하나의 대안적 견해는, 그런 세부 사항이 필수적이지만 그것은 비교 목적에서 그렇다기보다는 과학을 서술하는 문제와 싸우는 어떤 기도가 경험적 기초에서부터 잘 진전해갈 수 있기 때문에 그렇다는 것이다.

그 용어를 독창적으로 사용하면서, 우리는 특히 관찰되고 있는 문화 내부에 널리 퍼져 있는 활동에 관한 설명으로부터 분석적 거리를 유지하기 위해 '민족지적' 접근의 효용을 강조했다. 특히 과학 문화의 경우에서, 그 문화의 대상들(사실들)이 그것들 자체의 설명을 제공하려는 강력한 경향이 존재한다. 과학자들이 발견한 사실의 관점에서 그들의 활동을 설명해준 해명을 산출해내기보다는, 오히려 우리의 관심은 어떻게 한 사실이 처음으로 그것의 특성을 획득하게 되었느냐를 결정하는 일이었다. 린치(Lynch, 1982)는 우리의 전략이 사회학은 이방인의 관점을 채택해야 한다는 슈츠(Schutz, 1944)의 추천에 대응하는 것이라고 지적하는데, 이것에 의해서 낯선 문화에 의미를 부여하는 문제가 그 문화의 구성원에 의해서 당연하다고 여겨지는 문화의 그런 측면들에 대한 통찰을 제공한다.

우리 자신이 주목하듯, 린치는 실험실 과학의 기술적 실천이 '객관적' 상황과 '사회역사적' 상황의 관계에 대한 평가를 연루시킨다는 것에 주목한다 (Lynch, 1985b). 그렇지만 린치는 과학자들에 의한 (그가 내생적인 비판적 평가라고 부르는) 이런 평가가 어떤 직업적인 사회학자의 관심과 독립적으로 작동하며 사회과학의 승인된 방법에 유일하게 의존하지는 않는다고 강조한다 (Lynch, 1982: 501). 이와 대조적으로, 이방인적 장치가 그 한 예가 되는 사회과학자의 노력은 사회과학자로서의 이방인 자신의 분석적 능력에 의존한다. 결과적으로, 린치가 말하듯, 인류학적 생경성을 우리가 사용하는 일은 "기술적 실천의 그들의 실세계적 연구 대상으로 향하는 이행성"(Lynch, 1982: 503)을 절단해버리는 '유리된' 분석을 산출시킨다.

린치의 용법에서 '유리된'의 의미는 무엇인가? 린치에게 사회학자의 역량은 과학자의 그것과 근본적으로 구별되며 둘 간의 관계는 문제가 되고 있다. 이런 구별의 증거로 린치는 관찰자와 그의 정보원 간의 논쟁, 기술적 보고서에 대한 그의 이해력의 결여 등은 물론 실험실의 실천을 유능하게 수행해내는 것에서 우리의 '관찰자'가 나타내는 실패를 인용한다. 린치는 사회과학의 실천과 과학자의 그것을 구별해주는 것이 무엇이든 간에 그것은 여전히 발견되어야 한다고 논의한다.

린치의 비판은 내부인(과학자)과 외부인(관찰자) 간의 단단한 구별에도 의존하며 이들 범주에 구별이 되도록 역량을 할당해주는 가능성에 관해 이야기하는 좀 관념론적인 의미에도 의존한다. 우리는 이 구별을 피하기를 소망하면서, 즉 과학자와 비과학자 간의 원칙적 차이를 가정하는 일을 원치 않으면서 출발했지만, 린치는 이방인적 장치가 이와 같은 구별을 우리가 사용하는 일을 수반시킨다고 지적한다. 린치 자신이 이 차이를 가정하며 관찰자의 경험에 관한 우리의 보고가 과학자의 실천을 적절히 문서화하는 일에서 실패한다는 점을 예시해준다고 불평한다. 린치는 기술적 실천 및 실세계적 연구 대상의 (실제적인) 객관적 특성에 대한 인정을 보여준다. 그의 비판이 사회학중심주의에 반대하는 두드러진 경고임에도 불구하고, 무엇이 과학자의 기술적 실천에 관한 적절하게 '관여된' 해명으로 여겨져야 하는지가 불명확하다.[5]

'민족지학'에 관한 우리의 현재적 입장은 약간 다르다. 그것의 주요 이점은, 여러 종류의 사회학(특히 마르크스주의 사회학)과 달리 인류학자는 연구되고 있는 사회의 본성을 **모르거나** 기술적, 사회적, 자연적 등의 영역 사이의 경계를 어디에 지어야 하는지를 모른다는 점이다. 실험실의 본성을 정의할 때의 이와 같은 추가적 자유는 관찰되는 것에서 취하게 되는 인위적 거리 훨씬 이상으로 아주 중요한 것이다. 이런 종류의 인류학적 접근은 연구되고 있는 사회의 구성이 불확실할 때 어떤 경우에서 사용될 수 있다. 이 효과를 얻어내려고 외국으로 여행할 필요는 없지만, 그럼에도 불구하고 이것은 많은 인류학자가 '거리'를 성취할 수 있었던 유일한 방식이다. 실제로 이 접근은 연구되고 있는 과학자와 공학자 사이의 밀접한 협력과 아주 잘 양립될 수 있다. 우리는 '민족지학'에서 악령 쫓기의 의미보다는 **불확실성**이라는 작동 원리를 얻는다.

---

5 신경과학 실험실에 관해서 경이로울 정도로 자세하게 설명하면서, 린치 자신은 "가핑클(Garfinkel) 프로그램의 기괴할 정도로 어려운 제약 내부에서 이루어진 신경과학 연구에 관한 가장 사변적인 파악" 이상의 성취를 거두었다고 주장하지는 않는다(Lynch, 1985b: 128).

† 미국과학진흥협회의 최근 회의(뉴욕, 1984 여름)는 "실험실 연구: 과학자들이 실제로 하는 바"라는 제목의 분과 회의를 포함했었다.

철학의 위치

역사학자들이 과학지식사회학의 새로운 전개에 관해서 점증적으로 열의를 나타냈으며, 반면 과학철학자들은 더 많이 저항하는 쪽에 남아 있었음은 평범한 지혜의 일부다. 확실히, 철학의 몇몇 형태에 대한 사회학자들의 표시나는 반감이 있어 왔다. 철학 때리기는 아마 "철학자들이 스스로에게 제기하는 종류의 질문을 하는 것은 보통 정신을 마비시키게 한다"라는 블루어(Bloor, 1976: 45)의 논평과 더불어 정점에 도달했을 것이다. 블루어(Bloor, 1981)와 라우든(Laudan, 1981) 간의 논쟁 이래로, 그럼에도 불구하고 몇몇 철학자는 과학지식사회학의 연구에 동정을 나타내왔다(예를 들면 Nickles, 1982, 1984). 이것은 과학을 철학으로 탐구하려는 모든 시도를 기각시키는 일이 아마도 더 이상은 생산적이지 않을 수 있음을 제안해준다(Knorr-Cetina, 1982a).

철학을 기각시키지 않으려는 한 가지 좋은 이유는, 과학의 사회적 연구 내부에 그리고 과학의 사회적 연구를 넘어서 존재하는 대부분의 저자들이 과학에 대한 경험적 연구보다는 깊이 자리 잡고 있는 존재론적 인정에 기반을 두고 있다는 점이다. 이것은 (『실험실 생활』이 제공한 종류의) 경험적 증거가 어떤 이의 마음을 바꾸어 놓을 가능성이 왜 적은지에 관한 것이다. 그리고 이것은 실재론적 안경을 통해서 그 책을 읽은 이들이 왜 오류를 발견하게 되느냐에 대한 것이다(예를 들어, Bazerman, 1980: 17). 이 대신에 이들 존재론의 바로 그 뿌리를 조사해보는 일이 그리고 대안을 발전시키려 시도해보는 일이 필요하다(Latour, 1984, 1986a). 그럼에도 불구하고, 지식의 유일한 원천은 마음에 대해서 본질적인 것인 이성의 관념들이라고 주장하는 철학의 한 특수 분야 — 인식론 — 는 그것의 총체적 소멸 기한을 넘긴 영역이다. 인식론의 잉여성은 지식에 관한 무성한 사회학적, 역사적, (여타) 철학적 분석에 의해 잘 확립되어 있는데, 인식론이 이들 학제가 성립 불가능하다고 (특히 바슐라르와 그의 프랑스 추종자들의 저술을 향해) 계속해서 단언하고 있음에도 불구하고 그러하다. 우리가 인식론과, 과학과 기술에 관한 자연주의적(naturalistic) 연구 간에서 연구 주제 문제를 할당해야 할 필요성이 있는 것은 아니다. 후자의 연구는 전자의 소산(消散)인 것이다. 그러므로 『실험실 생활』은 대안적 인식론을 발전시키려는 기도도 아니며 철학에 대한 공격도 아니다. 우리의 입장을 표현하는 최선의 방식은 아마도 과학에 관한 인지적 설명에 대해서 10년의 활동 중단을 제안하는 일이 될 것이다. 만일 우리의 프랑스 인식론자 동료가 과학을 이해하는 데서 인지적 현상이 갖는 최고의 중요성을 충분히 확신하고 있다면, 그들은 이 도전을 받아들일 것이다. 우리는 여기에 이르러 만일 이 기간의 끝에서도 설명되어야 할 어떤 것이 남아 있다면, 우리 역시 그 정신으로 전향하겠다고 약속한다!

우리의 작업에 대한 가장 흥미로운 (철학적) 해석은 『실험실 생활』을 반증주의 과학 이론에 대한 입증(!)으로 등록시키려는 기도였다. 이런 시각으로 보면, 『실험실 생활』은 포퍼적 과학철학에 대한 "두드러진 확인"이 된다(Tilley, 1981: 118). 서로 다른 이들이 하는 주장의 기초를 허물면서 과학자들이 투자한 노력의 양(에 관한 우리의 서술)은 과학이 상식과 근본적으로 다르다는 데 대한 최선의 증명이라는 것이다. 일상생활 속의 논쟁은 거대 실험실을 사용함으로써 그리고 조심스럽게 단계를 밟은 논쟁에 의해서 확정되지 않는다.

우리의 논변에 대한 틸리(Tilley)의 부메랑적 (그럼에도 불구하고 가망성을 지닌) 해석은 그것이 우리 연구 속에 존재하는 두 가지 기본적 결함을 드러내주기 때문에 유용하다. 첫째, 그것은 원래 필요하고도 바람직했으나, 실험실은 고립된 단위로 연구되어서는 안 된다. 그것은 더 넓은 이야기의 일부일 뿐이다. 다른 부분은 실험실이 모든 토의에서 의무적 준거점이 되는 방식을 조사한다. 실험실 안에서 벌어지는 연구가 사회 안에서의 실험실의 전략적 위치 지음과 결합되어 연구되기 전까지는 틸리의 유괴적 책동이 저항받을 수 있다. 완전한 이야기는 일상생활 속의 논쟁과 실험실 안에서 생기는 논쟁

사이에 연속체가 존재한다는 점을 설명하게 될 것이며, 이 연속체에 대한 탐구는 왜 실험실에서는 생맥줏집에서 보통 필요로 하는 것보다 더 많은 자원을 필요로 하는지를 설명해줄 것이다(Latour, 1986a와 b). 둘째, 틸리는 우리의 처분에 맡겨진 자원이 우리의 특별한 해석을 어떤 다른 해석보다 선호하는 것을 강제하기에 불충분하다는 점을 보여준다. 거의 아무런 비용을 들이지 않고도, 틸리는 우리가 의도했었던 바에 180도로 반대되는 해석을 산출할 수 있었던 것이다(372쪽을 볼 것).

'사회적인 것'의 사망

과학의 사회적 연구의 팽창에 대한 더 중대한 오해는 '사회적'이라는 단어의 사용과 관련이 있다. 1장에서 '사회적 요인'에 대한 명백한 부인이 이루어졌기에, 그 용어를 우리가 계속적으로 사용하는 일이 아이러니임은 명백하다. 그렇다면 '사회적' 구성에 관해 이야기하는 일은 무엇을 의미하는가? 그 용어가 더 이상 아무런 의미도 지니지 않음을 인정한다고 해도 부끄러움은 없다. '사회적'은 머튼주의자들(Mertonians)이 '과학적' 내용에 관한 고려를 배제시키는 연구 영역을 정의하려고 사용했을 때 의미를 유지하고 있었다. 과학의 기술적 내용을 (기술적 내용에 대한 내부론적 설명과 대조해) 설명하는 에딘버러(Edinburgh) 학파의 기도 속에서 그것은 또한 의미를 지녔었다. 그와 같은 모든 용법 속에서 '사회적'은 주로 적대의 용어였는데, 이중적 반대의 한 부분이었던 것이다. 그러나 일단 우리가 **모든** 상호작용이 사회적임을 받아들인다면 그것이 얼마나 쓸모가 있을까? '사회적'이라는 용어가 그래프 용지 위에 남은 펜의 기록, 문서의 구성, 아미노산의 사슬의 점진적 정교화를 똑같이 언급한다면, 그 용어는 무엇을 전해줄까? 많이 알려주지 못할 것이다. 그것의 구석구석 배어 있는 의미를 보여줌으로써 과학의 사회적 연구는 '사회적'이 어떤 의미를 결여하도록 만들었던 것이다(Latour 1986a와 b를 참조할 것). 이것이 또한 우리의 원래 의도였음에도 불구하고, 그것은 우리가 현재에 이르러 그 용어를 단순히 버릴 수 있었을 때까지 분명치가 않았다. 우리의 새로운 부제는 이제 '과학적 사실의 구성'에 대한 우리의 관심을 나타낸다.

반성성

우리는 앞에서 우리의 원래 관심사 가운데 하나가 어느 정도의 반성성을 합병시키는 '민족지적' 연구를 산출시키는 것이었음에 주목했었다. 우리는 또한 『실험실 생활』에 대한 반응의 다양함이, 과학의 사회적 연구 속에 존재하는 작업이 지니는 특성과 지위에 관한 깊이 뿌리박은 이중의식에 대응한다고 제안했는데, 특히 여기서 그 다양함은 자체를 이야기 구성에 관한 이야기들의 구성으로 인식한다. 그럼에도 불구하고, 대부분의 '실험실 연구'가 민족지학에 관한 반성적 개념보다는 도구적 개념을 채택하는 경향을 갖고 있음은 흥미롭다(Woolgar, 1982). 여러 실험실 연구들에 (또한 더 일반적으로 많은 과학의 사회적 연구에) 공통적인 현행의 프로그램적 슬로건은, 그것이 **일어나는 것으로서의** 과학을 연구한다는 강제 명령이다. 이 구절이 지니는 한 의미에서, 실험실 연구라는 작업은 회고적 재구성(retrospective reconstruction)에 의해 상대적으로 덜 방해받는 과학 연구에 관한 서술을 산출해내려는 기도다. 과학 활동에 관해 현재 진행되는 감시는 분석자로 하여금 토론을 이어지는 사건들에 비추어 만들어진 회고에 의존시키기보다는 일차적 경험에 기초하게 만들 수 있다. 두 번째 의미에서, 일어나는 것으로의 과학에 관한 연구는, 분석자로 하여금 그들의 일상적 연구 환경에서 제거된 상황 내의 정보원에 의존해 생겨나는 매개적 구성을 지나쳐 가게 할 수 있다. 따라서 **본래**

장소에서 있는 관찰은 예를 들어 인터뷰 응답보다는 실험실 안의 사건들에 대한 더욱 직접적인 접근을 제공한다. 두 경우 모두에서, 일반적 관념은, 이차적 관점에서 해석을 기도하는 것보다는 그 장소에 있음으로써 얻는 것이 더 많다는 것이다. 현재 진행 중인 과학 활동에 대한 **본래 장소에서 있는** 감시는 실험실 작업대에 단단하게 위치해 있는 과학자를 묘사하면서 과학자가 제공하는 표상들의 종류를 몇몇 회의적 태도와 함께 취급하는데, 특히 여기서 이 표상들은 과학적 행위의 현장에서 (잠정적으로 또는 맥락적으로) 제거된 상황에서 산출된 것이다.

구절 '일어나는 것으로서의'에 대한 직선적 해석은, 현장에서 제거된 행위자에 의해서 선호되는 '왜곡된' 버전에 의존하는 연구들보다 실험실 연구가 과학에 대한 '더 좋은' 또는 '더 정확한' 그림을 산출해냄을 함축한다. 의심의 여지없이, 이런 노선의 논변은 예를 들어, 실험실로 향하는 교섭적인 접근을 함에 있어 몇몇 가치가 있다. 몇몇 과학자는 예를 들어 "포퍼와 같은 철학자가 과학에 관해 말하는 바"와 "과학에서 실제로 진행되는 바" 사이의 대조에 상당한 무게를 둔다. 하지만, **분석적** 목적으로 이런 노선의 논변을 채택하는 일은 성가시고도 전적으로 오해를 불러일으키는 것이다. 그것은 과학에 관한 '진정한 참'에 대한 특권적 접근을 가정하며 이 진리란 결국 기술적 실천에 대한 더 밀접하고 더 자세한 관찰에서 나오는 것이 될 것이라고 제안한다 (Gieryn, 1982를 참조할 것). 그것은 그럼으로써 탐구를 필요로 하는 바로 그 현상, 즉 관찰 서술과 관찰 보고가 '충분히 좋다고', '부적절하다고', '왜곡되었다고', '참되다고', '정확하다고' 등으로 다양하게 표현되는 (그리고 수용되는) 방식을 무시한다.

실험실 연구에 대한 더욱 반성적인 평가는, '오류 가능성 문제'라고 불리는 것, 즉 **모든** 형태의 서술, 보고, 관찰 등은 항상 기초가 허물어질 수 있다는 논변에 대해 덜 기각적인 입장이다. 그렇지만, **타자**(과학자 또는 여타 사회학자)의 작업을 특징짓는 방식으로서 이 논변을 아이러니를 불러일으키는 식으로 사용하는 대신에, 우리는 오류 가능성의 보편적 적용 가능성을 수용해야 하며 그것과 관련된 사항에 대처하는 방식을 찾아야 한다. 그저 비판적인 역할 속에서 그것을 활용하는 대신에, 서술과 분석의 과정에서 그 현상을 보존시키고 계속적으로 관심을 투여하는 것이 목표가 된다. '문제로서' 그것은 풀 수도 없고 피할 수도 없는 것임을, 그리고 **어떻게** 그것을 회피해야 할지를 탐구하는 노력조차 그것을 회피하는 기도를 수반시키게 될 운명에 처해 있음을 우리는 인정할 수 있다.[7] 그 괴물이 영향을 미치지 않도록 멀리 위치시킬 수 있고 동시에 우리의 기획의 심장부에 위치하게 되도록 허용할 수 있는 문헌적 표현법의 형태를 우리가 탐구할 필요가 있는 것이다.[8]

물론 반성성에 관한 탐구가 지니는 한 가지 흥미로운 측면은, 우리의 글쓰기가 관행적으로 보고서 포맷에 의해 구속된다는 점이다. 이것은 민족지들로 하여금 실험실에서 발견되는 '실제적' 정황에 관한 직접적 보고로 읽히게끔 하는 경향을 증진시킨다. 이런 종류의 읽기가 가치 없는 것은 아니다. 어떤 이는, 이런 읽기 안에서 그들이 전에는 의식하지 않았던 과학 연구라는 세계가 지니는 측면들을 발견하게 될 것이다. 그러나 그런 읽기는 요점을 놓친다. 우리는 (특히 2장에서) 관찰적 경험의 부담을 신화적 "관찰자"의 어깨 위에 놓음으로써 반성성이라는 쟁점을 제기하고자 했다. 우리는 독자로 하

---

7 과학학 내의 '언어적 전환'은, 과학자 자신이 오류 가능성 문제에도 불구하고 해석 작업을 행하는 방식을 주제로 삼으려는 기도라고 주해될 수 있다. 예를 들어 '담론 분석(discourse analysis)'의 초점은 그들의 해명 사이에서 해석적 유연성과 다양성이 주어졌을 때 있게 되는, 과학자들의 의미 조직화와 관련되어 있다(예를 들어, Mulkay et al., 1983; Gilbert and Mulkay, 1984). 그런 연구들은, 그것들이 (아이러니를 일으키지 않는 방식으로) 과학자의 담론 실천을 드러내 보이려는 한도에서, 반성성의 요구를 충족시키는 데 실패하고 있다. 과학 텍스트에 대한 상이한 접근에 관한 많은 양의 일반적 비평에 대해서는 Callon et al., 1986을 볼 것.

8 이 노선을 추구하는 몇몇 최근의 기도로는 Ashmore(1985), Mulkay(1984), Woolgar (1984)가 있다.

여금 그와 텍스트 사이의 관계가 지니는 본성에 그리고 독자에게 그와 텍스트적 표현을 통해 객관성을 구성하려는 기도 사이의 관계가 지니는 본성에 연루시켜 주의하도록 했다. 예를 들어, 사진 1(120쪽)에 '실험실 지붕에서 본 모습'이라는 이름이 붙었다. 지금, 추정컨대, 결정적으로 도구 지향적 사고를 지닌 독자는 이것을 액면 그대로 받아들일 것이며, 그가 실험실의 지붕과 거기서 나오는 모습의 특성에 관해 더 많은 정보를 갖게 되었다고 즐겁게 여기게 될 것이다. 그런 독자에 대해서 세계에 관한 그들의 지식의 합계를 증가시킨 것에 우리는 당연히 즐겁다. 그러나 불행히도 많은 것이 상실되었을 것이다. 우리는 그런 사진을 포함시키는 것이, 적어도 그런 독자들이 멈추어 서서 텍스트적 상상의 병치 안에서 무엇이 관계되는지를, 그리고 어떻게 이것이 독자와 텍스트에 의해서 표상되는 '사실' 사이의 관계에 영향을 미치는지를 생각해보도록 만들어줄 수 있었기를 희망했다. 반성성에 대해 우리의 관심사는, 텍스트가 독자로 하여금 관찰 내용이 정말로 일어났는가 그렇지 않았는가에 대해서, 조나스 소크가 서문을 정말로 썼는가 그렇지 않았는가 등에 관해서 스스로 질문하도록 제안을 하는 곳에서 아마도 성공하기 시작했을 수가 있다.

반성성은 따라서 독자로 하여금 **모든** 텍스트가 이야기라는 점을 상기시키는 방식이다. 이것은, 우리가 '그것을 통해서' 우리 과학자들의 연구를 진열해 보여주는 그런 허구에 적용되는 만큼이나 우리의 과학자에 관한 사실에도 많이 적용된다. 텍스트의 질과 같은 이야기는 그들의 해석의 본질적인 불확실성을 나타낸다. 독자는 결코 '확실히 알 수는' 없는 것이다. 우리는 이 불확실성을 강조하면서 민족지학의 가치를 이미 언급했다. 여기서 우리는 반성성이 텍스트의 민족지학자임을 알게 된다.

결론

『실험실 생활』의 결론 장은 우리의 설명이 갖는 지위를, 즉 우리는 과학에 관한 오래된 허구에 대해 새로운 허구를 (그저) 제공하고 있는 것이냐 그렇지 않으냐에 대한 질문을 제기한다. 본래 원고의 마무리 절에서 우리는 우리의 분석이 '궁극적으로 불확실한 것'이라고 선언했다. 우리는 텍스트의 독자에게 그것의 내용을 심각하게 여기지 말라고 요청했다. 그러나 우리의 원래 출판사는, 그들이 말하기로, 그들은 '그것 자체의 쓸모없음을 주장하는' 어떤 것을 출간하는 습관을 갖고 있지 않기 때문에, 우리가 그 문장을 제거해야 된다고 고집했다.

우리의 해명이 과학자인 정보원의 해명보다 더 특권을 갖고 있다고도, 그것이 비판에서 벗어나 있다고도 우리는 결코 주장하지 않았음을 명백히 해야 한다. 그러나 이 진술은 본래 원고에서 배척되었던 문장처럼, 종종 자기기만적인 것으로 해석되어왔다. 어떻게 우리 자신의 해명을 믿을 수 없다는 말인가? 어떻게 우리가 자연과학과 우리 자신의 상대주의적 이야기 모두를 상대화할 수 있는가? 분명히, 독자는 반성성의 **요점**을 놓칠 수 있고 변명과 자기모순만을 들을 수 있다. 그러나 그 진술은 정확하고도 허구적인 이야기 자체의 본질적 실존을 믿는 이의 관점에서 나오는 **아포리아**(aporia)일 뿐이다. 그리고 이것은 정확히 우리가 논란을 벌이고 있는 관점이다. 이 이유 때문에, (이 후기의 마지막 문장으로 다시 나타나는) 초판의 마지막 문장은 우리의 해석을 다른 이들의 해석보다 더욱 가망성 있게 만드는 데 필요한 작업의 양과 관계하고자 시도한다. 그것은 어떤 텍스트(구성, 사실, 주장, 이야기, 이 해명)가 갖는 가치와 지위는 그것의 추정적인 '내재적' 성질 이상의 더 많은 것에 의존한다는 점을 상기시키려는 것이다. 우리가 앞서 제안했듯이 어떤 설명의 정확성(또는 허구)의 정도는 그 이야기 자체가 아니라 그 이야기에 이어서 만들어지는 바에 의존한다. 이것은 진술을 양상화하고 탈양상화하는 속에서 존재하는 작업이라고 우리가 보여주었던 그런 근본 원리다. 『실험실 생활』은 아주 정확하게 우리가 토의했던 TRF, TRH, 소마토스타틴, 여타 사실(인자)들처럼, 다시 한번 독자의 손에 올려져 있다. 이들 주장의 지위를 변화시키고, 그것들을 더 사실적으로 또는 덜 사실적으로 만들고, 그것들의 성원 자격을 박탈하고, 그것들을 상이한 논변적 목적을 위한 암흑상자 속으로 합병시키고, 그것들을 조롱하는 등으로 변환시키는 것은 타자다. 모든 주장이 지니는 이런 공통된 운명에 대한 인식에는 자기모순도 자기 패배도 존재하지 않는다. 그와 반대로, 주장이 지니는 이 공통된 운명이 일단 인지되면, 각 독자의 행위를 예상하는 데서의 차이를 이해하는 일이 더 쉬워진다. 각각의 텍스트, 실험실, 저자, 학제는 어떤 세계를 확립시키려 분투하는 것인데 그 세계 안에서 증가하는 숫자의 사람들 덕택으로 각자 자신의 해석이 더 가망성이 있게 되고 이 사람들에게서 각자 자신의 해석은 응낙을 추출한다. 달리 말하자면, 해석들은 **수행**(遂行)을 하는 바 이상으로 **정보**를 주지 못한다. 이런 관점에서 볼 때, 우리의 과학자들은 우리가 살고 있는 세계를 우리가 그 세계를 해체하고 있는 것 이상으로 명백히 더 잘 수행시키는 장치를 갖추고 있다. 이 엄청난 차이에 대한 인식은 결코 자멸적일 수가 없다. 그것은 그저 힘들의 현재적 균형을 인정할 뿐이다. 얼마나 많은 더 나아간 연구, 투자, 분야 재정의, 무엇을 수용 가능한 논변으로 여길 것이냐에서의 변환이 이 해명을 그것의 대안들 이상으로 더 개연성이 있도록 만드는 데 필요한 것인가?

추가 참고문헌

* 는 『실험실 생활』에 대한 서평(또는 서평 논문)을 나타낸다.

ANDERSON, R. S. (1981) "The necessity of field methods in the study of scientific research." Pp. 213-244 in Mendelsohn and Elkana (1981).

ASHMORE, MALCOLM (1985) A Question of Reflexivity: Writing Sociology of Scientific Knowledge. Unpublished Ph.D. thesis. University of York.

* AUSTIN, J. (1982) Social Science and Medicine 16: 931-934.

* BAZERMAN, CHARLES (1980) 4S Newsletter 5: 14-19.

* BEARMAN, DAVID (1979) *Science 206*: 824-825.

BERGER, P. L. and LUCKMAN, T. (1971) The Social Construction of Reality. Harmondsworth: Penguin.

BLOOR, DAVID (1981) "The strengths of the strong programme." Philosophy of the Social Sciences 11: 173-198.

BOARDMAN, M. (1980) The Sociology of Science and Laboratory Research Practice: Some New Perspectives in the Social Construction of Scientific Knowledge. B.Sc. dissertation, Brunel University.

BORGES, J. L. (1981) "Pierre Menard, author of The Quixote." Pp. 96-103 in Borges: A Reader. Ed. E. R. Monegal and A. Reid. New York: E. P. Dutton.

CALLON, MICHEL, LAW, JOHN and RIP, ARIE 〔eds.〕 (1986) Texts and Their Powers. London: Macmillan.

* COZZENS, SUSAN (1980) 4S Newsletter 5: 19-21.

ELKANA, YEHUDA (1981) "A programmatic attempt at an anthropology of knowledge." Pp. 1-76 in Mendelsohn and Elkana (1981).

FLECK, LUDWIG (1979) The Genesis and Development of a Scientific Fact, translation by F. Bradley and T. J. Trenn of 1935 German edition. Chicago: The University of

Chicago Press.

GIERYN, T. (1982) "Relativist/constructivist programmes in the sociology of science: redundance and retreat." Social Studies of Science 12: 279-297.

GILBERT, G. NIGEL and MULKAY, MICHAEL (1984) Opening Pandora's Box. Cambridge: Cambridge University Press.

GOODFIELD, JUNE (1981) An Imagined World. New York: Harper and Row.

GRENIER, M. (1982) Toward An Understanding of the Role of Social Cognition in Scientific Inquiry: Investigations in a Limnology Laboratory. M.A. dissertation, McGill University.

______. (1983) "Cognition and social construction in laboratory science." 4S Review 1 (3): 2-16.

* HARAWAY, D. (1980) Isis 71: 488-489.

KNORR, K. D. (1977) "Producing and reproducing knowledge: descriptive or constructive? Towards a model of research production." Social Science Information 16: 669- 696.

______. (1979) "Tinkering toward success: prelude to a theory of scientific practice." Theory and Society 8: 347-376.

______ and KROHN, R. and WHITLEY, R. D. [eds.] (1980) The Social Process of Scientific Investigation. Sociology of the Sciences Yearbook, Vol. 4. Dordrecht and Boston, Mass.: Reidel.

KNORR-CETINA, KARIN D. (1981) The Manufacture of Knowledge: An Essay on the Constructivist and Contextual Nature of Science. Oxford: Pergammon.

______. (1982a) "Reply to my critics." Society for the Social Studies of Science Newsletter 7 (4): 40-48.

______. (1982b) "Scientific communities or transepistemic arenas of research? A critique of quasi-economic models of science." Social Studies of Science 12: 101-130.

______. (1983) "The ethnographic study of scientific work: towards a constructivist interpretation of science." Pp. 116-140 in Knorr-Cetina and Mulkay (1983).

______ and MULKAY, MICHAEL (1983) [eds.] Science Observed: Perspectives on the Social Study of Science. London: Sage.

KUHN, T. S. (1962) The Structure of Scientific Revolutions. Chicago: University of Chicago Press.

______. (1970) The Structure of Scientific Revolutions. Second Edition, Enlarged. Chicago:

University of Chicago Press.

______. (1984) "Reflections on receiving the John Desmond Bernal Award." 4S Review 1 (4): 26-30.

* KROHN, R. (1981) Contemporary Sociology 10: 433-434.

LAUDAN, LARRY (1981) "The pseudo-science of science?" Philosophy of the Social Sciences 11: 173-198.

LATOUR, BRUNO (1973) "Les idéologies de la competence en milieu industriel à Abidjan." Cahiers Orstrom Sciences Humaines 9: 1-174.

______. (1980) "Is it possible to reconstruct the research process? The sociology of a brain peptide." Pp. 53-73 in Knorr et al. (1980).

______. (1981) "Who is agnostic or What could it mean to study science?" in H. Kuklick and R. Jones(eds.), Knowledge and Society: Research in Sociology of Knowledge, Sciences and Art. London: JAI Press.

______. (1982a) "Reply to John Stewart." Radical Science Journal 12: 137-140.

______. (1982b) Review of Karin Knorr-Cetina's The Manufacture of Knowledge. Society for Social Studies of Science Newsletter 7 (4): 30-34.

______. (1983) "Give me a laboratory and I will raise the world." Pp. 141-170 in Knorr-Cetina and Mulkay (1983).

______. (1984) Les Microbes: Guerre et Paix suivi par Irréductions. Paris: A. M. Metailie et Pandore.

______. (1986a) The Pasteurisation of French Society, translated by Alan Sheridan. Cambridge, Mass.: Harvard University Press.

______. (1986b) Science in Action: How to follow scientists and engineers through society. Milton Keynes: Open University Press.

LAW, J. and WILLIAMS, R. J. (1981) "Social structure and laboratory practice." Paper read at conference on Communication in Science, Simon Fraser University, 1-2 September.

______. (1982) "Putting facts together: a study of scientific persuasion." Social Studies of Science 12: 535-557.

LEPENIES, W. (1981) "Anthropological perspectives in the sociology of science." Pp. 245-261 in Mendelsohn and Elkana (1981).

* LIN, K. C., LIESHOUT, P. v., MOL, A., PEKELHARING, P. and RADDER, H. (1982) Krisis: Tijdschrift voor Filosofie 8: 88-96.

* LONG, D. (1980) American Scientist 68: 583-584.

LYNCH, MICHAEL E. (1982) "Technical work and critical inquiry: investigations in scientific laboratory." Social Studies of Science 12: 499-533.

LYNCH, MICHAEL (1985a) "Discipline and the material form of images: an analysis of scientific visibility." Social Studies of Science 15: 37-56.

______. (1985b) Art and Artifact in Laboratory Science: A Study of Shop Work an Shop Talk in a Research Laboratory. London: Routledge and Kegan Paul.

McKEGNEY, DOUG (1982) Local Action and Public Discourse in Animal Ecology: a communications analysis of scientific inquiry. M.A. dissertation, Simon Fraser University.

MENDELSOHN, E. and ELKANA, Y. [eds.] (1981) Sciences and Cultures. Sociology of the Sciences Yearbook, Vol. 5. Dordrecht and Boston, Mass.: Reidel.

MULKAY, MICHAEL (1984) "The scientist talks back: a one-act play, with a moral, about replication in science and reflexivity in sociology." Social Studies of Science 14: 265-282.

______, POTTER, JONATHAN and YEARLEY, STEVEN (1983) "Why an analysis of scientific discourse is needed." Pp. 171-203 in Knorr-Cetina and Mulkay (1983).

* MULLINS, N. (1980) Science Technology and Human Values 30: 5.

NICKLES, THOMAS (1982) Review of Karin Knorr-Cetina's The Manufacture of Knowledge. Society for Social Studies of Science Newsletter 7 (4): 35-39.

______. (1984) "A revolution that failed: Collins and Pinch on the paranormal." Social Studies of Science 14: 297-308.

PERRY, STEWART E. (1966) The Human Nature of Science: Researchers at Work in Psychiatry. New York: Macmillan.

SCHUTZ, ALFRED (1944) "The Stranger." American Journal of Sociology 50: 363-376. Reprinted pp. 91-105 in Schutz, Collected Papers II: Studies in Social Theory, ed. Arvid Brodersen (1964). The Hague: Martinus Nijhoff.

STAR, SUSAN LEIGH (1983) "Simplification in scientific work: an example from neuroscientific research." Social Studies of Science 13: 205-228.

* STEWART, J. (1982) "Facts as commodities?" Radical Science Journal 12: 129-140.

* THEMAAT, V. V. (1982) Zeitschrift für allgemeine Wissenschafstheorie 13: 166-170.

TIBBETTS, PAUL and JOHNSON, PATRICIA (출간 예정) "The discourse and praxis models in recent reconstructions of scientific knowledge generation." Social Studies of Science.

* TILLEY, N. (1981) "The logic of laboratory life." Sociology 15: 117-126.

TRAWEEK, SHARON (1980) "Culture and the organisation of scientific research in Japan and the United States." Journal of Asian Affairs 5: 135-148.

______. (1981) "An anthropological study of the construction of time in the high energy physics community." Paper, Program in Science, Technology and Society, Massachusetts Institute of Technology.

______. (출간 예정) Particle Physics Culture: Buying Time and Taking Space.

WADE, NICHOLAS (1981) The Nobel Duel. New York: Doubleday.

WILLIAMS, R. J. and LAW J. (1980) "Beyond the bounds of credibility." Fundamenta Scientiae 1: 295-315.

* WESTRUM, R. (1982) Knowledge 3 (3): 437-439.

* WOLFF, R. D. (1981) "Science, empiricism and marxism: Latour and Woolgar vs. E. P. Thompson." Social Text 4: 110-114.

WOOLGAR, STEVE (1981a) "Science as practical reasoning." Paper read at conference on Epistemologically Relevant Internalist Studies of Science, Maxwell School, Syracuse University, 10-17 June.

______. (1981b) "Documents and researcher interaction: some ways of making out what is happening in experimental science." Paper read at conference on Communication in Science, Simon Fraser University, 1-2 September.

WOOLGAR, STEVE (1982) "Laboratory Studies: a comment on the state of the art." Social Studies of Science 12: 481-498.

______. (1983) "Irony in the social study of science." Pp. 239-266 in Knorr-Cetina and Mulkay (1983).

______. (1984) "A kind of reflexivity." Paper read to Discourse and Reflexivity Workshop, University of Surrey, 13-14 September. Forthcoming in Cultural Anthropology.

______. (출간 예정) Science As Practical Reasoning: the practical management of epistemological horror.

ZENZEN, M. and RESTIVO, S. (1982) "The mysterious morphology of immiscible liquids: a study of scientific practice." Social Science Information 21: 447-473.

찾아보기

지은이

브루노 라투르(Bruno Latour)

프랑스 부르고뉴대학교에서 철학과 신학을 전공했다. 투르대학교에서 성서 주해 연구로 철학 박사학위를 받았다. 파리의 국립고등광산학교 교수였으며 현재는 파리정치연구대학교 교수로 있다. 저술로 *Science in Action*(1987), *The Pasteurization of France*(1988), *We Have Never Been Modern*(1993), *Aramis, or the Love of Technology*(1996), *Pandora's Hope* (1999), *Politics of Nature*(2004), *Reassembling the Social*(2005), *The Making of Law* (2010) 등이 있다.

스티브 울거(Steve Woolgar)

영국 케임브리지대학교에서 공학 학사학위를 받고 사회학 박사학위를 받았다. 영국 브루넬대학교 사회학 교수였으며 지금은 옥스퍼드대학교 교수로 있다. 저술로 *Science: the Very Idea* (1988), *Virtual Society?*(2002) 등이 있다.

옮긴이

이상원

서울대학교 자연과학대학 지질과학과를 졸업, 동 대학 대학원 과학사 및 과학철학 협동과정에서 박사학위를 받았다. 연세대학교 인문한국 교수, 명지대학교 교수로 재직했다. 저서로 『현상과 도구』(2009) 등이 있으며, 역서로 『우리 유전자 안에 없다』(1993), 『과학이란 무엇인가?』(2003, 공역), 『표상하기와 개입하기』(2005)가 있다.

한울아카데미 2116

실험실 생활

과학적 사실의 구성

지은이 **브루노 라투르 · 스티브 울거** | 옮긴이 **이상원**

펴낸이 **김종수** | 펴낸곳 **한울엠플러스(주)** | 편집 **조일현**

초판 1쇄 발행 **2019년 1월 7일**

초판 2쇄 발행 **2019년 12월 6일**

주소 **10881 경기도 파주시 광인사길 153 한울시소빌딩 3층**

전화 **031-955-0655** | 팩스 **031-955-0656**

홈페이지 **www.hanulmplus.kr** | 등록번호 **제406-2015-000143호**

Printed in Korea.

ISBN 978-89-460-7116-2 93330

※ 책값은 겉표지에 표시되어 있습니다.